Das vorliegende Buch ist sowohl als Einführungswerk für den ernsthaft interessierten Anfänger wie auch als Nachschlagewerk für den praktizierenden Astrologen gedacht. Die darin enthaltenen Interpretationen stützen sich auf die überlieferten empirischen Erkenntnisse der Astrologie in Verbindung mit Anschauungen der modernen Psychologie, wobei jedoch jede für Laien unverständliche Fachsprache vermieden wird. Der Autor will dem Leser eine Anleitung zur Beschäftigung mit dem (eigenen) Horoskop geben, um ihm so Einsicht in den eigenen Charakter (Selbsterkenntnis) zu ermöglichen.
In der Einleitung werden allgemeine Fragen in bezug auf die Astrologie angerissen, z.B. die Streitfrage, inwieweit Astrologie eine Wissenschaft ist, wie man ein Horoskop erstellt usw. Außerdem wird die in der Astrologie benutzte Symbolsprache erläutert. Teil I und II leiten zur Interpretation eines Horoskops an. Dabei wird anhand von Beispielhoroskopen jeweils ein Interpretationsschritt nach dem anderen erläutert, und zwar in der Reihenfolge, in der man tatsächlich bei einer Horoskopdeutung vorgeht. So ist der Leser schon bald in der Lage, den »roten Faden« in einem Horoskop zu erkennen, um dann anhand dieser »Arbeitshypothese« alle Einzelheiten zu einer Synthese zusammenzufügen.

Die Interpretation geht in den folgenden Einzelschritten vor sich:

1. Die Bedeutung der Himmelskörper.
2. Die Bedeutung der Tierkreiszeichen.
3. Zuordnung der Himmelskörper zu den Tierkreiszeichen und allgemeine Bewertung der Stellung der Himmelskörper in den einzelnen Zeichen.
4. Stichwortartige Interpretation der einzelnen Himmelskörper in den Tierkreiszeichen.
5. Interpretation und Stellenwert aller Hauptaspekte Konjunktion, Halbsextil, Sextil, Quadrat, Trigon, Quinkunx, Opposition.
6. Interpretation der Häuser (Zeichen an der Spitze der einzelnen Häuser, Aspekte zu den Häuserspitzen und zu den Himmelskörpern in den einzelnen Häusern).

Am Ende des Buches findet der Leser eine detaillierte Anleitung zur Horoskopberechnung.

Dieses Buch wurde auf chlor- und säurefreiem Papier gedruckt.

Vollständige Taschenbuchausgabe Januar 1997
Dieses Taschenbuch ist bereits
unter der Bandnummer 4172 erschienen.

Titel der Originalausgabe: »Van Ram tot Vissen«

Umschlaggestaltung: Agentur Zero, München
Umschlagabbildung: The Image Bank, München
Satz: Ludwig Auer GmbH, Donauwörth
Druck und Bindung: Ebner Ulm
Printed in Germany
ISBN 3-426-86145-3

5 4 3 2 1

Dr. Martin Boot

Das Horoskop

Einführung in
Berechnung und Deutung

Mit zahlreichen Abbildungen

Aus dem Niederländischen
von Hildegard Höhr

Knaur®

Für Els

Inhalt

Vorwort 13

Einleitung 19

Glossar der wichtigsten Begriffe 22

Die Horoskopzeichnung 25
Anleitung zum Berechnen eines Geburtshoroskops . 26

Teil I: Tierkreis und Himmelskörper

Die Grundlagen der Astrologie 31

Die Symbolsprache der Astrologie 33
Erste Symbolgruppe: die Tierkreiszeichen 34
Zweite Symbolgruppe: die Himmelskörper 37
Die Himmelskörper in der Horoskopzeichnung . . . 37

Die Symbole der Astrologie und ihre Bedeutung für den Menschen 40
Die Himmelskörper als Symbole für Eigenschaften . 42
Die Himmelskörper in den Tierkreiszeichen 44
Qualitäten und Elemente: der rote Faden im Horoskop 44

Typen: Über Qualitäten und Elemente 46
Anwendung der Qualitätenregel in zwei Beispielen . 48
Die Elemente des Tierkreises 53
Faustregel der Elementenlehre 57
Einige Regeln für Elementenkombinationen 58

Elemente, Qualitäten und Himmelskörper 60
Die höhere Oktave: Uranus, Neptun und Pluto . . . 64
Stellung in elementverwandten Zeichen 65
Beziehung Himmelskörper/Zeichen: klassische Himmelskörper 68
Beziehung Planet/Zeichen: Mysterienplaneten 69
Anwendung der Regel vom Stellungswert bei der Interpretation der Beispielhoroskope 72

Deutung der Himmelskörper in den Zeichen 74
Merkur 74
Venus 76
Mars 78
Jupiter 79
Saturn 81
Uranus 83
Neptun 84
Pluto 86
Zusammenfassung 87

Die Sonne/Mond-Symbolik im Geburtshoroskop 91
Kombinationen mit Sonne in Widder 91
Kombinationen mit Sonne in Stier 94
Kombinationen mit Sonne in Zwillinge 97
Kombinationen mit Sonne in Krebs 100
Kombinationen mit Sonne in Löwe 103
Kombinationen mit Sonne in Jungfrau 106
Kombinationen mit Sonne in Waage 109
Kombinationen mit Sonne in Skorpion 112
Kombinationen mit Sonne in Schütze 115
Kombinationen mit Sonne in Steinbock 119
Kombinationen mit Sonne in Wassermann 122
Kombinationen mit Sonne in Fische 126

Aspekte: Die direkte Beziehung zwischen den Himmelskörpern 131
Die verschiedenen Aspekte 132

Orbis 132
Gewichtung der Aspekte 133
Konjunktionen 133
    mit der Sonne 134
    mit dem Mond 137
    mit Merkur 141
    mit Venus 143
    mit Mars 146
    mit Jupiter 148
    mit Saturn 150
    mit Uranus 152
    mit Neptun 153
    mit Pluto 154
Halbsextile 154
Sextile 155
    mit der Sonne 155
    mit dem Mond 157
    mit Merkur 161
    mit Venus 164
    mit Mars 166
    mit Jupiter 169
    mit Saturn 171
    mit Uranus 172
    mit Neptun 173
    mit Pluto 174
Quadrate 175
    mit der Sonne 175
    mit dem Mond 179
    mit Merkur 183
    mit Venus 186
    mit Mars 189
    mit Jupiter 192
    mit Saturn 194
    mit Uranus 195
    mit Neptun 196
    mit Pluto 197
Trigone 198

mit der Sonne 198
mit dem Mond 201
mit Merkur 204
mit Venus 206
mit Mars 209
mit Jupiter 211
mit Saturn 213
mit Uranus 215
mit Neptun 216
mit Pluto 217
Quinkunxe 218
mit der Sonne 218
mit dem Mond 220
mit Merkur 223
mit Venus 225
mit Mars 227
mit Jupiter 229
mit Saturn 231
mit Uranus 233
mit Neptun 234
mit Pluto 235
Oppositionen 236
mit der Sonne 236
mit dem Mond 238
mit Merkur 242
mit Venus 244
mit Mars 247
mit Jupiter 249
mit Saturn 251
mit Uranus 252
mit Neptun 253
mit Pluto 254
Aspektlose Himmelskörper 255
Rückläufige (retrograde) Planeten 257
Anwendung der Aspektenlehre auf die Beispielhoroskope 258
Aspekte und inneres Wachstum 264

Teil II: Die Häuser des Horoskops

Einleitung: Die Häuser des Horoskops 269
- Beispiel 271
- Die Spitze eines Hauses 271
- Der Herrscher eines Hauses 271

Das erste Haus 274
- Der Aszendent: das aufsteigende Zeichen 274
- Qualitäten an der Spitze des ersten Hauses 275
- Elemente an der Spitze des ersten Hauses 275
- Aspekte zur Spitze des ersten Hauses und zu Himmelskörpern im ersten Haus 275
- Das Zeichen an der Spitze des ersten Hauses: der Aszendent 277
- Der Herrscher des ersten Hauses 283
- Himmelskörper im ersten Haus 284
- Aspekte der Himmelskörper zum Aszendenten . . . 289
- Konjunktionen 289
- Halbsextile 293
- Sextile 293
- Quadrate 297
- Trigone 301
- Quinkunxe 305
- Oppositionen 309

Das zweite Haus 313
- Qualitäten an der Spitze des zweiten Hauses 313
- Elemente an der Spitze des zweiten Hauses 313
- Aspekte zur Spitze des zweiten Hauses und zu Himmelskörpern im zweiten Haus 314
- Das Zeichen an der Spitze des zweiten Hauses 314
- Der Herrscher des zweiten Hauses 317
- Himmelskörper im zweiten Haus 318

Das dritte Haus 322
- Qualitäten an der Spitze des dritten Hauses 322

Elemente an der Spitze des dritten Hauses 322
Aspekte zur Spitze des dritten Hauses und zu Himmelskörpern im dritten Haus 323
Das Zeichen an der Spitze des dritten Hauses 323
Der Herrscher des dritten Hauses 326
Himmelskörper im dritten Haus 328

Das vierte Haus 332
Qualitäten an der Spitze des vierten Hauses 332
Elemente an der Spitze des vierten Hauses 332
Aspekte zur Spitze des vierten Hauses und zu Himmelskörpern im vierten Haus 333
Das Zeichen an der Spitze des vierten Hauses 334
Der Herrscher des vierten Hauses 337
Himmelskörper im vierten Haus 338

Das fünfte Haus 344
Qualitäten an der Spitze des fünften Hauses 344
Elemente an der Spitze des fünften Hauses 344
Aspekte zur Spitze des fünften Hauses und zu Himmelskörpern im fünften Haus 345
Das Zeichen an der Spitze des fünften Hauses 346
Der Herrscher des fünften Hauses 349
Himmelskörper im fünften Haus 350

Das sechste Haus 355
Qualitäten an der Spitze des sechsten Hauses 355
Elemente an der Spitze des sechsten Hauses 356
Aspekte zur Spitze des sechsten Hauses und zu Himmelskörpern im sechsten Haus 356
Das Zeichen an der Spitze des sechsten Hauses . . . 357
Der Herrscher des sechsten Hauses 361
Himmelskörper im sechsten Haus 362

Das siebte Haus 367
Qualitäten an der Spitze des siebten Hauses 367
Elemente an der Spitze des siebten Hauses 368

Aspekte zur Spitze des siebten Hauses und zu Himmelskörpern im siebten Haus 368
Das Zeichen an der Spitze des siebten Hauses 369
Der Herrscher des siebten Hauses 372
Himmelskörper im siebten Haus 374

Das achte Haus 380
Qualitäten an der Spitze des achten Hauses 380
Elemente an der Spitze des achten Hauses 380
Aspekte zur Spitze des achten Hauses und zu Himmelskörpern im achten Haus 381
Das Zeichen an der Spitze des achten Hauses 382
Der Herrscher des achten Hauses 386
Himmelskörper im achten Haus 387

Das neunte Haus 392
Qualitäten an der Spitze des neunten Hauses 392
Elemente an der Spitze des neunten Hauses 392
Aspekte zur Spitze des neunten Hauses und zu Himmelskörpern im neunten Haus 393
Das Zeichen an der Spitze des neunten Hauses 394
Der Herrscher des neunten Hauses 396
Himmelskörper im neunten Haus 398

Das zehnte Haus 403
Qualitäten an der Spitze des zehnten Hauses 403
Elemente an der Spitze des zehnten Hauses 403
Aspekte zur Spitze des zehnten Hauses und zu Himmelskörpern im zehnten Haus 404
Das Zeichen an der Spitze des zehnten Hauses 405
Der Herrscher des zehnten Hauses 409
Himmelskörper im zehnten Haus 410

Das elfte Haus 416
Qualitäten an der Spitze des elften Hauses 416
Elemente an der Spitze des elften Hauses 416

Aspekte zur Spitze des elften Hauses und zu Himmelskörpern im elften Haus 417
Das Zeichen an der Spitze des elften Hauses 418
Der Herrscher des elften Hauses 422
Himmelskörper im elften Haus 424

Das zwölfte Haus 430
Qualitäten an der Spitze des zwölften Hauses 430
Elemente an der Spitze des zwölften Hauses 431
Aspekte zur Spitze des zwölften Hauses und zu Himmelskörpern im zwölften Haus 431
Das Zeichen an der Spitze des zwölften Hauses . . . 432
Der Herrscher des zwölften Hauses 436
Himmelskörper im zwölften Haus 438

Zusammenfassung: Die wichtigsten Schritte bei der Interpretation eines Horoskops 446

Anhang

Die Berechnung eines Geburtshoroskops 451
Die Häuser des Horoskops 465
Zusammenfassung der Berechnungsschritte 485
Lösungen zu den Aufgaben und Fragen 487

Vorwort

Als ich vor ungefähr 20 Jahren einmal einem international anerkannten (inzwischen verstorbenen) Professor der Astronomie begegnete, fragte ich ihn, warum er sich immer wieder abfällig über die Astrologie äußerte. Offensichtlich verärgert antwortete er, die Astrologie sei »der dümmste Aberglaube«, den er kenne, und als Astronom sei er doch wohl qualifiziert, sich ein Urteil darüber zu erlauben. Die Astrologie treibe Mißbrauch mit – in seinen Augen unzutreffenden – astronomischen Fakten. Den Einfluß weit entfernter Himmelskörper auf unser Schicksal und Leben nachweisen zu wollen, bezeichnete er als lächerlich und peinlich. Dies sei eine Beleidigung für die Wissenschaft wie auch für die menschliche Intelligenz. Ich gab daraufhin zu bedenken, daß ein Metzger und ein Tierarzt sich zwar mit der gleichen Materie (mit den Eingeweiden von Tieren) beschäftigten, aber dennoch Laien im Fachgebiet des jeweiligen anderen seien. Die Astrologie gehöre dem Gebiet der Psychologie und – wahrscheinlich – auch der Parapsychologie an. Die Interpretation der nur auf wenigen astronomischen Fakten basierenden Horoskopzeichnung habe daher nichts mit Astronomie zu tun. Ich fragte den Professor, ob er nicht merke, daß er soeben auf unredliche Weise seine wissenschaftliche Autorität ausspiele, indem er Behauptungen über ein ihm fremdes Fachgebiet aufstelle? Dies erschiene mir nun wiederum höchst unwissenschaftlich.

Der Professor wurde noch ärgerlicher und beharrte darauf, Astrologie sei etwas, woran »nur die größten Dummköpfe glaubten«. Er selbst schenke ihr auch nicht den geringsten Glauben. Ich wußte, daß er ein Anhänger des historischen Materialismus war, der keine andere Realität als die stoffliche anerkennt. Deshalb fragte ich ihn, ob seine vehemente Zurückweisung der Astrologie nicht etwas mit seiner Weltanschauung zu tun habe (»Es gibt keine andere Wirklichkeit als die, die ich wahrnehme«), und ob er es nicht selbst für unredlich halte, seine höchst persönliche Weltanschauung unter dem Deckmantel seines Rufes als Wissenschaftler zu verfechten. Dies brachte ihn vollends zur Weißglut, und unser Gespräch endete sehr unerfreulich.

Dieser Vorfall ist mir in Erinnerung geblieben, weil die emotionale Reaktion des ansonsten äußerst freundlichen Gelehrten mir für all die Menschen typisch zu sein scheint, die Astrologie mit Worten wie »Unsinn« und »Aberglaube« abtun. Seit ich Ende der 50er Jahre durch das Werk C. G. Jungs und durch seine Theorie der »Synchronizität« mit der Astrologie in Berührung kam, mit der Erstellung von Horoskopen zu experimentieren anfing und dabei auf erstaunliche Resultate stieß, haben sich zahllose Menschen darüber entsetzt, daß ein in ihren Augen intelligenter Mensch seine Zeit mit derartigem Unsinn vergeudet. Immer wieder mußte ich dann jedoch feststellen, daß meine Kritiker ausnahmslos nie auch nur ein einziges Buch zum Thema Astrologie gelesen und sich auch noch nie mit einem einzigen gut erstellten Horoskop beschäftigt hatten. Ihre Ablehnung war also stets rein emotional begründet.

Ihr Motto scheint zu sein, daß »nicht sein kann, was nicht sein darf«. Sowohl die Anhänger des historischen Materialismus wie auch sehr orthodoxe Gläubige lehnen die Astrologie ab, weil sie nicht in ihr Weltbild paßt – natürlich ohne sich jemals kritisch mit ihr auseinandergesetzt zu haben.

Leider sind nur wenige Menschen bereit, grundlegende Überzeugungen zu korrigieren, ihre Lebensanschauung in Frage zu stellen oder sich sogar einzugestehen, daß sie sich in wichtigen Punkten während ihres ganzen bisherigen Lebens geirrt haben. Man braucht tatsächlich Mut, um Zweifel an Dingen zuzulassen, an die man immer geglaubt hat und die man schon als Kind lernte. Es ist ja auch viel ungefährlicher, eine Anschauung wie die Astrologie ohne jede Sachkenntnis als Unsinn abzustempeln und die Astrologen als unkritische Wirrköpfe.

Menschen mit dieser Einstellung verhalten sich so, als seien sie der Überzeugung, ihr eigener – begrenzter – Horizont sei

gleichzeitig der der ganzen Welt. Eigenartigerweise findet man diese Einstellung gerade auch unter Akademikern häufig. Weder akademische Titel noch ein erfolgreiches Fachstudium scheinen eine Garantie für intellektuelle Neugier, Vorurteilslosigkeit und Offenheit zu sein. Nicht einmal die Tatsache, daß immer wieder namhafte Gelehrte auf der ganzen Welt nach intensiven, langjährigen Studien zu der Überzeugung kommen, daß die Astrologie äußerst Wertvolles zu bieten hat und ein wichtiges Hilfsmittel zur Erforschung der Persönlichkeit sein kann (wie vor kurzem der berühmte Psychologe Prof. H. J. Eysenck), vermag solche »intellektuellen« Kritiker wachzurütteln. Auch die Tatsache, daß zahllose Ärzte und Psychologen ihre Diagnosen häufig mit den Horoskopen ihrer Patienten vergleichen, hält man entweder für unwahr oder für lebensgefährlichen Unsinn, immer nach dem Motto, daß nicht sein kann, was nicht sein darf!
Es fragt sich nun, ob der Fehler nur in der Borniertheit der anderen zu suchen ist, nie bei der Astrologie oder bei den Anhängern der Astrologie selbst? Natürlich ist das nicht so. Vor allem die Tages- und Wochenblattastrologie, die Horoskope der Zeitungen, erweisen der seriösen Astrologie einen schlechten Dienst. Ihre vagen, unzulässig verallgemeinernden Aussagen, die einander widersprechen, nie eintreffenden oder allgemeingültigen Vorhersagen und die nichtssagenden »Ratschläge für das Leben« haben stark dazu beigetragen, daß heute viele Menschen der Astrologie jeglichen Wert absprechen. Die Unfähigkeit vieler Astrologen, die weder über psychologische Einsicht (eine absolut notwendige Voraussetzung!) noch über Einsicht in die Grenzen und Begrenztheiten der Astrologie (ein Horoskop ist kein Orakel) verfügen, ist ebenfalls mit schuld daran, daß vielen Menschen jegliche Lust vergeht, sich mit diesem faszinierenden Sachgebiet näher zu beschäftigen. Auch die Meinungsverschiedenheiten zwischen Astrologen verschiedener »Schulen«, die jeweils auf ihr eigenes System schwören und jedes andere verketzern oder lächerlich machen, wirken sich nicht gerade positiv aus. Ein weiterer umstrittener Punkt ist die Erklärung des Phänomens Astrologie. Es gibt zahlreiche

Hypothesen, von denen jedoch keine völlig befriedigend ist. Zwei davon möchte ich hier kurz umreißen.

Manche Forscher sind der Ansicht, daß die kosmische Strahlung, die von den Himmelskörpern ausgeht, Einfluß auf unser Schicksal und Leben hat. Als Belege ziehen sie unter anderem den Einfluß der Mondphasen auf Ebbe und Flut, auf Prozesse in der Natur und auf die psychische und physische Verfassung des Menschen heran. In diesem Zusammenhang werden häufig auch Untersuchungen erwähnt, bei denen die Beziehung beispielsweise zwischen Planetenständen und bestimmten chemischen Reaktionen untersucht wurden. Viele moderne Psychologen schließen sich jedoch mehr oder weniger Jungs Anschauung an und betrachten Sonne, Mond und Planeten als Symbole, die mit den »Archetypen« in Zusammenhang stehen, jenen dem kollektiven Unbewußten angehörenden und in jedem Menschen vorhandenen Urbildern. Der Mensch ist nach diesem Konzept Teil eines riesigen kosmischen Ganzen, innerhalb dessen alles eine Bedeutung zu haben und ein geheimnisvoller Zusammenhang zwischen allem und jedem zu bestehen scheint. Zum Zeitpunkt der Geburt – wenn ein Mensch anfängt, unabhängig vom Körper der Mutter ein eigenes Leben zu führen – spiegeln der Stand der Planeten und ihre Beziehungen zueinander (die Aspekte) auf symbolische Weise in der Außenwelt die innere Struktur des Neugeborenen wider. »Wie oben, so unten«, sagten schon die Alten. Diese Konstellation der kosmischen Symbole zum Zeitpunkt der Geburt zeigt das Horoskop an; es ist also mit einer kosmischen Uhr vergleichbar. Wie die Ziffern einer gewöhnlichen Uhr nicht selbst die Zeit *sind,* sondern diese nur *anzeigen,* und das Quecksilber des Thermometers nicht die Temperatur *verursacht,* sondern sie nur *registriert,* so registrieren die Planeten in der Horoskopzeichnung eine große Anzahl von Faktoren, ererbte und andere, die den Charakter und die innere Struktur des neugeborenen Menschen (mit-)bestimmen.

Da Charakter und Schicksal eng miteinander verwoben sind, kann man darüber hinaus anhand der weiteren Planetenbewegungen (also im Makrokosmos) die Entwicklung und Entfaltung des betreffenden Menschen (im Mikrokosmos) weiterverfolgen. Diese Hypothese, die aus Jungs Synchronizitätstheorie entstanden ist (Synchronizität ist das Zusammentreffen zweier sinnvoller, jedoch ursächlich nicht miteinander verbundener Ereignisse: so etwa Planetenbewegung und Menschenschicksal), erscheint mir persönlich die überzeugendste. Weiter kann man nicht gehen, denn es erscheint mir höchst unwahrscheinlich, daß es jemals möglich sein wird, eine der existierenden Hypothesen zur Tatsache im wissenschaftlichen Sinne zu erhärten.

Ein bekannter Astronom erklärte einmal, daß er nach der Konfrontation mit einigen verblüffenden Horoskopen geneigt sei, der Astrologie mehr Bedeutung zuzusprechen, als er bisher getan habe. »Aber«, fügte er sogleich hinzu, »die Astrologie ist für mich deshalb noch lange nicht bewiesen.« Es stellt sich die Frage, wie viele »Beweise« dieser Astronom noch braucht, um sich geschlagen zu geben, denn wieviel Beweiskraft man Fakten beimißt, wird wohl immer von Mensch zu Mensch verschieden sein. Was für mich ein Beweis ist, braucht für einen anderen noch lange keiner zu sein, vor allem, wenn es um Zusammenhänge geht, die sich nun einmal nicht exakt und naturwissenschaftlich messen, wiegen oder methodisch registrieren lassen. Aber wer wird behaupten wollen, daß nur Beweise im naturwissenschaftlichen Sinne echte Beweise sind?

Der Autor des vorliegenden Buches hat mit erstaunlicher Genauigkeit und Energie alles gesammelt und geordnet, was wir brauchen, um ein Horoskop gründlich zu analysieren. Wer an dieses Buch als vorurteilsloser Suchender herangeht, der wird sich mit seiner Hilfe von der Wahrheit und vom Wert der Astrologie überzeugen können. Ich kenne kaum ein Werk zum Thema Astrologie, das eine so große Menge konkreter und direkt verifizierbarer Fakten enthält. In diesem Sinne ist sein Werk ein hervorragendes Buch, wenn uns daran gelegen ist, unsere Einsicht in unsere Persönlichkeitsstruktur und in das, was uns bewegt und motiviert, zu vertiefen.

Ich bin der festen Überzeugung, daß die Ergebnisse einer sachkundig angefertigten Horoskopanalyse in vielerlei Hinsicht die

Resultate einer psychotherapeutischen Anamnese oder eines psychologischen Tests übertreffen. Eine große, ständig wachsende Zahl von Psychologen scheint inzwischen zum gleichen Schluß gekommen zu sein. Deshalb würde ich das Buch von Dr. Boot gerne in den Händen vieler sehen, auch in denen der Skeptiker, auf daß sie – nachdem sie sich die astrologische Methode zu eigen gemacht haben – entdecken mögen, wie erstaunlich treffsicher ein Horoskop Charakterstruktur, Erbanlagen und Entwicklungsmöglichkeiten eines Menschen zu beschreiben vermag. Dieses Werk trägt zu meiner Freude auf sehr positive Weise dazu bei, Vorurteile gegenüber dem faszinierenden Phänomen »Astrologie« auszumerzen.

Jack van Belle

Einleitung

Was will dieses Buch?

In den letzten 30 Jahren wurden sehr viele, qualitativ hochstehende Untersuchungen auf dem Gebiet der Astrologie durchgeführt. Aus ihnen geht hervor, daß man die astrologische Symbolik sehr gut für die Arbeit an den psychologischen Problemen des modernen Menschen verwenden kann. Die Ergebnisse der erwähnten Untersuchungen, die auf der ganzen Welt durchgeführt wurden, waren dem breiteren Publikum bisher noch nicht zugänglich. Dies gilt vor allem für den nichtenglischen Sprachraum. Das vorliegende Buch will diese Informationslücke füllen. Dabei liegt der Schwerpunkt nicht so sehr auf der Astrologie an sich, sondern auf den Informationen und Einsichten, die man mit ihrer Hilfe über sich selbst erwerben kann.

Für wen wurde das Buch geschrieben?

Dieses Buch ist für jeden geschrieben, der mehr über sich selbst und über den Menschen im allgemeinen wissen will. Es erfordert keine Vorkenntnisse in Astronomie, Psychologie, Philosophie oder Astrologie.

Was ist der Inhalt des Buches?

Das Buch behandelt zunächst die Grundbegriffe der Astrologie und den Umgang mit den astrologischen Symbolen. Es folgt eine kurzgefaßte Anleitung zum Berechnen und Zeichnen eines Geburtshoroskops, die ergänzt wird durch den ausführlichen Berechnungsteil im Anhang des Buches. Nach diesen allgemeinen, eher technischen Fragen werden die astrologischen Sym-

bole auf den Menschen bezogen; das heißt, sie werden als Symbole für Charaktereigenschaften und typische Verhaltensweisen interpretiert. Zur Definition und Interpretation der Charaktereigenschaften wird soweit möglich auf Begriffe aus der psychologischen Umgangssprache zurückgegriffen. Diese allgemeinverständlichen Begriffe werden mit den Bereichen der Astrologie in Zusammenhang gebracht, die aufgrund der Untersuchungen der letzten Jahre als »bewiesen« gelten. Das Buch behandelt also einerseits den »harten Kern« der astrologischen Lehre, das heißt den Teil der Astrologie, der schon in den alten astrologischen Überlieferungen enthalten ist. Es werden andererseits auch Fakten berücksichtigt, die der alten Astrologie noch nicht bekannt waren, zum Beispiel die Interpretationen der Himmelskörper, die erst in neuerer Zeit entdeckt wurden. Die Bedeutung der Planeten Uranus, Neptun und Pluto ist für die konkrete Charakterbeschreibung von großer Bedeutung, wie die Interpretationen in diesem Buch zeigen werden. Auch im Bereich der sogenannten Aspekte sind gegenüber dem, was traditionell als wichtig angesehen wurde, Ergänzungen notwendig. So hat sich beispielsweise herausgestellt, daß der Quinkunx-Aspekt Aufschluß über einen sehr wichtigen psychischen Faktor gibt.
Im Gegensatz zu anderen astrologischen Einführungsbüchern finden sich in diesem Buch keine ausführlichen Beschreibungen der Sonne in den Tierkreiszeichen für sich allein genommen. In der neueren astrologischen Literatur hat sich seit Jahren die Ansicht durchgesetzt, daß man Sonne und Mond zusammen interpretieren muß, um bei der Charakterbeschreibung die richtigen Schwerpunkte zu finden. Deshalb enthält dieses Buch nur Interpretationen von Sonne und Mond zusammen.

Wie ist das Buch aufgebaut?

Nach einer allgemeinen Einleitung, in der die astrologische Fachsprache entschleiert wird, folgt die schrittweise Deutung eines Horoskops. Während des Lesens wird immer klarer, was dieses Horoskop nach der Interpretationslehre dieses Buches bedeutet. Es ist also wichtig, das Buch von vorne nach hinten zu lesen, denn nur so kann man Schritt für Schritt den roten Faden verfolgen. Immer wieder sind Anweisungen für das weitere Vorgehen eingestreut. Auch findet der Leser Hinweise, wie er die erhaltenen Informationen auf sich selbst anwenden kann, wie er sich mit Hilfe dieser Informationen weiterentwickeln und wie er die Informationen des Horoskops als Chance zu innerem Wachstum nutzen kann.

Glossar der wichtigsten Begriffe

Aspekt: Der Winkelabstand, in dem zwei Punkte des Tierkreises zueinander stehen.
Die wichtigsten Aspekte sind: Konjunktion, Sextil, Quadrat, Trigon, Quinkunx und Opposition.

Aszendent: Der Punkt des Tierkreises, der zum Zeitpunkt der Geburt am östlichen Horizont steht.

Eingeschlossenes Zeichen: Ein Zeichen, in dem sich keine Hausspitze befindet und das dementsprechend in ein einziges Haus fällt.

Element: Im Altertum wurde angenommen, daß es vier Urstoffe gibt: Feuer, Erde, Luft und Wasser. Jeder dieser Urstoffe ist ein Element. Die Tierkreiszeichen wurden diesen vier Elementen zugeordnet.

Ephemeride: Tabellenwerk, in dem die Positionen der Himmelskörper pro Tag angegeben sind, entweder für 0.00 Uhr (GMT) oder für 12.00 Uhr (GMT).

Geburtshoroskop: Schematische Darstellung des Planeten- und Häuserstandes zum Zeitpunkt der Geburt des Betreffenden.

Geburtstag (nach GMT): Der Geburtstag ist der Tag, auf den der Zeitpunkt der Geburt, umgerechnet auf GMT, fällt.

GMT: Abkürzung für »Greenwich Mean Time« (Westeuropäische Zeit), bezogen auf den Nullmeridian, der durch Greenwich geht. Auf diese Zeit werden andere Zeitarten für astrologische Berechnungen umgerechnet.
Statt GMT wird oft auch die Abkürzung GT (Greenwich Time) verwendet.

Halbsextil: Aspekt mit dem Abstand von 30°.

Haus: Ausgehend vom Aszendenten wird das Himmelsgewölbe in zwölf Abschnitte unterteilt. Diese Abschnitte werden Häuser genannt.

Häusertabelle: Tabelle, in der die Spitzen der Häuser bei den verschiedenen Positionen der Erde (der täglichen Umdrehung) für einen bestimmten Breitengrad angegeben sind.

Herrscher:

1. eines Zeichens: Den Zeichen des Tierkreises werden ein oder mehrere Himmelskörper zugeordnet.
2. eines Hauses: Der Herrscher eines Hauses ist der Herrscher des Zeichens an der Spitze des betreffenden Hauses.

Himmelskörper: Für das Studium der Astrologie sind folgende Himmelskörper von Bedeutung: die Sonne, der Mond und die Planeten Merkur, Venus, Mars, Jupiter, Saturn, Uranus, Neptun und Pluto.

Himmelsmitte: Der Punkt am Himmel, der bei der Geburt genau über dem Geburtsort stand, gemessen in Graden eines bestimmten Zeichens.

Konjunktion: Aspekt mit dem Abstand von 0°.

MC: Medium coeli, siehe Himmelsmitte

Opposition: Aspekt mit dem Abstand von 180°.

Orbis: Der Grad-Spielraum, der einem bestimmten Aspekt zugestanden wird.

Quadrat: Aspekt mit dem Abstand von 90°.

Qualität: Die Zeichen des Tierkreises werden in drei Gruppen von jeweils vier Zeichen eingeteilt; den drei Gruppen werden folgende Eigenschaften zugeordnet: *kardinal, fest* und *beweglich.* Diese Eigenschaften werden als Qualitäten bezeichnet.

Retrograd oder rückläufig: Da die Erde um die Sonne kreist, scheinen bestimmte Planeten manchmal »rückwärts« zu laufen. Diese werden rückläufige oder retrograde Planeten genannt.

Sextil: Aspekt mit dem Abstand von 60°.

Spitze: Der Anfangspunkt eines Hauses, angegeben in der Gradzahl eines Tierkreiszeichens.

Sternzeit (ST): Die Sternzeit ist so definiert worden, daß ein Tag genau mit der Umdrehungszeit der Erde übereinstimmt, und zwar in bezug auf den Frühlingspunkt statt in bezug auf die Sonne. Daher ist ein Sterntag kürzer als ein Sonnentag.

Tierkreis: Die Himmelssphäre umspannende Zone aus folgenden zwölf Sternbildern: Widder, Stier, Zwillinge, Krebs, Löwe, Jungfrau, Waage, Skorpion, Schütze, Steinbock, Wassermann, Fische.

Trigon: Aspekt mit dem Abstand von 120°.

Zeichen: Eines der Sternbilder des Tierkreises. Die Zeichen dienen zur Lokalisierung nicht feststehender Punkte, wie Himmelskörper, Aszendent, Spitze der Häuser usw.

Die Horoskopzeichnung

Die Grundlage jeder zuverlässigen astrologischen Interpretation ist ein genau berechnetes Horoskop. Für eine genaue Horoskopberechnung benötigt man mehrere teure Nachschlagewerke. Wer nicht vorhat, sich beruflich oder als ernsthafter Amateur mit Astrologie zu beschäftigen, für den lohnt es nicht, sich diese Nachschlagewerke (die im weiteren Verlauf dieses Kapitels aufgeführt werden) anzuschaffen. Ebensowenig lohnt sich die Mühe, für ein oder zwei Horoskope, die man eventuell erstellen will, die Kunst der Horoskopberechnung zu erlernen. Wenn Sie sich eigentlich nur für Ihr eigenes Horoskop und ein paar andere interessieren, sollten Sie die Hilfe eines erfahrenen Astrologen in Anspruch nehmen. Allerdings sollten Sie dann darauf achten, daß dieser sich nicht mit ungenauen Berechnungen zufrieden gibt, was unter Astrologen ein leider sehr weit verbreitetes Übel ist. Außerdem müssen Sie unbedingt darauf achten, daß der Betreffende das zu diesem Buch passende Häusersystem benutzt. Die Interpretationen in diesem Buch gelten nur für Häuserberechnungen nach dem Koch-System. (Zu den Begriffen *Häuser* und *Koch-System* siehe Einleitung zu Teil 2: »Die Häuser des Horoskops«). Wenn Sie die Berechnungen selbst anstellen wollen, müssen Sie der Anleitung zur Berechnung eines Horoskops Schritt für Schritt folgen (siehe auch ausführlicher Berechnungsteil im Anhang des Buches).

Anleitung zum Berechnen eines Geburtshoroskops

Um ein Geburtshoroskop zu berechnen, müssen Sie folgendes tun:

1. Anschaffen von Nachschlagewerken/Tabellen

Folgende Werke müssen Sie sich beschaffen:

a) Eine Ephemeride für den gewünschten Zeitraum. Für die Zeit nach 1950 zum Beispiel: *The Complete Planetary Ephemeris for 1950 to 2000 A.D.* (siehe Literaturangaben im Anhang).
b) *ASI Tables of Diurnal Planetary Motion,* ASI Publishers Inc. 127 Madison Av., New York.
c) Walter Koch und Elisabeth Schaeck: *Häusertabellen des Geburtsorts* (siehe Literaturangaben im Anhang).
d) Eine genaue topographische Karte des jeweiligen Geburtslandes oder ein Buch mit Stueltepositionen.

2. Das Berechnen der mittleren Ortszeit

a) Erkundigen Sie sich beim Standesamt (oder beim Einwohnermeldeamt) nach der genauen Geburtszeit oder schlagen Sie sie im Familienstammbuch oder in anderen Unterlagen nach.
Von der *Uhr*zeit müssen sie nun die wahre Zeit ableiten. Das geschieht wie folgt:
b) Stellen Sie fest, welcher Zeit diese Uhrzeit entspricht (siehe Anhang S. 464).
c) Korrigieren Sie die Uhrzeit 1. nach Zeitart und 2. für die östliche (oder westliche) Länge und die Sommerzeiten (siehe Anhang).
d) Das Resultat ist die mittlere Ortszeit (MOZ), die auch die wahre Zeit genannt wird.

3. Berechnen der Sternzeit (ST)

a) Suchen Sie in der Ephemeride die Sternzeit (ST) für den Tag der Geburt auf. In der empfohlenen Ephemeride wird diese für 0.00 Uhr angegeben. In anderen Ephemeriden wird sie häufig für 12.00 angegeben. Darauf müssen Sie unbedingt achten!

b) Rechnen Sie die Sternzeit des Geburtszeitpunkts aus, d. h.:
   - Addieren Sie die errechnete MOZ und die angegebene ST.
   - Korrigieren Sie mit Hilfe der Sternzeitkorrektur-Tabelle (im Anhang S. 476).

4. Berechnen des Standes der Himmelskörper

a) Suchen Sie in der Ephemeride den Stand jedes Himmelskörpers am Tage der Geburt heraus. Achten Sie darauf, ob die Werte auf 0.00 Uhr oder auf 12.00 Uhr bezogen sind.

b) Berechnen Sie die Differenz zur ST und entnehmen Sie aus den ASI-Tabellen (siehe 1b), welche Zahl zur angegebenen ST addiert werden muß.

5. Berechnung des Häuserstandes

a) Suchen Sie in der Koch-Häusertabelle die errechnete ST auf.

b) Leiten Sie daraus die Gradposition des MC ab (siehe Teil 2 dieses Buches, Kapitel: »Das zehnte Haus«).

c) Leiten Sie daraus den zugehörigen Aszendenten (siehe Teil 2 dieses Buches, Kapitel: »Das erste Haus«) für den Breitengrad des Geburtsorts ab (dazu brauchen Sie die topographische Karte).

d) Leiten Sie daraus die anderen Häuser nach den Angaben der Koch-Tabellen ab.

TEIL I: Tierkreis und Himmelskörper

Die Grundlagen der Astrologie

Wie alle anderen Wissenschaften baut auch die Astrologie auf einer Reihe von Thesen auf, die uns helfen können, die Wirklichkeit in einem bestimmten Strukturmuster zu erfassen, durch welches die Wahrnehmungen und Erfahrungen in einen sinnvollen Zusammenhang gestellt werden. Der menschliche Geist braucht solche Denkmodelle. Jeder Wissenschaft liegen einige unbeweisbare Annahmen (Hypothesen) zugrunde. So geht die Sprachwissenschaft davon aus, daß eine Sprache aus Bedeutungen besteht, ohne daß es möglich wäre, deren Existenz zu *beweisen.* Der medizinischen Wissenschaft liegt (unter anderem) das »Gesetz von Ursache und Wirkung« zugrunde, das beinhaltet, daß bestimmte Handlungen und Umstände bestimmte Folgen haben. Hiervon ausgehend hat man im Laufe der Jahre beispielsweise festgestellt, daß es der Gesundheit nicht zuträglich ist, viel zu rauchen oder viel Fett zu essen.
So funktioniert der menschliche Geist: Zuerst wird eine Idee (Hypothese) entwickelt, eine Vorstellung darüber, wie etwas funktioniert oder wie man ein Problem erfassen kann. Danach werden die verschiedenen Erfahrungen in einen systematischen Zusammenhang gebracht, aus dem neue Thesen abgeleitet werden können, was wiederum neue Wahrnehmungen ermöglicht. Oft werden die Thesen im Verlauf dieses Lernprozesses abgeändert, um kompliziertere Zusammenhänge erfassen zu können. Dann setzt eine neue Phase des Prüfens und Beobachtens ein. Auf diese Weise wächst das menschliche Wissen und damit auch die Wissenschaft.
Als wichtigste Grundthese der Astrologie könnte gelten, daß im Kosmos nichts verlorengeht und daß zwischen allem Existierenden ein Zusammenhang besteht. Diesem Grundgedanken werden sich einige Menschen anschließen, andere nicht. So ist es in allen Wissenschaften: Die Wissenschaftler verifizieren durch

ihre Untersuchungen und Beobachtungen alte Thesen oder kommen zu neuen. So auch die Astrologen.
Der einzige Unterschied zwischen Astrologen und anderen Wissenschaftlern besteht darin, daß es schon so lange Astrologen gibt, wie es systematisches menschliches Denken gibt.
Astrologische Forschung gibt es schon seit dem Jahre 6000 v. Chr.
Außer dem nicht beweisbaren, intuitiven Ursprung der Astrologie gibt es noch einen anderen Teil: Durch empirische Untersuchungen werden die astrologischen Thesen überprüft und verifiziert oder, wenn das nicht möglich ist, verworfen. Astrologie ist also keine Glaubenslehre. Man kann die Richtigkeit der astrologischen Thesen untersuchen – und jeder Astrologe sollte dies unbedingt selbst tun.
Es ist ein großer Vorteil, daß die astrologische Tradition so weit zurückreicht. In ihrem Verlauf wurde vieles über die kosmischen Zusammenhänge herausgefunden. Viele berühmte Wissenschaftler aller Zeiten widmeten einen großen Teil ihres Lebens der astrologischen Forschung, wie Plato, Johannes der Evangelist, Leonardo da Vinci, Albertus Magnus, Johannes Kepler, J. W. von Goethe und C. G. Jung. Doch auch so nüchterne Psychologen wie H. J. Eysenck, die sich streng an die Grundlagen des heutigen Wissenschaftsverständnisses halten, können die Richtigkeit der astrologischen Thesen nicht abstreiten. Auch sie beziehen die Astrologie in ihre psychologischen Forschungen ein.

Die Symbolsprache der Astrologie

Wie jede andere Wissenschaft hat auch die Astrologie ihre eigene Fachsprache entwickelt. Der Astrologe benutzt eine Reihe von Symbolen. Versteht man diese Symbole, so kann man zum Beispiel ein Geburts- oder Radixhoroskop lesen. Ein Geburtshoroskop ist eine symbolische Darstellung der Beziehungen zwischen den Himmelskörpern zum Zeitpunkt der Geburt. Diese Beziehungen spiegeln den Grundcharakter des neugeborenen Menschen. Deshalb heißt das Geburtshoroskop auch Radixhoroskop, denn Radix ist das lateinische Wort für Wurzel. Das Wort Horoskop stammt aus dem Griechischen und bedeutet wörtlich »die Zeit beobachtend«. Zum Aufzeichnen des Geburtshoroskops braucht der Astrologe folgende Fakten: das genaue Datum, die genaue Zeit und den genauen Ort der Geburt sowie das Geschlecht des Ratsuchenden. Aus den ersten drei Angaben wird der genaue Stand der Himmelskörper zum Zeitpunkt der Geburt abgeleitet. Dazu sind einige teilweise recht komplizierte Berechnungen notwendig. Für einen Laien ist dies ziemlich mühselig. Es lenkt nur von dem ab, was die Astrologie dem Menschen unserer Zeit zu geben vermag: Einsicht in die großen Fragen des Lebens und Einblick in die eigene Persönlichkeit sowie in die eigene Lebensaufgabe. Es gibt heute genügend zuverlässige Astrologen, die die Arbeit des Berechnens gegen ein kleines Entgelt übernehmen. Auf die Berechnungen werden wir hier nicht näher eingehen. Wer selbst berechnen will, findet im Kapitel »Die Horoskopzeichnung« und im Anhang ausführlichere Anweisungen.

Erste Symbolgruppe: die Tierkreiszeichen

Jeder, der einmal eines der sogenannten Horoskope in Tageszeitungen und Zeitschriften gelesen hat, kennt die Namen der Tierkreiszeichen: Widder, Stier, Zwillinge, Krebs, Löwe, Jungfrau, Waage, Skorpion, Schütze, Steinbock, Wassermann und Fische. Nach Lektüre und Studium dieses Buches wird wahrscheinlich jedem Leser klar sein, daß das, was über die »Sternzeichen« in den Zeitungen zu finden ist, nichts mit seriöser Astrologie zu tun hat. Um ein Horoskop deuten zu können, braucht man sicherlich einiges mehr als nur die Namen der Tierkreiszeichen. Natürlich ist es notwendig, die Tierkreiszeichen gut zu kennen. Deshalb geben wir sie hier noch einmal in einer Tabelle wieder. Neben dem deutschen und lateinischen Namen des jeweiligen Zeichens steht das für sie in der Horoskopzeichnung verwendete Symbol.

Tabelle: Die Tierkreiszeichen und zugehörige Symbole

deutscher Name	*lateinischer Name*	*Symbol*
Widder	Aries	♈
Stier	Taurus	♉
Zwillinge	Gemini	♊
Krebs	Cancer	♋
Löwe	Leo	♌
Jungfrau	Virgo	♍
Waage	Libra	♎

deutscher Name	*lateinischer Name*	*Symbol*
Skorpion	Scorpio	♏
Schütze	Sagittarius	♐
Steinbock	Capricornus	♑
Wassermann	Aquarius	♒
Fische	Pisces	♓

In einer Horoskopzeichnung, die beispielsweise aus vier konzentrischen Kreisen bestehen kann, werden die Symbole zwischen den beiden äußeren Kreisen eingezeichnet. Also:

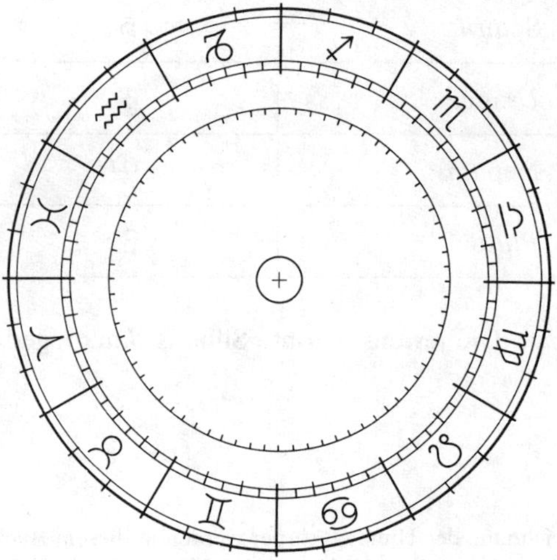

Abbildung: Horoskopzeichnung mit den Symbolen für die Tierkreiszeichen

Die Himmelskörper werden durch die folgenden Symbole dargestellt:

Tabelle: Himmelskörper*, Name und Symbol

Name	*Symbol*
Sonne	☉
Mond	☾
Mer*kur*	☿
*Ve*nus	♀
Mars	♂
*Ju*piter	♃
Sa*turn*	♄
*U*ranus	⛢
Nep*tun*	♆
*Plu*to	♇

Anmerkung: Die jeweils betonte Silbe ist *kursiv* gedruckt.

* Zur Bezeichnung der Himmelskörper werden in diesem Buch zwei Ausdrücke verwendet: »Himmelskörper« und »Planeten«. Als Himmelskörper werden alle in dieser Tabelle aufgeführten bezeichnet, als Planeten nur die letzten 8, also von Merkur bis einschließlich Pluto.

Zweite Symbolgruppe: die Himmelskörper

Der Raum, den jedes Tierkreiszeichen einnimmt, wird wiederum in dreißig gleiche Teile unterteilt. Diese Teile werden Grade genannt. Mit Hilfe der Grade kann man die genaue Position einer zweiten Symbolgruppe ermitteln, die die Himmelskörper bezeichnen. Diese müssen entsprechend ihrem Stand zum Zeitpunkt der Geburt in die Horoskopzeichnung eingetragen werden. Der Stand der Himmelskörper muß errechnet werden.

Die Himmelskörper in der Horoskopzeichnung

Die Himmelskörper befinden sich immer in einem der Tierkreiszeichen. Man kann die Positionen der Himmelskörper für jeden beliebigen Zeitpunkt berechnen. So erhält man beispielsweise für das Datum 15. April 1978 und für die Zeit 0.00 Uhr folgende Werte:

☉	24°40′06″	♈	
☾	18°19′09″	♋	
☿	18°58′01″	♈	R
♀	14°55′04″	♉	
♂	01°30′06″	♌	
♃	00°26′04″	♋	
♄	23°44′09″	♌	
⛢	15°13′00″	♏	R

♆	18°08′09″	♐	R
♇	15°03′01″	♎	R

Anmerkung: Das Symbol R bedeutet retrograd oder rückläufig, d. h. »rückwärts laufend«.
Die erste Zahl ist die Gradzahl (°).
Die zweite Zahl gibt die Gradminuten (′) an.
Die dritte Zahl gibt die Gradsekunden (″) an.

Somit liest man die Tabelle mit den Werten für dic Himmelskörper wie folgt:

Am 15. April 1978 um 0.00 Uhr steht

1. die Sonne in Widder in 24 Grad, 40 Minuten, 6 Sekunden.
2. der Mond in Krebs in 18 Grad, 19 Minuten, 9 Sekunden.
3. Merkur in Widder in 18 Grad, 58 Minuten, 1 Sekunde; Merkur ist rückläufig oder retrograd.
4. Venus in Stier in 14 Grad, 55 Minuten, 4 Sekunden.
5. Mars in Löwe in 1 Grad, 30 Minuten, 6 Sekunden.
6. Jupiter in Krebs in 0 Grad, 26 Minuten, 4 Sekunden.
7. Saturn in Löwe in 23 Grad, 44 Minuten, 9 Sekunden.
8. Uranus in Skorpion in 15 Grad, 13 Minuten, 0 Sekunden; Uranus ist rückläufig oder retrograd.
9. Neptun in Schütze in 18 Grad, 8 Minuten, 9 Sekunden; Neptun ist rückläufig oder retrograd.
10. Pluto in Waage in 15 Grad, 3 Minuten, 1 Sekunde; Pluto ist rückläufig oder retrograd.

Auf folgende Weise trägt man die Himmelskörper in das Horoskop mit den Tierkreiszeichen ein:

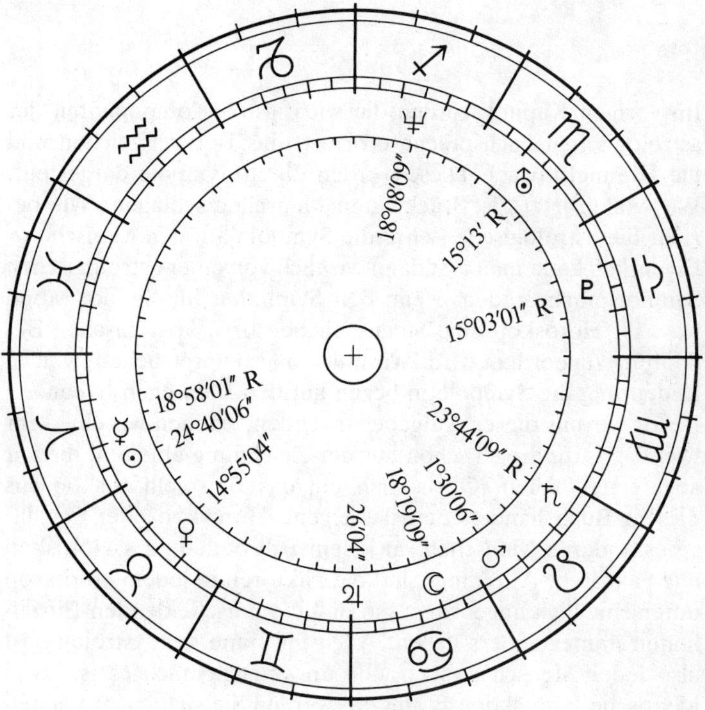

Abbildung: Horoskopzeichnung für den 15. April 1978, 0.00 Uhr.

Die Symbole der Astrologie und ihre Bedeutung für den Menschen

Im vorigen Kapitel wurden die wichtigsten Komponenten der astrologischen Fachsprache erörtert: die Tierkreiszeichen und die Himmelskörper. Diese werden durch Symbole dargestellt. Wir wollen jetzt die Brücke zum Menschen schlagen: Wie bezieht die astrologische Lehre die Symbole auf den Menschen? Eigentlich kann man erst dann wirklich von einer astrologischen Symbolsprache reden, wenn den Symbolen für Sonne, Mond usw. im Horoskop eine »menschliche« bzw. »psychische« Bedeutung zugeordnct wird. Wir müssen also untersuchen, welche Bedeutung die Symbole in bezug auf den Menschen haben.
Bevor wir uns dieser Aufgabe zuwenden, können wir eine sehr wichtige Grundregel schon aus der Zeichnung ableiten, die wir angefertigt haben. Ob es sich um das Beispielhoroskop aus diesem Buch handelt, um das eigene Horoskop oder um das eines anderen Menschen, in jedem Fall enthält das Horoskop *alle* Faktoren. Allerdings sind die Faktoren in jedem Horoskop unterschiedlich angeordnet, so daß die entscheidenden Einzelheiten immer anders liegen. Auch im Sinne der Astrologie ist also jeder Mensch anders. Wie unwahrscheinlich es ist, zwei identische Horoskope zu finden, werden Sie sich leicht vorstellen können, wenn Sie sehen, wie viele verschiedene Faktoren das vor Ihnen liegende Horoskop schon jetzt enthält. Alle diese Faktoren sind auf irgendeine Weise miteinander verbunden.
Man könnte nun einwenden, wenn zwei Menschen zum gleichen Zeitpunkt geboren werden, entstünden doch zwei identische Horoskope. Dieser Einwand ist beim augenblicklichen Informationsstand an diesem Punkt des Buches völlig gerechtfertigt. Bei gleicher Geburtszeit stimmen natürlich auch die Positionen der Himmelskörper in den Tierkreiszeichen überein. Die grundlegende Charakterfärbung ist dann auch tatsächlich gleich. Später werden wir jedoch sehen, daß der Ort der Geburt

ebenfalls ein wichtiger Faktor bei der Interpretation eines Horoskops ist. Aus der Ortsbestimmung läßt sich ableiten, welche Impulse auf den Charakter des Menschen einwirken werden. Diese Impulse bestimmen weitgehend, wie die Veranlagung sich äußert, wie der Charakter sich entwickelt. Wenn man den Stand der Himmelskörper mit dem Rohbau eines Gebäudes vergleicht, dann gibt uns der Geburtsort einen Hinweis auf den Putz und Anstrich.

Natürlich muß man das Gebäude erst einmal errichten, bevor man mit dem Verputzen und Anstreichen beginnen kann. Auf unser Thema übertragen bedeutet das: Wir müssen zuerst einmal ein Gespür für die Veranlagung entwickeln, wie sie die Himmelskörper durch ihre Position in den Tierkreiszeichen anzeigen, bevor wir uns mit anderen Faktoren des Horoskops befassen. Deshalb beschäftigen wir uns im ersten Teil dieses Buches ausschließlich mit der Lehre von den Himmelskörpern und den Tierkreiszeichen.

Wahrscheinlich ist mittlerweile jedem Leser klargeworden, daß das, was in den Zeitungen als Horoskop bezeichnet wird, wenig Wert hat. Jeder wird einsehen, daß es unmöglich ist, allen Zeitungslesern mit ein paar Worten alles Wichtige über ihre Horoskope sagen zu wollen. Es wäre völlig unmöglich, von all diesen Menschen die genaue Geburtszeit usw. zu berücksichtigen, ganz zu schweigen von der notwendigen Rechenarbeit. Das gleiche gilt auch für Bücher mit Titeln wie »Sie sind ein Widder«, die den Anschein erwecken wollen, etwas mit seriöser Astrologie zu tun zu haben. Diese Bücher beziehen ihre Aussagen gewöhnlich nur aus der Kombination zweier Faktoren: Von den Himmelskörpern berücksichtigen sie nur die Sonne, von den Tierkreiszeichen nur dasjenige, in dem sich die Sonne zum Zeitpunkt der Geburt befand. Da die Sonne ein sehr wichtiger Faktor im Horoskop ist, treffen die Aussagen solcher Bücher zum Teil tatsächlich zu. Wer sich jedoch auch nur ein wenig mit sich selbst beschäftigt, merkt meist schon bald, daß das, was in diesen Büchern steht, letztlich doch nie so ganz aufgeht. Man spürt, daß noch viel mehr dahinterstecken muß. Ein seriöser Astrologe würde sich nie willkürlich einen oder zwei Faktoren aus einem komplexen Ganzen herausgreifen. Daß manche dies aus zweifelhaften Motiven heraus dennoch tun, ist eine andere Sache. Jede Wissenschaft lockt ihre Scharlatane an.

Die Himmelskörper als Symbole für Eigenschaften

☉ Die Sonne symbolisiert in der Astrologie das Ich, die Individualität. Außerdem bezeichnet sie die Lebenskraft.

☾ Der Mond symbolisiert den abhängigen Teil der Persönlichkeit: Anhänglichkeit, Gehorsam, Anpassung, Phantasie, die Fähigkeit, aufgrund äußerer Anstöße zu lernen. Außerdem bezeichnet er die Fähigkeit, auswendig zu lernen, also das Gedächtnis.

☿ Merkur steht für Schnelligkeit im Denken, für die Fähigkeit, begrifflich zu denken, für Argumentieren und Gedankenaustausch. Er symbolisiert die Fähigkeiten des Verstandes, sowohl die angeborenen wie auch die erworbenen, und zeigt, wie man das Erlernte anwenden kann.

♀ Venus symbolisiert Liebe, die Fähigkeit, zu Kompromissen und Harmonie zu finden. Vergnügen und Freuden werden von Venus ebenso symbolisiert wie künstlerisches Talent. Zusammen mit Merkur gibt Venus Aufschluß über das Verhältnis zur Sprache.

♂ Mars symbolisiert Energie, Leidenschaft, Begierde, Lust an der Arbeit, Zerstörungswut, Muskelkraft, Streitlust, Sexualität und Disziplin.

♃ Jupiter symbolisiert den Optimismus im Menschen, seine angeborene Heilkraft, seine erzieherischen Fähigkeiten, Gefühl für gesellschaftliche Zusammenhänge, für Recht und Billigkeit; außerdem Jovialität, Bequemlichkeit und Gleichgültigkeit.

♄ Saturn symbolisiert das Gewissen, den Pessimismus, die hemmenden Kräfte im Menschen, Autorität und Selbstbeherrschung, Moral und Gesetze ebenso wie das Schuldbewußtsein.

♅ Uranus symbolisiert das Streben nach Wahrheit und deren Enthüllung, Freundschaft, intuitive Erkenntnis der Wahrheit, Provokation, den Rhythmus im Menschen, Launenhaftigkeit, Bereitschaft zu freiwilliger Zusammenarbeit sowie Kameradschaft, das Streben nach Freiheit in Gleichheit und die Fähigkeit zu sublimieren.

♆ Neptun symbolisiert den Sinn für Mystik und hohe Spiritualität, aber auch Aberglauben, Verlogenheit und Sucht sowie Selbstverleugnung und Selbstaufopferung.

♇ Pluto symbolisiert den tiefen inneren Drang nach Umwandlung, hypnotisch und unentrinnbar, und den verborgenen Zerstörungsdrang.

Wenn man diese Aufzählung so nüchtern hintereinander liest, kann man leicht zu der Ansicht kommen, daß sie große Widersprüche enthält oder daß den einzelnen Symbolen willkürlich irgendwelche Eigenschaften zugeordnet werden. Nur wer sich in die Hintergründe dieser Zuordnung vertieft, wird die zugrundeliegende Logik verstehen. Es würde jedoch zu weit führen und vom Ziel des Buches ablenken, dies hier näher zu erläutern. Unser Hauptziel ist ja, die in Tausenden von Jahren entwickelten »Gesetze« der Astrologie so klar wie möglich darzustellen. Wenn der Leser mit ihrer Hilfe den roten Faden in seinem eigenen Charakter und in seinem Leben findet, dann hat das Buch seinen Zweck erfüllt. Die Aufzählung der Eigenschaften und ihre Zuordnung zu den einzelnen Himmelskörpern soll

die Grundbegriffe der astrologischen Symbolsprache aufzeigen. Über die Logik dieser Zuordnungen ist schon sehr viel geschrieben worden.
Jedenfalls verdeutlicht die Aufzählung, daß die Himmelskörper tatsächlich Symbolcharakter haben: Sie stehen im Horoskop *für* etwas: für Eigenschaften und geistige Energien, die sich im Menschen manifestieren.

Die Himmelskörper in den Tierkreiszeichen

Im Prinzip verfügt jeder Mensch über Lebenskraft, über die Fähigkeit zu lieben, über eine angeborene Heilkraft, ein Gewissen, kurz, über sämtliche obengenannte Eigenschaften. Doch wirken sich diese Eigenschaften nicht bei jedem auf die gleiche Art aus, bzw. sie äußern sich verschieden. Manche Menschen sind ausgeprägte Individualisten, andere werden ihr Leben lang von tiefem Pessimismus niedergedrückt, wieder andere flattern über alle Probleme leichtherzig hinweg. Einige Menschen träumen zeitlebens von großen Reichtümern, andere träumen von der Verwirklichung von Idealen. Wie kann man nun aus dem Horoskop das jeweils zutreffende Mischungsverhältnis der Eigenschaften ableiten?

Qualitäten und Elemente: der rote Faden im Horoskop

Im vorigen Abschnitt wurden Eigenschaften beschrieben, die den allgemeinen Eindruck charakterisieren, den jemand erweckt, eine Art Grundtendenz oder den roten Faden, der sich durch die Persönlichkeit und das Verhalten eines Menschen zieht. Hat die Astrologie irgendeinen Wert, dann muß sie klare Hinweise enthalten, die es ermöglichen, den roten Faden einer Persönlichkeit zu finden. Zwar lassen sich nicht alle Menschen so leicht und so klar einordnen, aber wir beziehen uns hier zunächst auf Menschen, bei denen dies der Fall ist, die also besonders auffällige Charaktereigenschaften haben.

Um den roten Faden zu finden, untersuchen wir das Horoskop auf folgende Weise (wir beziehen uns hier auf das Beispielhoroskop auf Seite 39):

Wir stellen zunächst fest, daß nicht alle Tierkreiszeichen die gleiche Anzahl von Himmelskörpern enthalten. Folgende Zeichen unseres Beispielhoroskops sind unbesetzt: Zwillinge, Jungfrau, Steinbock, Wassermann und Fische. Jeweils ein einziges Symbol finden wir in den Zeichen Stier, Waage, Skorpion und Schütze. In den Zeichen Widder, Krebs und Löwe sind jeweils zwei Symbole enthalten. In der Astrologie geht man davon aus, daß Tierkreiszeichen, in denen sich ein oder mehrere Himmelskörper befinden, den Charakter besonders stark prägen. Das leuchtet ein, wenn man bedenkt, daß die Himmelskörper für Eigenschaften stehen, während die Tierkreiszeichen Menschentypen symbolisieren. Anhand des Beispielhoroskops läßt sich nun leicht erkennen, daß dieses Horoskop nicht typisch ist für »Fisch«, »Wassermann« oder »Jungfrau«. Zu diesem Schluß kann man kommen, ohne zu wissen, was der Typus »Fisch« usw. genau beinhaltet. Der Schwerpunkt liegt in unserem Beispiel auf den »Widder«-, »Krebs«- und »Löwe«-Eigenschaften. Es sei jedoch noch einmal nachdrücklich darauf hingewiesen, daß sich mit Sicherheit auch die anderen Zeichen im Charakter widerspiegeln. Im Augenblick geht es jedoch darum, anhand der Zeichnung die Schwerpunkte des Horoskops festzustellen. Wie sich die Zeichen äußern, die kein Symbol enthalten, wird später behandelt (siehe Teil II).

Typen: Über Qualitäten und Elemente

Bevor wir weiter auf die Frage nach dem roten Faden in einem Charakter eingehen, muß zunächst einmal ein anderer Bereich der astrologischen Lehre behandelt werden: die Beziehungen der Tierkreiszeichen untereinander.
Man kann die Tierkreiszeichen nicht getrennt voneinander betrachten, denn auch hier gilt die Regel, daß alles miteinander verbunden ist. Die Beziehung zwischen den Zeichen spiegelt sich in der Einteilung der Zeichen nach Qualitäten und Elementen wider. Man unterscheidet drei Qualitäten und vier Elemente.
Die drei Qualitäten sind: kardinal, fest und beweglich.

Folgende vier Zeichen bilden die Gruppe der Kardinalzeichen (oder Hauptzeichen):

WIDDER ♈

KREBS ♋

WAAGE ♎

STEINBOCK ♑

Die folgenden Zeichen sind die festen (auch fixen) Zeichen:

STIER ♉

LÖWE	♌
SKORPION	♏
WASSERMANN	♒

Die folgenden vier Zeichen sind die beweglichen Zeichen:

ZWILLINGE	♊
JUNGFRAU	♍
SCHÜTZE	♐
FISCHE	♓

Auch den drei Qualitäten werden bestimmte Eigenschaften zugeordnet, wobei die vier Zeichen, die zu einer Qualität gehören, noch einmal in zwei Gruppen unterteilt werden:
Die Kardinalzeichen weisen darauf hin, daß man *tun, erziehen,* den ersten Anstoß zu etwas geben will. Das Bewußtsein ist auf das *Selbst* gerichtet.
Die vier Zeichen einer Qualität werden unterteilt in (positive) elektrische und (negative) magnetische Zeichen. Die elektrischen Zeichen richten ihre Aktivität nach außen, auf die Welt, die magnetischen nach innen, auf den eigenen kleinen Kreis; sie suchen einen weniger spektakulären Weg.
Die elektrischen Kardinalzeichen sind ♈ und ♎; die magnetischen ♋ und ♑.
Die festen Zeichen bestärken im Charakter Beharrlichkeit und Willen. Das elektrische Paar ist ♌ und ♒, das magnetische ♉ und ♏.

Die beweglichen Zeichen weisen darauf hin, daß man gerne arbeitet um der Arbeit willen und nicht, um Macht zu gewinnen, wie es bei den festen Zeichen der Fall ist, oder um der Autorität willen wie bei den Kardinalzeichen. Außerdem sind die beweglichen Zeichen veränderlich, sie können sich nur schwer auf eine Sache beschränken und haben »an allem« Interesse. Das elektrische Paar ist ♊ und ♐; das magnetische ♍ und ♓.

Wenn wir dies nun auf unser Beispielhoroskop anwenden, finden wir darin eine Betonung der kardinalen Qualität: fünf Symbole, d. h. fünf Eigenschaften sind »kardinal« gefärbt, wobei sowohl der elektrische (nach außen gerichtete) wie auch der magnetische (nach innen wirkende) Aspekt vertreten ist. Die meisten Symbole befinden sich jedoch in den elektrischen Zeichen.
Damit ist der erste Schwerpunkt gefunden: Ein Mensch mit einem solchen Horoskop ist eher ein »Mann der Tat« als introvertiert.
Wenn wir das Horoskop weiter untersuchen, fällt uns auf, daß sich von den übrigen fünf Symbolen vier in der Gruppe der festen Zeichen befinden, und zwar eins im Stier, zwei in Löwe und eins in Skorpion. Daraus folgt, daß neben der Tatkraft große Beharrlichkeit und Willensstärke diesen Charakter prägen.
Nun zeichnet sich der rote Faden im Charakter schon ab, obwohl wir bisher erst eine der Kategorien berücksichtigt haben, nach denen die Tierkreiszeichen eingeteilt werden – die Kategorie der Qualitäten.

Anwendung der Qualitätenregel in zwei Beispielen

Die Anwendung der Qualitätenregel ist grundlegend für jede weitere Beschäftigung mit dem Horoskop. Selbst Widersprüchlichkeiten im Charakter und Verhalten eines Menschen lassen sich damit erfassen. Jemand kann z. B. sehr nett und zuvorkommend, in seinem tiefsten Wesen aber dennoch ein Egoist sein und mit all seiner Nettigkeit nur seine eigenen Interessen verfolgen. Umgekehrt können Menschen, die bärbeißig und hart wirken, gleichzeitig stark altruistische Züge haben. Oder jemand weiß zwar unvorstellbar viel, tut aber nichts anderes, als die letzten Neuigkeiten auf Kaffeekränzchen weiterzugeben. Das letzte Beispiel läßt sich durch folgende Deutung der astrologischen Symbolsprache leicht erklären: Die Qualität »beweglich« ist bei diesem Menschen höchstwahrscheinlich vorherrschend, ohne daß sie durch die Qualität »fest« aufgefangen wird.

Beispiel 1: Horoskop 25. Mai 1943, 12.00 Uhr

Die Berechnung ergibt folgende Planetenstände:

☉	03°24′03″	♊	
☽	19°27′00″	♒	
☿	00°30′00″	♊	R
♀	15°49′00″	♋	
♂	28°36′00″	♓	
♃	22°46′00″	♋	
♄	14°18′00″	♊	
♅	04°35′00″	♊	
♆	29°21′00″	♍	R
♇	05°12′00″	♌	

25. Mai 1943, 12.00 Uhr

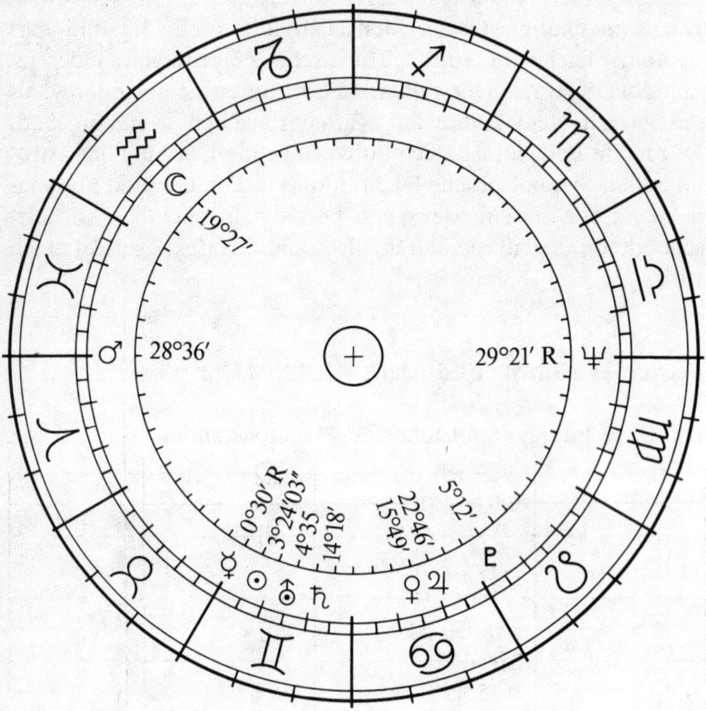

Die Untersuchung des Horoskops in bezug auf die Qualitäten ergibt: Sechs Symbole (Himmelskörper) sind beweglich. Sowohl die nach außen gerichteten elektrischen wie auch die nach innen wirkenden magnetischen Zeichen sind vertreten. Die meisten Symbole befinden sich in den elektrischen Zeichen. Von den restlichen vier Symbolen befinden sich jeweils zwei in festen (♇ und ☾) und zwei in kardinalen Zeichen (♀ und ♃). Schlußfolgerung: Die Merkmale der beweglichen Zeichen sind deutlich vorherrschend, das kardinale Element verstärkt die »Unruhe« bzw. Beweglichkeit.
Die Frage ist, ob in diesem Horoskop die beharrende Qualität noch zu ihrem Recht kommt.

Beispiel 2: Horoskop 4. November 1977, 18.00 Uhr.

Die Berechnung ergibt folgende Planetenstände:

☉	12°11′56″	♏	
☾	18°31′26″	♏	
☿	22°21′59″	♏	
♀	23°11′14″	♎	
♂	03°34′57″	♌	
♃	05°56′18″	♋	R
♄	29°18′58″	♌	
♅	12°06′58″	♍	
♆	14°39′28″	♐	
♇	15°08′50″	♎	

4. November 1977, 18.00 Uhr

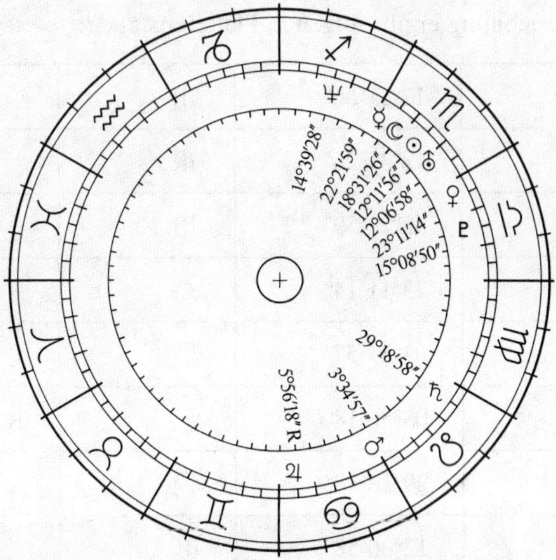

Bei Untersuchung der Qualitäten dieses Horoskops ergibt sich folgendes Bild: Sechs Symbole haben feste Qualität. Sowohl elektrische wie auch magnetische feste Zeichen sind vertreten, wobei die magnetischen Zeichen überwiegen. Vier der sechs Symbole stehen in Skorpion, von den vier übrigen befinden sich drei in den Kardinalzeichen ♎ und ♋, wobei hier die elektrischen Zeichen überwiegen. Ein einziges Symbol befindet sich im elektrischen und beweglichen Zeichen Schütze.

Schlußfolgerung: Die Merkmale der festen Zeichen dominieren. Die kardinale Qualität ist jedoch ein guter Motor, um das, was durch große Beharrlichkeit erworben wurde, nach außen zu bringen. Auf den ersten Blick meint man, daß das Problem hier der Mangel an Beweglichkeit ist. Um darauf jedoch eine astrologische Antwort geben zu können, müssen wir zuvor zum nächsten Deutungsschritt übergehen, nämlich zur Deutung der Elemente. Jedoch kann man schon jetzt sagen, daß dieses Horoskop ungefähr das Gegenteil des ersten Beispielhoroskops ist.

Die Elemente des Tierkreises

Die Tierkreiszeichen werden nicht nur Qualitäten, sondern auch Elementen zugeordnet, und zwar den vier Elementen *Wasser, Feuer, Luft* und *Erde*.
Jedem Element sind drei Zeichen zugeordnet. So erhält man drei Wasserzeichen, drei Feuerzeichen, drei Luftzeichen und drei Erdzeichen.

Beginnend mit dem Zeichen Widder erhalten wir folgende Gruppen:

1. *Feuerzeichen:*

WIDDER	♈
LÖWE	♌
SCHÜTZE	♐

2. *Erdzeichen:*

STIER	♉
JUNGFRAU	♍
STEINBOCK	♑

3. *Luftzeichen:*

ZWILLINGE	♊
WAAGE	♎
WASSERMANN	♒

4. *Wasserzeichen:*

KREBS	♋
SKORPION	♏
FISCHE	♓

Den Elementen werden folgende Eigenschaften zugeordnet:

Das Element *Feuer* erzeugt die Neigung, sich mit Enthusiasmus für eine Sache einzusetzen und für sie zu kämpfen.
Das Element *Erde* verleiht Solidität, will das Stoffliche beherrschen, das »Irdische«, die Materie, und will Nützliches schaffen.
Das Element *Luft* symbolisiert das Denkvermögen. Es fördert die Loslösung von den irdischen Dingen bzw. den Wunsch, sich von diesen zu lösen.
Das Element *Wasser* symbolisiert das Gefühl, die Empfindungen. Es fördert die Tendenz, aus dem Gefühl heraus zu denken und zu leben.

Die Elemente werden bei der Deutung des Horoskops auf die gleiche Weise behandelt wie die Qualitäten. Steht die Mehrzahl der Himmelskörper im Element Wasser, so deutet dies auf einen Charakter, bei dem sich alles ums Gefühl dreht. Viel Erde deutet auf Materialismus und Solidität, viel Luft auf Spiritualität und hohe Intelligenz, viel Feuer auf Enthusiasmus und den Willen, für etwas einzutreten.

Bezogen auf das Horoskop vom 15. April 1978 (S. 39) erhalten wir folgendes Bild:

fünf Himmelskörper stehen in Feuerzeichen:	☿ ☉ ♂ ♄ ♆
ein Planet steht in einem Erdzeichen:	♀
drei Himmelskörper stehen in Wasserzeichen:	♃ ☾ ♅
ein Planet steht in einem Luftzeichen:	♇

Demnach überwiegt das Element Feuer. An zweiter Stelle steht das Element Wasser. Erde und Luft sind nur mit je einem Planeten vertreten, kommen also nicht sehr deutlich zum Ausdruck. Luft und Erde fehlen jedoch auch hier nicht ganz: Der Planet Venus hat hier die Färbung »Erde«, und Pluto hat die

Färbung »Luft«. Aus der Elementenlehre kann man noch weitere Schlußfolgerungen ziehen, die sich auf den ersten Blick anbieten. Im Beispielhoroskop sind die Feuerzeichen und die Wasserzeichen stark vertreten. Der Charakter setzt sich also hauptsächlich aus Wasser und Feuer zusammen. Wir können daher folgern, daß wir es mit einem Charakter zu tun haben, der durch starke Spannungen gekennzeichnet ist. Wir hatten schon festgestellt, daß diese Spannungen nach außen gerichtet sind.

Das Beispielhoroskop vom 25. Mai 1943, 12.00 Uhr ergibt folgendes Bild (S. 50):

fünf Himmelskörper stehen in Luftzeichen:	☿ ☉ ♅ ♄ ☾
drei Planeten stehen in Wasserzeichen:	♀ ♃ ♂
ein Planet steht in einem Feuerzeichen:	♇
ein Planet steht in einem Erdzeichen:	♆

Das Element Luft überwiegt. An zweiter Stelle folgt das Element Wasser. Die Elemente Erde und Feuer sind nur mit jeweils einem Planeten besetzt und werden deshalb nicht sehr stark zum Ausdruck kommen. Der Charakter setzt sich also vor allem aus den Eigenschaften der Elemente Luft und Wasser zusammen. Ein Vorherrschen des Elements Luft deutet auf einen Charakter hin, dessen Aktivität sich weitgehend im Beobachten und Reden erschöpft. Die Fähigkeit, schnell zu lernen, ist hier stark entwickelt, ebenso die Fähigkeit zu relativieren. In Verbindung mit Wasser kann es sich um einen Menschen handeln, der sein Leben mit Phantasieren und Reden verbringt. Hier sieht man nun, wie wichtig es sein kann, daß die anderen Elemente im Hintergrund mitwirken: Feuer z. B. steuert den Idealismus bei, der notwendig ist, um nach außen treten zu können, Erde den unerläßlichen »Boden unter den Füßen«, der es ermöglicht, die Talente in etwas Greifbares umzusetzen.

Beispielhoroskop vom 4. November 1977, 18.00 Uhr (S. 52):

fünf Himmelskörper in Wasserzeichen: ♃ ⛢ ☉ ☾ ☿

drei Planeten in Feuerzeichen: ♂ ♄ ♆

zwei Planeten in Luftzeichen: ♇ ♀

Das Element Erde fehlt. Wasser überwiegt, gefolgt von Feuer und Luft. Luft und Feuer sind miteinander sympathisierende Elemente. Da die Astrologie eine Symbolsprache ist, bedeutet dies, daß Luft und Feuer auch auf der psychischen Ebene eine gute Kombination bilden, also harmonisch zusammenwirken. Das Element Wasser, das in diesem Horoskop stark vertreten ist, besitzt die Qualität »fest«. Die Spannungen zwischen den Himmelskörpern in Wasserzeichen und denen in Feuerzeichen wirken stärker nach innen und geben dem Charakter Tiefe, trotzdem kann er mit Hilfe seines Feuers und seiner Luft auch kommunikativ nach außen treten.

Faustregel der Elementenlehre

Feuer ist das Element, das eine Aktion einleitet, es ist in Aktion umgesetzte Emotion. Feuer drückt aus: »Ich weiß, was ich will, und ich habe die Kraft, es zu erreichen.« Viel Feuer in einem Horoskop macht kreativ, vertrauensvoll, dramatisch, überschwenglich, ausstrahlend und enthusiastisch. Dies alles ist verbunden mit einer unbezähmbaren Liebe zum Leben. Zuviel Feuer erzeugt Rücksichtslosigkeit, Egoismus. Zuwenig Feuer verursacht oft einen Mangel an (Selbst-)Vertrauen und an Mut, sich durchzusetzen. Inspiration, Lebensfreude und Gefühl für Humor sind dann weniger stark entwickelt.

Erde ist das Element, das die Fähigkeit verleiht, mit der physischen Welt, dem »Irdischen«, umzugehen. Es macht praktisch, realistisch, gründlich und produktiv. Jungfrau und Steinbock sind daher eher puritanisch. Stier genießt das Irdische. Alles, was mit dem Element Erde zu tun hat, erzeugt die Tendenz, etwas Greifbares zu produzieren. Viel Erde sorgt für Erfolg in der Welt. Bei Mangel an Erde kann es vorkommen, daß ein überdurchschnittliches Talent nicht zum Ausdruck kommt, nicht »produktiv« umgesetzt wird.

Das Element *Luft* verleiht die Fähigkeit zur Reflexion, aus dieser zu lernen und die Gedanken anderen mitzuteilen. Luft symbolisiert das Bewußtsein, das Lernen. Luft ist der Zuschauer. Enthält ein Charakter zuviel Luft, so verbringt der Betreffende sein Leben mit Zuschauen und Reden. Zuwenig Luft kann bedeuten, daß man keine Distanz zu sich selbst hat und nicht objektiv sein kann oder daß man nicht mit Gleichgestellten umgehen kann. Das Element Luft deutet auf die Fähigkeit, sich über Dinge auszusprechen, Kompromisse zu schließen.

Das Element *Wasser* symbolisiert das Unterbewußte und die Gewohnheiten. Es symbolisiert auch den Prozeß des Verarbeitens von Erfahrungen. Bei zuviel Wasser besteht die Gefahr,

daß man nicht loslassen kann. Wasser beinhaltet das Sorgen für Menschen, das Pflegen der Vergangenheit, der Erinnerungen, die Betreuung eines Geschäfts und dergleichen. Wasser ist der Schlüssel zum Unterbewußten und Unbewußten und verleiht daher Sensibilität sowie okkulte und mediale Fähigkeiten.
Dies alles macht Wasser zum verletzlichsten Element. Wasser erzeugt Abhängigkeit und Anhänglichkeit.
Zuviel Wasser macht überempfindlich. Wenn die Abhängigkeit, die durch zuviel Wasser entsteht, nicht überwunden wird, wird man ängstlich und depressiv und fühlt sich minderwertig.
Zuwenig Wasser macht den Charakter hart und erzeugt einen Mangel an Mitgefühl.

Einige Regeln für Elementenkombinationen

Wie aus den Beispielhoroskopen zu entnehmen ist, spielen oft mehrere Elemente eine wichtige Rolle. Im folgenden werden die Kombinationen von zwei Elementen behandelt.

Feuer mit Erde

Hier wird Initiative und Kreativität mit dem Drang verbunden, etwas Greifbares zu produzieren. Diese Kombination erzeugt das Bedürfnis, mit und in der Welt beschäftigt zu sein, selbst dann noch, wenn jeder andere schon den Mut verloren hat.

Feuer mit Luft

Zwei Elemente des Selbstausdrucks bringen unter anderem den Top-Manager hervor, den originellen Charakter, der die Dinge ins Rollen bringt. Diese Kombination erzeugt ein ausgeprägtes Gefühl für Humor und eine sehr umfassende Fähigkeit, Gedanken in Worte zu fassen. An den Problemen anderer Menschen hingegen besteht wenig Interesse.

Feuer mit Wasser

Diese Kombination verursacht starke emotionale Spannungen und Veränderungen, von »himmelhoch jauchzend« bis »zu Tode betrübt«. Das Wasser hält die Emotionen zurück, bis so viel Druck entstanden ist, daß das Ganze explodiert. Da Wasser und Feuer beide emotionale Elemente sind, sind die Gefühle des Betreffenden ungemein intensiv. Es kann auch zu einem inneren Kampf zwischen der Sehnsucht, frei zu sein (Feuer), und dem Bedürfnis, sich zu binden (Wasser), kommen. In jedem Fall weisen Horoskope mit einer starken Wasser/Feuer-Komponente auf Menschen hin, die immer warm, herzlich und mitfühlend sind.

Erde mit Luft

Dies ist der Gegenpol zu der vorher genannten Kombination. Hier ist alles rational, objektiv, logisch und realistisch. Diese Kombination deutet auf Pedanterie hin und ist hervorragend geeignet für jede Form von Präzisionsarbeit.

Erde mit Wasser

Hier finden wir den Mutter- und den Vatertypus, den Weltenretter. Solche Charaktere leiden unter dem Atlas-Syndrom: Die ganze Welt lastet auf ihren Schultern. Sie sind Helfer in der Not, worüber sie vielleicht jammern, doch nehmen sie die Sorgen und Lasten aller immer wieder auf sich. Diese Menschen neigen dazu, alles zu ernst zu nehmen, vor allem sich selbst.

Luft mit Wasser

Dies sind Charaktere, die in der eigenen Phantasiewelt leben und sonst nicht viel tun. Es ist die ideale Kombination für

Psychotherapeuten – wegen der Fähigkeit, sich auf das Un- und Unterbewußte einzustimmen und das dort Wahrgenommene in Worte zu fassen. Um diese Kombination produktiv nach außen wirken zu lassen, ist allerdings die Hilfe von Erde oder Feuer notwendig.

Elemente, Qualitäten und Himmelskörper

Die Zeichen des Tierkreises werden in Gruppen hinsichtlich ihrer Qualität (kardinal, fest, beweglich) oder hinsichtlich ihres Elementes (Feuer, Erde, Luft, Wasser) eingeteilt. Auch die Himmelskörper können in dieses System eingeordnet werden, da jedem Zeichen des Tierkreises ein oder zwei Himmelskörper zugeordnet sind:

1	2		1	2
♌		→	☉	
♋		→	☾	
♈	♏	→	♂	♇
♉	♎	→	♀	
♊	♍	→	☿	
♐	♓	→	♃	♆
♑	♒	→	♄	⛢

Diese Tabelle ist folgendermaßen zu lesen: Den Zeichen Löwe und Krebs wird jeweils ein Himmelskörper zugeordnet, und zwar Sonne und Mond. Die Planeten Mars bis einschließlich

Saturn werden jeweils zwei Zeichen zugeordnet, und zwar Mars den Zeichen Steinbock und Skorpion, Venus den Zeichen Stier und Waage, Merkur den Zeichen Zwillinge und Jungfrau, Jupiter den Zeichen Schütze und Fische und Saturn den Zeichen Steinbock und Wassermann. Drei Zeichen werden jeweils zwei Planeten zugeordnet, und zwar wird Skorpion mit Mars, aber auch mit Pluto in Verbindung gebracht. Fische wird auf Jupiter, aber auch auf Neptun bezogen, Wassermann auf Saturn, aber auch auf Uranus. Dieses Zuordnungssystem bezeichnet man mit den Begriffen »Herrscher« oder »Herr«. Die Sonne ist demnach Herrscher von Löwe, Uranus Herrscher von Wassermann, Neptun Herrscher von Fische usw.

Außer der Verwandtschaft zwischen Himmelskörpern und Zeichen gibt es auch das Gegenteil, die Fremdheit. Durch Vergleich der »Art« der Zeichen wird man schnell verstehen, was damit gemeint ist.

Wenn man zum Beispiel die Zeichen Widder und Waage vergleicht, kommt man zu folgenden Schlüsselbegriffen: Machtwille für Widder und Streben nach Harmonie für Waage; Widder steht für das »Durchsetzen des eigenen Prinzips«, wohingegen Waage versucht, die Vielfalt harmonisch zu verbinden. Dem Zeichen Widder wird der Planet Mars zugeordnet; im Widder ist Mars also an seinem angestammten Platz. Daraus folgt, daß Mars in Waage am ungünstigsten plaziert ist.

In unserem Beispielhoroskop fällt auf, daß Widder und Waage sich genau gegenüberliegen. Sie bilden eine »Opposition«, das heißt, sie sind 180° voneinander entfernt. In der Aspektenlehre (siehe S. 131 ff.) wird sich zeigen, daß die Opposition in der Astrologie eine sehr wichtige Rolle spielt. Hier taucht die Opposition zum ersten Mal in einer Regel auf: Ein Himmelskörper ist in dem Zeichen am ungünstigsten plaziert, das seinem eigenen Zeichen genau gegenüberliegt. In astrologischer Fachsprache heißt das: »Der Himmelskörper ist im Exil oder vernichtet.« Daraus darf nicht geschlossen werden, daß die Wirkung des Himmelskörpers im Exil zerstört oder außer Kraft gesetzt ist. Es bedeutet vielmehr, daß die ungünstigen Eigenschaften des Himmelskörpers verstärkt und verschärft werden. So gilt in der Astrologie Mars in Widder als Hinweis auf folgende Eigenschaften: energisch, enthusiastisch, starke Lebenskraft, Stoßkraft, Durchsetzungsvermögen, heftig, explosiv. Mars in Waage hingegen gilt als Hinweis auf: nicht viel Energie; leidenschaftlich, überschwenglich und unbeständig in der Liebe, flatterhaft und eitel.

Aus diesem Beispiel kann man entnehmen, wie sich die Zeichen/Planet-Beziehung auswirkt. Widder ist der neue Impuls in der Natur; dort ist Mars in seinem Element. Venus ist der Herrscher von Waage. Der Konflikt, der durch Mars verursacht wird, wird also in Begriffen beschrieben, die dem Planeten Venus zugeordnet sind.

Anhand der obenstehenden Tabelle kann man indirekt ableiten, wo die verschiedenen Planeten im Exil stehen: So ist Saturn in Krebs und Jupiter in Zwillinge ungünstig plaziert, was den positiven Teil der Wirkung dieser Planeten anbetrifft. Man darf diese Stellung jedoch nicht als »schlecht« oder »unglücklich« oder ähnlich auffassen. Es ist nun einmal eine Tatsache, daß in einem Horoskop nicht nur extrem günstige Umstände und Charakterzüge vorkommen. Im Gegenteil sind es gerade die Problembereiche in einem Charakter, die die zusätzliche Energie erzeugen, die zu »überleben« hilft. Diese zusätzliche Energie gibt das Gefühl, weitergekommen zu sein, sich entwickelt zu haben.

Jeder weiß aus eigener Erfahrung, daß im Leben selten etwas ganz schwarz oder ganz weiß ist. So verhält es sich auch hier. Himmelskörper stehen nicht gut oder schlecht, aber es gibt eine Skala, die von sehr günstig nach günstig und neutral über weniger günstig bis ungünstig verläuft. In der astrologischen Fachsprache wird eine günstige Stellung mit dem Begriff »Erhöhung« bezeichnet. Die Sonne ist beispielsweise in Widder erhöht. Das Gegenteil der »Erhöhung«, das »Fall« genannt wird, findet man im gegenüberliegenden Zeichen. Die Sonne ist also in Waage im »Fall«, was in Analogie zu den Geschehnissen in der Natur steht, denn in Waage passiert die Sonne ja den Herbstpunkt. Der Zusammenhang von Erhöhung und Fall ist in folgender Tabelle dargestellt:

Himmelskörper	*Erhöhung*	*Fall*
☉	♈	♎
☾	♉	♏
♀	♓	♍
♂	♑	♋
♃	♋	♑
♄	♎	♈

Ausnahmen der Regel über Erhöhung und Fall

In der Tabelle sind folgende Planeten nicht aufgeführt:

☿ ⛢ ♆ ♇

Merkur ist eine Ausnahme, da seine Erhöhung nicht existiert, sein Fall hingegen wohl: In Fische steht Merkur weniger günstig. Die Planeten Uranus, Neptun und Pluto, die manchmal unter dem Begriff »Mysterienplaneten« zusammengefaßt werden, sind ein Thema für sich. Zunächst einmal ist zu sagen, daß sie erst sehr spät entdeckt worden sind: Uranus im Jahre 1781, Neptun im Jahre 1846 und Pluto im Jahre 1931. Die Regeln über die Verwandtschaft von Zeichen und Himmelskörpern sind jedoch viel älter. Außer in esoterischen Schriften und in der Mythologie wurden die neuen Planeten früher nicht berücksichtigt, und nach ihrer Entdeckung mußte man neue Untersuchungen über die Verwandtschaft von Zeichen und Himmelskörpern anstellen. Man kann diesen Verwandtschaftsbeziehungen der Planeten und Zeichen auf die Spur kommen, wenn man beobachtet, in welcher Beziehung sie zu den schon im Altertum bekannten Himmelskörpern stehen. Sie werden nämlich als »höhere Oktave« von einigen der älteren Planeten angesehen. So gilt Uranus als höhere Oktave von Merkur, Neptun als höhere Oktave von Venus und Pluto als höhere Oktave von Mars, zumindest, soweit Mars sich im Zeichen Skorpion offenbart.

Die höhere Oktave: Uranus, Neptun und Pluto

Um den Begriff »höhere Oktave« zu veranschaulichen, folgen hier ein paar Beispiele. Steht Merkur symbolisch für den objektiven Verstand, den »hellen Kopf«, so durchschaut Uranus den Schein aller Dinge mit seiner Intuition, durchschaut das Äußerliche und sucht den reinen Geist, bis nur noch die »nackte Wahrheit« übrigbleibt. Deshalb heißt es von Uranus, daß er »alle gleichmacht«.

Stellt Venus die persönliche Liebe, die Annehmlichkeiten des Lebens dar, so ist Neptun die absolute, grenzenlose Liebe. Ist die negative Seite von Venus Faulheit und selbstzufriedene Nachgiebigkeit, so symbolisiert Neptun Sucht und Selbstaufgabe.

Symbolisiert Mars die Manifestation des Ichs als Wegbereiter, so steht Pluto für die verborgene Macht, die hypnotische Kraft über andere. Kurz gefaßt könnte man auch sagen: Uranus symbolisiert die intuitive *Wissenschaft* (z.B. Astrologie), Neptun symbolisiert die Religion, in der das *Mysterium* zentral steht, und Pluto symbolisiert die *okkulten Lehren* im guten und im schlechten Sinne. Die erweiterten Bedeutungszusammenhänge, in denen die Mysterienplaneten stehen, machen es schwierig, Erhöhung und Fall festzustellen. Hier ist noch viel astrologische Forschungsarbeit notwendig. Bevor man versucht, die Stellung dieser Planeten in den einzelnen Zeichen zu beurteilen, sollte man sich aber zuerst einmal mit der niedrigen Oktave auseinandersetzen.

Stellung in elementverwandten Zeichen

Steht ein Himmelskörper in zwei Zeichen des gleichen Elements, stark (im eigenen Zeichen und im Zeichen der Erhöhung), dann ist er im dritten Zeichen des gleichen Elements ebenfalls stark. Zum Beispiel: Die Sonne steht am günstigsten in Löwe, ihrem eigenen Zeichen. In Widder ist sie erhöht. Das dritte Feuerzeichen ist Schütze. Demzufolge steht die Sonne in Schütze ebenfalls günstig.
Der Mond ist in Krebs am stärksten. Im zweiten Wasserzeichen, in Skorpion, steht der Mond im »Fall« (♏ Opposition ♉). Die obige Regel trifft daher in bezug auf den Mond und auf das Wasserdreieck (♋ ♏ ♓) nicht zu. Dennoch muß eine positive Beziehung zwischen Mond und Fische bestehen, da Fische ja das bewegliche, passive Wasserzeichen ist. Dies sind Eigenschaften, die auch auf den Mond als Himmelskörper zutreffen. Daraus resultiert folgende Regel: Wenn ein Himmelskörper im eigenen Zeichen steht und wenn dies ein Kardinalzeichen ist (also ♈ ♋ ♎ ♑), dann ist der Himmelskörper auch in den anderen Zeichen des gleichen Elements gut gestellt, es sei denn, eine der vorhergenannten Regeln trifft zu.
Für das Beispiel Mond bedeutet dies also: Der Mond gehört zu Krebs und müßte daher in allen Wasserzeichen gut gestellt sein. Auf Skorpion trifft dies nicht zu (dort steht er im Fall), in Fische hingegen steht er günstig.

Bis jetzt haben wir also folgende Möglichkeiten von Beziehungen zwischen Himmelskörpern und Zeichen behandelt:

1. im eigenen Zeichen

2. in dem Zeichen, das dem eigenen Zeichen gegenüberliegt

3. in charakterverwandten Zeichen: Erhöhung

4. in Zeichen, die der Erhöhung gegenüberliegen

5. im dritten Zeichen des Elements, zu dem das eigene Zeichen und die Erhöhung gehört

6. im dritten Zeichen des Elements, zu dem das eigene Zeichen gehört, falls im zweiten Zeichen des gleichen Elements keine Erhöhung vorliegt

Die Wirkungskraft nimmt von 1. bis 6. ab. Es bleiben nun noch zwei andere Möglichkeiten der Stellung übrig. Es gibt Fälle, in denen Elementenverwandtschaft besteht, ohne daß eine Erhöhung oder andere obengenannte Merkmale vorliegen. Auch in diesen Fällen steht der Himmelskörper noch günstig.
Beispiel: Merkur steht in ♊ im eigenen Zeichen. Zu den beiden anderen Luftzeichen (♎ und ♒) besteht keine weitere Beziehung. Merkur steht aber aufgrund seiner Elementenverwandtschaft in diesen beiden Zeichen günstig.
Man kann der obigen Liste also noch den folgenden Punkt hinzufügen:

7. in nicht besetzten Zeichen des eigenen Elements

In allen anderen Fällen steht der Himmelskörper neutral.

Zusammenfassung und Kommentar

Als Zusammenfassung haben wir eine Tabelle aufgestellt, aus der man ablesen kann, wie stark die Beziehung zwischen Himmelskörper und Zeichen ist. Nach C. Gorter (dort siehe S. 99) verteilen wir Stellungswerte auf einer Skala von −5 bis 5. Hier die Zuordnungsregeln:

1. im eigenen Zeichen: 5

2. im Zeichen, das dem eigenen Zeichen gegenüberliegt: −5

3. in Erhöhung: 4

4. im Zeichen, das dem der Erhöhung gegenüberliegt: –4

5. im dritten Zeichen des Elements, das dem eigenen Zeichen und der Erhöhung gemeinsam ist: 3

6. im dritten Zeichen des Elements, zu dem das eigene Zeichen gehört, wobei das zweite Zeichen des gleichen Elements nicht die Erhöhung ist: 2

7. in den Zeichen des gleichen Elements, die noch keinen anderen Wert erhalten haben: 1

8. in allen übrigen Zeichen: 0

Wie das Vorangegangene zeigt, müssen wir unterscheiden zwischen den Planeten, die schon im Altertum bekannt waren, den sogenannten schnellen oder klassischen »Planeten«*, und den viel später entdeckten sogenannten langsamen oder Mysterienplaneten. Die Lehre vom Stellungswert stammt aus dem Altertum und läßt sich daher nur auf die klassischen Planeten anwenden. Die Mysterienplaneten wirken auf »höherer« Ebene und passen nicht so einfach in dieses System. Die Untersuchung der Beziehungen zwischen Mysterienplaneten und Zeichen ist daher noch nicht abgeschlossen. Die Beziehungen der alten Planeten zu den Zeichen sind nicht nur theoretisch postuliert, sondern auch in der Praxis überprüft. Deshalb sind in der Tabelle nur die Beziehungen der klassischen Planeten zu den Zeichen aufgeführt.

* In der astrologischen Literatur bezeichnet man – im Gegensatz zu der Praxis in diesem Buch – auch Sonne und Mond als Planeten.

Beziehung Himmelskörper/Zeichen: klassische Himmelskörper

Zeichen	*Himmelskörper*						
	☉	☾	☿	♀	♂	♃	♄
♈	4	0	0	–5	5	1	–4
♉	0	4	3	5	–5	0	2
♊	0	0	5	2	0	–5	3
♋	0	5	0	0	–4	4	–5
♌	5	0	0	0	2	1	–5
♍	0	0	5	–4	0	–5	2
♎	–4	0	1	5	–5	0	4
♏	0	–4	0	–5	5	3	0
♐	3	0	–5	0	2	5	0
♑	0	–5	3	1	4	–4	5
♒	–5	0	1	2	0	0	5
♓	0	2	–4	4	1	5	0

Beziehung Planet/Zeichen: Mysterienplaneten

Die Mysterienplaneten sind viel schwieriger einzuordnen als die klassischen Planeten. Bei Uranus muß man berücksichtigen, daß er mit Wassermann assoziiert wird, dem festen Luftzeichen. Daraus könnte man schließen, daß Uranus in allen festen Zeichen und in allen Luftzeichen stark steht. Den Luftzeichen wird der »Wille« hinzugefügt, den »Willenszeichen« der Geist. Da Uranus die »höhere Oktave« von Merkur ist, könnte man seine Aufgabe in der Überwindung des Stofflichen, Materiellen sehen. Hat man die Materie (Saturn!) überwunden, so wirkt Uranus positiv. Daraus folgt, daß Uranus in allen Zeichen, in denen Saturn gut gestellt ist, ebenfalls günstig steht, während er auch die negativen Seiten eines schlecht gestellten Saturns auffangen kann. Hier zeigt sich zum ersten Mal der Sinn der obigen Bewertungstabelle. Wenn man zum Beispiel feststellt, daß Saturn in einem bestimmten Zeichen sehr schlecht steht und eine sehr wichtige Stellung im Horoskop innehat und Uranus nicht als Gegenmittel auf ihn einwirkt, dann kann man die Schlußfolgerung ziehen, daß die ungünstigen Eigenschaften, die Saturn symbolisiert, deutlich im Charakter zum Ausdruck kommen. Uranus symbolisiert auch: Transformation durch Intuition und Geist. Uranus ist elektrisch und aktiv. Daraus folgt, daß Uranus in den Feuerzeichen gut gestellt ist. Als weniger gute Stellung bleibt dann wegen der stark magnetischen Eigenschaften Krebs übrig.

Neptun wird mit Fische assoziiert. Im Altertum ordnete man ihm Jupiter als Herrscher zu, der auch über das Zeichen Schütze herrscht (siehe Seite 60). Daraus kann man schließen, daß Neptun in Schütze gut gestellt ist. Jupiter kann hier als harmonische Ergänzung von Neptun aufgefaßt werden, da Jupiter elektrisch und Neptun magnetisch auf spiritueller Ebene ist. Ebenfalls besteht eine natürliche Verwandtschaft mit dem supermagnetischen Zeichen Krebs. Bei dieser Kombination ist das Problem jedoch eine zu große Abhängigkeit, da die Persönlichkeit zu wenig Konturen hat. Dies gilt auch für Neptun in den von Venus regierten Zeichen, vor allem für das Zeichen Waage.

Auch hier kann die Verfeinerung und Auflösung der Konturen zu weit gehen. Stier als irdisches Zeichen ist eher in der Lage, die magnetischen Qualitäten von Neptun aufzufangen und umzusetzen in positive, »irdische« Dinge wie Liebe zur Natur usw. In Löwe könnte man die nötigen Konturen erwarten, die Neptun braucht, wohingegen Widder zu impulsiv für ihn ist. In den von Merkur beherrschten Zeichen ist Neptun ebenfalls ungünstig plaziert. Man könnte erwarten, daß Merkur, der Kühle, eine gute Ergänzung für den auflösenden Neptun ist. Hier liegt jedoch die Kombination Wasser (Fische) mit Luft (Zwillinge) oder Erde (Jungfrau) vor. Die Kombination Wasser/Luft wurde schon beschrieben, ebenso die daraus resultierenden Mängel (siehe Seite 59 ff.). Im Prinzip kann sich diese Kombination günstig auswirken. Bei Jungfrau liegen die Dinge anders. So vage Neptun ist, so genau und differenziert ist Jungfrau. Der Jungfrau sind die neptunischen Eigenschaften mit Sicherheit ein Greuel, obgleich hier ebenfalls wieder gilt, daß sich beide auch gut ergänzen können. Im Skorpion, dem dritten Wasserzeichen, ist Neptun gut gestellt: Skorpion ist ein festes Zeichen.
In Wassermann steht man vor der gleichen Frage wie bei den Zeichen, über die Merkur herrscht. Je nach der Stellung von Merkur und Uranus, die den Geist symbolisieren, kann Neptun in Wassermann jedoch günstig stehen.
Pluto ist die Kombination von Wasser und Feuer. Außerdem herrscht Pluto über ein festes Zeichen. In den festen Zeichen ist Pluto gut gestellt. Pluto erneuert durch völlige Demaskierung und nicht wie Uranus durch den Geist. In allen Zeichen bedeutet Pluto Macht im Sinne des betreffenden Zeichens. Wenn man Pluto als die Schöpfungskraft im Stofflichen und die Kraft des verborgenen Willens im Menschen betrachtet, dann kann man sagen, daß Löwe ein guter Platz für Pluto ist. Vielleicht ist die impulsive Gewalt von Mars in Widder zuviel des Guten, wenn Pluto in Widder steht. Man muß hier allerdings auch wieder berücksichtigen, daß es nicht so leicht ist, die Stellung der Mysterienplaneten als günstig oder ungünstig zu klassifizieren. Man müßte das ganze Horoskop mit in Betracht ziehen. Wenn Mars und Pluto beispielsweise eine Opposition bilden, wird das

Kräftegleichgewicht schnell gestört. Empirische astrologische Untersuchungen sind in bezug auf Pluto nur bei den Zeichen ♋ ♌ ♍ und ♎ durchgeführt worden.

Wie kann die Lehre vom Stellungswert bei der Horoskopdeutung angewandt werden?

Die Lehre vom Stellungswert ist ziemlich kompliziert, wie man aus dem Vorangegangenen entnehmen kann. Ihre Bedeutung liegt jedoch auf der Hand, wenn man weiß, wie wichtig es ist, ein Horoskop auf seine Elementen- und Qualitätenverteilung hin zu untersuchen. Hat man dies getan, so hat man schon die Grundtendenz des Charakters gefunden. Die Himmelskörper verstärken dieses Bild, oder sie schwächen es ab. Man kann auch feststellen, welcher Himmelskörper im Horoskop am stärksten zur Geltung kommt. Wenn beispielsweise ein Himmelskörper im eigenen Zeichen steht und dies sonst bei keinem anderen der Fall ist, dann kommt dieser Himmelskörper am stärksten zur Geltung. (Später werden wir noch mehr Regeln zur Bestimmung des »stärksten« Himmelskörpers aufführen.) Dabei kann man dann wieder »Planetentypen« unterscheiden, so wie wir schon »Tierkreiszeichentypen«, »Elemententypen« und »Qualitätentypen« unterschieden haben.

Anwendung der Regel vom Stellungswert bei der Interpretation der Beispielhoroskope

Im Beispielhoroskop auf Seite 39 erhalten wir bei Anwendung der Tabelle von Seite 68 für die klassischen Himmelskörper folgende Werte:

☉	4	♃	4
☾	5	♄	–5
♂	2	☿	0
♀	5		

Uranus und Neptun sind stark gestellt: Uranus in Skorpion, Neptun in Schütze. Pluto steht nicht in einem festen Zeichen, nicht in einem Feuerzeichen, nicht in einem Wasserzeichen, nicht in einem Erdzeichen. Pluto steht also weniger günstig. Saturn steht sehr ungünstig. Venus und Mond sind die stärksten Himmelskörper in bezug auf ihre Stellung in den Zeichen. Gut gestellt sind auch Sonne und Jupiter. Hier sei vorgreifend darauf hingewiesen, daß Merkur fast genau gegenüber von Pluto steht, d. h. in Opposition. Dieses Thema wird bei der Behandlung der Aspekte näher erläutert. Schlußfolgerung: Die meisten Himmelskörper in diesem Horoskop sind gut gestellt. Sie verstärken daher die Wirkung der zugehörigen Tierkreiszeichen.

Das Horoskop auf Seite 50 ergibt folgendes Bild:

☉	0	♂	1
☾	0	♃	4
☿	5	♄	3
♀	0		

Uranus steht im Luftzeichen Zwillinge sehr nahe bei Sonne und Merkur. Neptun steht weniger günstig. Pluto befindet sich in einem festen Feuerzeichen (Löwe). Schlußfolgerung: Der auffälligste Planet ist Merkur. Es handelt sich hier also um einen ausgesprochen merkurischen Charakter.

Das Beispielhoroskop von Seite 52 ergibt folgendes Bild:

☉	0	♂	2
☾	–4	♃	4
☿	0	♄	–5
♀	5		

Uranus ist in einem festen Zeichen gut plaziert. Neptun steht ebenfalls günstig, Pluto weniger. So stark Venus und Jupiter stehen, so ungünstig stehen Mond und Saturn, wodurch sich diese Planeten in ihren Stellungswerten quasi ausgleichen. Eine deutliche Hervorhebung eines Himmelskörpers, wie dies bei den ersten Beispielhoroskopen der Fall war, läßt sich daher mit dieser Methode nicht finden.

Deutung der Himmelskörper in den Zeichen

Die Astrologie hat eine Symbolsprache entwickelt, mit deren Hilfe man den menschlichen Charakter beschreiben kann. Im vorigen Kapitel haben wir erfahren, welche Fähigkeiten die verschiedenen Himmelskörper widerspiegeln. Die Tierkreiszeichen andererseits stellen »Typen« dar. Fähigkeiten in Verbindung mit Typen ergeben Eigenschaften. Diese Gleichsetzung ist nichts anderes als eine Anwendung der Symbolik (Elemente, Qualitäten, Fähigkeiten) auf einen speziellen Bereich. Berücksichtigt man all diese Faktoren und verbindet sie miteinander, so kommt man mit Hilfe assoziativer Logik tatsächlich zu ziemlich eindeutigen Aussagen. Der Schritt zur Charakterbeschreibung ist dann nicht mehr groß. Im folgenden wird eine kurze Aufzählung der Charaktereigenschaften gegeben, die mit den Himmelskörpern in den verschiedenen Zeichen assoziiert werden. Die Stellung eines Himmelskörpers in einem Zeichen ist ja ausschlaggebend dafür, wie sich die betreffende Fähigkeit konkret äußert.
Sonne und Mond werden hier nicht beschrieben, sondern im nächsten Kapitel interpretiert, da sie als »Lichter« unter den Himmelskörpern eine Sonderstellung einnehmen.

Merkur, Venus, Mars, Jupiter, Saturn, Uranus, Neptun und Pluto in den Tierkreiszeichen: die symbolische Beschreibung von Charaktereigenschaften

Merkur

☿ in ♈: Schneller und scharfer Verstand, konstruktives Denken, das vor allem auf das Tun ausgerichtet ist. Diskutiert gerne und heftig.

☿ in ♉: Verstand ist langsam und gründlich, vor allem im Bereich des Materiellen. Der/die Betreffende hält an einem einmal gefällten Urteil unerschütterlich fest. Dogmatisch und schweigsam. Praktisch, berechnend und diplomatisch. Manchmal kleinlich, geizig und auf den eigenen Vorteil bedacht.

☿ in ♊: Scharfer und heller Verstand, der die Dinge gerne von allen Seiten betrachtet. Objektiv. Gefühl für Sprachen, liest gerne. Sparsam, geistreich und reiselustig. Liebt alles Neue.

☿ in ♋: Verstand orientiert sich an der Vergangenheit und an Erfahrung. Gutes Gedächtnis, Anpassungsvermögen. Ändert häufig die Meinung. Intellektuell sehr empfänglich, vielseitig, setzt sich gerne für etwas ein. Lernt nur dann etwas, wenn es ansprechend ist.

☿ in ♌: Offen und redlich im Denken. Ergreift schnell Partei, wenn Unrecht erkannt ist. Organisationstalent auf geistigem Gebiet. Großes Selbstvertrauen.

☿ in ♍: Scharfer, analytischer Verstand. Sehr gute Beobachtungsgabe. Sprachliche, vor allem grammatische Begabung. Wissenschaftlich, methodisch, ordnungsliebend. Liebe zum Detail.

☿ in ♎: Hochintelligent, strebt nach Harmonie. Künstlerische Talente (Redner, Musiker, Schauspieler). Subtiler, ästhetisch orientierter Verstand. Gefühlswärme. Sehr vielseitig.

☿ in ♏: Scharfer, beißender Verstand. Zielbewußtes Denken, das vor allem auf die übergeordneten Zusammenhänge ausgerichtet ist. Pädagogisches Gespür. Begabung für das Okkulte. Intuitiver Intellekt.

☿ in ♐: Sehr flexibler Verstand, sehr unabhängig, strebt nach Freiheit des Denkens und Redens. Philosophische, idealistische und religiöse Neigungen. Grundlagen liegen im Ideellen, nicht so sehr in der Erfahrung. Ist in der Lage, sich schnell und treffend auszudrücken.

☿ in ♑: Klarer, logischer, kritischer und mißtrauischer Verstand. Zielbewußt. Großes Konzentrationsvermögen. Interesse an Ökonomie. Lernt nicht schnell, aber gründlich. Geschickt, ambitioniert, reserviert und diplomatisch.

☿ in ♒: Origineller, ziemlich abstrakter Denker, sehr intuitiv. Große Menschenkenntnis. Unabhängig. Idealistisch. Kunstliebhaber. Gesellig, freundlich.

☿ in ♓: Kampf zwischen Verstand und Gefühl. Oft wird für Dinge, die für das Gefühl klar sind, keine intellektuelle Erklärung gefunden. Sehr empfänglich für Ideen anderer. Ziemlich verwirrt. Stärke liegt nicht im Argumentieren, jedoch wird diese Eigenschaft bei anderen sehr geschätzt. Medial veranlagt, freundlich, gutmütig, Neigung zum Mystischen. Gefühl für Harmonie und Schönheit.

Venus

♀ in ♈: Impulsive, leidenschaftliche Art zu lieben und zu fühlen. Neigt zu übereilten Bindungen. Liebt Dinge von aparter Schönheit. Gefühl für moderne Kunst. Sehnsucht nach Abenteuern.

♀ in ♉: Sinnliche Art zu lieben. Freundlich und korrekt. Treu in der Ehe. Liebt gute Formen und Solidität. Die richtige Bindung wird instinktiv gefunden. Unterhaltsam.

♀ in ♊: Die Sinnlichkeit ist stark auf das Ästhetische ausgerichtet. Subtilität im Denken. Literarisches Talent, Gefühl für Ton und Rhythmus. Angenehme Stimme. Unbeständig in der Zuneigung, geht mehr als eine Beziehung ein. (Dies alles gilt vor allem im 15. Grad.)

♀ in ♋: Passiv in der Liebe. Sehr sensibel und empfänglich, medial und im Gefühlsbereich hellseherisch veranlagt. Starkes Bedürfnis nach Zuneigung. Geliebte Menschen werden intuitiv sehr gut verstanden. Liebe äußert sich im Umsorgen und Hegen. Jedoch wird Dankbarkeit erwartet. Kleine Unannehmlichkeiten werden intensiver als nötig empfunden.

♀ in ♌: Loyale, ehrliche und leidenschaftliche Art zu lieben. Neigt zum Idealisieren. Schenkt anderen viel Vertrauen. Starker Hang zu Vergnügen und Luxus.

♀ in ♍: Kühl, keusch und prüde. Abneigung gegen die Ehe. Aus Mangel an Gefühl wird platonische Liebe bevorzugt. Kein künstlerischer Elan. Tiefes Mitgefühl bei körperlichem Leid. Fühlt sich zur Krankenpflege hingezogen. Distanzierte, beobachtende Haltung bei der Liebe. »Experimentiert« aus dieser Haltung heraus.

♀ in ♎: Alle Gefühle sind friedlich, tief, aufrichtig. Künstlerisch, Sinn für Ästhetik. Ausgezeichneter Ehepartner, Freund und Teilhaber. Musikalisch, bei anderen beliebt.

♀ in ♏: Starke erotische und sexuelle Natur. Leidenschaftlich und eifersüchtig. Starke Selbstkontrolle. Hilfsbereit, loyal.

♀ in ♐: Kurzlebige, idealisierte und vorschnelle Zuneigungen. Immer auf der Jagd, hat jedoch auch starke Sehnsucht nach dauerhafter, gegenseitiger Liebe: im Bereich der Liebe daher eine gespaltene Persönlichkeit. Starke religiöse Gefühle. Optimistisch. Großzügig und herzlich. Edelmütig, philanthropisch, fromm. Liebt Reisen und das Landleben. Lebenskünstler.

♀ in ♑: Gefühlskälte. Gefühle sind fast immer ernst, schwermütig, treu und beständig. Eifersüchtig und sehr ehrgeizig, keusch. Ehe wird nüchtern gesehen und oft hinausgezögert. Fühlt sich zu älteren Menschen und solchen von vornehmer Herkunft hingezogen.

♀ in ♒: Exzentrisch und idealistisch in der Liebe. Leidenschaftliche, dauerhafte Gefühle. Unabhängig. Bleibt bei der eigenen Meinung. Freundschaftlich, freiheitsliebend. Intuitive Fähigkeit, zwischen Wahrheit und Schein zu unterscheiden.
♀ in ♓: Mitfühlend, liebevoll, hilfsbereit, erotisch, schwärmerisch. Neigt dazu, sich abzusondern. Pflegt gerne Kranke. Musikalisch. Läßt sich manchmal ausnutzen.

Mars

♂ in ♈: Energisch, enthusiastisch. Starke Lebenskraft, Stoßkraft und Durchsetzungsvermögen. Heftig und explosiv. Begabt für Mechanik.

♂ in ♉: Energie ist stark auf das Erwerben von Wohlstand ausgerichtet. Ausdauernd, entschlossen, unermüdliche Arbeitskraft, freigebig, aufbrausend.

♂ in ♊: Starke, spontane Energie. Scharfer, sarkastischer Verstand. Diskutiert gerne. Gutgelaunt, lernbegierig, erfinderisch, geschickt, stolz.

♂ in ♋: Energie ist auf große Taten gerichtet, die jedoch im Stadium des Phantasierens steckenbleiben. Viele Konflikte im familiären Bereich. Starker Drang nach persönlicher Freiheit. Neigt zu passivem Widerstand. Aggressionen werden aufgestaut. Heftige Emotionen.

♂ in ♌: Starke und ausdauernde Energie und große Aktivität. Sehr unabhängig, furchtlos, leidenschaftlich und geradeheraus. Schätzt verantwortliche Positionen.

♂ in ♍: Sehr starke intellektuelle Energie. Scharfer, kritischer, analytischer Verstand. Tendenz, andere in Diskussionen zu übertrumpfen. Sachlich, praktisch. Geschickter Arbeiter.

♂ in ♎: Energie ist nicht sehr stark. Leidenschaftlich, überschwenglich, unbeständig in der Liebe. Flatterhaft und eitel. Kommt gut beim Publikum an.

♂ in ♏: Sehr stark entwickelte Energie und Tatkraft. Ein einmal gesetztes Ziel, positiv oder negativ, wird erreicht, koste es, was es wolle. Starke sexuelle Spannungen. Sarkasmus. Mutig, autoritär, unerschrocken.

♂ in ♐: Leidenschaftliches Temperament. Schlagfertiger Redner, diskutiert gerne über Religion und Philosophie. Freimütig, gerecht. Liebt Reisen und Sport. Läßt sich nicht leicht etwas vorschreiben.

♂ in ♑: Zäh, starkes Durchsetzungsvermögen. Sehr ehrgeizig, »Streber«, mehr geschätzt als geliebt. Großes Verantwortungsgefühl. Neigt zur Selbstüberschätzung. Geduldig.

♂ in ♒: Energie ist auf Unabhängigkeit ausgerichtet. Erfolg durch eigene Verdienste, arbeitet gerne. Jähzornig, scharfsinnig, intuitiv, originell. Technische Begabung.

♂ in ♓: Energie ziemlich stark, jedoch unbeständig. Sehr sensibel, fühlt sich leicht unverstanden. Mangel an Selbstbeherrschung. Diplomatisch. Tendenz, unauffällig die Führung zu übernehmen.

Jupiter

♃ in ♈: Energievoll, positiv, ehrgeizig. Liebt Reisen, die freie Natur. Edelmütig, gerecht, ehrlich, offenherzig. Lebenskraft strahlt auf andere aus.

♃ in ♉: Gutes Urteilsvermögen in finanziellen Angelegenheiten, große Liebe zur Familie, mitfühlend, freigebig, philanthropisch. Läßt andere gerne am eigenen Wohlstand teilhaben.

♃ in ♊: Optimistisch, geistreich, erfinderisch, redselig. Hilfsbereit, sorglos, immer auf der Suche nach Vergnügen, einnehmendes Wesen. Reist gerne.

♃ in ♋: Idealistisch, phantasievoll. Kunstliebhaber. Gutmütig, höflich, verträumt. Sehr sensibel, will mit allen auf gutem Fuß stehen. Sucht Anerkennung. Neigung zu übermäßigem Essen und Trinken.

♃ in ♌: Freundlich, treu, gerecht, vital, ausgeprägtes Verantwortungsgefühl. Starker Wunsch nach Ansehen und Popularität. Mutig, starkes Selbstwertgefühl. Neigt zur Unmäßigkeit.

♃ in ♍: Methodisch, taktvoll, pädagogisch, begabt für Studium und Handel. Gutes Verhältnis zu Untergebenen. Vorsichtig, kritisch, läßt sich nicht zum Narren halten. Manchmal mißtrauisch, zu kritisch in religiösen Fragen. Auf Nützlichkeit aus.

♃ in ♎: Ausgeprägtes Gefühl für Fairneß. Gewissenhaft, philanthropisch, wohlwollend, sympathisch, beliebt. Sinn für Kunst, Religion, Mystik. Guter Partner.

♃ in ♏: Würdevoll, selbstbewußt, enthusiastisch. Methodisch, konstruktiv. Erfinderisch, wenn es darum geht, die eigenen Ideale zu verwirklichen. Neigt aber zu Mangel an Selbstbeherrschung.

♃ in ♐: Sehr ausgeprägter Gerechtigkeitssinn, ist an menschenwürdigen Existenzbedingungen für alle interessiert und allgemein sehr sozial eingestellt. Liebt das Landleben und ein sorgloses Dasein. Geistreich, edelmütig, philanthropisch, verträglich, bereit zu vergeben. Manchmal Verschwender und Glücksspieler.

♃ in ♑: Autoritär, prinzipientreu, praktisch, pünktlich, zuverlässig, sparsam (manchmal geizig), identifiziert sich stark mit der eigenen Position, hält Wort.

♃ in ♒: Optimistisch, originell, sehr großes Talent für und Interesse an kulturellen und sozialen Aktivitäten. Pädagogische Talente. Philanthropisch, freidenkerisch, unabhängig. Manchmal ruhelos oder faul.

♃ in ♓: Praktisch ausgerichteter Idealismus; mitteilsam, gastfrei. Liebt alle Künste, auch aktiv. Devot, liebt Luxus, hilfsbereit, medial veranlagt. Manchmal Neigung zu Zweifeln, Feigheit, Schwärmerei.

Saturn

♄ in ♈: Ausdauernd, fleißig, geduldig. Schwermütig, Neigung zu Eifersucht und Rachsucht. Unverträglich, nötigend. Fähig, andere zu führen. Lernt nur durch Erfahrung, widerspenstig.

♄ in ♉: Ruhig, nachdenklich, bedächtig. Zielbewußter und kraftvoller Geist. Solide, läßt einmal Erreichtes nicht leicht wieder los. Sorgfältig, sparsam, schweigsam. Manchmal jähzornig. Eigensinnig.

♄ in ♊: Starker Wunsch nach intellektueller Entwicklung. Logisch, gewissenhaft, gute Intuition. Verträgt nur wenig Aufregung, ziemlich reizbar. Neigt dazu, sich unnötig Sorgen zu machen. Ausgeprägtes Verantwortungsgefühl für den engsten Familienkreis. Kann nur schwer Entscheidungen treffen.

♄ in ♋: Von sich selbst eingenommen; kann eigene Fehler nur schwer einsehen. Maßvoll, beherrscht, sparsam. Gläubig. Liebt Ruhe; beschaulich, kann den Wert von Dingen gut einschätzen, übertriebene Sorge um Geld. Der eigene Mut wird erst durch äußeren Mißerfolg bewußt. Veränderungen kommen nur mühsam zustande. Mißt den eigenen Gefühlen zuviel Gewicht bei.

♄ in ♌: Diplomatisch, taktvoll, verschwiegen. Überlegenheitsgefühl, herablassende Art. Achtet streng auf Umgangsformen.

Eifersüchtig, steht nicht für die eigenen Gefühle ein. Hochmütig. Verträgt keine übermäßige körperliche Anstrengung.

♄ in ♍: Gewissenhaft, sparsam, aufmerksam in kleinen Dingen. Schulmeisterhaft, ordentlich, maßvoll. Nimmt alles schwer; unzufrieden mit der eigenen Position, melancholisch. Neigt dazu, sich in die eigene Arbeit zurückzuziehen, weil er/sie davon überzeugt ist, daß andere nicht vertrauenswürdig sind.

♄ in ♎: Gute Gesundheit, Erfolg im Leben. Künstlerische und intellektuelle Gaben. Zahlreiche Beziehungen zum anderen Geschlecht, die nicht immer erfreulich verlaufen. Bedürfnis nach Einsamkeit und Absonderung. Entwicklung hängt größtenteils vom jeweiligen Partner ab. Neigt dazu, auf anderen Druck auszuüben. Ergeben und treu. Kann gut mit älteren Menschen zusammenarbeiten. Ist oft neidisch und nachtragend. Snobistisch.

♄ in ♏: Ausgeprägter Gerechtigkeitssinn, Zivilcourage. Starker Wille, das Unbekannte zu bezwingen. Vorsichtig, bedächtig, ausdauernd, sparsam, verschlossen. Beschwört leicht Konflikte herauf. Stolz, anspruchsvoll, nachtragend.

♄ in ♐: Hohe Ideale, für die alles aufgeopfert wird. Ernster Denker. Tendenz zum Wohltäter und Philanthropen. Gerechtigkeitsgefühl. Sucht unvergängliche Werte. Erzieher.

♄ in ♑: Unbestechlich. Hat den starken Willen, in der Welt vorwärtszukommen. Konzentrationsvermögen und Durchsetzungskraft. Auf den eigenen Vorteil bedacht. Düster. Geht am liebsten allein durchs Leben. Schubladendenken. Zurückgezogen, pflichtbewußt, diplomatisch, kalt, unbefriedigt, voreingenommen und ziemlich hinterhältig.

♄ in ♒: Human, freundschaftlich, kann klar und entschlossen sprechen; zuverlässig, beharrlich. Praktisch ausgerichteter Idealismus, ergeben. Stark entwickeltes Verantwortungsgefühl.

♄ in ♓: Liebt Ruhe und Frieden. Sparsam, verträglich. Arbeitet in der Einsamkeit, wissenschaftliches Talent, manchmal verkannt, melancholisch, freundlich. Schuldgefühl.

Uranus

♅ in ♈: Sehr überzeugt von der Richtigkeit der eigenen Anschauungen, unabhängig, erfinderisch, energisch. Neigt zu plötzlichen Wendungen. Liebt die Abwechslung. Grobheit erzeugt manchmal Widerstand.

♅ in ♉: Sehr hartnäckig; setzt alles in Bewegung, um ein einmal ins Auge gefaßtes Ziel zu erreichen. Intuitiv, konstruktiv. Starker Wille.

♅ in ♊: Vielseitig, originell, intuitiv, fortschrittlich. Interesse an Wissenschaft und Technik. Neigt zur Verzettelung. Abstrakt, erfinderisch. Origineller Freundeskreis.

♅ in ♋: Unruhig, ungeduldig, gerät leicht aus dem Gleichgewicht. Sehr starke Phantasie. Überempfindlich im persönlichen Bereich.

♅ in ♌: Entschlossen, kraftvoll, hat originelle Ideen. Liebt die unterschiedlichsten Vergnügungen. Natürliche Autorität. Gesellig, faszinierend. Leidenschaftlich, aufsässig.

♅ in ♍: Starker Intellekt und sehr entwickelte Intuition. Zynisch, dogmatisch; Neigung zur Mystik und Metaphysik, aber auch zum Querulantentum. Launisch. Verabscheut Nachlässigkeit.

♅ in ♎: Hier gehen Beharrlichkeit und Anziehungskraft mit Unruhe und dem Verursachen von Schwierigkeiten einher. Künstlerische Gaben und außergewöhnliche geistige Fähigkeiten. Manchmal übereilt, exzentrisch, untreu. Originell, große Phantasie.

⛢ in ♏: Entschlossen und gründlich. Forschender, scharfer Geist. Sinnlich und leidenschaftlich. Akzeptiert nichts ungeprüft. Verschlossen. Großes Konzentrationsvermögen, starker Wille.

⛢ in ♐: Lebhafte Phantasie. Sehr gutes Ausdrucksvermögen. Reiselust. Ausgezeichneter Erzieher, Lehrer mit eigenen Ansichten und Einsichten. Hat Wahrträume, schenkt jedoch solchen Erscheinungen gelegentlich zuviel Aufmerksamkeit; Halluzinationen. Manchmal eigensinnig, aufsässig und unbeständig.

⛢ in ♑: Lebt ganz für seine Mission in der Welt. Ernsthaft, durchsetzungsfähig, eigensinnig. Forschender Geist. Verantwortlich. Klarer Blick in allen Dingen.

⛢ in ♒: Sehr originell; viele praktische Fähigkeiten. Altruistisch, intuitiv, human, selbstlos. Manchmal exzentrisch. Abneigung gegen Dogmen und Vorschriften.

⛢ in ♓: Vorliebe für okkulte Studien im Kreise Gleichgesinnter. Abergläubisch; neigt dazu, sich in sich selbst zurückzuziehen; aufopfernd. Manchmal unverstanden, furchtsam, oberflächlich.

Neptun

♆ in ♈: Human, religiös, schwärmerisch, Weltverbesserer. Starkes Streben nach Erfolg.

♆ in ♉: Liebe zur Natur, Kunst, Musik, Gesellschaft. Tendiert dazu, sich selbst und anderen etwas vorzumachen. Manchmal sinnlich, leidenschaftlich und begierig.

♆ in ♊: Inspiriert, auf prophetische Weise poetisch, Neigung zur Parapsychologie. Manchmal chaotisch, abwesend, ruhelos. Neigt zum Lügen.

♆ in ♋: Mitfühlend, vielseitig, liebevoll, musikalisch. Talent fürs Theater. Läßt sich leicht gehen. Manchmal schwermütig, schnell gekränkt. Enttäuschungen werden übertrieben stark empfunden.

♆ in ♌: Großmütig, herzlich, gesellig, pädagogisch, soziales Bewußtsein. Manchmal egozentrisch, sinnlich, feige.

♆ in ♍: Freundlich, mitfühlend. Neigung zu Depression und zum Kränkeln.

♆ in ♎: Künstlerische Fähigkeiten, zieht künstlerische Partner an. Überempfindlich der Umgebung gegenüber, Gefahr der Vereinsamung. Kraftlos.

♆ in ♏: Inspiration, starker Verstand, wissenschaftliche Begabung. Unbeherrscht. Hat Vorahnungen. Ausgeprägtes Erinnerungsvermögen. Leidenschaftlich, radikal. Abergläubisch. Angst.

♆ in ♐: Reiselustig, will viel erleben. Gute Beobachtungsgabe. Fruchtbare Träume, manchmal jedoch auch hinderliche. Unpraktisch auf Reisen. Tut gerne Gutes.

♆ in ♑: Gründlich, will im Beruf vorwärtskommen, ist jedoch nicht konstant in diesem Bestreben. Vertrauensperson, durchschaut andere schnell.

♆ in ♒: Weltverbesserer mit den besten Absichten. Nicht sehr realistisch. Wird oft falsch verstanden.

♆ in ♓: Sehr stark entwickelte psychische und parapsychologische Kräfte. Zurückgezogen, mitfühlend, bescheiden, verträglich. Wenig Sinn für die äußere Realität.

Pluto

♇ in ♈: Anregend, kreativ. Rücksichtslos, gewalttätig. Heftig. Sehr ambitioniert. Mutig, leidenschaftlich, willensstark. Manchmal selbstquälerisch.

♇ in ♉: Schenkt finanziellen und emotionalen Problemen viel Aufmerksamkeit. Ausgeprägte ästhetische Talente. Erotisch, impulsiv. Intrigiert mit Liebschaften. Faszinierend, sinnlich, utopistisch.

♇ in ♊: Sehr aktiver, beherrschender und produktiver Intellekt. Starkes Interesse an der Massenkommunikation. Kraftvolle, nervöse Energie. Interesse am Okkulten. Kluger Redner. Hypnotisch, satirisch, ungeduldig, geistreich.

♇ in ♋: Starke innere Spannung zwischen dem Loslassen von Vergangenem und dem Streben nach neuer Freiheit. Neigt zum Despotismus. Außersinnliche Wahrnehmungen, Halluzinationen. Unverträglich. Wahrträume. Fanatisch.

♇ in ♌: Innerer Kampf gegen die eigene Schicksalsbestimmung. Perfektionsstreben in kreativen Dingen. Viele Romanzen, die heftige Emotionen auslösen. Stoßkraft. Vital. Neigt zur Arroganz.

♇ in ♍: Tiefe Auseinandersetzung mit der Gesundheit. Kann vorgetäuschte Krankheiten und die dahinterliegenden Motive erkennen. Interesse an Diät und Medikamenten. Lehnt Drogen ab.

♇ in ♎: Austausch von Ideen. Duldet keine Oberflächlichkeit. Kampf zwischen Gegensätzen. Metaphysisch, musikalisch, faszinierend. Subtil, sinnlich, dualistisch, ekstatisch.

♇ in ♏: Kampf, um das niedere Ich zu überwinden. Manchmal starke Angstgefühle. Hat das Gefühl, daß die eigene Seele auf dem Spiel steht. Vermag verborgene Dinge ans Licht zu bringen. Stark mystisch orientiert. Ist vom Tod fasziniert.

♇ in ♐ : Aktive Auseinandersetzung mit den okkulten Wissenschaften. Revolutionäre Ideen in bezug auf Erziehung, Rechtswissenschaften, Philosophie und Religion. Abenteuerlich, ambitioniert, starke Begierden, ekstatisch, heroisch, stolz.

♇ in ♑: Kampf zwischen Streben nach äußerer Macht und spiritueller Reife. Ästhetisch, geizig, sehr große Ruhe, mutig, egozentrisch. Große Macht über Menschen. Wissenschaftliche Begabung. Selbstdisziplin.

♇ in ♒: Kosmischen Einflüssen gegenüber empfänglich. Menschenfreundlich. Schafft aus der Verbindung von alten und neuen Dingen eine Synthese. Autoritär, nervös, hellseherisch, starrköpfig, exzentrisch, erotisch. Fanatisch, hypnotisch, erfinderisch. Spirituelle Kraft.

♇ in ♓: Psychische und spirituelle Kräfte sind stark entwickelt. Glaube an Reinkarnation. Magnetische Heilkraft. Kämpft für humane Behandlung im Gesundheitswesen und im Strafvollzug. Für astrale Einflüsse empfänglich. Sehr kreativ. Futuristisch. Poetisch.

Zusammenfassung

Die genannten Deutungen entsprechen der traditionellen astrologischen Lehre. Nur die Deutung von Pluto in den Tierkreiszeichen ist relativ neu, da Pluto als zuletzt entdeckter Planet astrologisch noch nicht so gründlich untersucht werden konnte wie die anderen.
Wenn Sie Ihr eigenes Horoskop mit den obigen Beschreibungen verglichen haben, so haben Sie vermutlich eine Reihe von Entdeckungen gemacht, die sich wie folgt zusammenfassen lassen: Einige der Aussagen stimmen frappierend genau mit dem über-

ein, was Sie bisher schon über sich selbst wußten. Andere Aussagen erscheinen Ihnen nur teilweise zutreffend, möglicherweise, weil sie solche Eigenschaften nicht bei sich finden können oder weil die betreffenden Planeten mehr spirituell gedeutet werden müssen.

Diese Einwände lassen sich bei astrologischen Aussagen immer wieder anführen. Ist das nun der Beweis dafür, daß Astrologie die »verworrene Weisheit der Sterne« ist, wie es auf dem Klappentext eines Buches über Astrologie und Wissenschaft heißt? Muß man daraus den Schluß ziehen, daß die Astrologie nur Allgemeinplätze verkündet, die immer irgendwie zutreffend sind? Wenn einer mit Leib und Seele Astrologe ist, wird er vermutlich immer erstaunlich viele Lösungsmöglichkeiten für scheinbar unzutreffende Fälle anzuführen wissen, und zwar meist in einer Sprache, die mit astrologischen Symbolen gespickt ist. Ein Laie wird dabei wahrscheinlich den Eindruck gewinnen, daß da etwas »zurechtgebogen« wird.

Deshalb sollte man das Problem besser von einer anderen Seite angehen. Wenn es wahrscheinlich wäre, daß alle Eigenschaften, die im Horoskop symbolisch dargestellt werden, gleich stark erkennbar sind – entweder im Verhalten oder in Form innerer Selbstkenntnis –, so wäre das entworfene Charakterbild ziemlich irreal. Denn jeder weiß, daß bei keinem Menschen alle Eigenschaften gleich stark ausgeprägt sind. Immer stehen ein paar Eigenschaften im Vordergrund, andere im Hintergrund.

Es gibt jedoch noch eine dritte Gruppe von Eigenschaften, die entweder nur von einigen Außenstehenden wahrgenommen werden oder die man tief im eigenen Inneren spürt, als Gefühl, daß »man anders ist, als andere denken«. Manchmal glaubt man, »sich sehr verändert zu haben«. Meist hat der Betreffende dann plötzlich und zu seinem eigenen Erstaunen erlebt, daß er Eigenschaften besitzt und zu Verhaltensweisen fähig ist, die er bei sich selbst bisher nicht vermutet hatte.

Die Unzufriedenheit darüber, daß nicht alles zutrifft, ist unvermeidlich, denn das Horoskop bietet immer nur ein Gesamtbild, einen Überblick über die Gesamtheit der vorhandenen Möglichkeiten. Es gibt keinen Aufschluß darüber, welche Möglichkeiten bereits verwirklicht worden sind und welche noch nicht. Zwar gibt es in der Astrologie einen Bereich, der sich mit dieser Frage beschäftigt, doch geht das über die Thematik dieses Buches hinaus.

Teilweise klingt dieses Thema im Kapitel über die Lehre von den Häusern an. Doch auch mit Hilfe des bisher Behandelten gibt es eine Möglichkeit, herauszufinden, ob bestimmte Eigenschaften eine Persönlichkeit besonders stark prägen. Dazu müssen wir auf die Regel vom Stellungswert der Planeten zurückgreifen. Ist ein Planet gut gestellt, so manifestiert er sich schon früh im Leben deutlich, vor allem dann, wenn er in den gleichen Zeichen steht wie Sonne und/oder Mond. Wenn beispielsweise Merkur in Zwillinge steht und Sonne und/oder Mond ebenfalls, so ist Merkur mit Sicherheit sehr klar im Charakter des Betreffenden zu erkennen.

Die Beziehung zwischen den Planeten wird in der Astrologie jedoch nicht nur anhand ihrer Stellung in den Tierkreiszeichen beschrieben. (Die Stellung in den Zeichen gibt Aufschluß darüber, ob zwei Planeten, die man untersucht, »gleich gefärbt« sind oder nicht.) Es gibt in der Astrologie auch noch eine direktere Beziehung zwischen den Planeten. Dazu wird der Abstand zwischen den einzelnen Planeten berechnet. Je nach Abstand spricht man von einer Aspektbeziehung oder von Aspektlosigkeit. Die Lehre von den Aspekten wird im übernächsten Kapitel dieses Buches behandelt.

Erst wenn die Planeten in Verbindung mit Sonne und Mond und in ihren Beziehungen untereinander untersucht worden sind, wird klar, weshalb manche Eigenschaften in astrologischen Beschreibungen so eindeutig zu erkennen sind, während andere näherer Erläuterungen und eingehender Untersuchung bedürfen.

Bevor wir zum Thema der Sonne/Mond-Symbolik übergehen, vorab noch ein Wort zu den Mysterienplaneten. Wahrscheinlich haben viele Leser bei der Beschäftigung mit ihrem eigenen Horoskop bemerkt, daß die klassischen Planeten sich viel deutlicher manifestieren als die Mysterienplaneten. Diese Beobachtung ist völlig zutreffend. Die Mysterienplaneten symbolisieren das, was in den tieferen Schichten der Seele geschieht. Nur in den Fällen, in denen die Mysterienplaneten im Horoskop besonders betont sind, treten diese Tendenzen klar an die Oberfläche. Aus dem Studium der astrologischen Häuser kann man ableiten, wann diese Planeten stark gestellt sind. Dies ist auch dann der Fall, wenn sie viele Aspekte bilden und im eigenen Zeichen stehen. Folgende Themen müssen also noch behandelt werden: die Sonne/Mond-Symbolik, die Aspektenlehre und die Lehre von den astrologischen Häusern. Sonne/Mond und Aspekte werden im ersten Teil, die Häuser im zweiten Teil dieses Buches besprochen.

Die Sonne/Mond-Symbolik im Geburtshoroskop

Sonne und Mond werden in der Astrologie als die beiden wichtigsten Pole im Charakter eines Menschen angesehen. Die Sonne symbolisiert den aktiven Teil, der Mond den empfänglichen. Im Gegensatz zu den meisten anderen Astrologiehandbüchern wird im vorliegenden die Polarität Sonne/Mond als Einheit behandelt. Die Sonne wird hier also nicht als separates Symbol getrennt vom Mond betrachtet. Bei zwei so wichtigen Symbolen ist es unerläßlich, beide in ihrer Beziehung zueinander zu untersuchen und zu beschreiben. Auf diese Weise wird ein weitverbreitetes Mißverständnis über die Astrologie von Anfang an vermieden: Die populäre Astrologie in Büchern wie »Sie sind ein Widder« und Zeitschriften beschreibt nämlich nur den Sonnenstand. Wie schon im vorigen Kapitel gezeigt, darf man nicht einmal die Planeten, die ja meist weniger einflußreich sind als Sonne und Mond, deuten, ohne ihre Beziehung zueinander und ihre Beziehung zu den beiden Lichtern zu berücksichtigen. Um so wichtiger ist es, letztere in Beziehung zueinander zu interpretieren.

Kombinationen mit Sonne in Widder

☾ in ♈: Sehr ausgeprägter Individualismus, egozentrisch; sehr aktiv. Begreift schnell, setzt sich durch, aggressiv. Neigt dazu, den Intellekt stärker zu entwickeln als das Gefühl; Ideen sind wichtiger als Beziehungen. Aufgeweckt, enthusiastisch, unabhängig. Starkes Selbstwertgefühl; liebt Kinder; ungeduldig.

☾ in ♉: Rednertalent, starker Charakter, praktisch. Positive Einstellung; Talent zur Menschenführung. Beharrlich, Neigung zum Konservatismus. Taktvoll, weiß den Wert von Dingen einzuschätzen, zielbewußt. Kulturelles Interesse, idealistisch. Widerstände verstärken das Durchsetzungsvermögen. Alles-oder-nichts-Mentalität.

☾ in ♊: Geisteskraft, kann sich gut ausdrücken, geistig sehr aktiv. Neigt zur Geschwätzigkeit; Mangel an Konzentrationsvermögen und Zielstrebigkeit. Flexibel, viele Interessengebiete, wechselhaft, erträgt keine Routine. Klug; möglicherweise literarische oder kaufmännische Begabung. Setzt sich leicht über Mißerfolge hinweg. Aufgeregt; nervös.

☾ in ♋: Sehr sensibel, intuitiv, klare Einsicht. Gutes Einfühlungsvermögen, stolz, kreatives unternehmerisches Talent. Sehr beharrlich, wenn das persönliche Interesse geweckt ist. Idealistisch. Praktisch; beliebt; versteht es, zur richtigen Zeit das Richtige zu sagen. Häusliches und familiäres Leben wichtig; emotionale Bindungen sind sehr stark. Unterliegt Stimmungsschwankungen; nervös.

☾ in ♌: Energisch, vital, liebt Aufregung, enthusiastisch. Starke Persönlichkeit. Kaufmännische Begabung; Selbstvertrauen. Heftige Gefühlsäußerungen, herzlich. Neigt dazu, eigene spirituelle Bedürfnisse zu vernachlässigen. Steckt sich hohe Ziele.

☾ in ♍: Praktisch. Intellektuell, logisch, wacher Geist. Kaufmännische und technische Begabung; realistisch. Literarisches Talent, doch mit der Neigung, sich in Details zu verlieren. Methodisch. Ruhelos, wechselhaft. Natürliche Wärme wird möglicherweise unterdrückt.

☾ in ♎: Bedürfnis nach Ausgewogenheit zwischen Gefühl und Intellekt, feinsinnig, Gefühl für Schönheit. Talentierter Berater. Abneigung gegen Routine, unentschlossen. Freundlich, Interesse an Menschen; verträgt es nicht, wenn die Harmonie gestört wird. Macht einen guten Eindruck auf andere. Starker Wunsch nach Unabhängigkeit; wenig Selbstvertrauen.

☾ in ♏: Aggressiv, sehr intensive Emotionen, leidenschaftlich, willensstark. Impulsiver Umgang mit Geld. Sehr beharrlich im Verfolgen von Zielen; stolz; möglicherweise sehr tiefes Gefühlsleben. Hat Schwierigkeiten, Abstand zu halten; Mangel an Objektivität; ruhelos. Großes Konzentrationsvermögen. Läßt sich nicht gerne dominieren; hilft gerne; will besitzen, eifersüchtig.

☾ in ♐: Aktiv, schnell, positiv. Idealistisch, inspirierend, aufrichtig, geradeheraus. Ruhelos, impulsiv, übermäßig besorgt, ungeduldig. Enthusiastisch, sportlich, intuitiv, emotional. Beeinflußt gerne andere. Keine Liebe zum Detail, wohl aber zu hohen Idealen und Prinzipien.

☾ in ♑: Ehrgeizig, unternehmerisch, enthusiastisch, aber vorsichtig, praktisch. Bedürfnis nach Anerkennung und Wertschätzung. Talent zur Menschenführung. Launisch. Konkurrenzverhalten, politisch interessiert, diplomatisch, taktvoll, manchmal Temperamentsausbrüche. Strebermentalität. Karriere wichtiger als Studium; Opportunist. Hat den starken Wunsch, eine Autorität zu sein.

☾ in ♒: Tiefes Interesse an Menschen, beliebt, freundlich, unabhängig, großes Selbstvertrauen. Fortschrittlich. Verträgt keine Routine. Großes Anpassungsvermögen. Kommt gut in Gruppen zurecht; Bedürfnis nach sozialen Kontakten. Intellektuelles und kulturelles Interesse. Ideen und Stimmungen können sich plötzlich verändern. Umgebung sieht ihn/sie als Führerpersönlichkeit.

☾ in ♓: Empfänglich für äußere Einflüsse. Neigt zu Ruhelosigkeit, Unzufriedenheit, Grübeleien. Sensibel. Liebe zum Detail. Sentimental. Traumleben ist wichtig. Muß sich manchmal zurückziehen, um zu sich selbst zu finden. Liebt das Geheimnisvolle. Hat Schwierigkeiten, mit der eigenen inneren Kraft in Kontakt zu kommen.

Sonne in Stier

☾ in ♈: Starke Persönlichkeit, eigensinnig, beharrlich, praktisch, Konzentrationsvermögen, rücksichtslos. Aggressiv, starker Wille; ein einmal gesetztes Ziel wird auch erreicht; anspruchsvoll. Bedürfnis nach Unabhängigkeit; Wille, im Leben vorwärtszukommen. Intellekt und Gefühl sind nicht gut miteinander verbunden. Neigt zur Geschwätzigkeit. Die eigene Tiefe wird möglicherweise nicht erfahren. Ihm/ihr fällt es schwer, andere so zu akzeptieren, wie sie sind.

☾ in ♉: Eigensinnig; kann Druck von außen nur schwer ertragen. Sehr beharrlich. Abneigung gegen Veränderungen. Konservativ. Wissen und Können wächst aus der Erfahrung. Setzt die Ideen anderer in die Praxis um. Sehr emotional; stolz; kompromißlos, wenn es um eigene Interessen geht; geduldig. Konzentrationsvermögen. Durchsetzungsfähigkeit. Werte und Wertobjekte sind von großer Bedeutung (materialistisch). Erlesener Geschmack; liebt das Schöne. Freundlich; sympathisch. Sehr dominant. Erfolg in Geschäften. Arbeitet gerne mit anderen zusammen.

☾ in ♊: Ruhelos, jedoch beharrlich, wenn es darauf ankommt. Lernt leicht; schnelle Auffassungsgabe. Tut sich schwer mit Entscheidungen. Braucht Prinzipien, um innerlich zur Ruhe kommen zu können. Interesse an Studium und autodidaktischem Lernen. Liebt das Konkrete. Hat mehr Fähigkeiten und Selbstvertrauen, als er/sie nach außen zeigt. Verbindet Willenskraft mit geistiger Flexibilität.

☾ in ♋: Sensibel, emotional. Familienleben ist sehr wichtig. Liebt tiefe und intime Beziehungen. Geschickt im Geschäftlichen. Gutes Gefühl dafür, was »man« will und »was sich gehört«. Gutes Gespür für den Wert von Dingen. Kein Verständnis für Verschwendung. Bedürfnis nach Sicherheit und Geborgenheit. Ehrgeizig; willensstark. Ändert manchmal unerwartet die Strategie. Handelt vom Gefühl her; ist manchmal zu stark von anderen abhängig. Persönliche Identifikation sehr wichtig. Autoritär.

☾ in ♌: Starker Charakter, zielbewußt, großes Selbstvertrauen, stolz, sehr willensstark und beharrlich, wenn er/sie ein Ziel vor Augen hat. Zuverlässig, dominant, unbeugsam, kompromißlos. Impulsiv, neigt zu Extremen, übereilt. Feurig und affektiv, starker Geist. Vorurteile gegenüber andersartigen Menschen. Sehr loyal. Neigt zum Dramatisieren.

☾ in ♍: Kritisch, analytisch, beherrscht, praktisch, großes kaufmännisches Talent, sehr scharfsinnig. Taktvoll, ruhige Beharrlichkeit, akkurat. Lernbegierig, starke Moral; Sinn fürs Detail, weniger für die größeren Zusammenhänge. Bescheiden. Starker Wunsch nach unabhängiger Position.

☾ in ♎: Feinsinnig, liebt das kulturelle Leben, auch Vergnügungen. Liebenswert, diplomatisch, liebt Gesellschaft. Emotional, viele Liebesaffären, sehr starkes Bedürfnis nach Zuneigung und Sympathie. Charmant, kann nur schwer zwischenmenschliche Spannungen ertragen. Hat Schwierigkeiten, der Vernunft gegenüber dem Gefühl den Vorzug zu geben. Findet nicht leicht eine solide Basis für Liebe und Zuneigung. Starkes Bedürfnis nach Harmonie. Innerlich beständig, äußerlich wechselhaft. Mangel an Selbstvertrauen, obwohl der innere Kern sehr »fest« ist.

☾ in ♏: Sehr geschätzte Persönlichkeit, beharrlich und willensstark. Sehr emotional und leidenschaftlich. Autoritär. Gibt nie auf, sehr stolz, »Macher«. Sehr impulsiv, ist sich seines/ihres starken Einflusses auf andere nicht bewußt. Besitzergreifend, eifersüchtig. Weiß, was er/sie will und erreicht es auch. Großer Mangel an Objektivität; kann in Beziehungen nicht genug Abstand wahren. Dramatische Natur. Nervöse Störungen. Kann den Dingen nur schwer ihren eigenen Lauf lassen. Konzentration auf ein einziges Ziel. Große innere Spannungen; möchte lernen, sich zu entspannen.

☾ in ♐: Innerlich beständig, äußerlich flexibel, entschlußlos. Steuert geradewegs auf sein/ihr Ziel zu. Aufrichtig. Philosophisch, hohe moralische Prinzipien. Abenteuerlich. Liebt Tatsachen, realistisch. Impulsiv, neigt zu Extremen, übereilt, zu direkt. Offenheit führt leicht zu Mißverständnissen. Reist gerne und lernt hauptsächlich autodidaktisch. Soziale Einstellung. Intuitiv.

☾ in ♑: Ehrgeizig, Bedürfnis nach Sicherheit und Geborgenheit; Entschlossenheit. Talent zum Management und zur Routinearbeit, guter Organisator. Ernst. Verantwortungsgefühl. Bedürfnis nach Anerkennung, Wertschätzung und materiellem Erfolg. Geht gerne Risiken ein. Projiziert die eigenen schlechten Eigenschaften auf andere. Konservativ, praktisch, vorsichtig, pflichtbewußt. Erweckt den Eindruck, materialistisch zu sein. Ist besorgt um sein/ihr Image. Mangel an Selbstvertrauen. Arbeitet sich langsam hoch.

☾ in ♒: Freundlich, liebenswert. Versteht sich gut mit Fremden und Ausländern. Aufrichtiges Interesse an Menschen. Beharrlich, willensstark, unabhängig. Alles Neue zieht ihn/sie stark an. Kann Routine nicht ertragen. Integer, bleibt bei seinen/ihren Überzeugungen. Liberal, fortschrittlich, aber den eigenen Prinzipien treu. Wenn Ehrgeiz einmal geweckt ist, sehr beharrlich. Tiefe Gefühle, aber auch objektiv. Manchmal plötzliche Stimmungswechsel.

☾ in ♓: Praktisch, erfinderisch. Bedürfnis, innere Tiefe zu entwickeln. Räumt Träumen große Bedeutung ein, verliert aber die Realität nicht aus den Augen. Intuitiv, musisch veranlagt. Bedürfnis nach persönlicher Erfüllung. Gastfreundlich, sanft. Nur unter Druck eigensinnig. Läßt sich von Freunden stark beeinflussen. Zur Menschenführung nicht begabt. Metaphysische Neigungen. Ängstlich. Reiches inneres Leben. Bedürfnis nach Aktivität.

Sonne in Zwillinge

☾ in ♈: Aufgeweckt, schnell, flexibel, aktiv, aggressiv. Intellektueller Typ, will stets über alles informiert sein. Impulsiv, neigt zu Extremen. Ehrgeizig, positiv. Schlagfertig, oberflächlich, gutes Gedächtnis. Nicht sehr sensibel für die Empfindlichkeiten anderer. Hastig. Mangel an Durchsetzungsvermögen. Enthusiastisch. Alles Neue zieht an. Abneigung gegen jede Art von Routine.

☾ in ♉: Expressiv, klug, schnell, praktisch; flexibel, aber gleichzeitig selbstbewußt und entschlossen; stabiler Charakter. Liebt seinen/ihren Beruf. Ausdauernd, wenn es darauf ankommt. Intellektuelle Fähigkeiten; musische Begabung. Blick für die inneren und äußeren Werte von Dingen und Menschen. Innere Natur ist ein Gegengewicht zur Oberflächlichkeit des Intellekts. Beharrlich, aber nicht starrköpfig. Große Willenskraft. Konstruktiv, kein Interesse an Nicht-Essentiellem. Gefühl beeinflußt das Denken, beherrscht es aber nicht. Warmherzig. Freiheitsliebend. Eine einmal angefangene Sache wird zu Ende geführt.

☾ in ♊: Ruhelos, ziemlich dualistisch. Brillant, sehr klug, ansteckende Begeisterung, flexibel. Neigt zur Vergeistigung. Sucht nach Wissen und Erkenntnis. Künstlerisches, vor allem literarisches Talent. Feinsinnig, geschickt. Selbstvertrauen, unabhängig, positiv. Kennt sich auf mehreren Gebieten gut aus. Sachlich. Lernt leicht. Sprachbegabung. Möglicherweise Konzentrationsschwierigkeiten. Keine Liebe zum Detail. Ungeduldig; vergißt leicht. Enthusiastisch, nervös. Willensstark im Verfolgen von Zielen. Schenkt Emotionen wenig Aufmerksamkeit. Wechselhaft.

☾ in ♋: Ruhelos, empfänglich für Eindrücke, gutes Gedächtnis, diplomatisch. Intuitiv. Läßt sich leicht ablenken. Großes Bedürfnis nach Sympathie, stark beeinflußt durch emotionale Beziehungen, Stimmungen. Intellektuelle Fähigkeiten, nervös, unsicher, wechselhaft, kindlich, ängstlich, ziemlich konservativ, entschlußlos.

☾ in ♌: Freundlich, warmherzig. Erscheint äußerlich stärker, als er/sie wirklich ist. Wechselhaft, flexibel. Natürliches Selbstvertrauen, ruhelos, entschlußlos. Schwierigkeit, die eigene innere Kraft zu entdecken. Dualistisch. Schnelle Auffassungsgabe; erkennt das Essentielle sehr schnell. Soziale Einstellung. Interesse an Kultur. Bedürfnis nach affektiven Beziehungen. Idealistisch.

☾ in ♍: Ausgesprochen intellektuell; analytisch, Auge fürs Detail, praktisch, kunstliebend, ordentlich, systematisch. Launisch, düster, entschlußlos. Dies alles kann überwunden werden, wenn der/die Betreffende Ideale findet. Geist reagiert stark auf Bedürfnisse und Befindlichkeit des Körpers. Wechselhaft, aber starker Wille und starke Überzeugungen. Neigt zur Verzettelung der Energie. Nach außen fröhlich, innerlich manchmal ängstlich. Sehr enthusiastisch und gleichzeitig kühl. Schätzt intellektuelle Übereinstimmung mehr als körperliche Anziehung.

☾ in ♎: Feinsinnig, ausgeglichen, künstlerisch; verträgt keine Dissonanzen, freundlich, angenehm, romantisch, sozial. Bedürfnis nach ruhiger Umgebung. Freundschaft sehr wichtig; diplomatisch, beliebt, Bedürfnis nach Schönheit. Strebt nach unparteiischer Haltung. Läßt keine Polarisation zu. Genau, ordentlich, Weitblick, gerecht. Abneigung gegen Routine und Detailarbeit. Ziemlich entschlußlos.

☾ in ♏: Schneller Geist, tiefe Gefühle. Dynamisch, aggressiv, flexibel, entschlossen, eindringlich. Bedürfnis nach Gleichgewicht zwischen Gefühl und Intellekt; impulsiv. Kann nicht genug Abstand halten, vor allem in sexueller Hinsicht. Kritisch, satirisch, emotionale Komplexe. Sucht trotz innerer Objektivität Sensationen. Starke Stimmungsschwankungen. Dominant; starker Wille, starker Intellekt und großer Stolz.

☾ in ♐: Ruhelos, sehr gefühlsbetont, verzettelt. Abneigung gegen Routine. Offen, aufrichtig, ehrlich; unabhängig, kämpferisch, vor allem auf geistiger Ebene. Kommt leicht über Mißerfolge hinweg. Ist häufig zu direkt. Pädagogisches Talent; idealistisch. Nervös, impulsiv, positiv, religös und/oder philosophisch. Alles, was in weiter Ferne liegt, übt große Anziehungskraft aus.

☾ in ♑: Sachlich, berechnend, kalt, gerissen; freundlich, praktisch. Stabil, geduldig, ehrgeizig, ernsthaft, flexibel, anpassungsfähig. Ist bemüht um ein gutes Image. Plant langfristig. Begabung für Verwaltungsarbeit oder für die Beamtenlaufbahn. Organisationstalent, reserviert. Drückt Liebe und Zuneigung durch Loyalität und Zuverlässigkeit aus. Neigt in Beziehungen zum Materialismus. Objektiv; arbeitet hart, strebt nach Ansehen, konventionell, integer.

☾ in ♒: Human, freundlich, kann gut mit Menschen umgehen, intuitive Menschenkenntnis; philanthropisch. Geistesstärke, scharfer Verstand, fortschrittlich, anpassungsfähig. Jugendlich. Alles Neue hat Anziehungskraft. Vordenker. Immer auf der Suche nach neuen Bekanntschaften. Abneigung gegen Routine. Freiheitsliebend. Ziemlich unpersönlich. Aktiv auf intellektuellem und künstlerischem Gebiet. Wirkt entschlossener, als er/sie tatsächlich ist.

☾ in ♓: Wankelmütig, wechselhaft, ruhelos, unzufrieden. Mangel an Konzentrationsvermögen. Empfänglich. Ist bestrebt, Theorie und Praxis zu verbinden. Liebt das Geheimnisvolle. Literarisches Talent. Flexibel, sensibel. Bedürfnis, Gefühl und Verstand in Einklang zu bringen. Ehrgeizig, perfektionistisch, macht sich von äußeren Umständen abhängig. Dualistisch, Mangel an Objektivität. Intuitiv, beliebt, freundlich. Entschlußlos.

Sonne in Krebs

☾ in ♈: Starke Persönlichkeit; starkes Bedürfnis, im Leben vorwärtszukommen. Mutig, heftige Emotionen, hastig. Innerlich sensibel, äußerlich aggressiv. Intuitives Gefühl für das, was »man will«. Enthusiastisch, denkt und entscheidet schnell. Unabhängig, aktiv, neigt zur Inkonsequenz, zu wenig Beharrlichkeit. Autoritär.

☾ in ♉: Sensibel, sehr praktisch, starker Charakter, der sich langsam entwickelt. Neigung zum Materialismus. Konservativ; willensstark, beharrlich; intuitiv, wohlhabend. Gefühl für Menschen; sehr verletzlich. Denkt sorgfältig über Dinge nach, Sinn für Schönheit; Organisationstalent. Gutes Gedächtnis.

☾ in ♊: Sehr sensibel; aktiver Geist. Tut sich leicht im Reden. Sehr starkes Bedürfnis nach Veränderung; wankelmütig, flexibel. Unersättlicher Wissensdurst; sehr gutes Gedächtnis, sehr anpassungsfähig, künstlerisch begabt. Geschwätzig, unsicher, unentschlossen, diplomatisch, ruhelos.

☾ in ♋: Sehr sensibel und emotional; scheu; in sich gekehrt. Sehr empfänglich für das, was andere wünschen und fühlen. Unentschlossen, abhängig, besonders von der Familie; besitzergreifend in Beziehungen. Starkes Bedürfnis nach Geborgenheit, konservativ. Liebt Komfort und Luxus im eigenen Haus, häuslich, patriotisch. Außergewöhnlich gutes Gedächtnis. Starkes Bedürfnis nach tiefen persönlichen Beziehungen; ab und zu selbstzufrieden. Sehr ehrgeizig, aber macht nicht gerne viel Aufhebens von sich. Vorsichtig. Hält sich nicht gerne mit Details auf. Kunstverstand. Starkes Verantwortungsgefühl. Gutes Gefühl für Werte. Sympathisch.

☾ in ♌: Positiv, vertrauensvoll, stolz, selbstachtend, würdevoll. Kann Tatsachen und Gefühle nicht gut auseinanderhalten. Beliebt, attraktiv, hat Flair. Neigt zum Dramatisieren, sensibel, impulsiv. Starkes Bedürfnis nach affektiven Beziehungen und

Romanzen; ruhelos und wechselhaft im emotionalen Bereich. Vital. Liebt Sensationen, Theater. Verschafft sich Respekt, autoritär.

☾ in ♍: Intelligent, kritisch, kann die eigenen Gefühle begründen. Praktisch, analytisch, sensibel, ziemlich scheu, komplizierte Natur. Hat Schwierigkeiten damit, wichtige Entscheidungen zu treffen. Geschickt, technisch begabt, weiß instinktiv, wie Dinge verbessert werden können. Zuverlässig im Geschäftlichen, vorsichtig, gewissenhaft, liebt Effizienz und Systematik, ist fleißig und arbeitet gerne. Berechnend. Gutes Einfühlungsvermögen. Reserviert. Achtet auf die Umgebung; hat starkes Bedürfnis nach Sympathie und Verständnis. Guter Geschmack. Liebt ein ruhiges und friedliches Leben. Unterschätzt die eigenen Fähigkeiten.

☾ in ♎: Ausgeglichener Geist, prophetische Gabe, freundlich, charmant, umgänglich, beruhigender Einfluß auf andere Menschen, großes Einfühlungsvermögen, psychologisch begabt. Liebt Gesellschaft. Mangel an Aggressivität. Kreativ, Forschungsdrang, manchmal wissenschaftliche Interessen. Bedürfnis nach Anerkennung, Popularität. Feinfühlig, ästhetisch. Braucht reifen affektiven Hintergrund, um zu voller Entfaltung zu kommen. Ist abhängig von Menschen, strebt aber nach Unabhängigkeit. Launisch. Versteht es, auf freundliche Art die eigenen Wünsche durchzusetzen.

☾ in ♏: Sehr empfängliche Phantasie. Tiefer Einblick in die menschliche Natur. Willensstark. Sehr emotional. Konservativ, praktisches Organisationstalent. Starke Begierden, sehr intensives Gefühlsleben. Weiß zu erreichen, was er/sie will. Ansichten über Menschen und Dinge werden völlig vom Gefühl bestimmt. Großes Bedürfnis nach Sicherheit, defensiv. Wird jedoch aggressiv, wenn die eigene Sicherheit in Gefahr ist. Besessen; magnetisch, dynamisch. Neigt zu Übertreibungen. Gibt nicht leicht auf. Impulsiv im Umgang mit Geld. Stolz, Selbstwertgefühl. Großer Einfluß auf andere. Mangel an Objektivität.

☾ in ♐: Enthusiastisch, direkt. Kann sich gut ausdrücken, redegewandt. Sensibel. Energisch und sehr aktiv, ruhelos. Neigt zu Extremen. Versteht Menschen instinktiv. Gute(r) Propagandist(in). Pädagogisches Talent. Reiselustig; starkes Bedürfnis nach Abwechslung. Interesse an Wissenschaft und/oder Philosophie. Aufrichtig, hohe Prinzipien und Ideale. Geradeheraus. Verkraftet Enttäuschungen nur schwer. Ziemlich anmaßend. Geltungsdrang. Nervöse Erschöpfung. Weiter Horizont, ambitioniert, schnell unzufrieden mit dem Erreichten, wissensdurstig. Ziemlich konservativ. Zuverlässig, gewissenhaft. Sehr sentimental und romantisch veranlagt, sucht geistesverwandten Partner.

☾ in ♑: Bedürfnis, sich in praktischen und geschäftlichen Unternehmungen zu verwirklichen. Sehr sensibel und emotional, nach außen praktisch, geschickt, objektiv, realistisch. Tiefer Idealismus, Phantasie. Beharrlich im Geschäftlichen und im Beruf. Vorsichtig; sucht nach Sicherheiten. Defensiv, beschützend. Verantwortungsgefühl, Bedürfnis nach Anerkennung, integer. Organisationstalent, systematisch, Begabung für Verwaltungsarbeit. Durchschaut Menschen intuitiv. Besorgt um das Image; autoritär, anspruchsvoll. Macht nicht gerne Schulden. Unentschlossen. Großes Bedürfnis nach Verständnis und Zuneigung. Würdevoll.

☾ in ♒: Gefühlstiefe, doch in der Lage, die Emotionen unter Kontrolle zu halten. Taktvoll, diplomatisch, beliebt. Will guten Eindruck machen. Abneigung gegen Extreme; scheut sich, vor allzu deutlicher Stellungnahme. Akkurat. Kann gut mit Menschen umgehen. Interesse an Neuem, aber Ausgewogenheit zwischen alten und neuen Methoden. Sucht ständig nach neuen Bekanntschaften. Warmherzig, freundlich, aufrichtig, weitgestreute Sympathien, aufrichtiges Interesse an Menschen. Bringt die besten Eigenschaften in anderen zum Vorschein.

☾ in ♓: Sehr sensibel, parapsychologische Begabungen, läßt sich leicht durch die Umgebung beeinflussen, sehr einfühlend, tiefes Verständnis für andere. Liebt keine Spannungen. Kann gut zuhören. Sehr mißtrauisch gegenüber Fremden. Abneigung gegenüber starken Persönlichkeiten. Spürt Bedürfnisse und Wünsche anderer im voraus. Erreicht Ziele durch Ausdauer und subtile Taktik. Mangel an Selbstvertrauen. Verträumt. Starkes Bedürfnis nach Sicherheit. Fleißig, ruhebedürftig.

Sonne in Löwe

☾ in ♈: Dominant, aggressiv, enthusiastisch, aktiv, fleißig, sehr vital, optimistisch, kraftvoll. Liebt Herausforderungen, kämpferisch, impulsiv. Verabscheut Mittelmäßigkeit. Heftige Gefühle, großes Bedürfnis nach Liebesaffären. Edelmütig, freigebig, führt gerne andere Menschen und hilft gerne. Unabhängig, mutig, entschlossen, willensstark, neigt zum Dramatisieren.

☾ in ♉: Sehr starker Charakter, tiefe Emotionen. Entschlossen, willensstark, beharrlich. Aufrichtig, vital, idealistisch, praktisch. Warmherzig, vertrauensvoll, mutig, liebt die Aktion. Neigt zu dogmatischem Starrsinn und zu Extremen, integer. Stolz. Bedürfnis nach festen emotionalen Beziehungen, starke Liebesgefühle; will gewinnen.

☾ in ♊: Emotionaler Reichtum, Wärme, vermag Emotionen unter Kontrolle zu halten. Abstraktionsvermögen. Kann sich gut ausdrücken, scharfsinnig, geschickt. Edelmütig, breit gefächerte Interessen, literarische Begabung. Das Spirituelle ist wichtiger als das Materielle. Beliebt, versteht es, zum richtigen Zeitpunkt das Richtige zu sagen, diplomatisch. Ziemlich ruhelos, nervös. Erreicht, was er/sie will; dynamisch.

☾ in ♋: Positiver, als er/sie nach außen wirkt. Sympathisch, empfänglich. Emotionen sind sehr wichtig. Unbeständig, aufgrund leichter Beeinflußbarkeit oft launisch. Intuitiv. Versteht, zum richtigen Zeitpunkt das Richtige für andere zu tun. Nüchtern in Geldangelegenheiten, aber auch freigebig, wenn Sympathie im Spiel ist. Hilft gerne Menschen, die in Not sind. Tiefe Sympathien, beständig in Beziehungen. Reagiert sehr empfindlich auf Unverständnis. Emotionale Extreme. Beschützend. Braucht Sentimentalität und Romantik im Leben. Gefühl für Humor. Starke moralische Prinzipien.

☾ in ♌: Große emotionale Vitalität, warmherzig, freundlich, freigebig, jovial, sonniges Gemüt. Unabhängig, autoritär, stolz, Geltungsdrang. Konzentriert alle Energie auf wichtige Ziele. Idealistisch, ehrgeizig, vertrauensvoll. Organisationstalent. Theatralisch und heroisch, Überlegenheitsgefühl. Direkt. Bedürfnis nach Anerkennung. Individualistisch. Liebt Kinder und Spaß. Neigt zu Faulheit.

☾ in ♍: Ausgewogenheit zwischen Enthusiasmus und Sinn fürs Praktische. Kritisch. Technische Begabung; ist gerne im künstlerischen und pädagogischen Bereich aktiv. Gutes Gefühl für Proportionen, wählerisch. Hohe Ideale. Bedürfnis nach Aktivität und Perfektion. Aggressiver Verstand, gute Urteilsfähigkeit. Achtet auf Details. Selbstsicherer, als nach außen sichtbar. Bedürfnis nach erhabenen Idealen. Ungeduldig, offenherzig. Macht gerne anderen eine Freude; versucht immer, sein Bestes zu tun. Verbirgt seine Warmherzigkeit hinter einer kühlen Fassade.

☾ in ♎: Ausgeprägter Sinn für Schönheit, höflich, sympathisch. Intuitiv, gutes Gespür für die richtige Gelegenheit; wichtige Entscheidungen werden meist schnell getroffen. Erkennt schnell die schwachen Punkte in Argumentationen und Aktivitäten von Konkurrenten. Warmherzig, aufrichtig. Abneigung gegen Spannungen. Möchte einen guten Eindruck machen. Tiefe Gefühle, sehr affektiv, gutes Einfühlungsvermögen, großes Interesse an sozialen Aktivitäten, diplomatisch. Guter Geschmack, versteht es, mit Menschen umzugehen, gutes Gespür dafür, was von der Allgemeinheit geschätzt wird, gute Manieren. Starkes Selbstwertgefühl.

☾ in ♏: Sehr starker Charakter, ausgeprägte Vorlieben und Abneigungen. Sehr energisch, willensstark, sehr ehrgeizig, fleißig, praktisch, stark entwickeltes Selbstvertrauen, positiv und stolz. Sehr emotional, Wutausbrüche. Hat häufig zu wenig Abstand zu den Dingen. Vorurteile, Mangel an Objektivität. Wenn einmal eine Entscheidung gefällt worden ist, wird sie in jedem Fall ausgeführt. Möchte unbedingt gewinnen. Aggressiv, wachsam, entschlossen, gewieft. Wissenschaftliche Begabung. Mutig, »magnetisch«, will Eindruck machen. In emotionalen Beziehungen besitzergreifend, feurig. Weiß, was er/sie will, steuert geradewegs sein/ihr Ziel an.

☾ in ♐: Übermäßig viel Energie und Enthusiasmus. Vital, optimistisch, flexibel. Ruhelos, positiv, aufgeweckt. Arbeitet hart. Liebt die Abwechslung, autoritär, stolz, großherzig. Weiß, was er/sie will; steuert sein Ziel direkt an. Aufrichtig, sehr beliebt, liebt das Abenteuer. Neigt zu Extremen, sehr dynamisch, impulsiv, freiheitsliebend. Religiös und/oder philosophisch. Respektiert Gesetz und Ordnung.

☾ in ♑: Weiß, was er/sie will; energisch; fest umrissene Ziele, ehrgeizig. Liebt Luxus und gute Position. Willensstark. Machtstreben. Warmherzig, aber ernsthaft; übernimmt gerne Verantwortung, bemüht um guten Ruf. Realistisch, praktisch, neigt zum Materialismus, anspruchsvoll, Streber. Innerlich jedoch starkes Bedürfnis nach spirituellen Werten. Autoritär, Beamtentyp, mag Laxheit bei anderen nicht. Diplomatisch, gescheit.

☾ in ♒: Bedürfnis, sich im politischen oder kreativen Bereich zu betätigen. Freundlich, weiter Horizont, menschenfreundlich. Tiefe, sehr starke Emotionen. Sehr beliebt, Bedürfnis nach viel Kontakt mit Menschen. Intuitive Menschenkenntnis. Kosmopolitisch, idealistisch, tolerant. Fühlt sich intellektuell von neuen Ideen angezogen. Sehr willensstark, Phantasie, Weitblick, feinsinnig, unabhängig, loyal. Weitgestreute Sympathien.

☾ in ♓: Große Diskrepanz zwischen innen und außen. Ruhelos, unsicher. Bedürfnis nach Veränderung, Bewegung. Unzufriedenheit. Sehnsucht nach Wissen. Verbindet das Praktische mit dem Theoretischen. Zuverlässig, akkurat, empfänglich. Hält sich im Hintergrund. Kraftvoll, manchmal aggressiv. Große emotionale Kraft, sehr positiv und inspirierend. Sentimental, tolerant, läßt sich leicht mißbrauchen, freigebig. Innerlich beständig, äußerlich wechselhaft.

Sonne in Jungfrau

☾ in ♈: Schnelle Auffassungsgabe, kritisch und analytisch, sehr genau. Sehr positiv und vertrauensvoll. Bedürfnis nach Unabhängigkeit. Enthusiastisch, mutig, energisch, impulsiv. Bedürfnis nach Methodik; äußerlich schnell, innerlich langsam. Sucht Anerkennung, ehrgeizig, manchmal Mangel an Durchsetzungsvermögen, beliebt. Ziemlich unpersönlich, hauptsächlich an Ideen interessiert, erst in zweiter Linie an Menschen.

☾ in ♉: Scharfsinnig, großes kaufmännisches Talent, praktisch, zielbewußt, gutes Verständnis für Werte. Wissenschaftlich orientiert, Organisationstalent, systematisch, effizient. Sehr realistisch, gründlich. Abneigung gegen übereiltes Handeln, reserviert, vorsichtig, zuverlässig, gesunder Menschenverstand. Zufrieden; liebt das Leben und die Kunst. Geduldig.

☾ in ♊: Große mentale Kraft, praxisbezogene intellektuelle Begabung, klug, schnelle Auffassungsgabe, intellektuell sehr aktiv. Redegewandt, versteht es, sich genau auszudrücken. Gefühlsleben möglicherweise ziemlich unterentwickelt. Emotionen verwirren Rationalität nie; brillant. Ausgeprägter Sinn für Details. Erträgt keine Routine, nervös. Liebt die Menschen mehr wegen ihres Wissens als aus emotionalen Gründen. Ziemlich kühl und unpersönlich. In Beziehungen Perfektionist. Sehr unentschlossen, möglicherweise Mangel an Selbstvertrauen.

☾ in ♋: Sehr empfindsames, empfängliches Temperament;

läßt sich durch Umstände und Menschen stark beeinflussen. Innerlich praktisch und scharfsinnig, äußerlich unbeständig. Praktische Intelligenz; lebhafte Phantasie; gute Intuition in bezug auf Tatsachen und Details; erkennt die Wahrheit intuitiv, wenn es darauf ankommt. Weiß den Wert von Dingen einzuschätzen. Relativ ängstlich, Mangel an Selbstvertrauen. Solide im Umgang mit Geld. Gespür für die Interessen der Allgemeinheit. Möchte in einer harmonischen Umgebung arbeiten; Bedürfnis nach Sicherheit; beschützend, ziemlich defensiv. Schwankt zwischen kritisch/analytisch und empfänglich/verständnisvoll. Anhänglich, scheu gegenüber Unbekannten. Bedürfnis nach persönlicher Anerkennung. Gewissenhaft, stark ausgeprägtes Gefühl für Details, fleißig, denkt ökonomisch. Bedürfnis nach konventionellem, harmonischem Familienleben.

☾ in ♌: Aggressiv, positiv, innerlich nicht sehr sicher, äußerlich entschlossen. Bedürfnis nach Offenheit, Freiheit. Bevorzugt ausführende Arbeit. Widmet sich ganz und mit großer Energie seiner Arbeit. Impulsiv, versteckte Zweifel. Prinzipientreu, aufrecht, gewissenhaft. Eigener Wert wird sehr wichtig genommen, scharfsinnig, klug. Emotionen beeinflussen Entscheidungen. Fürchtet sich vor dem Unerwarteten. Vertraut anderen zu sehr und hat zu wenig Selbstvertrauen. Takt. Bedürfnis nach Zuneigung.

☾ in ♍: Intellekt dominiert stark. Analytisch, kritisch, guter Einblick in Details, sehr genau, aufgeweckt, sachlich, ergeben. Überempfindlich, scheu, reserviert, äußerlich sachlich und effizient, innerlich nervös. Sehr bescheiden, Abneigung gegen exponierte Positionen. Anspruchsvoll, sehr methodisch, logisch. Arbeit ist extrem wichtig. Weiß intuitiv, wie und wann etwas verbessert werden muß. Wahrscheinlich keinen Überblick über größere Zusammenhänge. Zuverlässig. Relativ unentschlossen. Verantwortung lastet schwer auf ihm/ihr. Kann Konkurrenz nur schlecht ertragen. Konventionell.

☾ in ♎: Charmant, intelligent, beliebt. Sucht Harmonie. Sehr wählerisch in bezug auf Freunde. Angenehmer Geschäftspartner. Freundlich, bescheiden, ziemlich unpersönlich in Beziehungen. Liebt die Ruhe. Gibt den eigenen Bedürfnissen viel Raum. Guter Geschmack. Möchte Schönheit und Kunst in einen nützlichen Zusammenhang bringen. Intuitiv, nimmt schnell neue Ideen an. Geistig unabhängig.

☾ in ♏: Aggressiv, scharfsinnig, intelligent, energisch, realistisch, schlau, starke Emotionalität, sehr praktisch. Kann Dinge gut für sich behalten. Gibt nicht schnell auf. Auf persönlichen Vorteil bedacht. Impulsiv, sensibel. Überfährt möglicherweise andere. Neigt zu Extremen, intensiv, zu persönlich, sinnlich. Fleißig, analytisch.

☾ in ♐: Geistig und körperlich aktiv. Schnell, redegewandt, direkt, aufrichtig. Praktisch, analytisch, philosophisch, hohe Ideale und Prinzipien. Human, Weltverbesserer; Lehrer. Reist gerne; Ruhelosigkeit wird durch Reisen oder intellektuelle Aktivitäten kompensiert. Übereilt, kann möglicherweise nicht gut zuhören. Spitzfindig.

☾ in ♑: Äußerst praktisch, berechnend, realistisch, materialistisch. Ehrgeizig, sorgfältig, objektiv, Bedürfnis nach Ansehen. Systematisch, Organisationstalent. Konzentrationsvermögen; gerät nicht leicht in Verwirrung, wenn es um Geschäftliches geht. Pflichtbewußt, gewissenhaft, ernsthaft. Nimmt möglicherweise alles schwer; erträgt es nicht, von anderen eingeschränkt zu werden. Strebt nach hoher Stellung, starkes Bedürfnis nach Anerkennung. Diplomatisch.

☾ in ♒: Sehr viele Interessengebiete. Geistig und physisch aktiv. Intuitiver, unabhängiger Geist. Kann, wenn notwendig, seine Ansichten ändern; aufgeschlossen für neue Dinge und Ideen, wenn sie als wertvoll erkannt werden. Leidet unter Stimmungsschwankungen. Einsicht in die menschliche Natur, freundlich, innerlich reserviert, ziemlich unpersönlich in Beziehungen. Sehr taktvoll, anpassungsfähig, will anderen gefallen. Sehr subtiler Geist. Sucht Entspannung außerhalb des Berufs. Analytisch. Läßt sich nicht leicht etwas vormachen. Konservativ und fortschrittlich zugleich. Organisationstalent. Korrekt im Umgang.

☾ in ♓: Sehr intuitiv; innere Tiefe; scharfsinnig. Lust am Studium, auffallend gutes Gedächtnis. Praktisch, beschaulich; möglicherweise starkes Interesse an Kunst, Metaphysik und Okkultismus. Starker Wunsch nach Veränderung, nach Neuem; ruhelos, erträgt keine Routine. Findet nur schwer zu Ausgewogenheit zwischen Verstand und Gefühl; introvertiert, rezeptiv. Sehr verständnisvoll, Menschenfreund. Braucht Anleitung und Vertrauen. Gewissenhaft.

Sonne in Waage

☾ in ♈: Extrovertiert. Projiziert stark auf andere. Nach außen kraftvoll, aggressiv und impulsiv, jedoch zugleich ein starkes inneres Bedürfnis nach Harmonie und Frieden. Scharfsinnig; ehrgeizig; ausgeprägtes Gerechtigkeitsgefühl; kämpft für Ideale. Unabhängiger Geist; im Herzen jung; starkes Bedürfnis nach Aktivität. Hat Schwierigkeiten, Dinge zu Ende zu bringen. Enthusiastisch, feinsinnig, große künstlerische Begabung. Kann sich gut ausdrücken, neigt zu übereiltem Handeln. Großer Einfluß auf andere. Versteht sich besser darauf, die Probleme anderer aufzulösen als die eigenen. Tolerant.

☾ in ♉: Sehr charmant, attraktiv, sehr freundlich. Setzt sich nur langsam in Bewegung. Praktisch; schätzt es nicht, Energie zu vergeuden. Starkes Bedürfnis, sich zu vergnügen. Willensstark, beharrlich. Kann sehr gut mit Menschen umgehen; geduldig, vorsichtig. Sentimental, romantisch, Bedürfnis nach dauerhaften Gefühlsbeziehungen, beeinflußbar. Ausgeprägter Sinn für Ästhetik. Tiefe Einsicht in die Prinzipien des Lebens. Manchmal Mangel an Selbstvertrauen.

☾ in ♊: Sehr intelligent. Kann sich ausgezeichnet ausdrücken. Sehr sublime Natur, inspirierend; kann Inspiration in die Praxis umsetzen. Scharfsinnig, ausgeprägte Interessen. Literarisches Talent. Ziemlich unentschlossen. Versteht es, Verstand und Gefühl in Einklang zu bringen. Überkultiviert. Taktvoll, flexibel, anpassungsfähig, ruhelos, nervös, erträgt keine Routine. Sieht alle Seiten eines Problems. Unbeständig, musikalisch. Immer auf der Suche nach neuem Wissen und nach Weiterentwicklung. Tiefes Verständnis für die Prinzipien des Lebens, hohe Ideale. Ausgeprägter Sinn für Ästhetik.

☾ in ♋: Ehrgeizig, starkes Bedürfnis nach Anerkennung, anpassungsfähig; kann sich instinktiv in das einfühlen, was die große Masse will; kennt den Wert der Dinge; kann Gedanken und Gefühle von anderen vorhersehen. Diplomatisch, nimmt Rücksicht auf andere, vermeidet Spannungen und unangenehme Situationen. Sehr feiner Geschmack, liebt schöne Dinge, elegant. Wählerisch in bezug auf Freunde, liebt friedliebende, feinsinnige Typen. Etwas besorgt über Zukünftiges, zum Beispiel über den Ausgang von Unternehmungen usw.

☾ in ♌: Sublim, friedliebend, spirituell, idealistisch, freundlich, gastfrei. Aufrichtige(r) Freund(in), integer, enthusiastisch, vital, natürliches Vertrauen. Sehr starke Intuition, impulsiv, romantisch, optimistisch. Gefühl für Dramatik. Sammelt gute Kollegen um sich. Ziemlich emotional.

☾ in ♍: Kritisch, scharfsinnig, intelligent, berechnend, aktiver Geist, klares Urteilsvermögen. Intellekt dominiert über die natürliche Wärme. Gutes Gespür für das, was andere Menschen wollen. Analytisch, Gefühl für Details, verliert leicht die Übersicht. Technisch begabt, immer auf der Suche nach neuem Wissen. Analysiert, kritisiert und vergleicht Ideen. Geheimnisse und Vertraulichkeiten erzeugen Druck. Kann Eindrücke nicht gut verarbeiten. Gespür für die Wahrheit. Praktisch. Sucht inneres Gleichgewicht in der Auseinandersetzung mit der Kultur. Intuitiv.

☾ in ♎: Sehr sublim, künstlerisch, friedliebend, intuitiv. Energisch, wenn es darum geht, Dinge ins Lot zu bringen. Sehr begabt im Finden von Kompromissen. Unparteiisch, läßt sich oft zu sehr von den Meinungen anderer mitreißen. Wankelmütig, ungeduldig, überkritisch, ziemlich unentschlossen. Elegant, höflich, sehr romantisch, liebt Gesellschaft, vor allem die des anderen Geschlechts. Großes Bedürfnis nach Ruhe und harmonischer Umgebung, beliebt. Versteht es instinktiv, den bestmöglichen Eindruck zu machen.

☾ in ♏: Sehr ehrgeizig, großes Bedürfnis nach Anerkennung. Mutig, Selbstvertrauen, stabil. Starke Begierde, sehr habsüchtig, sehr emotional, von Stimmungen abhängig. Empfänglich, kritisch, starkes inneres Bedürfnis nach Harmonie und Perfektion. Aggressiv, unzufrieden, ruhelos, Machtstreben, impulsiv. Unabhängig, aber Bedürfnis nach tiefen, festen Gefühlsbindungen. Starker Wille.

☾ in ♐: Intellektuell aktiv, treffendes Urteil, juristische Begabung. Energisch, aktiv, philanthropisch, liebt die Aufregung und das Reisen. Idealistisch, impulsiv, will seine Umwelt verbessern. Interesse an Philosophie, Pädagogik, erhabene Gedanken. Prophetisch. Aufrichtig, geradeheraus. Höflich, graziös, ästhetisch, sublim, optimistisch. Intellektueller Mut, Unabhängigkeit. Neigt zu übereiltem Handeln und zu übermäßiger Aktivität. Gesellschaftliches Leben ist wichtig. Tolerant, emotionale Gegensätze, weiter Horizont.

☾ in ♑: Stabiler Charakter, treffende Intuition. Innerlich idealistisch und stark beeinflußbar durch Eindrücke und Intuition, äußerlich praktisch, realistisch, sehr ambitioniert, berechnend. Neigt zum Materialismus, zielbewußt, Streben nach Anerkennung, schlau, taktisch. Liebt mehr die geistigen als die körperlichen Vergnügungen. Möglicherweise musikalisches Talent. Ernsthaft. Abneigung gegen Verschuldung. Tendenz, die eigenen Gefühle zu ignorieren. Bedürfnis nach Frieden, möchte einen guten Eindruck erwecken.

☾ in ♒: Feinsinnig, inspirierend, lebt mehr im Geistigen als im Sinnlichen. Hohe Ideale, guter Geschmack, stark ausgeprägtes soziales Verantwortungsgefühl; wertet Erlerntes optimal aus. Sehr gute Menschenkenntnis. Offen für originelle Ideen, tolerant, aufrichtig, offen gegenüber anderen. Hat das Bedürfnis, anderen zu helfen, philanthropisch, beliebt. Ansichten über Liebe und Zuneigung manchmal unkonventionell; Emotionen sehr stark idealistisch und humanitär geprägt. Antizipiert Gedanken und Gefühle anderer. Plötzliches Umschlagen von Gefühlen und Urteilen. Fortschrittlich, originell, möglicherweise der Zeit voraus. Rhythmus, Harmonie und Schönheit spielen eine große Rolle; verbindet Kunst und Wissenschaft.

☾ in ♓: Neugierig, lernt schnell, gutes Gedächtnis. Komplizierter Charakter, ruhelos, aber auch fleißig und ausdauernd. Verzettelt sich. Umgänglich, angenehm, gastfreundlich, human, scheu, reserviert, sehr sensibel, intuitiv, sehr sentimental. Bedeutungsvolles Traumleben; Probleme damit, die Gefühle unter bewußte Kontrolle zu bekommen, sehr beeinflußbar. Visueller Typ, wetterwendig. Subtile, ungewöhnliche Persönlichkeit; charmant, anpassungsfähig. Weiß nicht, was er/sie von anderen erwarten kann; romantisch, läßt sich leicht etwas vormachen; neigt zu Geschwätzigkeit.

Sonne in Skorpion

☾ in ♈: Aggressiv, enthusiastisch, sehr emotional, sehr willensstark, sehr starke Begierden. Ehrgeizig, sehr starker Glaube an die eigenen Fähigkeiten, entschlossen; weiß, was er/sie will; unabhängig; eifrig, sehr anspruchsvoll, rücksichtslos. Bewegtes Leben. Sehr persönlich im Umgang mit anderen. Zu wenig Distanz, vor allem zu sich selbst. Extrem und impulsiv. Die Meinung anderer über die eigene Person wird für sehr wichtig gehalten. Stolz. Macht über andere. Ist nicht von seinem/ihrem Ziel abzubringen.

☾ in ♉: Entschlossen und zielbewußt. Projiziert eigene Persönlichkeit stark nach außen. Prinzipien sind sehr wichtig, sehr starke Begierden. Mangel an Flexibilität. Rücksichtslos. Starke innere Spannungen. Extrem dominant. Materielle Faktoren sehr wichtig, praktisch, realistisch. Aggressiver und gleichzeitig stabiler Charakter. Legt großen Wert auf die Anerkennung anderer. Sehr tiefe Liebesgefühle.

☾ in ♊: Innerlich stark, dynamisch und aggressiv, intensive Emotionen. Sensibel, äußerlich flexibel, intellektuell, klug. Sehr kompliziert. Versteht es, emotionale Energie in gute Bahnen zu lenken. Geistig sehr aufgeschlossen. Unabhängiger Geist, Querulant. Zynisch. Literarisches und pädagogisches Talent. Versteht es, sich genau auszudrücken. Scharfsinnig, kritisch. Sehr treffendes Urteil über die Qualität der Arbeit anderer. Selbstsicher und unbeständig. Neigt zu Extremen.

☾ in ♋: Sehr emotional, sensibel und sensitiv. Sehr abhängig von äußeren Umständen. Kann nur schwer nein sagen. Hängt sehr an Familie und Heim. Erfaßt gefühlsmäßig alles und jeden sehr genau. Gutes Gefühl für Werte. Verstohlen. Mangel an Selbstvertrauen, unbeständig. Absorbiert den Einfluß anderer, ist aber auch selbst sehr magnetisch. Alles wird am eigenen subjektiven Wert gemessen, am eigenen Gefühl usw. Sehr tiefe Sehnsucht nach Kontakt mit anderen Menschen. Gibt sich jedoch oft selbstgenügsam. Sucht die Sensation. Beharrlich.

☾ in ♌: Autoritär, würdevoll, beharrlich, starker Charakter, mutig, extrem starke Persönlichkeit. Sehr leidenschaftlich und emotional. Sehr stolz und ehrgeizig. Sehr großes kaufmännisches Talent, schlau, willensstark. Großes Bedürfnis nach Macht. Drückt Situationen und Umständen den eigenen Stempel auf. Dramatisiert; Probleme damit, die enorme innere Kraft zu sublimieren. Sehr egoistisch. Liebt die Show; versteht es, andere zu begeistern. Zu geringe Objektivität. Kann alles erreichen, was er/sie wirklich will.

☾ in ♍: Geistig sehr aufgeweckt, kritisch, durchdringender Verstand, gutes Urteilsvermögen. Wissenschaftliche Begabung, anspruchsvoll, unverträglich. Starker Wunsch, vorwärtszukommen und sich hervorzutun. Vergißt möglicherweise, das stark ausgeprägte Kritikvermögen auf sich selbst anzuwenden. Begeisterung für Studien. Hat Mühe, das Gleichgewicht zwischen Gefühl und Intellekt zu finden.

☾ in ♎: Emotionale Wärme, charmant. Innerlich viel emotionaler und größere Gefühlstiefe, als es nach außen hin scheint. Feinsinnig, kultiviert. Mit den eigenen Gefühlen ehrlich und direkt. Idealistisch. Neigt dazu, andere sehr kritisch zu betrachten, mißtrauisch. Gute intuitive Einsicht und unparteiisches Urteil, was jedoch möglicherweise von Emotionalität überlagert wird. Sehr versiert in geschäftlichen Dingen. Visionär. Stellt möglicherweise zu hohe Ansprüche an andere.

☾ in ♏: Sehr emotional. Verbirgt Gefühle. Sehr beharrlich und zielbewußt, sehr aggressiv und leidenschaftlich. Starkes Bedürfnis nach Aktion. Rücksichtslos, indiskret, impulsiv und zu persönlich. Sehr starke Begierden. Nichts oder niemand bringt von einmal gestecktem Ziel ab. Kann schlecht zuhören. Hat viele Vorurteile, egoistisch. Strebt geradewegs auf Ziele zu. Sehr dominant und willensstark. Sehr ambitioniert und kreativ. Schwierige und unvorhergesehene Situationen wie z. B. Katastrophen bringen Stärke zum Vorschein.

☾ in ♐: Aggressiv, direkt, positiv, aufsässig, taktlos. Von Natur aus philosophisch, aufrichtig und idealistisch, aber die eigene Emotionalität steht dem Ausdruck dieser Eigenschaften im Wege. Mutig; äußert Meinungen zu schnell, starkes Interesse am öffentlichen Leben. Verursacht viele Mißverständnisse. Enthusiastisch. Wahrheitssucher(in). Sucht die Sensation, impulsiv.

☾ in ♑: Geduldig, Durchsetzungsvermögen, vorsichtig, strategisch, Organisationstalent, sehr verschlossen. Berechnend, schlau, taktvoll. Will es zu etwas bringen; extrem starkes Bedürfnis nach Anerkennung und Wertschätzung. Konventionell. Materialistisch. Große Selbstbeherrschung; will jedoch gelegentlich die Dinge zu sehr forcieren und tritt dann aggressiv und impulsiv auf. Große Menschenkenntnis.

☾ in ♒: Sehr willensstark. Hin- und hergerissen zwischen Konservatismus und Fortschrittlichkeit. Freundlich, umgänglich, kann gut mit Menschen umgehen. Tiefe Einsicht in die menschliche Natur. Großes Bedürfnis nach vielen und immer neuen Kontakten. Kann sich nicht lange mit ein und derselben Sache beschäftigen. Stark ausgeprägte Individualität. Großes Bedürfnis nach Freiheit. Talent zur Menschenführung. Geht eigenen Weg. Sucht Aufregung und Abenteuer. Aktiv. Wirkt auf andere möglicherweise unpersönlich, trotz großer Wärme und Gefühlstiefe. Sehr komplizierter Mensch. Bedürfnis nach Lob und Anerkennung von anderen.

☾ in ♓: Sehr rezeptiv, ruhelos, impulsiv. Kreativ, künstlerisch, fleißig; gespalten, starke Phantasie, visuelle Begabung, visionär. Pessimistisch, ängstlich, abhängig. Starkes Bedürfnis, ein höheres Bewußtseinsniveau zu erreichen. Philanthropisch. Kulturelles Interesse. Sieht Möglichkeiten, die andere nicht sehen, auch im materiellen Bereich. Mystisch, magisch, romantisch. Sehr tiefer Charakter. Neigt zum Tagträumen.

Sonne in Schütze

☾ in ♈: Sehr idealistisch und enthusiastisch. Pionier. Liebt Aufregung, Abenteuer, Fortschritt. Aggressives Temperament. Sehr belastungsfähig. Ruhelos, sehr impulsiv, übereilt, neigt zu Extremen und Exzessen. Große mentale und physische Kraft. Hohe Prinzipien. Sehr starke Überzeugungen und Ideale. Mutig, Selbstvertrauen, natürliche Autorität. Unabhängig. Sehr ausgeprägtes Ehrgefühl. Sehr affektiv. Aufrichtig, geradeheraus. Arbeitet zuviel. Bleibt im Herzen jung.

☾ in ♉: Idealistisch und praktisch, inspirierend und realistisch, philosophisch und sachlich. Innerlich enthusiastisch und erregt, äußerlich ruhig und beherrscht. »Moneymaker«. Liebt das Gute im Leben, ohne materialistisch zu sein. Gefühl für Humor. Höflich, sympathisch, beliebt, freundlich. Neigt zu übermäßiger Freigebigkeit, wenn Sympathie einmal geweckt ist. Musik und Kunst haben entspannenden Einfluß. Starke Emotionen. Große Hingabe in affektiven Beziehungen. Freurig in der Liebe.

☾ in ♊: Sucht Selbstverwirklichung in geschäftlichen Unternehmungen. Ruhelos, neigt zu Mangel an Konzentration und Entschlossenheit. Vagabundiert sowohl geographisch als auch intellektuell, philosophisch und kulturell. Sehnt sich nach Aufregung und Abenteuer. Wird unsicher, ruhelos und nervös bei Routinearbeiten. Mangel an Disziplin. Schneller, aktiver Geist, sehr lernbegierig. Verzettelt sich leicht. Sehr schlagfertig. Nervöse Erschöpfung. Dualistisch, flexibel, sehr anpassungsfähig. Sieht alle Seiten eines Problems und wägt dementsprechend ab. Sehr redegewandt. Lebt stärker im Bereich des Geistigen als des Physischen.

☾ in ♋: Sehr starkes Bedürfnis zu lernen. Praktisch, flexibel. Intuitiv. Sieht Dinge voraus. Sensibel, beeinflußbar; Gespür für das, was andere wollen. Optimistisch und enthusiastisch. Neigt zu Extremen, vor allem im Gefühlsbereich. Tiefes Verständnis und tiefe Spiritualität. Impulsiv im Äußern von Gefühlen und Sympathien. Versäumt es oft, sich um ein objektives Bild von Menschen zu bemühen, und bevorzugt Gefühle. Wird leicht durch Menschen in der Umgebung, für die er/sie Sympathie hegt, beeinflußt. Sehr tiefe und beständige Beziehungen. Strebt nach hohen Idealen. Neigt zu Unentschlossenheit. Stark entwickelte Phantasie.

☾ in ♌: Aktives, aggressives Temperament. Natürliche Autorität. Sehr spirituell und idealistisch. Sehr guter Geschäftsmann. Stark entwickeltes Ehrgefühl, hohe Prinzipien in geschäftlichen

Dingen und im persönlichen Leben. Sehr vital und enthusiastisch, sehr energisch, starkes Selbstvertrauen. Tiefe Gefühle; sehr affektiv, romantisch und impulsiv in der Liebe. Freigebig. Emotionen beeinflussen Entscheidungen stark. Sehr großes unbewußtes Kraftreservoir. Erträgt keine Mittelmäßigkeit. Integer, stolz. Gute Zukunftsaussichten. Mutig.

☾ in ♍: Sublimer Geist. Impulsiv. Kritisch. Ausgezeichnetes Urteilsvermögen. Sieht große Zusammenhänge, aber auch Details. Flexibel in geschäftlichen Dingen. Enthusiastisch. Starke Diskrepanz zwischen innen und außen. Stimmungsschwankungen. Freigebigkeit. Spiritualität und Enthusiasmus schlagen manchmal genau ins Gegenteil um. Aggressiv, jedoch tiefes Bedürfnis nach Harmonie. Analytisch. Grüblerisch, ängstlich. Direkt, wenn nötig, sonst diplomatisch.

☾ in ♎: Unabhängig, höflich, nimmt Rücksicht auf andere. Freundlich, charmant, enthusiastisch, attraktiv. Enthusiasmus wird durch treffendes und ausgewogenes Urteil in Zaum gehalten. Kann gut vergleichen. Weiß Extreme zu vermeiden. Gesellschaftlich aktiv, Freunde sind sehr wichtig. Versteht es, einen guten Eindruck zu hinterlassen. Liebt Ruhe und Harmonie, jedoch keine Routine und Langeweile. Gesellig, liebt Gesellschaft, romantisch, freigebig, aber geistig kühl und nüchtern. Kann Dinge sowohl von der philosophisch-intellektuellen als auch von der emotionalen Seite her betrachten. Künstlerisches (musikalisches) Talent. Sehr kultiviert, Wahrheitsliebe, Gerechtigkeitsgefühl; Respekt vor Traditionen.

☾ in ♏: Sehr starke Persönlichkeit, aggressiv, starke Triebe. Subtil, klug, strategisch, beharrlich. Direkt, manchmal schroff. Schneller Geist, ist zu unabhängigen Entscheidungen in der Lage. Ehrgeizig, heftig, selbstsüchtig. Sagt die eigene Meinung zu schnell. Kann es weit bringen. Gefühl für Humor. Kann nicht gut zuhören. Emotionalität behindert volle Entfaltung.

☾ in ♐: Optimistisch, jovial, heiter, unabhängig, aktiv. Ruhelos, liebt das Vagabundenleben. Aufgeweckt. Klare, positive Ideen, zeigt sich von der besten Seite. Geistiger und spiritueller Weitblick; prophetisch, intuitiv. Gerecht, philosophisch, religiös, aufrichtig, direkt, würdevoll. Innere Gegensätze. Willensstark. Ausgeprägtes Organisationstalent, gute(r) Propagandist(in). Immer auf der Suche nach Veränderung. Idealistisch, erträgt Mittelmäßigkeit nicht. Philanthropisch. Erfaßt instinktiv die Schwachpunkte anderer.

☾ in ♑: Sehr großes kaufmännisches Talent, Organisationsgabe, gute(r) Verwalter(in). Vorsichtig, praktisch, realistisch. Weiß intuitiv, wie sich die Dinge entwickeln werden. Ernsthaft, ehrgeizig, zuverlässig in Geschäften. Schlau, hart, jedoch hohe Ideale. Strebt nach Autorität. Neigt zu der Ansicht, daß die Mittel den Zweck heiligen. Großes Verantwortungsgefühl. Besessen vom Streben nach persönlichem Erfolg, ist jedoch unzufrieden, wenn nur Macht erreicht wird. Strebt nach Zielen mit philosophisch-idealistischem Hintergrund. Tiefes Gefühl für Schönheit und für das Imposante.

☾ in ♒: Feinsinnig, friedlich, intuitiv, großes kaufmännisches Talent. Unabhängig, originell, romantisch, idealistisch, humanitär, freundlich. Aufrichtig am Menschen interessiert, flexibel, sozial eingestellt. Sehr idealistisch. Fanatisch, was die eigenen Prinzipien angeht. Breitgefächertes, universelles Interesse. Kämpft für den Fortschritt der Menschheit. Kulturell avantgardistisch. Breiter Horizont. Aufrichtig.

☾ in ♓: Aufgeweckt, aktiv, vielseitig. Ruhelos, grüblerisch, kann keinerlei Routine ertragen. Fleißig, gewissenhaft, unbeständig. Will unabhängig sein. Kreativ. Unterschätzt die eigenen Fähigkeiten. Tritt nicht gerne in den Vordergrund. Philosophisch, religiös, sympathisch. Kann nur schwer nein sagen, beeinflußbar. Betrachtet alles von einer höheren Warte aus als der Durchschnittsmensch. Starkes Bedürfnis, andere spirituell zu führen. Künstlerisch. Intuitiv, prophetisch, haßt Materialismus. Zieht Luxus an. Flexibel. Erträgt keine Mittelmäßigkeit.

Sonne in Steinbock

☾ in ♈: Sehr ehrgeizig, will die höchste Position erreichen; sucht Verantwortung. Berechnend und diplomatisch, willensstark und aggressiv; versteht es, zur richtigen Zeit die Initiative zu ergreifen. Anspruchsvoll. Realistisch, praktisch. Stolz auf die eigenen geistigen Fähigkeiten. Innerlich langsam und vorsichtig, äußerlich schnell, unabhängig und aggressiv. Talent zur Menschenführung. Abneigung gegen Details. Organisationstalent. Überaktiv. Integer.

☾ in ♉: Äußerst willensstark, beharrlich und ehrgeizig. Sehr kraftvoller Geist; starke, dauerhafte Ideen. Kommt nur langsam zu Entscheidungen, verändert diese aber dann kaum noch. Selbst falsche Entscheidungen werden nur selten abgeändert. Konservativ. Kennt den Wert der Dinge. Nüchtern im Geschäftlichen, liebt auch Kunst, Schönheit und Musik. Politischer Instinkt. Kann gut mit Menschen umgehen. Versteht es, Reichtum zu erwerben. Bedürfnis nach Greifbarem; neigt zum Materialismus. Ausgewogenes Urteil, talentiert in ausführender Arbeit. Integer. Als Vorgesetzter streng, aber gerecht. Entscheidungen werden nicht von Emotionen beeinflußt.

☾ in ♊: Fleißig; aktiver Geist, intellektuell. Neugierig, Interesse an Wissenschaft, Literatur und Kunst. Unbeständig, flexibel. Lernt schnell, trifft schnell Entscheidungen. Klug, sprachgewandt. Organisations- und Planungstalent. Erfinderisch. Kennt die Macht des Worts. Selbstausdruck. Äußerlich schnell, klug, gewandt, charmant, innerlich jedoch ernsthaft, praktisch, ehrgeizig, materialistisch. Komplexer Charakter, sehr widersprüchlich. Liebt das öffentliche Leben.

☾ in ♋: Sensibel. Erfaßt intuitiv, was Menschen wollen. Vergeudet keine Zeit damit, Dinge zu verkaufen, die andere Menschen nicht haben wollen. Talent, zu Geld zu kommen. Sparsam. Zieht andere nicht leicht ins Vertrauen. Neigt dazu, sich in sich selbst zurückzuziehen. Großes Interesse an Familie und häuslicher Umgebung. Starkes Bedürfnis nach intimen Bindungen, Verständnis, Anerkennung und Autorität. Willensstark und doch unsicher. Ehrgeizig. Bedürfnis nach finanzieller Sicherheit.

☾ in ♌: Innerlich nüchtern, ehrgeizig, entschlossen, äußerlich positiv, enthusiastisch und autoritär. Innerlich langsam, äußerlich schnell und aktiv, impulsiv. Begabt für ausführende Arbeit. Talent zum Spekulieren und Investieren. Grübelt häufig über die Zukunft. Strebt nach Popularität und Anerkennung. Starker Antrieb; beharrlich; würdevoll. Ausgeprägtes Streben nach Macht und Autorität. Methodisch, diplomatisch, schlau, Organisationstalent, Manager. Äußerlich warmherzig und freundlich, innerlich kühl und reserviert. Neigt zum Dramatisieren, ist aber auch zuverlässig. Möchte sich für andere einsetzen. Sucht Verbindung zu Erfolgreichen und Mächtigen. Stolz.

☾ in ♍: Logisch, systematisch, analytisch, scharfsinnig, streng rational, kühl und unpersönlich. Konzentriert sich auf ein einziges Ziel. Technisch begabt, Liebe zum Detail. Würdevoll. Unentschlossen. Starkes Streben nach Verantwortung; ehrgeizig. Taktisch, diplomatisch. Kaufmännisches Talent. Starke Abneigung gegen Leidenschaftlichkeit. Sucht Freundschaft mit intellektuellen und brillanten Persönlichkeiten. Zu kritisch. Hat Schwierigkeiten, größere Zusammenhänge zu sehen.

☾ in ♎: Ehrgeizig, nüchtern, feinsinnig, freundlich. Interesse an sozialen Problemen. Versteht es, mit Vorgesetzten umzugehen. Gute(r) Verwalter(in), unparteiisches Urteil. Intellektuell anpassungsfähig. Findet leicht die schwachen Punkte der Konkurrenz. Organisationstalent. Ernsthaft. Hat häufig zuwenig Distanz zu Geschäftlichem. Guter Geschmack. Braucht angenehme Umgebung.

☾ in ♏: Sehr starker Charakter, ist sich der eigenen Bedeutung bewußt. Würdevoll. Weiß, was er/sie will. Stellt hohe Anforderungen an andere. Setzt alles daran, zu erreichen, was er/sie will. Hat Schwierigkeiten, die eigenen Emotionen zu beherrschen: dadurch impulsiv, aggressiv. Innerlich jedoch eher sehr vorsichtig. Ehrgeizig, beharrlich. Sehr subtil, schlau. Starke Vorlieben. Talent für Mechanik, Management, Verwaltung und Organisation. Reserviert. Kann leichter schreiben als in der Öffentlichkeit sprechen. Wird leicht zu persönlich. Rücksichtslos. Abneigung gegen körperliche Arbeit. Pflichtbewußtsein.

☾ in ♐: Ruhelos, flexibel; sowohl physisch als auch geistig sehr aktiv. Ehrgeizig, neigt zur Verzettelung. Philosophisch. Denkt politisch, aber verfolgt Ziele auf geradem Weg. Diplomatisch und schlau, aber auch gerecht. Redegewandt. Zu direkt. Entwickelt impulsiv Pläne. Schwankt zwischen Optimismus und grüblerischer Ängstlichkeit. Hat Schwierigkeiten, Mißerfolge zu ertragen. Liebt es, zu reisen, zu lehren, zu verkaufen, zu publizieren, zu philosophieren. Bedürfnis nach der Gesellschaft von intellektuell Ebenbürtigen. Neigt dazu, die Verständnismöglichkeiten anderer zu überschätzen.

☾ in ♑: Sehr starker Drang, an die Spitze zu kommen. Ausgeprägtes Gefühl für Verantwortung, Pflicht und Verpflichtung. Sehr realistisch. Versucht, jede Minute zu nutzen. Sehr bedächtig; nimmt alles schwer. Grübelt so lange über materielle Probleme, bis gute Chancen ungenutzt verstrichen sind. Starkes ökonomisches Interesse. Materialistisch. Strebertyp. Zuverlässig, reserviert, schlau, vorsichtig. Von sich selbst besessen, starker Wille; geht sehr klug und strategisch geschickt an Unternehmungen heran. Strebt nach Macht. Begabt für Management und Verwaltung. Kommt nur langsam voran. Hat Schwierigkeiten einzuschätzen, wann er/sie Initiative entwickeln muß. Abneigung gegen Unsicherheiten und Risiken. Stellt zu hohe Anforderungen an Untergebene. Einsam. Diszipliniert. In der Jugend: Typ altes Kind. Ziemlich kalt.

☾ in ♒: Bedächtig, aufrichtig, verantwortlich, freundlich. Echtes Interesse an anderen. Zieht gute Freunde an. Beliebt.

Bedürfnis nach einem ereignisreichen Leben und nach Aktivität in der Öffentlichkeit. Kleines Genie, ziemlich außergewöhnliches Talent. Progressiv, immer auf der Suche nach neuen Ideen. Stimmungen und Ansichten können sich plötzlich verändern. Guter Blick für Zukunftsmöglichkeiten. Einsicht in die menschliche Natur. Bedürfnis nach vielen Kontakten. Hohe Ideale, ehrgeizig, aber auch ziemlich opportunistisch. Humanitär und philanthropisch. Klarer Blick in politischen und gesellschaftlichen Fragen. Großes Organisationstalent. Versteht es, leicht an Geld zu kommen. Unabhängig. Fähig zu tiefen emotionalen und affektiven Bindungen. Aufrichtig und loyal, doch die Emotionen werden von Urteil und Intellekt beherrscht. Liebt angenehme Gesellschaft.

☾ in ♓: Rezeptiv, sehr beeinflußbar durch äußere Umstände. Nüchtern, ernsthaft, ehrgeizig, aber auch ruhelos und unbeständig. Sentimental. Versteht andere intuitiv. Sympathisch und verständnisvoll. Sehr fleißig. Ängstlich in materiellen Angelegenheiten. Gründlich, ruhig, reserviert, Auge fürs Detail. Eignet sich dazu, die Aktivitäten anderer zu beaufsichtigen. Übernimmt gerne Verantwortung. Abneigung gegen Aggression. Sucht persönliche Erfüllung. Möchte gut informiert sein. Subtil. Sehr expressiv. Tendiert in Gefühlsbeziehungen zu großer Passivität.

Sonne in Wassermann

☾ in ♈: Unabhängig, originell, positiv, aggressiv, fester Charakter, entschlossen, aufgeweckt. Führernatur; talentiert zu ausführender Arbeit. Progressiv. Verliert leicht die Selbstbeherrschung. Neigt zu Extremen. Dynamisch. Jugendlich. Guter Blick für Vorteile und gute Gelegenheiten. Erträgt keine Routine. Neigt zur Geheimniskrämerei. Ungeduldig. Innerlich feinsinnig und idealistisch, starke soziale und humanitäre Tendenzen. Intuitiv. Überlegenheitsgefühl. Ideeller Mut. Ehrgeizig. Selbstsicher. In Beziehungen möglicherweise zu unabhängig.

Bedürfnis nach gleichwertigen Freunden und Geliebten. Sehr aktiv.

☾ in ♉: Sehr beharrlich, enorme Willenskraft, unabhängig, originell. Unbeugsam. Hält an Ambitionen und Zielen fest. Nüchtern, fleißig, verantwortlich. Sehr ausgeprägtes Besitzstreben, will jedoch nicht von Besitz abhängig sein. Schätzt Effizienz. Abneigung gegen Impulsivität. Methodisch, systematisch, ordentlich. Tiefe Einsicht in den Charakter anderer. Künstlerisches und/oder musikalisches Interesse. Liebe zur Natur. Sympathisch, freundlich, verständnisvoll. Starker Wille zum Erfolg. Wählt Freunde mehr danach aus, was sie haben, als danach, was sie sind.

☾ in ♊: Inspirierend, intellektuell, feinsinnig, idealistisch. Neigt dazu, mehr im Geistigen als im Sinnlichen zu leben. Innerlich entschlossener, als es äußerlich scheint. Flexibel, sehr anpassungsfähig. Auf originelle Weise kreativ, vor allem auf intellektuellem Gebiet. Lernt schnell. Literarisches Talent, redegewandt. Unbeständig, ruhelos, nervös. Muß immer beschäftigt sein, kann sich nur schwer entspannen. Dualistisch. Emotional wechselhaft. Bedürfnis nach Kameradschaft. Neugierig.

☾ in ♋: Ruhelos, unbeständig, sehr empfänglich für äußere Einflüsse. Weiß intuitiv, was man von ihm/ihr hält. Sehr charmant, anmutig, freundlich. Soziales Leben und persönliche Beziehungen sind sehr wichtig. Wählt möglicherweise die falschen Freunde. Aufgrund von persönlichem Interesse bei Kollegen und Untergebenen beliebt. Fleißig, beharrlich im Geschäftlichen. Achtet manchmal zu sehr auf Kleinigkeiten. Sparsam. Erfaßt intuitiv die Wahrheit, ohne das Bedürfnis zu haben, allzuviel nachzudenken. Komplizierter Charakter. Sehnt sich nach intaktem häuslichem Leben. Starke persönliche Bindungen wirken stabilisierend auf den Charakter. Sehr sensibel gegenüber dem Liebespartner. Romantisch, findet das größte Glück in tiefer Liebe zu seines-/ihresgleichen. Unabhängig und beeinflußbar/sensibel. Wird leicht zu persönlich.

☾ in ♌: Neigt dazu, die eigene Persönlichkeit nach außen zu projizieren. Sehr aktiv, Partnerschaft und Ehe haben sehr großen Einfluß im Leben. Freundlich, sympathisch, liebt sehr tief. Nur sehr schwer zu überzeugen, wenn er/sie nicht will. Neigt zum Grübeln. Sehr starker Geist. Möchte Verantwortung tragen, ergreift Initiative. Natürliche Autorität, willensstark. Sehr freigebig und weitherzig. Läßt sich leicht vom Elend anderer beeindrucken. Impulsiv. Starkes Selbstvertrauen. Stolz. Würdevoll. Unabhängig. Prinzipientreu. Guter Verwalter oder leitender Angestellter. Kunstliebhaber. Liebt wertvollen Besitz. Emotional.

☾ in ♍: Intelligent, logisch, rational. Genau, vorsichtig, ruhig, beharrlich, gewissenhaft. Stolz auf eigenes Können. Kritisch, analytisch, Auge fürs Detail, effizient. Sieht die Tatsachen. Gefühle trüben das Denken nicht. Wählerisch. Reagiert empfindlich auf Kritik. Bedürfnis, freundlich zu sein. Reserviert, auch im Gefühlsbereich. Praktisch. Interesse an Gesundheit und Hygiene. Achtet auf Diät und Lebensgewohnheiten, um gesund und geistig leistungsfähig zu bleiben. Innerlich entschlossen, feinsinnig, inspirierend. Breit gestreute Sympathien.

☾ in ♎: Sehr gutes Urteilsvermögen, scharfsichtiger Beobachter. Ehrgeizig, Talent für kritische Analyse. Gefühl für Nuancen. Künstlerisch, kreativ. Überzeugungskraft. Ist manchmal stark, ohne jedoch Widerstand zu erzeugen; taktisch. Geistig schnell. Verarbeitet Eindrücke sehr akkurat. Handelt häufig nicht nach den eigenen Vorstellungen. Liebt das gesellschaftliche Leben, Freunde. Macht stets einen guten Eindruck. Humanistisch, idealistisch, ästhetisch, erträgt keine Grobheit. Versteht Menschen intuitiv. Abneigung gegen Konkurrenzkampf.

☾ in ♏: Sehr starke Persönlichkeit. Strebt nach geistiger Kontrolle über emotionale Impulse. Ehrgeizig, unternehmerisch, mutig, entschlossen. Treibende Kraft im Geschäftlichen. Intelligent, realistisch. Kann etwas durchsetzen. Setzt alles auf eine Karte, um das Begehrte zu bekommen. Sehr intensive Leidenschaften. Tiefe Emotionen. Kann oft zu wenig Distanz halten. Weiß instinktiv, wie er/sie mit Vorgesetzten umgehen muß. Magnetisch; erweckt den Eindruck, unentwegt beschäftigt zu sein. Kann den Dingen nur schwer ihren Lauf lassen. Hat Schwierigkeiten, sich zu entspannen. Hat feste Meinungen.

☾ in ♐: Freundlich, aktiv, unabhängig, ehrlich, direkt, enthusiastisch. Neigt zu übereiltem Handeln. Eingefleischte Wahrheitsliebe. Verachtet Betrug. Sagt, was er/sie denkt. Universeller Geist. Liebt das Reisen. Bedürfnis nach persönlicher Freiheit und körperlicher Aktivität. Liebt Veränderung. Aufgeweckt, ungeduldig, freigebig. Menschenfreundlich, verständnisvoll. Sehr romantisch und idealistisch in bezug auf das andere Geschlecht, aber steht emotional auf eigenen Füßen. Jugendlich, mutig.

☾ in ♑: Solide, praktisch, individualistisch, ausdauernd, realistisch. Läßt sich durch Emotionen nicht vom Weg abbringen. Neigt zur Ruhelosigkeit, manchmal unsicher. Starkes Verantwortungsgefühl, sehr ernsthaft. Intelligent, äußerst ehrgeizig. Will sich einen Namen machen. Neigt zu übermäßiger Aktivität; nervös, reizbar. Versteht es, Kollegen für sich zu benutzen. Sucht Macht und Einfluß. Ist gegen Radikalismus und gegen Experimente. Zuverlässig. Begabt zu ausführender Arbeit. Menschenfreundlich, aber auch sehr sachlich. Tief verwurzelte Überzeugungen. Bedürfnis nach materieller Sicherheit.

☾ in ♒: Unbegrenzte Sympathien. Humanitär, freundlich, versteht die menschliche Natur; durchschaut Menschen. Tut sich leicht im Umgang mit Menschen, auch mit Ausländern und Fremden. Unabhängig, individualistisch. Sehr freiheitsliebend. Hat ab und zu das Bedürfnis, allein zu sein. Neues übt starke Anziehungskraft aus. Starker Wille. Stärke liegt im Kontakt mit anderen Menschen. Sehr progressiv, auch geistig. Weltverbesserer. Kann sich nur schwer entspannen, was zu explosiven Reaktionen führt. Aufrichtiges Interesse an Menschen. Ziemlich selbstzufrieden.

☾ in ♓: Gewissenhaft, liebt Details, Methode, Ordnung. Eignet sich nicht für schwere körperliche Arbeit. Studiert und liest gerne. Intuitiv, beeinflußbar. Verläßt sich meist auf sein Gefühl. Sentimental, romantisch, phantastisch. Glaubt an Träume. Liebt das Ungewöhnliche und Mysteriöse. Kann Opfer eigener Sympathien werden. Neigt dazu, passiv zu bleiben. Versteht es, Geld zu erwerben. Okkultes oder parapsychologisches Talent. Innerlich entschlossener, als es den Anschein erweckt. Kreativ, intelligent. Ausgeprägtes Ehrgefühl, integer, ergeben.

Sonne in Fische

☾ in ♈: Starker Drang, persönlich vorwärtszukommen. Sucht Berühmtheit und Anerkennung. Mangel an Selbstvertrauen und Motivation. Kann sich nur schwer entscheiden. Das Innere unterscheidet sich stark vom äußeren Auftreten. Innerlich still, ruhig und friedvoll, äußerlich aktiv und impulsiv. Aus diesem Gegensatz entsteht starke nervöse Spannung. Positive Persönlichkeit, aber Mangel an Beständigkeit. Wissensdurst. Geistig unabhängig. Verträgt keinen Druck von anderen. Arbeitet am besten als Selbständige(r). Neigt dazu, zuviel zu tun und zu übertreiben. Bedürfnis nach Harmonie. Sieht überall Liebe und Romantik. Enthusiastisch. Unbeständig. Starke Persönlichkeit. Handelt im Widerspruch zum innerlich Gefühlten. Tiefes Gefühlsleben, Weitblick, Phantasie. Aggressiv, unabhängig.

☾ in ♉: Tiefes Gefühlsleben, praktisch. Beharrlich, willensstark. Setzt sich nur langsam in Bewegung, ist aber dann nicht mehr aufzuhalten. Strebt nach Effizienz. Sensibel gegenüber Menschen und Dingen. Interesse an Geld und Luxus. Begeisterung für andere Menschen, freundlich, umgänglich, beliebt. Taktisch, diplomatisch. Starrköpfig bei Widerstand. Liebt die Natur. Künstlerisch, musikalisch, emotional. Großes Bedürfnis nach Zuneigung. Loyal und ergeben. Ehrgefühl, integer.

☾ in ♊: Innerlich emotionaler, als es äußerlich scheint. Tolerant. Wache Sinne. Tiefes Bedürfnis nach Wissen und Lernen. Sehr befähigt, zu interpretieren und sich auszudrücken. Unbeständig, ruhelos. Flexibel, wankelmütig. Manchmal anpassungsfähig, manchmal widerspenstig. Kommt gut über Enttäuschungen hinweg. Paßt sich an die Situation an und beginnt wieder von vorne. Grüblerisch. Nervös. Ausgeprägtes Bedürfnis nach Ruhe und Entspannung. Stimmungsschwankungen. Inspirierend. Literarisches Talent. Erträgt keine Routine. Eskapistisch.

☾ in ♋: Sehr emotional und sensibel. Ruhelos, leidet unter Stimmungsschwankungen. Ergeben; fleißig, aufrecht, gewissenhaft. Bedürfnis nach Studium und Wissen. Sensitiv, intuitiv. Weiß instinktiv, was die Öffentlichkeit will und was andere Menschen fühlen und denken. Scheu, introvertiert. Läßt sich leicht von anderen beeindrucken. Abhängig. Gutes Gefühl für Werte und Geld. Praktisch, ökonomisch. Abneigung gegen Verschwendung. Zu sparsam im Kleinen. Dies wird kompensiert durch Übertreibung im Großen. Warmherzig, affektiv. Tiefe persönliche Verbundenheit. Freundlich, höflich. Beschäftigt sich nicht gerne mit Details. Natürliche schauspielerische Begabung. Glück hängt von ruhigem Zuhause ab. Unbeständig in Gefühlen, sucht jedoch dauerhafte affektive Bindungen.

☾ in ♌: Manchmal aggressiv, dann wieder reserviert. Ist nicht ganz so, wie er/sie sich nach außen zeigt. Große emotionale Kraft. Großes dramatisches und literarisches Talent. Romantisch, beeinflußbar, starke Phantasie. Gefühlstiefe. Fleißig, ehrgeizig, ruhelos. Geist arbeitet am besten, wenn das Herz dabei ist. Hat Schwierigkeiten, Gefühle in Gedanken zu übersetzen. Liebt autoritäre Positionen oder Erfolg in verwaltenden Berufen. Entschlossen, positiv, aggressiv. Bedürfnis nach Popularität. Verträgt keine Spannungen und Konkurrenz. Vital, mutig. Liebt das Mysteriöse, Okkulte. Affektiv, ergeben.

☾ in ♍: Anspruchsvoller Geist, hält Sensibilität unter Kontrolle. Kritisch, Sinn fürs Detail. Tiefes Gefühl für Wahrheit. Großes Bedürfnis nach Wissen. Akkurat. Innerlich ruhelos und unsicher. Flexibel. Intuitiv und analytisch. Lernt gerne. Gefühl für Humor. Technisch begabt. Ehrgeizig. Übt nicht gerne Autorität aus. Exakt. Wählerisch. Schwankt zwischen Sympathie und Kühle. Anspruchsvoll in Beziehungen. Tief, sehr verständnisvoll, ruhig. Hohe Ideale. Streben nach Perfektion. Intelligent.

☾ in ♎: Sucht bei allen Unternehmungen Ausgewogenheit und das richtige Maß. Tiefer, aufrichtiger, bedächtiger, angenehmer Charakter. Sehr stark ästhetisch orientiert. Gefühl für Harmonie in Klang, Farbe und Form. Guter Geschmack. Freunde in allen Lebensbereichen wichtig. Friedlich. Gutes Urteilsvermögen, das auf intuitiver Wahrnehmung und Gefühlstiefe gründet. Registriert Eindrücke sehr genau. Begabt im Entwickeln von Ideen und Plänen. Neigt zu Passivität. Beliebt. Rührt die Herzen der Menschen. Materialistisches Denken und zu großer Nachdruck auf Fakten und statistischen Wahrheiten führt zu Verwirrung. Starkes Vertrauen in die eigenen unbewußten Kräfte. Bedürfnis nach religiösen, philosophischen und kulturellen Dingen. Wahrheitsliebe. Erträgt keine Routine.

☾ in ♏: Starke, entschlossene Persönlichkeit, jedoch innerlich weniger stabil. Wird beherrscht von Emotionen und neigt dazu, Ideale zu gering zu schätzen. Scharfe Beobachtungsgabe. Beharrlich und mutig. Wenn etwas beschlossen ist, gibt es kein Zurück mehr. Verdient leicht Geld und gibt es ebenso leicht wieder aus, um die eigenen Wünsche zu befriedigen. Schnell im Handeln. Starke Intuition. Schweigsam, verstohlen, subtil. Kann in vertraulichen Angelegenheiten die Interessen anderer wahrnehmen. In Beziehungen häufig zu emotional. Sehr beeinflußbar. Besitzergreifend. Zu intensiv. Stolz. Ernsthaft. Versteht es nicht sonderlich gut, Dinge sorgfältig zu überdenken.

☾ in ♐: Ruhelos, sehr aktiv, reizbar, unbeständig, anpassungsfähig. Weitblick, Phantasie. Tolerante Ansichten. Sehr viele Interessen. Abneigung gegen Details und exakte Logik. Optimistisch, expansiv. Denker(in). Studium und Unterricht sind wichtig. Fleißig. Neigt dazu, sich zu verzetteln. Aufrichtig und direkt. Expressiv, redegewandt. Liebt das Reisen. Progressiv und wahrheitsliebend. Nicht besonders geeignet für Industrie und Geschäftswelt, wohl aber für Verkauf, Reisen, Unterricht, Wissenschaft, Schreiben, Religion, Philosophie. Mehr spirituell als materialistisch. Mangel an Konzentration. Angeborene Weisheit.

☾ in ♑: Praktisch, realistisch, objektiv, beharrlich, sensibel, intuitiv. Ernsthaft, verantwortungsbewußt. Großes Interesse an finanziellen Angelegenheiten. Macht nicht gerne Schulden. Zuverlässig. Vorsichtig, ruhelos in emotionaler Hinsicht. Strebt nach Ansehen. Hat Schwierigkeiten, Weitblick und tieferes Verständnis zu entwickeln. Sympathisch. Sensibel für die Wünsche anderer, aber doch reserviert und realistisch. Kommt besser mit größeren Zusammenhängen zurecht als mit Details. Aktiv. Manager- und Organisationstalent. Systematisch. Materielles ist wichtig; strebt nach Erfolg. Kompliziert. Muß lernen, das Spirituelle über das Materielle und das Physische zu stellen.

☾ in ♒: Viele Freunde. Menschenliebend, philanthropisch. Will der Menschheit dienen. Umgänglich, auch Fremden gegenüber. Sehr kooperativ. Unabhängig. Originell und progressiv. Erträgt keine Routine, neigt zu plötzlichen Veränderungen. Muß vom Wert einer Sache oder Idee überzeugt sein – ist es soweit, dann widmet er/sie sich ganz der Sache. Überzeugungskraft. Stetig und ausdauernd. Kommt gut mit der Öffentlichkeit zurecht. Pflichtbewußt. Progressiv. Intuition stützt Verstand. Aufrichtig an Menschen interessiert, nicht so sehr an häuslichem Leben. Kann intellektuell mit den eigenen Emotionen umgehen. Kameradschaft wichtig. Ausgewogenheit zwischen Emotionen und Intellekt.

☾ in ♓: Sehr tiefes Gefühlsleben. Introvertiert. Beeinflußbar. Passiv. Phantasievoll, kreativ. Einblick. Ruhelos. Grübelt, auch über Dinge, die nie geschehen werden. Gewissenhaft. Taktvoll. Liebe zum Detail, widmet sich ganz seiner Arbeit. Mangel an Selbstvertrauen und an Vertrauen im allgemeinen. Wirklichkeitsfremd. Entschlußlos. Neigt zu Selbstmitleid. Sehr begabt, aber hat Schwierigkeiten, über das Subjektive hinauszugehen. Strebt nach Perfektion. Sympathisch, mitfühlend, aufopfernd, freundlich, wohlwollend. Abhängig. Erst wenn es gelingt, eine Richtung zu finden, können sich die außergewöhnlichen Talente entfalten.

Aspekte: die direkte Beziehung zwischen den Himmelskörpern

Im vorigen Kapitel wurde die Bedeutung der Himmelskörper in den Zeichen beschrieben. Es war die Rede vom »Elementen«-Kontakt der Himmelskörper untereinander. Es gibt jedoch eine noch direktere Beziehung zwischen den Himmelskörpern, die man findet, indem man den Winkel zwischen zwei Himmelskörpern mißt. Die Wirksamkeit dieser direkten Beziehung, die Aspektbeziehung genannt wird, ist in der Astrologie unumstritten. Auch hier führte die Interpretation zu einer Reihe von Aussagen über Charaktereigenschaften. Die in diesem Kapitel beschriebenen Eigenschaften entsprechen der astrologischen Lehre und sind in der Praxis überprüft worden.

Die Aspektenlehre wurde durch empirische Untersuchungen auch außerhalb der Astrologie bestätigt. Vor allem die Wellentheorie und die Studien von Nelson* über Radiowellen und Aspekte unterstützen die klassische Aspektenlehre.

* Siehe Dean/Mather: Recent Advances in Natal Astrology, S. 307 ff.

Die verschiedenen Aspekte

Folgende Aspekte bzw. Winkelabstände zwischen zwei Himmelskörpern werden in diesem Kapitel behandelt:

Winkelabstand	*Name des Aspekts*	*Symbol*
0°	Konjunktion	☌
30°	Halbsextil	⚺
60°	Sextil	⚹
90°	Quadrat	□
120°	Trigon	△
150°	Quinkunx	⚻
180°	Opposition	☍

Nicht behandelte Aspekte (z. B. ☉ □ ☿ oder ☉ △ ♀) sind astronomisch unmöglich.

Orbis

Die Aspekte haben einen gewissen Wirkungsspielraum, d. h. es ist nicht so, daß eine Konjunktion nur bei 0° wirkt und bei 0,5° nicht mehr.
Es gibt sogar Astrologen, die mit einem Orbis (so heißt in der astrologischen Fachsprache der Wirkungsspielraum) von ± 10° arbeiten. In diesem Fall werden also zwei Himmelskörper im gesamten Intervall von 350° bis 10° noch als Konjunktion interpretiert. Bedenkt man jedoch, daß es 10 Himmelskörper und in

unserem Fall 7 Aspekte gibt, dann steht bei einem so großen Orbis sehr schnell alles in Beziehung zueinander, was zur Folge hat, daß sich die Aspekte kaum noch als individuelle Unterschiede deuten lassen. Deshalb raten heute die meisten namhaften Astrologen, von einem kleinen Orbis auszugehen. Auch ich gehe bei der Horoskopdeutung von einem kleinen Orbis aus, und zwar je nach Aspekt von 1°, 3° oder 5°.
Bei einem kleineren Orbis findet man leicht die für ein individuelles Horoskop wirklich relevanten Aspekte. Außerdem findet man auf diese Weise auch Himmelskörper ohne Aspekte – die sogenannten aspektlosen Planeten, die nach modernen, streng statistischen Untersuchungen innerhalb eines Horoskops auch von großer Wichtigkeit sind. Die aspektlosen Planeten werden in diesem Kapitel im Anschluß an die Beschreibung der Aspekte selbst behandelt. Zu jedem Aspekt ist der Orbis angegeben.

Gewichtung der Aspekte

Die meisten Horoskope enthalten mehr als einen Aspekt. Daher stellt sich die Frage, welchem Aspekt bei der Deutung das größte Gewicht beigemessen werden muß. Ein Aspekt kann ja den anderen ergänzen oder aber ihm entgegengesetzt sein usw.

Bei der Gewichtung der Aspekte kann man sich an folgende Faustregel halten:
Vorrang haben die Aspekte mit den »Lichtern« (Sonne und Mond). Dann folgen die Aspekte mit den »schnellen« Planeten. Außerdem sind die Aspekte mit dem kleinsten Orbis stets die wichtigsten.

Konjunktionen

Orbis 5° (Der Abstand zwischen zwei Himmelskörpern liegt zwischen 355° und 5°). Symbol: ☌

Die Konjunktionen mit der Sonne

☉ ☌ ☾ Einseitiger Charakter, der unabhängig vom Willen und der Meinung anderer ist. Integrierte Persönlichkeit. Zufrieden mit sich selbst und den eigenen Zielen. Paßt sich nur an, wenn es den eigenen Interessen dient. Erlaubt keine Einmischung in die eigenen Angelegenheiten und mischt sich nicht in die anderer ein. Macht bei persönlichen Kontakten meist nicht den ersten Schritt, sondern wartet ab, bis der andere auf ihn/sie zukommt.
Kann gut alleine arbeiten und will selbst bestimmen, wie und wann etwas getan werden muß. Erweckt den Eindruck großer Selbstsicherheit, was Spannungen erzeugt. Verfügt über die innere Kraft, andere zu innerlicher Einheit zu führen. Persönliche Beziehungen führen wegen der äußerst sensiblen und verletzlichen Natur des/der Betreffenden zu Schwierigkeiten. Angst, daß den eigenen Emotionen Gewalt angetan werden könnte. Braucht Augenblicke spiritueller Kräftigung, um zur Ruhe zu kommen.

☉ ☌ ☿ Äußerst subjektiv. Gibt Menschen das Gefühl, daß sie unwichtig sind. Kann schlecht zuhören. Egozentrisch. Will das erste und letzte Wort haben und immer der erste sein. Trifft unüberlegte Entscheidungen und kann einen Irrtum nur schwer zugeben. Stark entwickelter Selbstausdruck. Kann andere begeistern. Will Befehle geben. Frech und arrogant. Interessiert sich nicht für die Gefühle anderer. Hat viel nervöse Energie und die zwanghafte Neigung, immer in Bewegung zu sein. Dadurch kommt es zu extremer Ermüdung. Manchmal inspiriert. Vorliebe für Tatsachen.

☉ ☌ ♀ Stark entwickeltes Liebesleben. Großes Bedürfnis nach Anerkennung, Popularität und warmer Anteilnahme von anderen. Hütet sich jedoch, durch Kompromisse den Eindruck von Charakterschwäche entstehen zu lassen. Ist offen für andere, kann gut zuhören. Liebt die Menschen. Hinterläßt einen starken Eindruck. Geht davon aus, daß alle positiv von ihm/ihr denken sollten, auch wenn es unverdient ist. Äußerst romantisch. Liebt das Künstlerische und Feinsinnige.

☉ ☌ ♂ Geltungsdrang. Hat Schwierigkeiten, Kompromisse zu schließen. Andere fühlen sich durch seinen/ihren starken Willen bedroht. Süchtig nach Anerkennung, jedoch nicht für Leistungen, sondern für die eigene Person. Überlegenheitsgefühl. Möchte unbedingt gewinnen. Regt andere Menschen zum Handeln an. Enthusiastisch, stark, Führernatur. Verträgt keine Kritik. Sucht die Gefahr. Mangel an gesundem Menschenverstand, weshalb gesteckte Ziele oft erst nach mehreren Anläufen erreicht werden. Impulsivität kann oft zu destruktiven Handlungen führen. Sehr stark entwickelte Libido. Unsensibel sowohl für die eigenen Gefühle wie auch für die anderer. Überaktiv.

☉ ☌ ♃ Maßlos, freigebig. Liebt die ganze Menschheit, vor allem leidende Menschen. Grenzenlos enthusiastisch bei allen Aktionen. Starker Glaube an den eigenen Erfolg. Überschätzt leicht die eigenen Möglichkeiten. Auch Enttäuschungen werden jedoch genutzt, um etwas Neues und Gutes aufzubauen. Neigt dazu, nicht genau genug zu planen. Nutzt häufig die eigenen Talente nicht. Lädt sich zuviel auf. Glück stellt sich ein, wenn es am notwendigsten ist. Möchte anerkannt werden, wird aber nicht von Ehrgeiz angetrieben. Möchte ein erfahrungsreiches Leben führen und sich auch im Beruf entfalten. Erträgt keinerlei Routine. Arbeitet am besten, wenn er/sie Kreativität und Enthusiasmus voll ausleben kann. Will immer dazulernen. In religiöser Hinsicht liberal. Entwickelt eigene Lebensphilosophie. Liest viel. Sehr zukunftsorientiert. Subtile spirituelle Bedürfnisse. Sehr starker Glaube (jedoch kein dogmatischer) hilft bei der Erfüllung der eigenen Lebensaufgaben. Emotionale Kontakte hauptsächlich mit Gleichgesinnten. Abneigung gegen Materialismus. Respektiert das Leben in all seinen Formen. Hat Schwierigkeiten, einen Partner zu finden, der allen Bedürfnissen genügt. Neigt dazu, zu lange zu arbeiten. Möglicherweise Probleme mit Bluthochdruck.

☉ ☌ ♄ Ernsthaft. Lernt aus Erfahrungen. Egozentrisch, materialistisch. Kann nur schwer das Leben genießen. Sehr strenge Erziehung. Behinderung durch die Eltern. Muß alles selbst tun. Schweigsam; andere sollen zuhören. Neigt zu Selbstmitleid und zu geringer Selbsteinschätzung. Sehr ehrgeizig. Hat zu hart arbeiten müssen, um freigebig sein zu können. Starkes Verantwortungsgefühl, diszipliniert. Erwartet von einem Partner Selbstachtung, Bescheidenheit, Aufrichtigkeit und die Entschlossenheit, Grenzen zu überwinden. Wird bitter bei Mißerfolg, verliert den Mut. Eventuell Verdauungsstörungen und im Zusammenhang damit Geschwulste.

☉ ☌ ♅ Sehr selbstbewußt. Einzigartige, kompromißlose Form des Selbstausdrucks. Gilt als exzentrisch. Sehr willensstark, widersetzt sich allen Beschränkungen, auch solchen durch Tradition. Ist sich selbst gegenüber sehr nachgiebig, was auf andere wie Labilität wirkt. Arrogant. Galt als schwer erziehbar. Ungeduldig. Früh gereift, was sowohl Bewunderung wie auch Neid erweckte. Freiheit ist ein zentraler Begriff, auch im Beruf. Sehr ausgeprägte Intuition. Fortschrittlich. Lektionen aus der Vergangenheit werden als Möglichkeiten zum Wachstum akzeptiert. Liebt Menschen, die der Zukunft und dem Leben ebensoviel Enthusiasmus entgegenbringen. Verliert die Realität leicht aus den Augen und hat daher das Bedürfnis nach einem bodenständigeren Partner.

☉ ☌ ♆ Starker Mangel an Selbstvertrauen. Vermeidet Unannehmlichkeiten ebenso wie persönliche Verantwortung. Lebt in einer Traumwelt, ohne auf Tatsachen zu achten. Inspiriert und äußerst begabt in Kunst, Poesie, Musik oder Drama. Entwickelt oder nutzt diese besonderen Begabungen oft nicht. Sucht einen Beruf mit viel Freiheit, der viel Kreativität erfordert, möglichst im künstlerischen Bereich. Starkes Bedürfnis, etwas Bedeutendes zu leisten. Extrem sensibel; unrealistische Erwartungen führen zu großen Enttäuschungen, auch mit Menschen; wünscht sich eine(n) nüchterne(n) Ratgeber(in).

☉ ☌ ♇ »Extremist«. Intensive Vorlieben und Abneigungen. Sehr starkes Ego, ausgeprägter Geltungsdrang. Mutig, jedoch gleichzeitig Mangel an gesundem Menschenverstand. Möchte unbedingt Autorität sein. Rücksichtslos. Sensibel gegenüber den sozialen Verhältnissen; möchte diese auch verbessern. Gesteht anderen keine Schwäche zu. Starke physische Bedürfnisse. Kann es nicht ertragen, abgewiesen zu werden. Möchte immer und um jeden Preis gewinnen. »Elektrisch«. Ängstigt andere leicht, es sei denn, er/sie setzt seine/ihre Kraft im Dienste von anderen ein. Treibt sich selbst stark an. Kann sehr erfolgreich sein, wenn die eigene Energie konstruktiv genutzt wird.

Die Konjunktionen mit dem Mond

☾ ☌ ☉ siehe Seite 134

☾ ☌ ☿ Ungewöhnlich tiefgründiges Verständnis. Hat starke Emotionen und kann diese auch ausdrücken. Starke Phantasie und die Fähigkeit, sich auszudrücken. Hat »ein Händchen« dafür, Menschen eine Freude zu machen. Lernt mehr aus Erfahrung als durch Studium, betreibt jedoch auch letzteres überdurchschnittlich gut. Paßt sich leicht an. Gefühl und Intellekt geraten manchmal in Verwirrung, was zu Fehlreaktionen führt. Will weder als gefühlloser Intellektueller noch als übermäßig emotionaler Mensch angesehen werden. Reagiert sehr empfindlich auf Kritik und hat die Tendenz, mehr in diese hineinzulegen, als sie tatsächlich besagt. Freundlich und umgänglich. Kann gut zuhören und weckt Vertrauen. Neigt gelegentlich dazu, dieses Vertrauen zu mißbrauchen. Kann sehr gut mit Kindern umgehen. Achtet auf Hygiene.

☾ ☌ ♀ Kommt gut mit anderen Menschen aus. Entgegenkommend. Sehr sensibel, reagiert empfindlich auf rohe Behandlung. Will mit allen auf gutem Fuß stehen. Liebt Komfort und Luxus. Warmherziger Freund, zu allen höflich. Taktisches

Gespür und Diplomatie aus der inneren Überzeugung heraus, daß dies die richtige Art zu handeln ist. Ist machmal *zu* nett, was Argwohn weckt. Schmeichelt anderen gerne. Aufrichtiges Interesse für die Probleme anderer. Hilfsbereit. Liebe und Romantik sind sehr wichtig. Starke Familienbindungen. Geht oft zu früh Bindungen ein. Starker Drang nach der Befriedigung eigener Bedürfnisse kann in der Ehe zum Problem werden, da die Erfüllung der Interessen beider Seiten auch Disziplin erfordert. Große Liebe zur Kunst. Vor allem bei Männern ist dieser Aspekt günstig für das Familienleben, während bei Frauen die Gefahr besteht, daß sich in ihrer Partnerbeziehung die Nachteile dieses Aspekts zeigen. Beliebt.

☾ ☌ ♂ Emotional ängstlich und ungeduldig. Sehnt sich stark nach engen Gefühlsbindungen, kann aber nicht damit umgehen. Der Grund dafür ist wahrscheinlich in der Kindheit zu suchen, in der die Eltern Mißtrauen erzeugten. Sehr sensibel für das, was Menschen über ihn/sie sagen. Bildet sich alle möglichen Beleidigungen ein, was wiederum Rachsucht erzeugt. Probleme mit Kollegen. Kann Mißerfolge nicht ertragen. Sehr leicht verletzbar. Hat eine scharfe Zunge. Reagiert übertrieben empfindlich auf die Meinung anderer, was die eigene Person anbetrifft. Ist jedoch für die Gefühle anderer nicht gerade sensibel. Kann es nicht ertragen, abgewiesen zu werden; wird dann rachsüchtig. Liebt Menschen, die Kameradschaft brauchen, erkennt jedoch deren Bedürfnisse nicht. Eifersüchtig. Verlangt Kompromisse von anderen, ist aber selbst nicht zu solchen bereit.

☾ ☌ ♃ Äußerst sensibel, was die Umgebung anbelangt; möchte sie völlig verstehen. Sympathisches, sehr beschützendes Wesen. Aufrichtiges Interesse an anderen. Reagiert emotional auf äußere Reize, kann aber Probleme auch intellektuell lösen. Besteht darauf, seine/ihre Fürsorglichkeit anderen gegenüber zu zeigen. Ist immer da zu finden, wo wichtige Arbeit zu tun ist. Hilfsbereit. Erfinderisch, wenn es darum geht, anderen zu helfen. Strebt nicht nach dem Rampenlicht, findet aber dennoch

Anerkennung. Aus der Kindheit stammt die Überzeugung, daß es angenehmer ist, zu geben als zu nehmen. Äußerst starker Glaube und die Gewißheit, daß sich alles zum Guten wenden wird. Will Menschen spirituell fördern. Altruistisch und philanthropisch. Ruhelos. Von tiefer Sympathie für alles Menschliche angetrieben. Wird sehr geachtet und bewundert. Starkes Bedürfnis nach Ruhe. Trägt große Verantwortung. Ausgeprägtes praktisches Talent, ziemlich eitel.

☾ ☌ ♄ Emotional defensiv, vorsichtig, ängstlich, reserviert. Extrem aufnahmebereit für Erfahrungen. Sehr streng erzogen. Bewertet Negatives zu stark. Traumatische Erfahrungen mit den Eltern in der frühen Kindheit. Erwartet stets das Schlimmste; ungeschickt im alltäglichen Leben. Schuldgefühl steht emotionalen Bindungen im Weg. Wenig Selbstvertrauen. Erfolg im Beruf, weil dort die Bedrohung durch Emotionen wegfällt. Ehrlich bei der Arbeit. Manager. Effizient. Erwartet von Untergebenen Können. Sucht emotionalen Kontakt mit reifen, ernsthaften Menschen. Will Leben ganz mit Partner(in) teilen. Eventuell Probleme mit Rücken und Geschlechtsorganen. Arbeitet hart. Spartanische Selbstverleugnung. Hart, egozentrisch, kritisch. Abneigung gegen Abstraktionen. Großes Konzentrationsvermögen.

☾ ☌ ⛢ Aufregend. Sehr expressiv. Mag keine Geheimniskrämerei. Löst emotionale Probleme intellektuell und intuitiv. Beliebt wegen Toleranz und Verständnis. Ergreift nicht schnell Partei. Optimismus strahlt auf andere aus. Kann Probleme von anderen leichter lösen als die eigenen. Ungelöste Probleme verursachen sehr starke nervöse Spannungen. Im Liebesleben eigenwillig; Beziehungen zu den unterschiedlichsten Menschentypen. Nicht interessiert an mittelmäßigen Partnern. Verliebt sich nicht leicht, aber wenn, dann sehr intensiv. Zentralbegriff ist Freiheit. Lebt völlig nach eigenem Gusto. Gesteht niemandem Macht über sich zu. Haßt Routine.

☾ ☌ ♆ Emotional, sensibel, Neigung zum Tagträumen,

starke Phantasie. Empfänglich für parapsychologische Phänomene. Hilft jedem, der es zu brauchen scheint, was manchmal zur Folge hat, daß die Empfänger übelnehmen, wenn die Hilfe nicht zum Erfolg führt. Starkes Mitgefühl mit anderen, aber die Enttäuschung ist groß, wenn diese sich dann nach ausgestandenem Leiden abwenden. Starkes Bedürfnis nach Bewegung. Reagiert allergisch auf Wiederholung und Routine: verfällt dann in Tagträume, was auf Außenstehende wie Faulheit und Inkompetenz wirkt. Bedürfnis, eng mit anderen zusammenzuarbeiten, wobei diese abhängig sind. Extrem romantisch in der Liebe. Erwartungen an Menschen stehen im krassen Gegensatz zur Wirklichkeit. Daher verursachen andere ein Gefühl der Panik und des Orientierungsverlustes. Echte Konfrontation mit der menschlichen Natur führt zu einem sehr schmerzhaften Erwachen aus der Traumwelt. Große künstlerische Begabung in den Bereichen Poesie, Musik, Design, Malerei. Flüchtet gern in eine Scheinwelt.

☾ ♂ ♇ Tiefe, beharrliche und ziemlich zwanghafte Art zu lieben. Nicht interessiert an oberflächlichen Beziehungen. Verliebt sich nicht impulsiv, sondern wartet ruhig ab, bis der Partner auftaucht, der ebenso tief fühlt. Besitzergreifend und sehr anspruchsvoll in der Liebe. Bei Abweisung rachsüchtig. Haustyrann. Schätzt Sex sehr hoch ein, gibt sich jedoch nicht zufrieden mit rein körperlicher Beziehung. Will mit Leib und Seele geliebt werden. Verändert sich immer wieder sehr stark. Will entweder die ideale Beziehung oder keine, auch bei Freundschaften. Hat Emotionen nicht unter Kontrolle. Entdeckt möglicherweise, daß eine längst vergangene Liebesbeziehung die vollkommene gewesen ist. Hat Angst, daß andere die eigene Verletzlichkeit in der Liebe mißbrauchen könnten. Einziges Lebensziel ist die absolute Liebe. Diese führt zu Wachstum in allen anderen Bereichen.

Die Konjunktionen mit Merkur

☿ ☌ ☉ siehe Seite 134

☿ ☌ ☾ siehe Seite 137

☿ ☌ ♀ Charmant, freundlich, umgänglich. Versteht es, Kompromisse zu finden und im Gleichgewicht zu bleiben. Fair; beleidigt Menschen selten, keinesfalls jedoch zu Unrecht. Weiß sich ausgezeichnet auszudrücken. Andere fühlen sich nicht bedroht. Entscheidet bei Meinungsverschiedenheiten im Zweifelsfall zugunsten des anderen. Feinsinnig; läßt sich überzeugen. Erträgt keine Konkurrenz. Abneigung gegen komplizierte und langwierige Projekte und Auseinandersetzungen. Nutzt die eigenen Fähigkeiten auch in bezug auf das Geldverdienen. Verlangt von anderen nicht, Risiken einzugehen, die er/sie selbst auch nicht eingehen würde. Andere arbeiten gerne mit ihm/ihr zusammen. Bereitet sich auf Aktionen gut vor.

☿ ☌ ♂ Ruheloser Geist, immer auf der Suche nach neuen Informationen. Ungeduldig, kann sich nicht lange mit dem gleichen Gedanken beschäftigen. Debattiert gerne. Neigt zu vorschnellen Urteilen. Überzeugt von der Richtigkeit der eigenen Meinung. Fällt anderen ins Wort. Scharfer, aggressiver, kreativer Geist. Kann Zurückweisung durch Menschen, an denen er/sie emotionales Interesse hat, nicht ertragen. Nimmt sich jedoch Enttäuschungen nicht zu sehr zu Herzen. Lernt nicht genügend aus Erfahrungen, so daß immer wieder die gleichen Fehler unterlaufen. Neigt dazu, sich zu überarbeiten. Möchte sich nicht mit Unwichtigem aufhalten und unterschätzt deshalb manchmal Wichtiges. Gibt ungefragt Ratschläge.

☿ ☌ ♃ Gute Auffassungsgabe. Unersättlicher Wissensdurst. Großes kommunikatives Talent. Immer auf der Suche nach Wahrheit; ist sich des eigenen Wissens sicher. Außergewöhnlich kreativ im Entwickeln der eigenen Fähigkeiten. Neugierig. Lernt das ganze Leben lang. Großes Interesse an der

Zukunft. Bedürfnis nach höherer Bildung. Kann schwer bei einer Sache bleiben. Hat Schwierigkeiten, ein Lebensziel zu finden. Großes Bedürfnis nach Ruhe. Bei genügend Selbstdisziplin kann mehr als eine Aufgabe gleichzeitig bewältigt werden.

☿ ☌ ♄ Verantwortungsvoll, beschaulich, ernsthaft. Abneigung gegen Oberflächlichkeiten. Kann gut zuhören. Vorsichtig im Äußern der eigenen Meinung. Liebt klare, begrenzte Ziele, keine Phantastereien. Verkraftet Mißerfolge nur schwer. Neigt zu Pessimismus und Depression. Ist nur an Arbeit interessiert, die eine Herausforderung für die eigenen Fähigkeiten darstellt. Bedürfnis nach Anerkennung führt zu großem Fleiß. Arbeitet gerne allein und im eigenen Tempo. Aufrichtig, hält Verträge ein. Erwartet nicht, etwas umsonst zu bekommen. Kollegen profitieren von seinen/ihren Ideen, wodurch ihr Ansehen steigt, während sein/ihr Ansehen geschmälert wird. Wirkt oft gleichgültig und abwesend, ist dann jedoch innerlich mit zuvor Gesagtem beschäftigt. Fühlt sich hingezogen zu reifen, aufrichtigen und verantwortungsbewußten Menschen. Tradition und Gewohnheit bedeuten Sicherheit. Nimmt eigene Irrtümer zu schwer. Angst, betrogen zu werden.

☿ ☌ ⛢ Klug, erfinderisch, geistig mutig. Fühlt sich von allem Ungewöhnlichen angezogen. Läßt sich von dem mitreißen, was ihn/sie fasziniert. Verträgt keine Ignoranz. Wahrheitssucher(in). Partner muß ähnliche Interessen haben, sonst entsteht Langeweile. Platonische Verbindungen, gegründet auf gemeinsame Interessen. In Beziehungen darf die Wahrheit nie unterdrückt werden, sonst werden sie abgebrochen. Stark zukunftsorientiert. Sehr großes Talent zum Selbstausdruck. Mangel an Kontinuität. Muß lernen, Probleme nacheinander zu lösen. Kommt leicht »vom Hölzchen aufs Stöckchen«.

☿ ☌ ♆ Sehr starke Phantasie, die gerne Tatsachen ignoriert. Hat Schwierigkeiten mit der Wirklichkeit, färbt sie gerne nach den eigenen Wünschen. Äußerst sensibel gegenüber der Umgebung sowie den Gefühlen und Gedanken anderer. Verkraftet schmerzhafte Erfahrungen nur schwer; flüchtet gern in eine Scheinwelt. Die sehr hoch entwickelte Sensibilität findet nur schwer positive Ausdrucksmöglichkeiten. Schätzt alle Formen von Kunst. Gefühl für Rhythmus. Sehr hingabevoll. Braucht Schulung. Fasziniert vom Geheimnisvollen, von der Liebe und von Illusionen. Ist in der Liebe schnell enttäuscht. Idealisiert allgemein alles zu stark. Überschätzt andere, unterschätzt sich auch selbst. Imitiert diejenigen, die er/sie bewundert. Sollte künstliche Stimulanzien meiden. Sehr anfällig für Suggestion.

☿ ☌ ♇ Tiefer, durchdringender Geist, der zu Extremen neigt. Sucht die verborgene Bedeutung in unbeachteten Details. Äußerst neugierig. Versucht manchmal auch, mit dubiosen Mitteln an Informationen zu kommen. Steuert Ziele furchtlos an; wird wegen seiner Beharrlichkeit bewundert. Hat er/sie sich erst einmal eine Sichtweise angeeignet, so wird diese nur aufgrund von eindeutigen Beweisen wieder verändert. Verteidigt die eigenen Ansichten extrem, was andere abschreckt. Stark angezogen vom Mysteriösen und Okkulten. Erkennt rasch den Wert von Details. Anarchistische Tendenzen. Rachsüchtig. Sprachrohr für Menschen, die nicht den Mut haben, für sich selbst einzutreten. In persönlichen Beziehungen anspruchsvoll und eventuell intolerant gegenüber Schwäche. Sucht Menschen, die sich unterwerfen, aber verachtet sie deswegen auch. Bewundert Kraft und Autorität und fordert andere heraus, diese zu zeigen. Wenn der Partner stark ist und die Ziele teilt, kommt es zu dauerhaften Verbindungen.

Die Konjunktionen mit Venus

♀ ☌ ☉ siehe Seite 134

♀ ☌ ☾ siehe Seite 137

♀ ☌ ☿ siehe Seite 141

♀ ☌ ♂ Starke Triebnatur, die ständig nach Ausdruck sucht, in Beziehungen ebenso wie im künstlerischen oder sozialen Bereich. Emotionale Wärme, freigebig. Absichten werden leicht falsch verstanden, da der Eindruck entsteht, daß es nur um physisches Interesse geht. Spielt in der Sexualität die aktive Rolle. Starkes Bedürfnis, alle Fähigkeiten vorzuführen. Versteht es, mit Publikum umzugehen. Braucht viel Kontakt. Fühlt sich von aktiven, aggressiven und liebeslustigen Menschen angezogen. Verträgt es nicht, daß andere Macht über ihn/sie ausüben. Setzt sich gegen Beschränkung der eigenen Freiheit zur Wehr. Schließt nur nach langen Überlegungen Kompromisse. Anspruchsvoll in der Liebe. Hat Schwierigkeiten, eine echte Bindung zu finden.

♀ ☌ ♃ Wohlwollend, freundlich, sympathisch, freigebig, liebevoll. Extrem nachgiebig. Abneigung gegen Rohheit und Plattheit. Umgibt sich mit Glanz und Glorie. Gefühl für Humor. Bei Mißerfolgen sehr optimistisch. Liebt angenehmes Leben, Komfort und Vergnügungen. Versteht es, bei anderen die Hoffnung auf bessere Zeiten zu wecken. Allgemein beliebt, vor allem bei der großen (oberflächlich urteilenden) Masse. Zieht Opportunisten und selbstsichere, nach Erfolg strebende Menschen an. Versucht Menschen zu meiden, die ihre Zeit vergeuden.

♀ ☌ ♄ Fühlt sich verpflichtet, anderen gegenüber Konzessionen zu machen. Dadurch entsteht ein starkes Gefühl der Unzufriedenheit. Aufrichtige Zuneigung, aber gehemmt, diese zu zeigen. Gutes Urteilsvermögen, vor allem im materiellen Bereich. Betrachtet materiellen Komfort als Ersatz für Enttäuschungen im emotionalen Bereich. Hängt an Gesetzen und Regeln. Liebt die Unabhängigkeit. Ausgeprägtes Pflicht- und Verantwortungsgefühl. Reagiert allergisch auf Kontrolle. Arbeitet am liebsten alleine. Fühlt sich hingezogen zu ernsthaften, aufrichtigen Menschen; diese geben ihm/ihr ein Gefühl der Sicherheit. Fordert von Liebespartnern einen diplomatischen, höflichen, starken und bewundernswürdigen Charakter. Abneigung gegen Vulgäres und gegen Unordnung. Wünscht sich vom Partner Unterstützung beim Verfolgen der eigenen Ziele. Zieht sich aus Situationen zurück, die die Familie bedrohen. Neigt dazu, die Dinge zu schwer zu nehmen.

♀ ☌ ♅ Schillernde Persönlichkeit. Extrem beliebt und umgänglich. Sehr starker Drang, ein völlig freies Leben zu führen. Sucht jede Art von menschlichem Kontakt. Kümmert sich nicht um die »etablierten« Formen der Beziehung, es sei denn, sie stehen den Bestrebungen nach einem völlig freien Leben nicht im Wege. Alles, was neu ist, übt starke Anziehungskraft aus. Verträgt keinerlei Routine. Auch in persönlichen Beziehungen wird die absolute Freiheit angestrebt. Wenn das Interesse am Partner verschwindet, macht er/sie sich ohne jedes Schuldgefühl aus dem Staub. Voraussetzung für eine dauerhafte Beziehung ist, daß der Partner faszinierend bleibt. Taucht jedoch eine noch faszinierendere Person auf, dann wird die ursprüngliche Verbindung sofort abgebrochen, oder es werden mehrere Verbindungen gleichzeitig aufrechterhalten. Starkes Karrierestreben. Sollte mit der Ehe warten, bis sie nach den eigenen Vorstellungen zu verwirklichen ist. Verhält sich in der Liebe unberechenbar. Lange Verlobungszeit ist anzuraten. Mangel an Verantwortungsgefühl. Unkonventionelle künstlerische Veranlagung.

♀ ☌ ♆ Romantischer Idealismus. Sehr vertrauensvoll, was andere zu Mißbrauch verleitet. Zart. Ästhet. Sieht Schönheit auch da, wo andere sie nicht sehen. Verträgt keine Aufregungen. Begabt für alle nicht-physischen Künste. Sucht ruhige und problemlose Beziehungen. Kann sich nicht gegen Ausbeutung wehren. Hat große Schwierigkeiten, andere so zu sehen, wie sie sind. Zieht sich bei Problemen zurück und setzt zur Verteidigung der eigenen Position eventuell hinterlistige Taktiken ein. Sieht das Leben durch eine rosa Brille. Wirklichkeitsfremd. Sinnlich und entrückt zugleich.

♀ ☌ ♇ Sucht die absolute Erfüllung in der Liebe. Strebt

in physischer und emotionaler Hinsicht nach höchster Erfüllung. Fühlt sich zu den unterschiedlichsten Partnern hingezogen. In der Liebe besitzergreifend; zieht sich jedoch schnell zurück, wenn jemand anders eine tiefere Art der Beziehung zu versprechen scheint. Verlangt greifbare Liebesbeweise. Ist zu sehr großen Konzessionen für den Geliebten bereit und erwartet solche auch vom Partner. Sucht mehr als nur eine physische Verbindung. Hofft immer auf die totale Partnerschaft. Löst selbst bei oberflächlichen Kontakten in anderen tiefe Reaktionen aus. Stimuliert sowohl die positiven wie auch die negativen Seiten der Partner. Manche finden ihn/sie unwiderstehlich, andere haben Angst vor seinem/ihrem großen Charme. Sehr magnetisch, dramatisch. Fasziniert andere durch Mut zu tiefen, manchmal sogar gefährlichen Bindungen. Tiefer Respekt vor menschlicher Würde. Versteht es, zum Erreichen eines guten Zieles Druck anzuwenden.

Die Konjunktionen mit Mars

♂ ☌ ☉ siehe Seite 135

♂ ☌ ☾ siehe Seite 138

♂ ☌ ☿ siehe Seite 141

♂ ☌ ♀ siehe Seite 144

♂ ☌ ♃ Sehr energisch, enthusiastisch und mutig. Immer überzeugt, daß die eigenen Aktionen erfolgreich sein werden. Arrogant. Fühlt sich schnell herausgefordert. Liebt den offenen Angriff und die direkte Konfrontation. Möchte unbedingt berühmt werden. Neigt zum Dramatisieren, kennt kein Maß. Versteht es, die allgemeine Aufmerksamkeit auf sich zu ziehen. Kanzelt Gegner in aller Öffentlichkeit ab. Große Ausdauer. Maßlosigkeit führt zu Erschöpfung. Liebt den Wettbewerb. Starke Vorlieben und Abneigungen. Eventuell geizig.

♂ ☌ ♄ Bremst die eigene Impulsivität. Beschäftigt sich zu sehr mit den eigenen Begrenztheiten und Unzulänglichkeiten. Vorsichtig und aggressiv gleichzeitig. Unermüdlicher Arbeiter. Nicht gleichgültig gegenüber den Gefühlen anderer, verträgt es aber nicht, wenn andere sich in seine/ihre Angelegenheiten einmischen. Hinterhältiger Gegner. Fühlt er/sie sich wirklich angegriffen, dann kann es zu physischer oder psychischer Gewalttätigkeit kommen. Spielt in der Liebe leicht die Rolle des Opfers und Jägers gleichzeitig. Sucht sorgsam nach den Schwachstellen des anderen, bevor er/sie eine Angriffstaktik wählt. Verfährt nach der Taktik: Laß dich verfolgen, bis du den Verfolger angreifen kannst. In den Tiefen der Persönlichkeit verbirgt sich viel Gewalt. Neigt zu übermäßiger körperlicher Aktivität. Muß möglicherweise große Schmerzen erleiden. Leidet unter Krämpfen. Sollte den Salzkonsum einschränken. Vermessen und tollkühn.

♂ ☌ ♅ Energisch und nicht aufzuhalten beim Anstreben der eigenen Ziele. Stellt selbst die Regeln auf und läßt sich von anderen nicht einschränken. Sucht Aufregung und ist selbst aufregende Gesellschaft. Impulsiv. Rebellisch. Muß lernen, das Spiel mitzuspielen. Mutig. Achtet nicht auf Sicherheitsvorkehrungen. Starker Sexualtrieb, der keine Abweisung duldet. Nimmt in diesem Bereich mehr, als er/sie gibt. Wird von Menschen abgewiesen, die eher emotionale als physische Zuwendung erwarten.

♂ ☌ ♆ Konflikt zwischen Impulsen und Verantwortung. Hat Schwierigkeiten, die Zukunft einzuschätzen. Tendiert dazu, zuviel dem Zufall zu überlassen. Impulse führen fast immer zu Enttäuschungen. Wenn es um das eigene Ich geht, werden Realität und Gefühle anderer übersehen. »Magnetisch«. In Gesellschaft eine Art Chamäleon: nimmt jede gewünschte Eigenschaft an. Talent zum Schauspieler. Flüchtet sich häufig in Ausreden. Versucht mit unlauteren Mitteln, sich Anerkennung im Beruf zu verschaffen. Wird in der Liebe schnell Opfer eines Mangels an Realitätssinn. Betrügt leicht und läßt sich leicht betrügen. Sollte von Selbstmedikation absehen. Ist anfällig für Infektionen.

♂ ☌ ♇ Starke Begierden und große Beharrlichkeit bei Versuchen, diese Begierden zu erfüllen. Ist das Gewünschte erreicht, dann erlischt das Interesse. Befriedigung ist vorherrschendes Motiv allen Handelns. Verwechselt leicht Willen mit Begierde. Versteht es, in Krisen den richtigen Augenblick zum Handeln abzuwarten. Zwanghafter Geltungsdrang, vor allem, wenn eine Einschränkung befürchtet wird. Respektiert Autorität, aber verträgt es nicht, dominiert zu werden. In persönlichen Beziehungen aggressiv, weshalb andere lieber Distanz halten. Besitzergreifend in der Liebe. Sehr anspruchsvoll, sogar gegenüber Freunden. Andere fühlen sich entweder vom physischen Charme angezogen oder bedroht. Starke körperliche Bedürfnisse. Benutzt Sex möglicherweise, um Ziele zu erreichen. Rechtfertigt zweifelhafte Methoden damit, daß die eigenen Ziele nur so zu erreichen seien. Hat den Mut, schwierigste Aufgaben auf sich zu nehmen. Hat Probleme, eine positive Art des Selbstausdrucks zu finden.

Die Konjunktionen mit Jupiter

♃ ☌ ☉ siehe Seite 135

♃ ☌ ☾ siehe Seite 138

♃ ☌ ☿ siehe Seite 141

♃ ☌ ♀ siehe Seite 144

♃ ☌ ♂ siehe Seite 146

♃ ☌ ♄ Muß aus eigener Kraft zum Erfolg kommen. Starkes Bedürfnis, vorwärtszukommen und in der Welt etwas darzustellen. Um dies zu erreichen, werden Kraft und Beharrlichkeit eingesetzt. Ist sich bewußt, daß Ideen und Ambitionen alleine nicht genügen; lernt dadurch, sorgfältig und realistisch zu planen. Hat den Mut, den Glauben in die eigene Kraft deutlich zu zeigen, ist aber vorsichtig genug, die eigenen Möglichkeiten nicht zu überschätzen. Lernt zu akzeptieren, daß Ziele um so eher erreicht werden, je stärker die Selbstdisziplin ist und je härter gearbeitet wird. Voller Hoffnung, aber zugleich realistisch. Enthusiastisch, aber auch ernsthaft. Anmaßend, aber bedächtig. Verschwendet die eigenen Talente nicht in Projekten, die nicht lohnend sind. Tiefes Verständnis für Menschen und die Fähigkeit, beim Lösen ihrer Probleme zu helfen. Geduldig mit weniger Begabten und bereit, ihnen nötigenfalls beizustehen. Liest in der Freizeit Bücher, die nützlich für den Beruf sind. Nie zufrieden mit dem eigenen Wissensstand. Respekt vor den Lektionen der Geschichte. Hat in schwierigen Situationen das richtige Wissen zur Verfügung. Neigt zur Eifersucht. Auf eine harte Art idealistisch. Bremst Freude.

♃ ☌ ♅ Hohe Zukunftserwartungen. Tiefe Einsicht, wie die eigenen Fähigkeiten entwickelt werden können. Großer Respekt vor Wissen. Unersättlicher Drang zu lernen: Wissen wird als Tor zu Freiheit und Macht verstanden. Diese Haltung stammt direkt oder indirekt aus der Kindheit. Sehr starker Drang zu wachsen; ergreift jede Gelegenheit dazu. Wahrheitssucher, entdeckt in allem Bedeutung. Gibt anderen Vertrauen in ihre Zukunft. Gesellschaftliches Leben verläuft erfreulich, wenn Gleichgesinnte gefunden werden. In persönlichen Beziehungen äußerst großzügig. Verträgt nicht, daß die eigene Begeisterung für das Leben eingeschränkt wird. Bedürfnis nach Partner(in), der/die ebenfalls vom Neuen fasziniert ist und Zukunftspläne und Ziele teilt. Legt ein (zu) hohes Tempo vor. Hingabevoll. Einsicht in die Zusammenhänge zwischen scheinbar unzusammenhängenden Dingen. Tiefgläubig, vertrauensvoll, mystisch und unkonventionell.

♃ ☌ ♆ Neigt stark zu Exzessen. Spricht über Dinge, die er/sie nicht ganz versteht, und nimmt Aufgaben auf sich, die zu schwer sind. Zu vertraulich. Tiefer, blinder Glaube an Menschen. Unangenehme Erfahrungen mit Menschen schärfen das Urteilsvermögen. Spirituelle Einstellung zu sozialen Pflichten. Starkes Bedürfnis, zu helfen und zu dienen, auch in persönlichen Beziehungen. Dies kann jedoch zu Mißbrauch führen. Vergißt, die Motive anderer zu berücksichtigen. Sehnsucht nach erhabenen Gefühlen. Sollte Drogen, Kulte und Scharlatane meiden. Neigt zu wirklichkeitsfremdem Fanatismus. Großer Mangel an Selbstdisziplin.

♃ ☌ ♇ Möchte das Leben total genießen. Sehr starker Trieb, die eigenen Ambitionen zu realisieren; dabei ungeduldig. Akzeptiert keinen Mißerfolg. Unersättlicher Drang, das Äußerste aus sich herauszuholen. Starker Glaube an die eigene Fähigkeit, Begrenzungen zu überwinden. Löst Beifall und Eifersucht aus. Wünscht sich auch im Beruf unbegrenzte Entfaltungsmöglichkeiten. Fühlt sich von risikoreichen oder gefährlichen Berufen angezogen, in denen eng mit anderen Menschen zusammengearbeitet wird. Beteiligung an finanziellen Unternehmungen. Fühlt sich zu erfolgreichen Menschen hingezogen. Bewundert einen Partner mit starkem Charakter, der Großes leistet. Ermutigt diesen Partner sehr stark.

Die Konjunktionen mit Saturn

♄ ☌ ☉ siehe Seite 136

♄ ☌ ☾ siehe Seite 139

♄ ☌ ☿ siehe Seite 142

♄ ☌ ♀ siehe Seite 144

♄ ☌ ♂ siehe Seite 147

♄ ☌ ♃ siehe Seite 148

♄ ☌ ⛢ Verschlossen, diplomatisch, sehr interessiert an Wissen und Einfluß. Unkonventionell; demokratisch im Denken, aber autokratisch und autoritär im Auftreten. Weiter Horizont, viel Energie. Ungewöhnliche reife Einstellung. Lernt aus allem, was er/sie tut. Große Selbstbeherrschung. Ehrgeizig, wichtige Aufgaben zu übernehmen und sie zu einem guten Abschluß zu bringen. Scheut sich nicht vor den Anforderungen einer führenden Position. Fühlt sich bei Menschen mit hohen Idealen und Zielsetzungen am wohlsten. Verträgt keine Oberflächlichkeit und Trivialität bei Mitmenschen, ärgert sich darüber. Das Leben des/der Betreffenden hat Richtung und Sinn. Treibt sich zu stark an. Neigt bei Ermüdung zu Pessimismus.

♄ ☌ ♆ Mißtrauisch. Spirituelle und religiöse Angelegenheiten werden immer sehr kritisch betrachtet. Schuldgefühle auf diesen Gebieten, die möglicherweise aus der Kindheit stammen. Tiefes soziales Verantwortungsgefühl. Egoistisch. Hat möglicherweise das Gefühl, in höherer Mission zu stehen. Entwickelt Intuition durch Erfahrungen. Managertalent. Möchte, daß alles beweisbar ist. Angst vor dem Unbekannten. Auch in der Liebe ein Idealist, der jedoch die Realität nicht aus dem Auge verliert. Gibt sich nicht hin, solange die Zuneigung nicht gegenseitig ist. Sollte jeden Kontakt mit Medikamenten, Drogen und Alkohol meiden, wenn diese nicht ärztlicherseits verordnet wurden, ebenso wie Experimente mit dem Okkulten. Kann sehr hart arbeiten. Neigt zu Schwermut, Unzufriedenheit und Eifersucht. Diskrepanz zwischen idealistischen Ideen und der Wirklichkeit. Üble Nachrede. Neigt dazu, billigen Vergnügungen nachzujagen und das echte Glück zu verpassen.

♄ ☌ ♇ Sehr großer Ehrgeiz, die eigenen Ziele durchzusetzen. Dabei treten viele Schwierigkeiten auf. Angst vor einem unerfüllten Leben ist die treibende Kraft hinter allen Handlungen. Wird wahrscheinlich zunächst zu einem bestimmten Beruf gezwungen, bevor sich die echten Talente zeigen. Fühlt sich von traditionellen Berufen angezogen. Legt großen Wert auf finanzielle und materielle Sicherheit. Abneigung gegen sich wandelnde soziale Normen. Dies kann zu extremen Konfrontationen mit den Menschen führen, die solche Veränderungen vorantreiben, oder zu einer ängstlichen Anpassung an sie. Die Haltung gegenüber zu lösenden Problemen ist jedenfalls immer extrem. Heimlichtuer, was die eigenen Pläne und Ambitionen betrifft. Zieht niemanden ins Vertrauen. Arbeitet hinter den Kulissen. Häuft Geld für spätere Lebensjahre an. Ist Positionen von Macht und Autorität gewachsen. Guter Organisator. Wird von Untergebenen respektiert. Hält sich peinlich genau an Gesetze. Hartes, aber faires Urteil. Große Fähigkeit, die Motive anderer zu ergründen.

Die Konjunktionen mit Uranus

⛢ ☌ ☉ siehe Seite 136

⛢ ☌ ☾ siehe Seite 139

⛢ ☌ ☿ siehe Seite 142

⛢ ☌ ♀ siehe Seite 145

⛢ ☌ ♂ siehe Seite 147

⛢ ☌ ♃ siehe Seite 149

⛢ ☌ ♄ siehe Seite 151

⛢ ☌ ♆ Niemand, der heute lebt, hat diesen Aspekt in seinem Horoskop: Die letzte Konjunktion von Uranus und Neptun fand 1821–1824 statt. Aus dieser Zeit stehen uns zu wenig Quellen über gewöhnliche Menschen zur Verfügung, um mehr als eine rein theoretische Aussage über die Wirkung der Konjunktion machen zu können. Die nächste Konjunktion dieser Art wird zwischen 1992 und 1994 eintreten. Dann wird man Sinnvolleres über diesen Aspekt schreiben können als heute.

⛢ ☌ ♇ Greift nötigenfalls zu extremen Mitteln, um die eigene Freiheit zu verteidigen. Freiheit bedeutet hier unter anderem: frei von Umweltverschmutzung, Krankheit, Arbeitslosigkeit und ökonomischer Kontrolle durch industrielle Großmächte. Will das Recht zur Selbstverwirklichung. Tiefer Respekt vor allem Leben. Extreme Mittel bedeutet hier: mit aller Macht, auch unter Selbstaufopferung, etwas gegen die Ausbeutung in der Welt zu tun. Oder: die Flucht in Drogen, vor allem in harte Drogen. Erlebt Zeiten plötzlichen und explosionsartigen inneren Zusammenbruchs. Neigt dazu, Probleme zum eigenen Nachteil zu verdrängen.

Die Konjunktionen mit Neptun

♆ ☌ ☉ siehe Seite 136

♆ ☌ ☾ siehe Seite 140

♆ ☌ ☿ siehe Seite 142

♆ ☌ ♀ siehe Seite 145

♆ ☌ ♂ siehe Seite 147

♆ ☌ ♃ siehe Seite 149

♆ ☌ ♄ siehe Seite 151

♆ ☌ ⛢ siehe Seite 152

♆ ☌ ♇ Diese Konjunktion ist seit 1895 nicht mehr eingetreten und wird in diesem Jahrhundert auch nicht mehr auftreten.
Es gilt also hier das gleiche wie bei der Konjunktion zwischen Uranus und Neptun.

Die Konjunktionen mit Pluto

♇ ☌ ☉ siehe Seite 137

♇ ☌ ☾ siehe Seite 140

♇ ☌ ☿ siehe Seite 143

♇ ☌ ♀ siehe Seite 145

♇ ☌ ♂ siehe Seite 148

♇ ☌ ♃ siehe Seite 150

♇ ☌ ♄ siehe Seite 151

♇ ☌ ♅ siehe Seite 153

♇ ☌ ♆ siehe Seite 153

Halbsextile

Orbis 1° (d. h., die Entfernung zwischen zwei Himmelskörpern beträgt 29° bis 31°). Symbol: ⚺

Dieser Aspekt wird in den meisten Astrologiehandbüchern nicht berücksichtigt. Meiner Erfahrung nach ist es jedoch ein deutlich wirksamer Aspekt. Seine Wirkung gleicht der des sogenannten Quinkunx, des Aspekts von 150°. Eine Erklärung für diese merkwürdige Tatsache, die sich immer wieder bestätigt, ist, daß durch diesen Aspekt zwei völlig verschiedenartige Elemente miteinander verbunden werden, genauso wie beim Aspekt von 150°. Aufgrund der Übereinstimmung dieser beiden Aspekte deute man das Halbsextil wie den Quinkunx (siehe Seite 218).

Sextile

Orbis 5° (d. h., der Aspekt entsteht bei einem Abstand von 55° bis 65°). Symbol: ⚹

Die Sextile mit der Sonne

☉ ⚹ ☾ Kann gut mit Menschen umgehen. Lernt aus Erfahrungen. Verschafft sich Geltung, wenn dies notwendig ist, aber ist vorsichtig genug, andere Menschen nicht zu beleidigen; versucht sie so zu behandeln, wie er/sie selbst behandelt werden möchte. Verständnis für Mitmenschen. Im Grunde ein ruhiger und ausgeglichener Charakter, merkt dies aber möglicherweise selbst nicht. Sehr kommunikationsfähig. Strebt nach gegenseitigem Verständnis. Ist zu Konzessionen bereit. Fühlt sich nicht leicht bedroht. Starkes Ego, aber erwartet von anderen keine Unterordnung und behandelt sie am liebsten als Gleichgestellte. Kann gut mit Vorgesetzten und Kollegen umgehen. Enttäuscht das in ihn/sie gesetzte Vertrauen nicht. Beherzigt die Lektionen der Vergangenheit, aber trauert ihr nicht nach. Gute Beziehungen zu Männern und Frauen. Eltern sind hilfsbereit. Arbeitet möglicherweise zu Hause. Ist überall zu Hause.

☉ ⚹ ♂ Sehr energisch. Viele Ideen und das permanente Bedürfnis, diese zum Ausdruck zu bringen. Feste Überzeugungen. Kraftvoller und starker Selbstausdruck, aber auch offen für die Meinungen anderer. Handelt meist nicht, ohne vorher die möglichen Konsequenzen überdacht zu haben. Handelt aus Überzeugung. Kann Fehler zugeben, auch dann, wenn es schwerfällt. Starkes Bestreben, herauszuragen. Versteht sich gut mit jungen Menschen. Sehr eifriger Leser. Liebt Aktion. Nicht defensiv eingestellt. Sucht die Gesellschaft sanfterer Menschen. Bewundert andere wegen ihrer Fähigkeiten. Starke physische Bedürfnisse, aber möchte in der Liebe den Partner zuerst gut kennenlernen. Kann Chancen gut einschätzen. Aktiv, konstruktiv und optimistisch.

☉ ⚹ ♃ Philosophisch, enthusiastisch, neugierig und sympathisch. Großes Vertrauen in die eigenen Fähigkeiten und gute Kenntnis derselben. Hat schon in der Kindheit gelernt, Ziele konsequent zu verfolgen. Optimistisch. Gefühl für Humor, auch wenn er/sie selbst das Objekt ist. Guter Blick für günstige Gelegenheiten. Nimmt die eigene Lebensaufgaben zwar ernst, aber nicht übertrieben schwer. Manchmal voreilig. Kennt die eigenen Grenzen, will aber manchmal das Glück in die Hand nehmen. Sehr kommunikativ. Redegewandt, gut im Debattieren. Liebt die Diskussion. Auf subtile Weise überzeugend. Ideenreich. Starke Abneigung gegen Routine. Arbeitet am besten völlig unter eigener Regie. Extravertiert. Mag optimistische, mutige Menschen, die ebenfalls Abneigung gegen Routine haben. Liebt die guten Dinge des Lebens, eventuell den Sport. Sonniges Gemüt, jovial, edelmütig.

☉ ⚹ ♄ Tiefes Gedankenleben, ernsthaft, starke moralische Überzeugungen. Großes Bedürfnis nach Ordnung, vor allem in geistiger Hinsicht. Trägt schwere Verantwortung. Muß praktisch alles selbst tun; bekommt nichts geschenkt. Geduldig, ausdauernd. Neigt zur Selbstunterschätzung. Schweigsam, aufrichtig. Autoritär, aber freundlich. Große Achtung vor der Tradition. Wünscht sich vom Partner die gleichen Eigenschaften. Versteht es, die eigenen Mängel auszugleichen. Reserviert.

☉ ⚹ ♅ Starker, unabhängiger Wille. Talentiert zur Menschenführung. Beliebt. Weiter Horizont, nicht immer diplomatisch. Identifiziert sich mit einer Sache oder Bewegung. Nicht opportunistisch. Gefühl für Dramatik, überzeugender Redner. Liebt Macht, Verantwortung und Publizität. Will Erfahrungen mit anderen teilen. Starke Überzeugungen. Läßt sich durch Tradition nicht hindern. Findet das Leben aufregend. Philosophische Sicht des Lebens: alles hat seine Bedeutung. Sieht alles positiv. Mag Unentschlossenheit nicht. Wahrheitssucher. Ruheloser Geist. Tiefes Verständnis für die menschliche Natur, auch für menschliche Fehler, aber nicht für Unaufrichtigkeit. Löst sich schnell von unaufrichtigen Menschen, sogar in der Liebe.

☉ ⚹ ♆ Sehr sensibel, hilft gerne. Verträgt es nicht, wenn angebotene Hilfe abgelehnt wird. Starkes Bedürfnis nach persönlichem Kontakt. Paßt sich im Beruf wie ein Chamäleon an. Gefühl für Dramatik. Voller Ideen, manchmal wirklichkeitsfremd. Freier Umgang mit Menschen verschiedensten Charakters. Bewundert erfolgreiche Menschen und hat Mitgefühl mit Gescheiterten. Fühlt sich von Menschen mit starker eigener Identität angezogen. Visionär, sieht Möglichkeiten, die andere nicht sehen. Philanthropisch. »Selfmademan«.

☉ ⚹ ♇ Ist sich der eigenen Willenskraft bewußt. Weiß, daß er/sie alles erreichen kann, was er/sie wirklich will. Ist sich dessen bewußt, daß Wissen wichtig ist. Sehr starke, fast hypnotische Überzeugungskraft. Andere lassen sich leicht von ihren/seinen Qualitäten überzeugen. Reagiert heftig auf Unrecht und Chaos. Mut, wenn es darum geht, Ordnung zu schaffen. Spornt andere an, wenn sie den Mut sinken lassen, baut ihr Selbstvertrauen wieder auf, auch im persönlichen Bereich. Liebt das Komplizierte. Starke parapsychische Gaben, ist sich dessen jedoch möglicherweise nicht bewußt, benutzt sie aber trotzdem. Kann echt und unecht auf Anhieb erkennen. Scheint in schwierigen Situationen immer die richtige Antwort zu wissen.

Die Sextile mit dem Mond

☾ ⚹ ☉ siehe Seite 155

☾ ⚹ ☿ Sehr gutes Gedächtnis, gute Auffassungsgabe. Starkes Bedürfnis, Freunden zu helfen. Sinn für Tatsachen, aber nicht einseitig auf Tatsachen fixiert. Macht die Dinge nicht komplizierter, als sie sind. Neugierig. Hat gerne mit vielen verschiedenen Menschen Kontakt. Charmant und humorvoll in Diskussionen. Versteht es, in Gesprächen die Aufmerksamkeit auf sich zu lenken. Sehr kommunikativ. Taktisch und diplomatisch; wird deshalb auch bewundert. Fühlt sich emotional zu entwickelten, klugen, heiteren Menschen hingezogen. Wünscht sich totale Kommunikation. Mag Schweigen und Stille nicht. Möchte gerne an den Plänen des Ehepartners teilhaben. Übt einen wohltuenden Einfluß auf Menschen in der Umgebung aus, vor allem auf Liebespartner.

☾ ⚹ ♀ Ruhige, beharrliche Art, sieht auch die Perspektiven. Handelt im richtigen Augenblick. Beliebt. Sehnsucht nach einer glücklichen Partnerschaft. Weiß, was er/sie vom Leben will und macht auch keinen Hehl daraus. Möchte alles mit dem Partner teilen. Sympathisch, zärtlich, affektiv. Kompromißfähig. Ist sich in der Liebe seiner/ihrer Gefühle sicher. Äußerst umgänglich. Optimistisch. Versteht sich gut mit jungen Menschen. Weiß mit Geld umzugehen. Mag es nicht, wenn jemand ihn/sie um Geld bittet. Gibt bei echter Not, aber möchte dies selbst entscheiden. Spricht sich über Mißverständnisse aus, wovon auch eventuell vorhandene Kinder profitieren. Nimmt Kinder als Gesprächspartner erst.

☾ ⚹ ♂ Neigt zu emotionalen Reaktionen, aber ist sich dessen bewußt und versucht, Gefühle und Impulsivität im Zaum zu halten. Hin und wieder Ausbrüche, z. B. wenn er/sie mit etwas nicht einverstanden ist. Abneigung gegen Situationen, die zu Groll führen könnten; spricht sich gern aus. Auch in Konflikten wird immer eine Möglichkeit offengelassen, um eventuell in Zukunft dem andern noch eine Chance zu lassen. Vital, energisch, aufregend, mitreißend. Guter Kamerad. Gibt dem Gegner eine Chance. Emotional verletzlich und nicht gleichgültig gegenüber den Gefühlen anderer. Lernt durch Erfahrung, daß die eigenen Reaktionen auf Emotionalität basieren; wägt deshalb die eigene Handlungsweise vorher gut ab. Reagiert positiv auf Herausforderungen. Ist zufrieden mit der eigenen Rolle im Leben. Familienleben ist Quelle der Ruhe. Sollte bei Aufregung nicht essen und keine Arbeit mit nach Hause nehmen.

☾ ⚹ ♃ Freundlich, sympathisch, vor allem gegenüber Hilfsbedürftigen. Klug, kaufmännische Begabung. Optimistisch. Große intellektuelle Fähigkeiten, die durch Sensibilität gemäßigt und im Zaum gehalten werden. Neugierig. Hat guten Blick für die Beweggründe von Menschen. Sieht viel und kann sehr viele Informationen aufnehmen und verarbeiten. Freunde und Kollegen sind ihm/ihr freundlich gesinnt. Vergißt erwiesene Dienste nicht. Profitiert sehr von Erfahrungen und macht sie sich für die Zukunft zunutze. Bedürfnis nach intellektueller Entwicklung und Anwendung des Wissens im Alltag. Hat Sympathie für die Benachteiligten und hilft ihnen, ihre Probleme optimistischer anzugehen. Warmherzig im persönlichen Kontakt, ehrlich und aufrichtig im Bestreben, das Beste aus anderen hervorzulocken. Erwartet vom Partner vor allem Kameradschaft. Stolz, Neigung zur Eitelkeit, aber immer bescheiden in dem aufrichtigen Bedürfnis, anderen von Nutzen sein zu können. Beschützerrolle. Sieht stets das Gute im Menschen, auch wenn es sich (noch) nicht in Taten zeigt.

☾ ⚹ ♄ Praktisch veranlagt, Sinn für Tatsachen, sehr begrenzte Sicht. Trägt schwer an Pflichten. Dauerhafte Gefühle mit Tendenz zur Depressivität. Eher besorgt und vorsichtig als originell und energisch. Ernsthaft, reserviert. Versucht ständig, Menschen, die etwas für ihn/sie bedeuten, zu verstehen und zu analysieren. Würdevoll, gesunder Menschenverstand. Geduldig im alltäglichen Leben. Ordentlich; Abneigung gegen Phantasien. In vernünftigem Maß ehrgeizig. Opfert Aufrichtigkeit nicht für Ehrgeiz auf. Mangel an Enthusiasmus. Beharrlich. Abneigung gegen Zeitvergeudung. Autoritär. Wahrheitsliebend. Emotional angezogen von ernsthaften, bedächtigen Menschen mit guten Absichten. Sex allein wird nicht geschätzt. Verwendet Freizeit für Studien. Möchte stets bereit sein, günstige Gelegenheiten zu ergreifen und dauerhaft davon zu profitieren.

☾ ⚹ ♅ Erfinderisch; immer auf der Suche nach Wahrheit. Handelt aus dem eigenen Impuls heraus. Hat schon als Kind erkannt, daß er/sie sich von anderen unterscheidet. Hat schon sehr früh begriffen, daß Erfahrungen dazu da sind, um etwas daraus zu lernen. Schnelle emotionale und intellektuelle Entwicklung. Stark zukunftsorientiert, aber lernt auch aus der Vergangenheit. Kann die Lektionen der Geschichte auf lebendige Weise anderen vermitteln. Erträgt Ignoranz nicht. Ermutigt andere, emotionale Bindungen loszulassen, wenn diese das persönliche Wachstum behindern. Wirkt sehr anregend auf andere. Ungeduldig langwierigen Arbeiten gegenüber, die Akribie erfordern. Ausgeprägte Fähigkeit, alles Notwendige zu tun, um ein Ideal zu verwirklichen oder einer Verpflichtung nachzukommen. Scheint Inspirationen und Glauben aus einer anderen Welt zu beziehen, spricht jedoch nie darüber. Neigt zu Einseitigkeit und Starrsinn. Gute Intuition beim Lösen von Problemen. Lernt nicht auf akademische Weise. Sucht Beziehungen, die nicht ausschließlich emotional sind. Erhält Hilfe von Freunden.

☾ ⚹ ♆ Bedürfnis, etwas Großes und Ungewöhnliches zu leisten. Lebendige Phantasie. Sehr sensibel. Möchte dem Wohl anderer dienen. Verständnis für menschliches Versagen. Möchte Beziehungen persönlich gestalten. Verständnisvoll, tolerant. Läßt sich leicht ausbeuten. Treibt sich selbst im Dienst anderer zu sehr an. Braucht Augenblicke der Einsamkeit, um wieder in Kontakt mit der eigenen spirituellen Natur zu kommen. Große Begabung, Unternehmungen erfolgreich durchzuführen. Kann gut mit Publikum umgehen. Möchte entscheiden, entweder offen oder hinter den Kulissen. Sucht Seelenverwandtschaft. Versteht es, ein erfülltes Leben zu führen. Parapsychische Begabungen.

☾ ⚹ ♇ Nimmt sich das Leiden anderer zu Herzen. Einfallsreich im Lösen alltäglicher Probleme. Greift schnell neue Ideen auf, die das Leben erleichtern und vereinfachen. Versteht sich gut mit Jugendlichen; gewinnt durch aufrichtiges Interesse ihr Vertrauen. Warmherzig und zärtlich. Übt stabilisierenden Einfluß auf Menschen aus, die sich in einer Phase des Reifens befinden. Gutes Gespür für Business und Management. Ordentlich. Läßt nicht zu, daß Unwesentliches den eigenen Fortschritt behindert. Kann gut auf andere reagieren. Suggestive Persönlichkeit. Einnehmendes Wesen. Nichts Wesentliches bleibt ihm/ihr verborgen. Kann sensible Menschen leicht beeinflussen. Starke Emotionen, doch die Prioritäten sind klar.

Die Sextile mit Merkur

☿ ⚹ ☾ siehe Seite 157

☿ ⚹ ♀ Harmonisch im Umgang mit Menschen; gesellschaftlich gewandt. Kompromißfähig. Versucht, in seinem Urteil fair zu sein und andere Menschen nicht grundlos zu beleidigen. Versteht Ideen überzeugend auszudrücken, ohne daß andere sich bedroht fühlen müssen. Bemüht sich darum, bei Meinungsverschiedenheiten fair zu bleiben. Feinsinnig. Läßt sich überzeugen. Nett. Abneigung gegen Wettbewerb. Meidet Komplikationen und Schwierigkeiten. Geschäftstüchtig. Versteht es, sich die Unterstützung anderer zu sichern. Bereitet sich gut auf Aktionen vor. Möchte gerne schnell zu einem Ergebnis kommen. Abneigung gegen Rohheit.

☿ ⚹ ♂ Ausgesprochen neugierig. Ruht nicht, bis er/sie das Gewünschte weiß. Hört nie auf zu lernen. Informiert sich gut, bevor er/sie redet. Sucht Anerkennung und Beifall bei den Gesprächspartnern. Versteht es, Menschen für den eigenen Standpunkt zu gewinnen. Prüft die Tatsachen, bevor er/sie Schlüsse zieht. Freundlich. Sucht Kontakt, auch mit Fremden. Trifft sich gerne mit anderen Menschen und unterhält sich gerne. Kann auch gut zuhören. Großes Interesse an allem Neuen. Verurteilt Betrug. Ist in der Lage, seine eigenen Dummheiten zu erkennen und kann darüber lachen.

☿ ⚹ ♃ Wohlwollend, sanft. Unersättlicher Wissensdurst. Möchte Wissen auch konkret anwenden. Gutes Urteilsvermögen. Sehr gute Sprachbeherrschung. Sucht nach Wahrheit. Starke Abneigung gegen unzutreffende Aussagen und unkorrekten Sprachgebrauch. Ist in der Lage, die eigene rhetorische Begabung zu nutzen, um Macht über Menschen auszuüben. Guter Kommunikator. Sieht die Wichtigkeit von Religiosität, ist aber selbst wahrscheinlich kein überzeugter Anhänger eines Glaubens. In dieser Hinsicht liberal.

☿ ⚹ ♄ Tiefes Denken, jedoch auf praktische Dinge ausgerichtet. Organisationstalent. Blick fürs Detail. Methodisch. Will eigenes Können beweisen. Gut informiert. Hat schon in der Kindheit gelernt, daß diese Talente angewandt und entwikkelt werden müssen. Kann alles lernen, tut, was er/sie will. Kann Pläne machen und hat auch die Ausdauer, sie in die Tat umzusetzen. Erreicht Erfolg aus eigener Kraft, nicht durch Zufall oder Glück. Möglicherweise einsame Kindheit. Fühlt sich unter Gleichaltrigen nicht wohl. Überdurchschnittlich gute Auffassungsgabe. Gutes Gedächtnis. Hört nie auf, Wissen zu sammeln. Höflich. Guter Geschmack. Fühlt sich zu reifen und aufrichtigen Menschen hingezogen. Führt möglicherweise platonische Ehe, die jedoch auf sehr festen Grund gebaut ist. Eine rein körperliche Beziehung genügt nicht, vor allem intellektueller Gleichklang wird hoch geschätzt.

☿ ⚹ ♅ Schneller, unabhängiger Geist. Versteht es, dieses Talent für die eigenen Interessen einzusetzen. Alles andere ist ihm/ihr gleichgültig. Eher brillant und intuitiv als tiefgründig und logisch. Sprunghaft im Denken. Interessiert sich weniger für das Alltägliche. Allergisch gegen Ignoranz. Sehr aufgeweckt, neugierig und belesen in den eigenen Interessengebieten. Ausgeprägtes rhetorisches Talent, was andere fasziniert. Benutzt das eigene Wissen nicht selbstsüchtig. Schon in der Kindheit zeigt sich tiefes Verständnis für schwierige Fragen. Braucht Freiheit, um das Wissen nach den eigenen Vorstellungen sinnvoll anzuwenden. Progressiv; die Vergangenheit ist nur interessant, wenn etwas daraus zu lernen ist. Erfinderisch darin, andere für ihre eigenen Möglichkeiten zu begeistern. Hat Schwierigkeiten, feste Ziele zu finden. Ständig tätiger Geist, was zu Überspannung führen kann. Ungeduldig.

☿ ⚹ ♆ Fruchtbare Phantasie, die auch im Alltagsleben Anwendung findet. Intuitive Einsicht in Probleme und Motive anderer. Bedächtig, abwägend und kontemplativ im Umgang mit Erfahrungen. Großes Bedürfnis nach Wissen und danach, es in den Dienst der Allgemeinheit zu stellen. Kann Schein von Wirklichkeit unterscheiden. Neugierig. Sehr begabt darin, Ereignisse zu interpretieren, was den Vorteil bringt, daß er/sie aus Erfahrung mehr lernen kann als andere. Voller Verständnis und Wärme. Guter Kommunikator. Inspirierend, benötigt höhere Ausbildung, um in vollem Maße von den eigenen Fähigkeiten profitieren zu können. Nimmt in der eigenen Umgebung sehr viel wahr. Muß verhindern, daß er/sie sich verzettelt. Fühlt sich zu philosophischen Menschen hingezogen, die sich nicht mit Materiellem und Physischem beschäftigen. Idealist(in), aber erwartet nicht, daß andere seinen/ihren eigenen Idealen nachstreben, sondern zufrieden damit, wenn Menschen auf ihre Weise nach Perfektion streben. Läßt sich durch das eigene soziale und moralische Verantwortungsgefühl leiten.

☿ ⚹ ♇ Analytischer Geist, der in der Lage ist, die kompliziertesten Zusammenhänge zu erfassen. Tiefes Verständnis, gute Beobachtungsgabe. Starke parapsychische Begabung, die jedoch nur allmählich bewußt wird. Findet selbst für die geheimnisvollsten Vorgänge mit Leichtigkeit logische Erklärungen. Findet die Lösung von Problemen lange, bevor sie auf deduktivem Weg gelöst werden. Sehr talentiert in der Menschenführung. Mutig beim Entwickeln neuer Ideen, recht diszipliniert im Anwenden der eigenen Fähigkeiten. Legt eigene Ideen offen dar, wodurch er/sie Unterstützung findet, auch finanzielle. Seine/ihre fruchtbare Phantasie ist vor allem für die Menschen der nächsten Umgebung von Nutzen. Erwartet in persönlichen Beziehungen Aufrichtigkeit. Macht es Menschen sofort klar, wenn sie Tatsachen verdrehen. Möchte gerne Beziehungen eingehen, bricht sie aber sofort ab, wenn Vertrauen enttäuscht wird. Sucht eine(n) Partner(in) auf der Grundlage gegenseitigen Vertrauens, der/die aufrichtig ist und sich jeder Diskussion offen stellt, Selbstvertrauen besitzt und ehrgeizig ist.

Die Sextile mit Venus

♀ ⚹ ☾ siehe Seite 158

♀ ⚹ ☿ siehe Seite 161

♀ ⚹ ♂ Affektiv. Starke physische Bedürfnisse, kann aber warten, bis der/die Richtige kommt. Eine echte Beziehung muß auf sozialer, intellektueller und physischer Ebene stimmen. Weiß, daß dauerhafte Freundschaften Kompromisse erfordern. Ermutigt auch andere zu Konzessionen. Hat Verständnis für menschliche Schwächen, wenn sich auch die guten Eigenschaften klar manifestieren. Liebt die angenehmen und schönen Seiten des Lebens wie Freundschaft, Geselligkeit, Kunst, Musik und Tanz. Bevorzugt Berufe mit echtem menschlichem Kontakt. Optimistisch. Die Menschen fühlen sich in seiner/ihrer Gesellschaft wohl. Unterhält wahrscheinlich langandauernde Freundschaften, auch wenn die Partner nicht täglich anwesend sind. Leichtsinnig im Umgang mit Geld. Starker Freiheitsdrang.

♀ ⚹ ♃ Talentiert im (sprachlichen) Selbstausdruck. Extravertiert. Versteht es, das Richtige im richtigen Augenblick zu sagen, wenn es darum geht, Ziele zu erreichen. Freigebig mit Lob, auch wenn es nicht ganz verdient ist. Sympathisch, verständnisvoll, immer hilfsbereit. Hat die Gabe, andere optimistisch zu stimmen. Mischt sich nicht in fremde Angelegenheiten ein, aber ist für andere da, wenn es nötig ist. Beliebt. Neigt zur Ungeduld. Starkes Bedürfnis nach den Annehmlichkeiten des Lebens. Abneigung gegen Verzicht. Sehr viele Interessen, die er/sie aktiv verfolgen möchte. Erwartet von anderen, die mehr als nur oberflächliche Bekannte sind, Aufrichtigkeit. Zieht sich zurück, wenn er/sie Unaufrichtigkeit, Gleichgültigkeit oder Grobheit bemerkt, auch von flüchtigen Bekannten. Fühlt sich zu Menschen hingezogen, die versuchen, an sich selbst zu arbeiten. Jovial, großmütig, philanthropisch. Mischt sich gerne ein, wenn auch in bester Absicht.

♀ ⚹ ♄ Hat Schwierigkeiten, die üblichen Freuden des Lebens zu genießen. Das kann zu großer spiritueller Reinheit führen, obgleich dies ein mühsamer und weiter Weg ist. Intensive, ernsthafte Zuneigung, idealistisch, weniger leidenschaftlich. Opfert sich auf, um das Gewünschte zu erreichen. Trägt große Verantwortung, was möglicherweise die Erfüllung der eigenen Bedürfnisse verhindert. Die Fähigkeit, Verantwortung zu tragen, wurde schon in der Kindheit entwickelt. Zuverlässig, aufrichtig, fair, entgegenkommend. Plant alles genau. Gutes Urteilsvermögen und gute Auffassungsgabe. Bereit, von anderen zu lernen. Äußert Gefühle erst, wenn er/sie zu der Überzeugung gekommen ist, daß die Zuneigung auf Gegenseitigkeit beruht. Erweckt den Eindruck, scheu und zurückgezogen zu sein. Guter Geschmack, gesellschaftlich gewandt. Haßt Vulgarität. Ist wahrscheinlich eine Stütze für Brüder/Schwestern. Hofft, irgendwann den/die Richtige(n) zu treffen; sparsam, treu.

♀ ⚹ ⛢ Starkes Bedürfnis nach Beziehungen zum anderen Geschlecht. Dieses Bedürfnis führt möglicherweise zu exzentrischem Verhalten und/oder zu Sublimation. Klug im gesellschaftlichen Umgang. Liebt aufregende Kontakte. Identifiziert sich mit den Hoffnungen und Erwartungen anderer und ist deshalb beliebt. Aufrichtiges Interesse an anderen. Möchte selbst frei sein, aber nicht auf Kosten anderer. Viele enge Freundschaften. Sehr kreativ. Kann sowohl mit Gruppen wie auch mit einzelnen Menschen umgehen. Vorurteilslos und objektiv, aber auch emotional und sensibel. Sieht Geld als ein Mittel an, um Ziele zu erreichen, nicht als Ziel an sich. Idealistisch und intuitiv.

♀ ⚹ ♆ Guter Geschmack, Sinn für Kunst, insbesondere für Musik, sehr emotional. Schwierigkeiten mit kontinuierlicher Arbeit. Visionär, verträumt. Tendenz zu Unreife und Abhängigkeit. Verständnis für andere. Übt beruhigenden Einfluß aus. Sehr romantisch und emotional verletzlich gegenüber Menschen mit ähnlicher Einstellung. Fühlt sich hingezogen zu feinsinnigen Menschen, die eine Abscheu vor dem alltäglichen Leben und vor nackten Tatsachen haben. Sucht nach der sublimsten Form von Liebe. Sehr sensibel, reagiert daher viel stärker auf äußere Umstände als die meisten anderen.

♀ ⚹ ♇ Kennt die Macht der Liebe. Weiß, daß eine Beziehung von beiden Seiten Anpassung erfordert. Großes Bedürfnis nach Harmonie. Mit dem Liebespartner wird zuerst ein hohes Kommunikationsniveau aufgebaut. Fühlt sich schnell vom Äußeren von Menschen angezogen, muß jedoch dann oft feststellen, daß sie zu oberflächlich sind. Kann die Motive anderer erkennen. Einstellung zur Liebe wurde in der Kindheit stark geprägt und verändert sich nicht mehr. Hält oberflächliche Beziehungen für Zeitvergeudung. Ist interessiert an Menschen, die an sich selbst arbeiten und dabei bis zum Äußersten gehen. Versteht sich am besten mit Menschen, die mehr als nur physische Attraktion zu bieten haben und bereit sind, die Werte anderer zu respektieren, Kompromisse zu schließen und Raum für die Erfüllung ihrer Bedürfnisse zu schaffen. Kann sehr extrem werden, wenn es darum geht, Schuldige anzuklagen, vor allem, wenn es sich um Menschen handelt, die soziale und/oder politische Macht mißbrauchen.

Die Sextile mit Mars

♂ ⚹ ☉ siehe Seite 155

♂ ⚹ ☾ siehe Seite 158

♂ ⚹ ☿ siehe Seite 161

♂ ⚹ ♀ siehe Seite 164

♂ ⚹ ♃ Enthusiastisch, optimistisch, geht ganz in den eigenen Interessen auf. Hat ehrgeizige und hohe Ziele. Verfolgt sie auf konstruktive Weise. Intellektuelle Fähigkeiten entwikkeln sich schon früh im Leben. Liebt den Wettbewerb und übt sich schon früh darin, durch Spiele usw. Kann sich unter Druck durchsetzen. Kommunikatives Talent; Gefühl für Dramatik. Entzieht sich Diskussionen nicht. Tritt für die Schwachen ein. Wird vor allem von Jugendlichen bewundert. Sagt auf grobe Weise, was er/sie denkt. Völlig überzeugt von der eigenen Wahrheit. Fühlt sich zu Menschen hingezogen, die wissen, was sie erreichen wollen. Hat Respekt vor Menschen, die für ihre Ansichten eintreten. Besteht auf Aufrichtigkeit. Intensives Gefühlsleben, starker Sexualtrieb. Muß mit Partner jedoch auch intellektuell kommunizieren können.

♂ ⚹ ♄ Vermag schwierige Situationen und Gefahren durchzustehen. Nicht interessiert an Sicherheit und persönlichem Komfort. Praktisch, diszipliniert. Versteht es, mit einfachen Menschen umzugehen. Was er/sie in Angriff nimmt, wird auf Anhieb gut. Nimmt sich die Zeit, alle Details gründlich zu prüfen. Geduldig. Interessen sind auf das Konkrete ausgerichtet, bevorzugt jedoch einen Beruf, in dem intellektuelle Fähigkeiten erforderlich sind. Interesse an handwerklichen Tätigkeiten. Liebt Diskussionen. Gewandt im Umgang mit der Sprache. Sehr gut informiert. Sucht einen Partner, der sowohl physische wie auch intellektuelle Interessen hat. Respektiert Autorität und Gesetz als Schutz. Ausdauernd. Vermittelt diese Haltung Kindern. Hört Kindern begeistert zu, aber ist etwas reserviert im Ausdruck von Gefühlen ihnen gegenüber. Engagiert sich stark für ein gutes Ziel.

♂ ⚹ ♅ Willensstark, energisch, entschlossen. Ruhelos, ungeduldig, neugierig. Ansichten werden immer geäußert. Ist einmal entschieden, was zu tun ist, dann geht er/sie sofort zur Aktion über. Kann Trödelei und Unentschlossenheit nicht ertragen. Guter Stratege, erfolgreicher Planer; ständig damit beschäftigt, Pläne weiter zu verbessern. Treibt sich selbst stark an, was zu großer nervöser Spannung führt. Originell, intellektuell und aufgeweckt. Möchte gerne einen Beitrag zum Fortschritt leisten. Sehr viele Interessengebiete, in denen er/sie sich auch aktiv betätigt. Sehr starke Überzeugungskraft. Intellektueller Rebell. Sucht einen Partner mit ähnlichen Interessen, da er/sie sich sonst behindert fühlt.

♂ ⚹ ♆ Tiefes Verständnis von Leid, Mitgefühl. Weiß, wann die eigenen Bedürfnisse und wann die der anderen wichtiger sind. Sieht die Notwendigkeit, anderen zu dienen. Aufrichtig und voller Vertrauen. Verfügt über Heilkräfte. Starkes Gefühl für Rhythmus. Parapsychisch begabt. Sucht die Ideale bei anderen Menschen. Akzeptiert die Fehler anderer und erwartet, daß andere ihn/sie ebenso behandeln. Besteht auf offener und ehrlicher Kommunikation und demaskiert Unaufrichtigkeit. Starke emotionale und körperliche Bedürfnisse. Befriedigt diese jedoch nicht auf vulgäre Weise. Meidet die direkte Konfrontation; muß lernen, sich für die eigenen Ideale einzusetzen.

♂ ⚹ ♇ Sehr eifriger Wahrheitssucher aus der Erkenntnis heraus, daß Wahrheit mächtiger ist als Trug. Stark ausgeprägte Ansichten. Fordert die Aufmerksamkeit anderer in Gesprächen. Sieht die Motive anderer. Läßt niemanden über seine/ihre Auffassungen im unklaren. Erwartet Offenheit von Kollegen und Konkurrenten und verachtet Diplomatie in dieser Hinsicht. Starke physische Bedürfnisse, aber gibt sich nicht zufrieden mit einer rein körperlichen Beziehung. Hält Kompromisse oft für überflüssig. Tendiert dazu, über eigene Ziele nur zu reden und sie nicht in die Tat umzusetzen.

Die Sextile mit Jupiter

♃ ⚹ ☉ siehe Seite 156

♃ ⚹ ☾ siehe Seite 158

♃ ⚹ ☿ siehe Seite 161

♃ ⚹ ♀ siehe Seite 164

♃ ⚹ ♂ siehe Seite 166

♃ ⚹ ♄ Ernst und zielstrebig, aber auch optimistisch. Arbeitet geduldig an der Verwirklichung eines großen Ziels. Lernt aus der Vergangenheit für die Zukunft. Sehr gut informiert und brillante Auffassungsgabe. Findet praktische Anwendungen für Wissen, wo andere sie nicht sehen. Sieht jegliches Wissen als wertvoll und bereichernd an. Kann gut planen. Weiß, daß harte Arbeit notwendig ist, um etwas zu erreichen. Fordert sich bis zum Äußersten, was das eigene persönliche Wachstum anbelangt. Verschwendet die Zeit nicht mit zweifelhaften Methoden. Trägt immer die volle Verantwortung für das eigene Tun und scheut auch Diskussionen darüber nicht. Kann soziales Unrecht nicht ertragen.

♃ ⚹ ♅ Großer Respekt vor der Würde des Individuums. Sehr freiheitsliebend. Warmherzig, aber nicht sentimental. Praktisch. Hingebungsvoll. Blickt optimistisch in die Zukunft. Weiß, daß sorgfältig geplant werden muß, wenn man erfolgreich sein will. Enthusiastisch und neugierig. Schaut nicht zurück. Ungeduldig. Hat viele Ideen. Entdeckt ständig mehr über sich selbst. Legt sehr viel Wert auf Ehrlichkeit, vor allem in Beziehungen. Sagt, was er/sie denkt, und greift die Menschen an, die dies nicht tun. Viele Freunde. Ist Freunden gegenüber ziemlich freigebig; sagt sich jedoch von ihnen los, wenn das Vertrauen enttäuscht wird. Vor allem an Menschen interessiert, die sich gegen die Elemente aus der Vergangenheit wehren, die dem Fortschritt im Wege stehen. Sollte Menschen meiden, die kein starkes Identitätsgefühl haben. Neigung zu Maßlosigkeit und Fanatismus.

♃ ⚹ ♆ Gastfrei. Entwickelt gleich Sympathien und ist schnell bereit zu helfen. Philanthropisch und sehr sensibel. Neigt zu Laxheit. Setzt große Erwartungen in die Zukunft. Läßt keine Barriere zwischen Menschen, Völkern usw. gelten. Das starke Interesse an der menschlichen Natur bleibt meist theoretisch, so daß Lösungsvorschläge nicht unbedingt realistisch sein müssen. Sieht zwar soziale Verpflichtungen, bleibt aber wahrscheinlich unbeteiligter Zuschauer in diesem Bereich. Sieht den gesellschaftlichen Nutzen von religiösen und sozialen Systemen. Setzt sich manchmal für Menschen ein, die selbst zu ängstlich sind. Lehnt jede Form von Totalitarismus in religiösen und politischen Systemen ab. Läßt sich ziemlich leicht betrügen. Neigt in emotionalen Beziehungen zu wirklichkeitsfremdem Idealismus. Fragt zu wenig danach, was Menschen ihm/ihr gegenüber wirklich empfinden. Muß sich Selbstdisziplin und praktisches Handeln angewöhnen, um diese Schwäche zu überwinden.

♃ ⚹ ♇ Kann Wahrheiten erkennen, die sich unter dem Schein verbergen. Neugier führt zu gründlichen Untersuchungen, die Tatsachen enthüllen. Hohe ethische Prinzipien. Kann Unrecht nicht ertragen. Integer. Kann zum Fürsprecher derjenigen werden, die sich nicht selbst wehren können. Seine/ihre Hilfe ist eine echte Bereicherung. Freut sich, wenn andere von seinen/ihren Fähigkeiten profitieren. Verhältnis zu anderen Menschen gründet auf Erkenntnis der eigenen spirituellen Verantwortung. Sucht Partner, der die Begeisterung, sich für das Notwendige einzusetzen, teilt. Hegt eine besondere Abneigung Menschen gegenüber, die aus eigennützigen Gründen anderen helfen. Möchte andere dazu anleiten, eine spirituelle Verbindung zur Menschheit als Ganzem herzustellen. Neigt zu Mangel an Bescheidenheit und zu Intoleranz menschlichen Fehlern gegenüber.

Die Sextile mit Saturn

♄ ⚹ ☉ siehe Seite 156

♄ ⚹ ☾ siehe Seite 159

♄ ⚹ ☿ siehe Seite 162

♄ ⚹ ♀ siehe Seite 165

♄ ⚹ ♂ siehe Seite 167

♄ ⚹ ♃ siehe Seite 169

♄ ⚹ ♅ Gesunder Menschenverstand, willensstark und starke Nerven. Geduldig, umsichtig. Tiefe Einsicht und ziemlich originell. Hat großen Respekt vor Wissen und die Fähigkeit, Wissen anzuwenden. Selbstwertgefühl. Wahrheitssucher/-sucherin. Abneigung gegen Zeit- und Energieverschwendung. Muß im täglichen Leben auf weniger fähige Menschen Rücksicht nehmen. Macht auf andere einen ziemlich arroganten Eindruck, weil er/sie nicht vermittelt, was er/sie weiß. Unwissenheit wird als Herausforderung verstanden, aber auch verachtet. Versteht sich am besten mit Menschen, die anspruchsvolle Ziele haben und ihre eigenen intellektuellen Fähigkeiten für diese einsetzen wollen.

♄ ⚹ ♆ Bedächtig und ziemlich gründlich im Analysieren der eigenen Umgebung und der Umstände. Erkennt genau, was richtig und falsch ist. Abneigung gegen Verschwendung. Ist bereit, eine Position im Hintergrund zu bekleiden, um einem wichtigen Ziel zu dienen. Kann auch im verborgenen mit großer Beharrlichkeit arbeiten. Sehr diskret. Bleibt auch unter Spannung beherrscht und ruhig. Begabt als Ratgeber für Mächtige. Effizient; Organisationstalent. Möchte einen spirituellen Beitrag leisten. Liebe wird im großen Zusammenhang der Menschlichkeit gesehen. Sucht einen Partner, der ebenso denkt. Gibt

Ideale nicht auf, um sich beliebt zu machen. Sieht bei Unstimmigkeiten das Komische. Kann sehr gut für sich selbst sorgen, ohne daß dies zur Vernachlässigung von Pflichten und Verantwortung führt.

♄ ⚹ ♇ Bemüht sich sehr um Erfolg. Tiefe Einsicht in eigenes Können und eigene Schwächen. Erfahrung ist der beste Lehrer, aber auch Training und Ausbildung tragen zum Erfolg bei. Bescheiden genug, um bei erfahreneren Menschen Rat einzuholen. Hat Verständnis für die Motive anderer, aber ist intolerant gegenüber Inkompetenz und Negativität. Erwartet viel von Untergebenen. Verträgt nicht, daß jemand ohne echte Qualifikation und nur durch Bluff eine wichtige Position anstrebt. Möchte Meinungsverschiedenheiten gerne ausdiskutieren. Sehr starkes Streben nach Sicherheit und Geborgenheit: Dies ist wahrscheinlich der Antrieb hinter dem Erfolgsstreben. Respektiert die Macht des Geldes.

Die Sextile mit Uranus

♅ ⚹ ☉ siehe Seite 156

♅ ⚹ ☾ siehe Seite 159

♅ ⚹ ☿ siehe Seite 162

♅ ⚹ ♀ siehe Seite 165

♅ ⚹ ♂ siehe Seite 167

♅ ⚹ ♃ siehe Seite 169

♅ ⚹ ♄ siehe Seite 171

♅ ⚹ ♆ Antipathie gegen große, mächtige, etablierte Organisationen im politischen und religiösen Bereich. Möchte selbst entscheiden, was er/sie glaubt und welche Wirkung dieser Glaube auf das eigene Leben hat. Ist der Meinung, daß in dieser Hinsicht kein Druck auf Menschen ausgeübt werden darf. Stark ausgeprägtes Gefühl für die Rechte des Individuums. Sinn für Kunst.

⛢ ⚹ ♇ Wachsam gegenüber Unrecht und sehr begabt, solches aufzuspüren. Freiheit ist ein sehr wichtiger Begriff. Abneigung gegen Verschwendung.

Anmerkung: Diese Aspekte traten zwischen 1965 und 1968 und von 1942 bis 1946 auf. Sie sind also in den Horoskopen sehr vieler Menschen zu finden. Sie wirken sich aber nur dann auf den individuellen Charakter aus, wenn sie zu anderen markanten Punkten des Horoskops in Beziehung stehen. Dies ist der Grund für die Kürze der Beschreibungen; vor allem das große Interesse an politischen Fragen, das diese Aspekte anzeigen, wird hier nicht berücksichtigt.

Die Sextile mit Neptun

♆ ⚹ ☉ siehe Seite 157

♆ ⚹ ☾ siehe Seite 160

♆ ⚹ ☿ siehe Seite 163

♆ ⚹ ♀ siehe Seite 165

♆ ⚹ ♂ siehe Seite 168

♆ ⚹ ♃ siehe Seite 170

♆ ⚹ ♄ siehe Seite 171

♆ ⚹ ⛢ siehe Seite 172

♆ ⚹ ♇ Diesen Aspekt findet man in den Horoskopen von Menschen, die zwischen 1944 und 2000 geboren sind. Hier gilt in noch stärkerem Maße, was bereits zu den Sextilen zwischen Uranus und Neptun bzw. Pluto gesagt wurde: Nur wenn dieser Aspekt auch zu anderen markanten Punkten des Horoskops in Beziehung steht, wirkt er sich auch individuell aus. Ist dies der Fall, so erzeugt er Verärgerung über die Macht, die Religionen über Menschen haben. Ferner signalisiert er eine gewisse Verachtung für die Ansicht, daß Menschen, die einander lieben, unbedingt heiraten müssen. Auch die Macht industrieller Großmächte und die Organisation der Wissenschaft werden bei diesem Aspekt sehr kritisch gesehen. Die Welt erscheint dem/der Betreffenden zu materialistisch, verbunden mit der Ansicht, daß das Individuum mit seinen Träumen und Idealen zuwenig Raum hat. Der/die Betreffende will sich gesellschaftlich für eine bessere, lebenswertere Welt einsetzen, auch auf medizinischem Gebiet.

Die Sextile mit Pluto

♇ ⚹ ☉ siehe Seite 157

♇ ⚹ ☾ siehe Seite 160

♇ ⚹ ☿ siehe Seite 163

♇ ⚹ ♀ siehe Seite 166

♇ ⚹ ♂ siehe Seite 168

♇ ⚹ ♃ siehe Seite 170

♇ ⚹ ♄ siehe Seite 172

♇ ⚹ ♅ siehe Seite 173

♇ ⚹ ♆ siehe Seite 174

Quadrate

Orbis 5° (d. h., der Aspekt wird gebildet, wenn der Abstand zwischen zwei Himmelskörpern 85° bis 95° beträgt). Symbol: □

Die Quadrate mit der Sonne

☉ □ ☾ Starkes Gefühl von Gespaltenheit. Hat nur schwer Zugang zu den eigenen inneren Kraftquellen und will daher immer »mehr«. Muß viele Kompromisse schließen, um das Gewünschte vom Leben zu bekommen. Scheint immer zu wenig geschult zu sein, um Ziele zu erreichen, aber strengt sich auch nicht genug an, um die nötige Übung und das notwendige Fachwissen zu erwerben. Möchte gerne gut leben, hat aber Schwierigkeiten mit Selbstdisziplin. Hat wahrscheinlich auch Schwierigkeiten mit wichtigen Menschen. Reagiert meist negativ auf Lebenserfahrung, was es äußerst schwierig macht, aus ihr zu lernen. Bedürfnis nach Anerkennung. Charakterentwicklung wird durch Frustration behindert, was sich wiederum in den verschiedensten Lebensbereichen auswirkt, so etwa in familiären, emotionalen und beruflichen Angelegenheiten. Das wichtigste Problem ist: Gefühl, Willen und Intellekt eine gemeinsame Richtung zu geben. Will glänzen. Vorlautes Ego. Schwierigkeiten mit dem anderen Geschlecht. Defensive Haltung und eventuell streitsüchtig infolge emotionaler Unsicherheit. Große Kraft, die eigenen Träume zu realisieren, wenn der richtige Umgang mit dem eigenen Ego gefunden wird.

☉ □ ♂ Bedürfnis, zu widersprechen oder zumindest Gesagtes zu modifizieren. Neigt zu übereiltem Handeln. Enthusiastisch und energisch beim Übernehmen und Ausführen von Aufgaben. Braucht jedoch bei länger anhaltendem Druck eine Ausweichmöglichkeit. Treibt sich selbst aus Ehrgeiz stark an. Lernt aus Erfahrung (durch Mißgeschick), daß nicht genau genug geplant wurde. Muß lernen, Schwierigkeiten vorauszusehen, ebenso Geduld zu entwickeln beim Überwinden von

Schwierigkeiten und mit Energie hauszuhalten, beim Verfolgen konstruktiver Ziele. Fühlt sich schnell in der eigenen Kompetenz angegriffen. Wird dann streitsüchtig oder beleidigend. Bedürfnis nach Freiheit im Beruf. Wünscht Anerkennung und möchte Experte sein. Gutmütig, aber manchmal etwas grob. Liebt die Gesellschaft von Freunden, die er/sie aufgrund ihrer Fähigkeiten schätzt. Tendenz, zuviel Aufmerksamkeit auf sich zu ziehen, vor allem bei Themen, in denen er/sie sehr versiert ist. Muß lernen zuzuhören. Stark entwickelte Sexualität, aber hat große Schwierigkeiten, die Frustration zu überwinden, die mit ihrer Befriedigung einhergeht. Hat die Neigung, in diesem Bereich unzufrieden mit dem zu sein, was ist, oder wünscht sich etwas, das nicht erreichbar ist. Sollte daher lernen, zu sublimieren und zu kompensieren. Sucht einen Partner, der den körperlichen Bedürfnissen entspricht, jedoch auch in anderer Hinsicht ein Kamerad ist. Neigt in mancher Beziehung zu Unvorsichtigkeit. Offenherzig, aber nicht ruhig und sanftmütig genug oder zu eigensinnig.

☉ □ ♃ Neigt zu Sorglosigkeit und unbegründetem Optimismus; liebt das Glücksspiel. Tendenz zur Aufgeblasenheit; kümmert sich nicht um Konventionen und Autorität; Rebell. Träumt von Prunk und Pracht. Unmäßig in Tun und Haltung. Lädt sich leicht zuviel auf. Möchte von anderen keine Ratschläge bekommen. Glaubt, auch ohne Selbstdisziplin viel erreichen zu können. Will glänzen und anerkannt werden. Sehr starker Drang nach Erfolg. Möchte andere Menschen manipulieren. Stellt sich gerne Herausforderungen, aber ist sich nicht darüber im klaren, daß Mißerfolg der erste Schritt auf dem Weg zum Erfolg sein kann. Guter Kommunikator, aber redet oft, ohne wirklich informiert zu sein. Will Glück in die eigene Hand nehmen. Verlangt in Liebesbeziehungen sehr viel: zum Beispiel Ergebenheit, Anerkennung und möglicherweise sogar Verehrung. Der Partner muß alle Wünsche befriedigen und soll in allen Wechselfällen des Lebens beistehen. Verspricht leicht zuviel. Mangel an Selbstdisziplin führt zu Problemen mit der Gesundheit.

☉ □ ♄ Sehr schwierige Kindheit. Sondert sich ab. Kann sich anderen nicht gut mitteilen. Unterschätzt sich. Defensive Haltung. Angst, von anderen nicht akzeptiert zu werden. Schaut auf zu Personen, die er/sie für überlegen hält. Kann nur durch Versuch und Irrtum zum Erfolg gelangen. Muß alles selbst tun. Liebt sich selbst nicht. Glaubt schnell, daß andere seine/ihre Gesellschaft nicht schätzen. Sucht einen Partner, der ihn/sie akzeptiert und der die verborgenen Qualitäten sieht. Glaubt, daß Menschen, die er/sie bewundert, keine Schwächen haben und nicht einsam sind.

☉ □ ⛢ Extrem individualistisch und eigensinnig. Eitel, übermäßig sensitiv. Sehr launisch und unbeständig. Mangel an gesundem Menschenverstand. Kann sich selbst nicht in Frage stellen, geschweige denn über sich selbst lachen. Besteht darauf, alles zu tun, was er/sie sich in den Kopf gesetzt hat, auch wenn es falsch ist. Starkes Streben nach Macht. Muß ständig widersprechen. Geht nicht von realistischen Voraussetzungen aus. Meint, daß jeder ihn/sie behindern will und daß andere besser behandelt werden. Arrogant, setzt sich über alle Regeln hinweg. Kennt keine Grenzen und möchte alles auf einmal erreichen, anstatt zu versuchen, Schritt für Schritt voranzukommen. Andere fühlen sich von ihm/ihr bedroht. Zweifel an den eigenen Fähigkeiten, aber projiziert diese Zweifel auf andere. Muß lernen, Kompromisse zu schließen. Talent zur Menschenführung. Viele Freunde, doch sind es meist Menschen, die sich unterworfen haben. Fordert Unterwerfung auch in der Liebe, doch ist diese einmal erreicht, dann verliert er/sie den Respekt vor dem Partner. Neigt zur Prinzipienlosigkeit. Starker Wille verbirgt möglicherweise sehr tiefe emotionale Probleme.

☉ □ ♆ Leicht zu manipulieren durch die eigenen Sympathien und durch Appell an die Eitelkeit. Sieht eigene Motive nicht und hat die Tendenz, sich selbst für einen Märtyrer zu halten, obwohl er/sie im Grunde nur egoistische Motive verfolgt. Sympathisch, freundlich. Triebnatur wird sehr leicht aktiviert, was dazu führt, daß die Realität aus dem Auge verloren wird. Minderwertigkeitsgefühle, die vor allem aus der Kindheit stammen. Eltern hatten kein Verständnis für Individualität. Dies ist der Grund für ständige emotionale Erschöpfung. Zieht sich schnell in eine Scheinwelt zurück, was dazu führt, daß die eigenen kreativen Potentiale und das große Bedürfnis, sie auszudrücken, sich nicht entfalten können. Erfindet die verschiedensten Ausflüchte und kreiert alle möglichen Umstände, die die Unfähigkeit zum Erfolg rechtfertigen sollen. Verträgt keinen Wettbewerb, einerseits weil er/sie die eigenen Fähigkeiten unterschätzt, andererseits, weil er/sie die Verantwortung nicht auf sich nehmen will, andere zu verletzen. Versucht jeder Pflicht zu entfliehen. Fühlt sich wegen Versäumtem schuldig. Liebt sich selbst nicht. Läßt sich sehr leicht ausnutzen; muß lernen, sich zurückzuziehen, wenn Menschen dies versuchen.

☉ □ ♇ Extrem willensstark, manchmal positive, meistens negative Einstellung. Verträgt nicht die geringste Frustration und explodiert, wenn die Spannung zu groß wird. Große Schwierigkeit, in Beziehungen mit anderen Maß zu halten. Ist der Ansicht, daß derjenige, der Macht hat, auch Recht hat und daß man als erster angreifen muß, wenn man siegen will. Hält ständig Ausschau nach Gegnern. Bringt die schlechtesten Eigenschaften in anderen zum Vorschein. Mißbraucht Autorität. Ist sich wahrscheinlich selbst der schlimmste Feind. Ist sogar für Nahestehende ein Rätsel. Manchmal erstaunlich beherrscht, dann wieder explodiert er/sie aufgrund einer Nichtigkeit. Freunde und Kollegen halten wahrscheinlich Distanz. In intimen Beziehungen defensiv, aber sehr darauf aus, die eigenen Ziele zu erreichen. Managertalent. Dankt anderen nicht, was sie zu seinem/ihrem Erfolg beigetragen haben. Muß sich Ratgeber suchen, die mehr auf Fakten als auf persönliche Gefühle achten. Neigt zu Insensibilität gegenüber den Gefühlen der Menschen in der eigenen Umgebung. Schwankt ständig dazwischen, Vorschläge von anderen aufzugreifen, und der Erwartung, daß andere sich vollkommen den eigenen Vorstellungen unterwerfen müssen. Starkes Ego ist der Grund für Krisen in Beruf und Familienleben, bis er/sie lernt, Maß zu halten.

☾ □ ☉ siehe Seite 175

☾ □ ☿ Hat große Schwierigkeiten, Situationen zu beurteilen, weil Gefühle die Vernunft verwirren. Neigt zu unreifen Handlungen. Extrem sensibel. Parteiisch, kann nur schwer objektiv sein. Fühlt sich leicht und unnötigerweise kritisiert (und sieht Kritik als Abwertung). Nicht beliebt, oder Beliebtheit schwankt. Umstritten. Sentimental gegenüber Menschen, zu denen eine enge Beziehung besteht. Hängt an persönlichem Besitz. Vergeudet viel Zeit mit Nichtigkeiten. Hat Angst, daß Menschen ihn/sie nicht schätzen, ganz gleich, was er/sie auch für sie tun mag. Beschäftigt sich sehr viel mit sich selbst und ist in diesem Sinne selbstsüchtig. Fast zwanghaft im Umgang mit sich selbst. Sieht nicht, daß alle Menschen ähnliche Probleme haben. Verkrampft im Umgang mit anderen. Versteht sich gut mit jüngeren Menschen. Fühlt sich von Fremden bedroht und nur bei intimen Freunden wohl. Sehr verletzlich. Neigt dazu, die Wahrheit nach eigenem Ermessen zurechtzubiegen oder sich so zu äußern, daß ein falscher Eindruck entsteht. Sehr loyal gegenüber Schützlingen. Jammert und klagt gerne.

☾ □ ♀ Hat Angst vor der Verantwortung, die intime Beziehungen mit sich bringen. Hat Angst, die eigenen Gefühle vor anderen zuzugeben, weil er/sie fürchtet, ausgenutzt zu werden. Sehr starke Bindung an die Vergangenheit, wahrscheinlich bedingt durch die Haltung der Eltern. Eltern verlangten möglicherweise absolute Loyalität nur für sich alleine. Dadurch entsteht bei Zuneigung zu anderen Menschen Schuldgefühl. Rebellisch. Versucht möglicherweise, eigene Freiheit zu bewahren, indem er/sie eine von vornherein zum Scheitern verurteilte Liebesaffäre anfängt. Kann sich zum Sprachrohr für die emotionalen Ängste anderer machen und dabei den Fehler begehen, anzunehmen, daß dies etwas mit echten Gefühlen für ihn/sie zu tun hat. Sollte sich so schnell wie möglich unabhängig machen. Hat das Bedürfnis nach der Gesellschaft von Menschen, die nicht mehr wollen als echte Freundschaft. Ist dieser Kontakt vorhanden, so ist Einsicht in die gegenwärtige Situation möglich, und es kann sich Vertrauen entwickeln, das zur Lösung der Probleme führt. Intensive emotionale Natur, aber sollte nicht heiraten, bevor die schmerzlichen Kindheitserfahrungen überwunden sind. Ist wegen des großen emotionalen Hungers sehr leicht manipulierbar. Vertraut den falschen Menschen. Neigt dazu, sich in der Liebe zu stark an Konventionen festzuhalten.

☾ □ ♂ Sucht eigenen Weg, will nicht von anderen abhängig sein. Zwischenmenschliche Beziehungen scheitern an einer zu defensiven emotionalen Haltung. Wird von Zeit zu Zeit zum Querulanten. Mangel an Maß im Umgang mit Menschen. Muß lernen, anderen entgegenzukommen. Deutet eine abweichende Meinung schnell als Angriff auf die eigene Befähigung und Intelligenz. Kann Menschen mit abweichenden Meinungen auf arrogante und grobe Weise verbal angreifen. Am meisten fehlt es an Selbstdisziplin. Viele Möglichkeiten im Beruf. Reagiert berufliche Probleme auch im familiären Bereich ab, was zu Schwierigkeiten mit dem Partner und zu dessen Rückzug führt. Sollte versuchen, die verursachten Spannungen abzubauen, da sonst schwer zu heilende Wunden entstehen. Kraftvoll und anspruchsvoll gegenüber anderen, aber möglicherweise nicht bereit, das von ihm/ihr Erwartete zu tun. Problematisch in enger Zusammenarbeit. Alltägliche Spannungen und Sorgen können zu Erkrankungen von Magen und/oder Darm führen.

☾ □ ♃ Reagiert außergewöhnlich emotional auf die eigenen Erfahrungen und vernachlässigt dabei den Intellekt. Dies führt zu Fehlentscheidungen, die ihrerseits weitere Schwierigkeiten verursachen. Achtet nicht auf Fakten und muß sich daher regelmäßig korrigieren. Mangel an Selbstdisziplin, nicht besonders ehrgeizig und manchmal unverantwortlich. Unbeständig; erweckt bei anderen den Eindruck, daß es ihm/ihr gleichgültig ist, ob sie wohlgesonnen sind. Bei Abwendung jedoch entsteht Verbitterung. Außergewöhnlich freigebig, daher ständiger Geldmangel. Sollte nichts auf Kredit kaufen. Sucht die einfachste Möglichkeit, um die eigenen Bedürfnisse zu befriedigen. Ist nur an schnellen Resultaten interessiert. Hin und her gerissen zwischen Enthusiasmus und völliger Apathie. Besitzt kreative Inspiration, aber macht sich nicht die Mühe, diese zu entwickeln. Ergeht sich in Selbstmitleid darüber, daß das Leben so wenig bietet, aber ist nicht bereit, sich anzustrengen, um mehr daraus zu machen. Verträgt keinerlei Routine, was zu völliger Apathie führt. Braucht den Kontakt mit Menschen, denen es schlechter geht als ihm/ihr selbst, um die eigene Situation mit der der anderen vergleichen zu können, denn nur dies ermöglicht Einsicht in die eigenen Chancen. Gesundheitliche Probleme durch Zügellosigkeit im Essen und Trinken. Scheut Verantwortung.

☾ □ ♄ Abhängig; der emotionale Teil dieser Persönlichkeit hat große Schwierigkeiten, sich zu entwickeln und auszudrücken. Die Ursache dafür war starke Einschränkung durch die Eltern. Kann die Vergangenheit nicht loslassen. Starke Schuldgefühle wegen möglicher Illoyalität einem anderen gegenüber. Ineffizient, keine festen Ziele. Klug in Details, aber sieht die größeren Zusammenhänge nicht. Mißtrauisch, unzufrieden, verschlossen, niedergeschlagen, depressiv, launisch. Befürchtet beim kleinsten Mißerfolg das Schlimmste und erwartet beim geringsten Fortschritt das Paradies. Bei depressiven Anwandlungen entsteht allgemeines Gefühl eigener Unzulänglichkeit. Scheu. Das »weibliche« Element ist nur sehr schwach entwickelt und steht unter Druck. Kann nur schwer das Leben genießen. Kinder können durch ihre Unbekümmertheit und Neugierde Quelle der Freude sein. Sollte darauf achten, in Gesellschaft in aller Ruhe zu essen und kaltes Essen zu vermeiden. Kann sehr starke innere Kraft entwickeln, die mit unendlicher Geduld eingesetzt wird.

☾ □ ♅ Ungeduldig und impulsiv. Ruhelos, hatte wahrscheinlich in der Kindheit nicht genug Raum, den eigenen Willen zu entwickeln. Starkes Bedürfnis nach persönlicher Freiheit. Tendenz, Verantwortung zu vermeiden. In der Ehe soll ein

Partner bestimmen; dies ist ein sehr tief verborgener Wunsch. Daneben besteht aber auch ein extrem starker Wunsch nach gleichwertigem Umgang mit dem Partner. Kämpft gegen den Strom. Plötzliche Anwandlungen, sich abzusondern und sich selbst zu beschuldigen. Querulant, was vor allem als Spiel betrieben wird, um auszuprobieren, wie lange ein Standpunkt verteidigt werden kann. Plötzliche emotionale Ausbrüche. Mangel an Selbstbeherrschung. Sehr talentiert und intelligent. Kämpft für gleiches Recht für alle. Kennt keinerlei Bescheidenheit. Sehr talentiert, sich auf ein einziges Lebensziel zu konzentrieren.

☾ □ ♆ Sehr starkes Bedürfnis nach Perfektion; leidet darunter, weil Perfektion letztlich nicht zu erreichen ist. Möchte gerne schnell reich werden, ganz gleich wie. Erweckt möglicherweise den Eindruck, als ob er/sie an Fakten orientiert ist, aber inneres Leben ist phantastisch, ungreifbar und verschwommen. Kann Realität und Phantasie nur schwer auseinanderhalten. Verformt die Wirklichkeit so, daß sie emotional für ihn/sie erträglich ist, oder sucht sich eine Scheinwelt. Große Furcht vor Verantwortung. Neigt zum Parasitentum und dazu, die eigenen außergewöhnlich großen kreativen Fähigkeiten nicht zu nutzen. Extrem sensibel für das Leid anderer. Sollte sich um Menschenkenntnis bemühen und braucht eine höhere Ausbildung, um die eigenen Fähigkeiten entwickeln zu können. Eskapistische Haltung hat ihren Ursprung in der frühen Kindheit. Sehr ängstlich Unbekanntem gegenüber. Läßt sich leicht betrügen, vor allem im Beruf. Hat das Bedürfnis nach zuverlässigen Ratgebern, die beim Entwickeln der eigenen Fähigkeiten helfen. Gutgläubigkeit führt zu großen Problemen. Verschließt sich auch in intimen Beziehungen vor dem, was er/sie nicht wissen will. Das führt zu sehr großen Schwierigkeiten. Vernachlässigt Hygiene und ernährt sich schlecht. Zieht sich leicht Infektionen zu und tendiert zur Sucht.

☾ □ ♇ Sehr tiefes Gefühlsleben. Kann die Vergangenheit nicht loslassen. Sensibel für die Zukunft, aber zieht sich aus

Selbstschutz zurück. Kann Gefahren, die sich anbahnen, vorhersehen. Möglicherweise schwierige Elternbeziehung, weil die Liebe hinter ihrer Strenge nicht erkannt wurde. Einzelgänger. Hat die Tendenz, sich in Beziehungen aufzudrängen. Fordernde Art ist der Grund für Abweisung. Erwartet, daß die anderen sich nach seinen/ihren Vorstellungen verhalten. Sollte sich sehr um Menschenkenntnis bemühen und lernen, Situationen objektiv und fair zu beurteilen. Empfindet emotionale Verantwortung als Bürde. Will die Liebe ohne Einschränkungen genießen. Starker Sexualtrieb; sucht kurze, heftige körperliche Beziehungen. Extrem in Beziehungen; muß Zärtlichkeit und liebevolle Fürsorglichkeit erlernen. Verlangt von anderen, daß sie ständig ihre Liebe unter Beweis stellen, und zwar so, wie er/sie es verlangt. Muß lernen, Kompromisse zu schließen, auch in bezug auf die Öffentlichkeit. Anderen zu helfen ist eine der besten Möglichkeiten, die eigenen Fähigkeiten zu entdecken. Muß sich, um gesund zu bleiben, in regelmäßigen Abständen zurückziehen. Eventuell Probleme mit den Geschlechtsorganen. Sollte vorsichtig mit dem Okkulten sein. Neigt dazu, die eigene Macht zu mißbrauchen.

Die Quadrate mit Merkur

☿ □ ☾ siehe Seite 179

☿ □ ♂ Sehr große mentale Energie. Widerspricht gerne. Hat Schwierigkeiten, eine andere Meinung anzuerkennen. Probleme mit dem Erfüllen von Aufgaben: Es besteht die Tendenz, zuviel gleichzeitig anzufangen. Sehr eigensinnig, wird böse, wenn die eigene Meinung nicht akzeptiert wird. Scharfe Zunge. Hat an allem etwas auszusetzen. Nichts entgeht seiner/ihrer Aufmerksamkeit. Plump und ungehobelt gegenüber anderen, ohne es zu merken. Redet, ohne genügend informiert zu sein, und macht sich dadurch lächerlich. Sehr stark entwickelte Phantasie, die nur mit Mühe konstruktiv genutzt wird. Hat viel mit Konkurrenz zu kämpfen, was durch kompromißlose Haltung noch verstärkt wird. Kann eigenes Unrecht nur sehr schwer zugeben und genießt es, im Recht zu sein. Große nervöse Spannungen. Verträgt es nicht, der Verlierer zu sein; wird dann bitter und rachsüchtig. Dies gilt auch in der Liebe. Wünscht, daß der Partner sich unterordnet, kann es aber nicht vertragen, wenn dies der Fall ist. Möglicherweise Neigung zu Diebstahl oder Plagiat.

☿ □ ♃ Aktiver Geist mit vielen neuen Ideen. Tendiert zu geistiger Abwesenheit. Vernunft und Glaube befinden sich nicht in Harmonie: Entweder ist der/die Betreffende äußerst kritisch oder abergläubisch. Indiskret. Probleme damit, Wissen praktisch anzuwenden. Kann nicht abwarten, bis ein kühles und genaues Urteilsvermögen erworben ist. Möchte keine Verantwortung für das eigene Handeln übernehmen und sucht den Weg des geringsten Widerstandes. Möchte gleich ganz oben beginnen. Mangel an Selbstdisziplin. Wissensdurst, doch wenn das Gefundene ihm/ihr nicht gefällt, wird es nach Gutdünken abgewandelt. Sehr begabt im Lügen, kann schließlich selbst wahr und unwahr nicht mehr unterscheiden. Keine bösen Absichten. Schlampig; sehr naiv im Umgang mit Menschen. Stürzt sich leicht in Schulden. Sollte dafür sorgen, eine gute Ausbildung zu bekommen. Starke nervöse Spannungen, bedingt durch Sorgen über das eigene Leben und durch Konkurrenz. Sollte sich sehr viel ausruhen.

☿ □ ♄ Neigt zu Schwermut und Depression. Tendiert zu Heimlichkeiten; hat Schwierigkeiten, sich so zu geben, wie er/sie wirklich ist. Ängstlich. Mangel an Selbstvertrauen. Kann nur schwer neue Ideen entwickeln, die Hauptursachen dafür liegen in der Kindheit. Schmiedet viele Pläne, spinnt eventuell Intrigen zum eigenen Nachteil. Vergißt es, zu handeln, oder erkennt nicht, daß direktes Handeln notwendig ist. Tendiert zu Tyrannei und Kleingeistigkeit. Angst vor Veränderung; fühlt sich unsicher/ungeborgen. Gleichgültig und geistig faul. Unterschätzt die eigenen Fähigkeiten und hat nicht genügend Enthusiasmus, um diese zu entwickeln. Konservativ. Ängstlich bei

Herausforderungen. Sieht fast alles von der negativen Seite. Stark mit der Vergangenheit beschäftigt, aber es fällt ihm/ihr schwer, daraus zu lernen. Verträgt keine Autorität und fühlt sich leicht zurückgesetzt, vor allem in der Arbeit. Enormes Potential, das sich mit einer optimistischen Betrachtungsweise verbinden muß, um sich entfalten zu können.

☿ □ ♅ Mangel an Takt. Brüsk und dadurch unbeliebt, was wiederum dem Erfolg im Wege steht. Sehr ausgeprägte Ansichten und indiskret. Starke Neigung zur Selbstüberschätzung und Eitelkeit. Geistig sehr wach, klug, sehr talentiert, exzentrisch. Übernimmt nicht die Verantwortung für das, was er/sie sagt. Arrogant; glaubt, alles zu wissen. Hält sich nicht gerne an Regeln, Tatsachen und Logik. Völliger Mangel an Bescheidenheit. Unfähigkeit, Kompromisse zu schließen, führt zu einer Reihe kurzer Liebesaffären. Tendenz, nicht das zu sagen, was er/sie fühlt, wodurch Nahestehende verunsichert werden. Aufregende Persönlichkeit. Treibt sich selbst zu stark an und macht sich durch kluge Scheinargumente selbst etwas vor.

☿ □ ♆ Aktive Phantasie und Einblick in die Motive anderer. Zur großen Sensibilität muß durch strenge Entwicklung des Verstandes die Harmonie hergestellt werden. Gibt sich Illusionen hin und richtet sein Leben damit ein. Sehr begabt darin, auf subtile Weise zu intrigieren. Versteht es, die unerträglich erscheinende Wirklichkeit hinweg zu phantasieren, zum eigenen Vorteil oder Nachteil; diese »Kunst« hat sich in der frühen Kindheit entwickelt. Sollte sich nicht mit oberflächlichen Problemen beschäftigen. Hat Schwierigkeiten im Konkurrenzkampf. Intellektuelles Training kann auf die Dauer zu genügend Selbstvertrauen führen. Muß lernen, sich nur immer mit einer Sache zu beschäftigen. Hilfsbereitschaft gegenüber anderen ist die beste Möglichkeit, die eigenen Probleme zu durchschauen und eine Lösung dafür zu finden. Sehnt sich nach einer idealen Liebesbeziehung und wird leicht das Opfer einer solchen, da die Aufrichtigkeit der/des anderen nicht wirklich geprüft wird. Hat Schwierigkeiten, oberflächliches oder partielles Interesse von Liebe zu unterscheiden. Muß kreative Fähigkeiten entwickeln, um nicht zu vereinsamen.

☿ □ ♇ Schwierigkeiten mit Konzentration und Selbstdisziplin im Geistigen. Haßt langwierige Studien und jeden, der versucht, ihn/sie dazu zu bringen. Verträgt keine Beaufsichtigung. Eindringliche Art zu reden. Klug. Fühlt sich anderen gegenüber nicht sonderlich verpflichtet. Neigt zum Pessimismus. Manchmal anderen gegenüber extrem kritisch, dann wieder äußerst verständnisvoll und zurückhaltend. Unberechenbares Verhalten in dieser Hinsicht schreckt Menschen ab. Mutig, beweist aber beim Demonstrieren des Muts nicht viel gesunden Menschenverstand. Unvorsichtig. Unbeherrscht, kann nur schwer Verantwortung tragen. Im Urteil unterlaufen sehr große Fehler, vor allem, wenn es um große Summen von Geld geht. Verträgt es nicht, lächerlich gemacht zu werden; dies kann zu gewalttätigen Reaktionen führen. Gelegentlich besessen von dem Streben, das Leben eines anderen Menschen zu bestimmen. Raffiniert im Unterwerfen anderer, unverträglich. Kann jeden unter den Tisch reden.

Die Quadrate mit Venus

♀ □ ☾ siehe Seite 179

♀ □ ♂ Warmherzig und affektiv, jedoch nicht sehr beständig darin. Große Schwierigkeiten in der Familie. Starker Mangel an Selbstdisziplin. Fühlt zu stark und erwartet zuviel. Kann Menschen und Dingen nicht ihren eigenen Wert lassen. Erwartet, daß andere Konzessionen machen, ist jedoch selbst nicht dazu bereit. Sehr starke Triebnatur; ersinnt schlaue Taktiken, um das Gewünschte zu bekommen. Tendiert dazu, die Zuneigung anderer auszunutzen. Unzufrieden und unglücklich mit sich selbst, projiziert dies jedoch auf andere. Dominant. Große Probleme mit Freunden, Familie, Kollegen. Zieht Menschen an und möchte Menschen gerne nahe sein. Aufregend. Grob. Außergewöhnlich herzlich, verschwenderisch. Muß lernen, Kompromisse zu schließen. Fühlt sich schnell sexuell frustriert.

♀ □ ♃ Unbescheiden, will stets im Mittelpunkt stehen. Äußerst unbeständig in der Liebe. Zu starkes Gefühlsleben. Abenteuerlich. Ruhelos, immer auf der Suche nach neuen Erfahrungen. Eitel. Nimmt Verantwortung nicht sonderlich ernst. Wenn alles nach den eigenen Wünschen verläuft, sehr liebenswürdig, andernfalls schwierig. Erweckt nur den Anschein, sich an andere anzupassen. Haßt jeden äußeren Druck. Unzuverlässig als Kamerad und Helfer. Hat Schwierigkeiten, Prioritäten zu setzen, und kann daher Versprechen nicht einlösen. Übertriebene Zukunftserwartungen auf jedem Gebiet. Wünscht sich verzweifelt Aufmerksamkeit und ist bereit, jede Taktik anzuwenden, um diese zu bekommen. Sehr guter Kommunikator. Ist oft nur dann freigebig, wenn eine Belohnung in Aussicht steht. Schwierigkeiten, ehrlich zu sein. Sehr anspruchsvoll und mißtrauisch in Beziehungen. Hat möglicherweise schwerwiegende Probleme. Großes Bedürfnis nach Ruhe. Wenig Selbstkritik.

♀ □ ♄ Tendiert sehr stark zu Eifersucht, Pedanterie und eventuell zu Geiz. Treu, aber in bestimmten Bereichen kalt und hart. Muß sich möglicherweise aufopfern. Neigung zur Schwermütigkeit. Stimmungsschwankungen und Einsamkeitsgefühle. Ein Elternteil war wahrscheinlich äußerst anspruchsvoll, dominant und tyrannisch, was vor allem die Entwicklung des Gefühls behinderte. Stark auf die Eltern fixiert. Sehr ernsthaft, trägt schwer an der Verantwortung. Hat Schwierigkeiten, das Leben zu genießen und Beziehungen zu anderen anzuknüpfen. Scheut sich auch, die Verantwortung einer tieferen Beziehung auf sich zu nehmen. Sehr defensiv: Hat Angst davor, daß andere zu hohe Anforderungen stellen. Fühlte sich in der Kindheit wahrscheinlich zurückgewiesen. Kann anderen nur schwer entgegenkommen. Es ist schwer, ihm/ihr eine Freude zu machen. Gefühl für Ordnung; ausgewogenes Urteil. Integer. Muß lernen zu geben, statt zu klagen.

♀ □ ♅ Guter und freundlicher Charakter, aber die Gefühle beherrschen auf subtile Weise den Verstand. Sehr eigensinnig und rigide in den Ansichten. Unzugänglich für Meinungsänderungen. Übertriebene Ansichten über persönliche Freiheit und Unabhängigkeit. Sehr starke Triebnatur, die keine Abweisung duldet. Fasziniert von ungewöhnlichen Menschen. Tut alles, um ihr Interesse zu wecken. Ist dies erreicht, dann werden subtile Mittel ersonnen, um keine feste Bindung eingehen zu müssen. Große Angst vor Verantwortung für einen Partner. Verachtet konventionelle Ansichten. Kann Freundschaft nicht von Liebe unterscheiden. Viele Freunde, aber ist ihnen nur sehr oberflächlich verbunden. Erwartet in der Liebe, daß der Partner seine eigenen Ansprüche aufgibt, um ihm/ihr die Freiheit zu lassen. Neigt zu Indiskretion, vor allen Dingen über die eigenen Affären. Sollte sich viel ausruhen. Unrealistische, idealistische Vorstellungen über Freundschaft und Liebe, die wahrscheinlich wegen zu großer Selbstsucht nicht zu realisieren sind.

♀ □ ♆ Extrem sensibel für Gefühle; große Abneigung gegen Szenen. Fühlt sich schnell bedroht; hat Schwierigkeiten, Dinge und Menschen nüchtern zu betrachten und geht daher oft leer aus. Extreme Sensibilität, arbeitet daher am liebsten alleine. Intolerant aufgrund von falschem Idealismus. Ungeheuer kreativ. Lebt oft in einer Scheinwelt. Starke Schuldgefühle gegenüber anderen. Muß Kreativität und Spiritualität entwickeln, um das Leben bewältigen zu können. Unterschätzt sich. Ermutigt andere mehr oder weniger unbewußt dazu, ihn/sie auszunutzen. Gibt sich zu schnell hin, ohne sich von der Aufrichtigkeit des/der anderen überzeugt zu haben. Sorglos in materiellen Angelegenheiten, wodurch leicht Probleme mit Geld und Besitz entstehen können. Muß lernen, Schein und Wirklichkeit zu unterscheiden. Sucht in allem das Schöne und Gute und ist übertrieben nachgiebig um des lieben Friedens willen. Desillusionierung.

♀ □ ♇ Ist sich der Tatsache sehr bewußt, daß alle angenehmen Dinge einen hohen Preis haben, vor allem im emotionalen Bereich. Sehr großes Bedürfnis nach einer dauerhaften und glücklichen Partnerschaft, hält jedoch langfristige Beziehungen aufrecht, die diesem Bedürfnis nicht entsprechen, sondern auf Äußerlichkeiten gerichtet sind. Ist in der Lage, Sex zu benutzen, um materielle Bedürfnisse zu befriedigen und Ziele zu erreichen. Möglicherweise Liebe, die unter keinen Umständen in Erfüllung gehen kann wegen widriger äußerer Umstände, z. B. weil der/die andere bereits gebunden ist. Starke Fähigkeit, oberflächliche Liebe allmählich in tiefere umzuwandeln, wobei auch spirituelle Werte wichtig sind. Tendiert dazu, erst dann etwas in Angriff zu nehmen, wenn es sicheren Profit verspricht. Dadurch verstreichen wahrscheinlich viele Chancen ungenutzt. Möchte Menschen beherrschen. Macht voreilige Versprechen. Schlechter Verlierer. Sehr empfindlich gegenüber Zweifeln an der eigenen Integrität. Muß Mitgefühl entwickeln. Möglicherweise anfällig für Krankheiten der Geschlechtsorgane.

Die Quadrate mit Mars

♂ □ ☉ siehe Seite 175

♂ □ ☾ siehe Seite 180

♂ □ ☿ siehe Seite 183

♂ □ ♃ Wählt in jeder Hinsicht den goldenen Mittelweg. Tendenz, zuwenig zu geben und zuviel zu fordern. Ruhelos und aufgeregt. Äußerst ungeduldig. Kann hart arbeiten, ist jedoch stimmungsabhängig. Mangel an Selbstdisziplin. Übermaß an körperlicher und intellektueller Energie. Starkes Bedürfnis nach sofortiger Belohnung für Anstrengungen. Übermäßig enthusiastisch. Kann sich nur schwer an Programme und Pläne halten, was dazu führt, daß viel Anstrengung und Energie verschwendet wird. Fühlt sich von Kollegen bedroht und von Vorgesetzten ungerecht behandelt. Verträgt keine Kritik. Guter Kommunikator. Kümmert sich nicht um Sicherheitsvorschriften. Handelt impulsiv, ohne sich um eventuelle Gefahren zu scheren. Findet nur selten Ruhe. Kann sich selbst nur schwer in Frage stellen.

♂ □ ♄ Hat große Schwierigkeiten, im Leben ein festes Ziel zu finden. Ziemlich selbstsüchtig. Kommt auf die eine oder andere Weise mit Gewalt in Berührung, was der Gesundheit schadet. Einerseits diplomatisch und bedächtig, andererseits roh und leidenschaftlich. Manchmal reizbar und gehässig. Ab und zu sehr entmutigt, was in den Versuch umschlagen kann, sich um jeden Preis durchzusetzen. Neigt zur Apathie. Steht mit sich selbst auf Kriegsfuß. Kann nur schwer den richtigen Zeitpunkt zum Handeln bestimmen. Neigt zu Verbitterung und Groll. Muß alles von Grund auf selbst aufbauen. Schwierigkeiten in Beziehungen mit anderen führen möglicherweise zu größerer Tiefe. Fühlt sich leicht bedroht, da die eigenen Fähigkeiten nicht voll genutzt werden. Unentschlossenheit kann zu Unglaubwürdigkeit in den Augen anderer führen. Leidet sehr tief unter Zurückweisung. Fügt oft geliebten Menschen unbewußt Schmerz zu. Sollte nichts tun, was die eigenen Körperkräfte überfordert.

♂ □ ♅ Mangel an Geduld und Bescheidenheit. Möchte um jeden Preis alles nach den eigenen Vorstellungen tun. Kann sich nur schwer mit den Umständen des eigenen Lebens abfinden. Tendiert dazu, Risiken einzugehen und sich zu überarbeiten. Angst vor materiellem und emotionalem Verlust. Hat das Gefühl, weniger zu erreichen und zu leisten, als aufgrund der eigenen Talente möglich wäre. Sehr großes Bedürfnis nach Liebesbeziehungen. Scheut jedoch die Verantwortung einer Ehe. Hält Sicherheit nicht für wichtig. Treibt sich selbst körperlich bis zum Äußersten. Hat bei Zusammenarbeit die Tendenz zu glauben, daß andere genauso »funktionieren« und auf die gleiche Weise arbeiten wie er/sie; dies kann zu großen Problemen führen. Gravierendster Fehler ist der Mangel an Maß. Fanatisch, aufsässig, reizbar, grillenhaft.

♂ □ ♆ Extrem starke Phantasie. Kann dem normalen Alltagsleben nichts abgewinnen. Liebt Stil und Romantik. Extrem hohe Erwartungen stimmen möglicherweise nicht mit den Fähigkeiten überein, was dazu führt, daß Ersatzbefriedigung gesucht wird. Freigebig, aber kurzsichtiges Mitgefühl mit Unterdrückten. Neigt zum Extremismus. Kommt leicht in Berührung mit den Randgruppen der Gesellschaft. Hin und her gerissen zwischen starkem Wunsch nach Aktion und völliger Apathie. Tendenz zu unklarem Denken, kombiniert mit aggressiven Gefühlen. Tiefsitzende Probleme in bezug auf Sexualität. Starkes sexuelles Verlangen kann wegen Mangel an Realitätssinn nur schwer befriedigt werden. In der frühen Kindheit wurde die starke Triebnatur möglicherweise unterdrückt. Sollte am besten einen Beruf mit wenig menschlichem Kontakt wählen. Gibt gerne anderen die Schuld, wenn etwas fehlschlägt. Tendenz, zuviel dem Zufall zu überlassen. Teilweise unrealistische Angst, ausgenutzt zu werden. Zieht sich leicht Infektionen zu, wenn Hygiene vernachlässigt wird. Zu gutgläubig, wenn Sex im Spiel ist, wird jedoch bei Ablehnung bitter und rachsüchtig.

♂ □ ♇ Unvorstellbar starke Energie. Tendiert dazu, den eigenen Wünschen und Begierden auf extrem aggressive und törichte Weise nachzugehen. Zwingt anderen gerne die eigene Meinung auf, auch mit physischer Gewalt. Frustration führt zu Ausbrüchen, die ihm/ihr selbst schaden. Sehr stark entwickelte jedoch wenig verfeinerte Libido. Macht Szenen, wenn er/sie sexuell abgewiesen wird. Emotionale, unrealistische Sicht. Will alles in die eigenen Hände nehmen und nach den eigenen Wünschen gestalten. Versäumt es, ruhigere Menschen um Rat zu fragen. Ist eher gegen etwas als für etwas. Stellt sofort ein Ultimatum, wenn jemand es wagt, sich den eigenen Plänen oder Ideen zu widersetzen.

Die Quadrate mit Jupiter

♃ □ ☉ siehe Seite 176

♃ □ ☾ siehe Seite 180

♃ □ ☿ siehe Seite 184

♃ □ ♀ siehe Seite 187

♃ □ ♂ siehe Seite 189

♃ □ ♄ Neigt zu Melancholie und Enttäuschung. Dadurch kann Mißtrauen und eine Verhärtung der Einstellung zum Leben entstehen. Fühlt sich anderen gegenüber leicht unterlegen. Versucht, Verantwortung für Menschen zu entfliehen, auch der für sich selbst. Hat Minderwertigkeitsgefühle, die durch die Erziehung entstanden sind. Gibt bei Mißerfolg schnell auf; dies ist jedoch nur die Folge von großem Mangel an Selbstdisziplin. Muß lernen, sich ein einziges Ziel zu setzen und hart für dieses zu arbeiten, ohne ständig nach Ausweichmöglichkeiten zu suchen. Probleme mit Vorgesetzen und Älteren. Erfolg impliziert starke Selbstverleugnung. Muß lernen, sich immer wieder am eigenen inneren Glauben zu orientieren und diesem zu vertrauen.

♃ □ ♅ Übermäßig enthusiastisch. Handelt impulsiv und ohne jede Vorwarnung oder Vorankündigung. Selbstgefällig. Möchte gleich ganz oben beginnen. Ist auf Anerkennung und Komplimente aus. Versucht, alles gleichzeitig zu tun. Probleme damit, andere am eigenen Erfolg teilhaben zu lassen. Dies kann zu schweren Enttäuschungen und Konflikten führen. Hat Schwierigkeiten, im richtigen Augenblick aufzuhören und zuzuhören. Ist der Meinung, daß jeder ihn/sie unwiderstehlich finden muß, vor allem in der Liebe. Erkennt nicht, wenn sich ein Mißerfolg anbahnt. Ist dadurch sehr vom Zufall abhängig, es sei denn, es wird mit mehr Disziplin geplant. Sehr unabhängig und eigensinnig zum eigenen Nachteil. Sehr eigenwillige Ansichten.

♃ □ ♆ Vertraut zu sehr dem, was andere sagen. Übermäßig optimistisch, was die menschliche Natur anbelangt. Desillusionierung. Ungenau, verschwommen und mystifizierend. Lehnt jede Form von sozialer Verantwortung ab. Mangel an Selbstdisziplin. Verschwendet Energie mit fragwürdigen Projekten. Sehr abergläubisch. Kauft gerne auf Kredit. Möchte nicht mit der Realität konfrontiert werden. Große kreative Möglichkeiten. Entwickelt nur schwer echte Einsicht, lebt in grenzenlosen Träumen. Sympathisch und freundlich gegenüber anderen. Geht oft Risiken ein, meist zum eigenen Nachteil. Wird schnell zum Sündenbock. Verplappert sich leicht. Plaudert Geheimnisse aus, ohne es selbst zu merken. Liebesbeziehungen werden zu einseitig emotional gesehen. Täuscht sich in Menschen, vor allem in der Liebe.

♃ □ ♇ Widersetzt sich vehement bestehenden ethischen Normen. Erhofft sich großen Gewinn bei möglichst geringen Investitionen. Weigert sich, Verantwortung zu übernehmen. Läßt sich häufig mit fragwürdigen Methoden und Unternehmungen ein, ohne es selbst zu merken, und beklagt sich bitter, wenn das Versuchte scheitert. Neigt dazu, sich in Schwierigkeiten zu sehr auf andere zu verlassen. Tendiert dazu, undiszipliniert auf Kredit zu kaufen. Beutet skrupellos andere für eigene Ziele aus, wird jedoch selbst ebensoleicht zum Opfer. Greift bei Eroberungen in der Liebe zu extremen Mitteln, sowohl zu subtilen als auch zu rohen. Bewundert Menschen, die sich ihren Impulsen überlassen und nicht an Besitz interessiert sind. Schaut nicht gerne zurück. Muß lernen, sich an Regeln zu halten, um Erfolg im Leben (auf jedem Gebiet) zu haben. Hat Schwierigkeiten, aus Erfahrungen zu lernen. Falsche Einschätzung der persönlichen Fähigkeiten, wenn es um die Lösung von Problemen geht. Neigt dazu, sich als Autorität aufzudrängen.

Die Quadrate mit Saturn

♄ □ ☉ siehe Seite 177

♄ □ ☾ siehe Seite 181

♄ □ ☿ siehe Seite 184

♄ □ ♀ siehe Seite 187

♄ □ ♂ siehe Seite 190

♄ □ ♃ siehe Seite 192

♄ □ ♅ Angst vor neuen und ungewohnten Situationen wirkt sich sehr hinderlich auf die eigene Entwicklung aus. Großes Bedürfnis nach Macht, aber findet nur schwer den richtigen Weg, um dieses Bedürfnis zu erfüllen. Tendiert dazu, gegen die eigenen Überzeugungen zu handeln, möglicherweise, ohne es selbst zu bemerken. Eigensinnig. Nicht besonders bescheiden. Manchmal launisch und empfindlich, dann wieder hart und unsensibel. Mangel an Klarheit bei den verschiedensten Dingen. Hängt stark an der Vergangenheit. Kann nur schwer alte Bindungen aufgeben, selbst wenn sie behindern. Mißerfolg beim Entwickeln der eigenen Fähigkeiten. Sucht Bindungen mit Menschen, die ihm/ihr zustimmen.

♄ □ ♆ Angst vor Verantwortung und Zweifel an den eigenen Fähigkeiten, Probleme zu lösen. Meidet Herausforderungen und entwickelt dadurch Minderwertigkeitsgefühle. Könnte durch den systematischen Versuch, eine Reihe von kleinen Erfolgen zu erzielen, allmählich Selbstvertrauen aufbauen. Tief im Innern besteht der Wille, um jeden Preis zu gewinnen. Möglicherweise äußern sich die beiden entgegengesetzten Pole des Charakters in verschiedenen Lebensbereichen getrennt voneinander. Fähigkeit, hart zu arbeiten, aber auch starke Tendenz zur Absonderung. Neigung, nicht auf die Zuverlässigkeit von Freunden zu achten und zuviel über eigene Probleme zu reden. Tendiert zu Selbstmitleid.

♄ □ ♇ Schlechter Verlierer. Muß sich immer überlegen fühlen können. Emotional unsicher. Unrealistische Einschätzungen. Sieht soziales Verantwortungsgefühl als Behinderung an. Pflicht ist ein verhaßtes Wort. Sucht Autorität, ohne etwas dafür tun zu müssen. Wünsche entsprechen weder den eigenen Fähigkeiten noch dem Einkommen. Großes Bedürfnis nach gesellschaftlichem Status und nach materieller Sicherheit. Probleme mit Vorgesetzten. Eifersüchtig. Andere fühlen sich bedroht. Muß lernen, methodisch zu arbeiten und sich durch eigene Bemühungen zu entwickeln. Starker Widerstand gegen innere Veränderungen. Neigt zu Rücksichtslosigkeit und Machtbesessenheit im einen oder anderen Lebensbereich.

Die Quadrate mit Uranus

♅ □ ☉ siehe Seite 177

♅ □ ☾ siehe Seite 181

♅ □ ☿ siehe Seite 185

♅ □ ♀ siehe Seite 188

♅ □ ♂ siehe Seite 190

♅ □ ♃ siehe Seite 192

♅ □ ♄ siehe Seite 194

♅ □ ♆ Sehr emotional, aufgeregt, sensibel und leicht aus dem Gleichgewicht zu bringen. Eigensinnig, nur schwer zu überzeugen. Liebt die Aufregung. Verfällt leicht in Extreme und kann eigene Ziele nicht relativieren. Große Schwierigkeiten mit Loslösung. Sollte sich nicht zu sehr mit Okkultem beschäftigen. Freiheit ist sehr wichtig, aber er/sie läßt lieber andere dafür kämpfen und vermeidet es, sich selbst dafür zu engagieren. Politisch gleichgültig.

⛢ □ ♇ Neigung zu Apathie in politischen Fragen. Liebt die Freiheit, aber läßt lieber andere dafür kämpfen. Wehrt sich jedoch sofort bei unmittelbarer Bedrohung der eigenen Freiheit. (Zu diesem Aspekt siehe die Anmerkung auf Seite 173.)

Die Quadrate mit Neptun

♆ □ ☉ siehe Seite 177

♆ □ ☾ siehe Seite 182

♆ □ ☿ siehe Seite 185

♆ □ ♀ siehe Seite 188

♆ □ ♂ siehe Seite 191

♆ □ ♃ siehe Seite 193

♆ □ ♄ siehe Seite 194

♆ □ ⛢ siehe Seite 195

♆ □ ♇ Dieser Aspekt wird erst wieder um das Jahr 2050 eintreten. Das letzte Quadrat wurde Anfang des 19. Jahrhunderts gebildet, aber damals waren sowohl Neptun wie auch Pluto noch nicht entdeckt, geschweige denn auf ihre Wirkungsweise hin untersucht. Da die psychologische Deutung der Planetensymbolik auch von der jeweiligen Kultur und dem entsprechenden Menschentypus abhängt, verzichten wir hier auf eine Beschreibung dieses Quadrats. Bestimmt wird in den kommenden 100 Jahren die Wirkungsweise der beiden Planeten Neptun und Pluto wesentlich deutlicher erkennbar, als es heute der Fall ist. Allgemein gesagt deutet dieses Quadrat natürlich auf ein Spannungsfeld zwischen Illusion und Selbstbetrug einerseits und dem eigenen Machtstreben andererseits hin, das sich auf den Gebieten Sex, Geld usw. auswirkt.

Die Quadrate mit Pluto

♇ □ ☉ siehe Seite 178

♇ □ ☾ siehe Seite 182

♇ □ ☿ siehe Seite 186

♇ □ ♀ siehe Seite 189

♇ □ ♂ siehe Seite 191

♇ □ ♃ siehe Seite 193

♇ □ ♄ siehe Seite 195

♇ □ ♅ siehe Seite 196

♇ □ ♆ siehe Seite 196

Trigone

Orbis 5° (d. h., ein Trigon entsteht dann, wenn zwei Himmelskörper zwischen 115° und 125° voneinander entfernt sind). Symbol: △

Die Trigone mit der Sonne

☉ △ ☾ Im Prinzip besteht hier Ausgewogenheit zwischen Willen, Gewohnheit und Emotionen. Beziehung zu den Eltern förderlich für die eigene innere Entwicklung. Sollten Konflikte mit Eltern oder Familie entstehen, dann werden diese auch wieder überwunden. Neigt zu Apathie, wenn es eigentlich darum geht, sich zu behaupten. Versteht es gut, mit Menschen in engen Beziehungen umzugehen. Gutes Verhältnis zu Kindern und Jugendlichen. Ist schützend und fürsorglich ihnen gegenüber, was dankbar angenommen wird. Versteht es, den eigenen Willen durchzusetzen, da ihm/ihr klar ist, wie andere reagieren werden. Überzeugungskraft, die jedoch nicht aggressiv oder dominant ist. Aufrichtig. Gute Beziehung zu Männern und Frauen. Beeindruckend. Unterschätzt die eigene Befähigung, es im Leben weit bringen zu können. Ruhige Wesensart. Gute Gesundheit.

☉ △ ♂ Ist sich der eigenen Ansichten, Wünsche und Pläne bewußt. Talent zur Menschenführung. Selbstvertrauen. Mutig, ausdauernd. Aufrichtig. Gelegentlich impulsiv, aber plant im allgemeinen sorgfältig. Wird böse, wenn seine/ihre moralische Einstellung angezweifelt wird und erhält dabei Unterstützung von denjenigen, die ihn/sie gut kennen. Sehr energisch. Kann gut mit Menschen umgehen, fordert sie nicht heraus. Mischt sich nicht in die Angelegenheiten anderer ein und achtet auch darauf, die eigene Privatsphäre zu wahren. Gewinnt leicht die Bewunderung von Jugendlichen; geht mit ihnen nach ihrer Art um. Akzeptiert Menschen aufgrund dessen, was sie sind, und möchte auch selbst so behandelt werden. Strebt den eigenen Idealen nach, aber macht nicht viel Aufhebens davon. Auf diese Weise werden auch Probleme gelöst. Läßt andere, die ehrgeiziger sind, ihren Weg gehen.

☉ △ ♃ Ruhig, wohlwollend, großes Maß an mentaler Kraft. Ambitionen gehen über die eigene Person hinaus. Neigt zu Apathie. Scheut Herausforderungen. Intelligent, optimistisch, gut informiert. Abneigung gegen Druck. Mangel an Selbstdisziplin; großzügig gegenüber anderen. Selbstsicherheit ist eine Unterstützung für andere, die sich in Spannungen und Schwierigkeiten befinden. Jüngere fühlen sich zu ihm/ihr hingezogen. Kann gut mit Menschen umgehen und ist nicht sehr wählerisch in dieser Hinsicht. Unterstellt jedem die besten Absichten und kann leicht selbst zum Opfer dieser Haltung werden. Bevorzugt Menschen, die nicht allzu kompliziert sind und ein einfaches Leben führen. Sucht einen Partner, der ziemlich höflich ist, einen guten Geschmack hat und moralisch gefestigt ist. Legt mehr Wert auf gesunden Menschenverstand und Verständnis als auf den Entwicklungsgrad des Betreffenden.

☉ △ ♄ Tiefes und exaktes Denken. Trägt große Verantwortung und hat starkes Verantwortungsgefühl. Möglicherweise ist die Verantwortung jedoch eine Behinderung. Erfolg wird nur durch harte und geduldige Arbeit erreicht. Im Laufe der Jahre werden Gesundheit und Geisteskraft immer stärker. Bedürfnis, äußere Umstände im guten Sinne zu beherrschen. Ziemlich selbstsicher. Es ist ein starkes Stimulans für ihn/sie, zu wissen, daß die eigenen Qualitäten gebraucht werden. Dies ist meist der Grund, weshalb es der/die Betreffende im Leben weit bringt. Ist zwar nicht gerade ein Glückspilz, aber hat ein Händchen dafür, das Richtige zum richtigen Zeitpunkt zu tun. Stabil in Beziehungen. Mag Menschen, die aufrichtig, kreativ und diszipliniert sind. Unterstützt Partner vor allem in Angelegenheiten, die große Ausdauer erfordern. Hat gesunde Lebensgewohnheiten.

☉ △ ♅ Talent zur Menschenführung. Liebt Verantwortung und öffentliche Anerkennung. Inspiriert. Andere sind gerne in seiner/ihrer Gesellschaft. Weiter Horizont, viel Verständnis für andere. Nicht zu sehr eingenommen vom eigenen Können. Ist gerne produktiv. Kann sich das verschaffen, was er/sie wirklich will. Unerschöpfliche Ideenquelle. Sieht die Tatsache, an der Entwicklung anderer beteiligt zu sein, als wichtige Belohnung für die eigenen Bemühungen. Stärker an anderen interessiert als an sich selbst. Begeistert andere. Nicht oberflächlich. Überträgt Optimismus auf andere, besonders auf Partner. Drückt Gefühle in Beziehungen offen aus. Beliebt.

☉ △ ♆ Starke, aktive Phantasie. Neigung zu Mystik und Philanthropie. Große Liebe zu Tieren. Sehr talentiert, aber möglicherweise zu wenig Energie, um die eigenen Fähigkeiten zum Ausdruck bringen zu können. Schnell begeistert, doch die Begeisterung erlischt ebenso schnell wieder. Lernt gründlich und mit tiefer Einsicht. Parapsychisch begabt; macht außersinnliche Wahrnehmungen, was jedoch möglicherweise nicht bewußt ist. Wenig Interesse an sozialer Verantwortung, Politik usw. Arbeitet nicht nach Schema und sollte besser selbständig arbeiten. In persönlichen Beziehungen besteht großes Maß an Toleranz und Freiheit, was auf gegenseitigem Vertrauen basiert. Romantisch. Sehr hingabefähig.

☉ △ ♇ Mutig, entschlossen und fähig, die eigenen Talente so zu nutzen, daß die angestrebten Ziele erreicht werden. Inspiriert andere durch Zielstrebigkeit, Vitalität. Natürliche Autorität, aber mißt dem selbst nicht viel Bedeutung bei. Wichtigstes Interesse ist das Lösen von besonders schwierigen und komplizierten Problemen und Situationen. Mag Menschen nicht, die es mit der Wahrheit und dem Gesetz nicht so genau nehmen. Schnelle intuitive Auffassung, dadurch sehr geeignet zur Bewältigung von Krisensituationen. Diese Fähigkeit löst jedoch manchmal Argwohn aus. Geeignet für jeden Beruf, in dem es darum geht, Ordnung aus dem Chaos zu schaffen. Hat eine inspirierende, transformierende Wirkung auf andere und merkt dies möglicherweise selbst nicht. Das enorme Potential kommt erst nach großen Krisen und/oder Frustrationen zum Ausdruck. Tendenz, Zuschauer zu bleiben oder die eigentliche Lebensaufgabe zu meiden. Versteht es, auch aus scheinbar hoffnungslosen Situationen noch etwas zu machen; in diesem Sinne hat er/sie »Glück«.

Die Trigone mit dem Mond

☾ △ ☉ siehe Seite 198

☾ △ ☿ Nutzt Erfahrungen, um Bewußtsein zu erweitern. Versteht es, Erfahrungen, Situationen, Menschen und Reaktionen schnell und treffend einzuschätzen. Emotion, Intellekt und gesunder Menschenverstand befinden sich in Harmonie miteinander. Sympathisch; gutes Gedächtnis. Lernt aus Erfahrungen, ohne daß die Vergangenheit zur Behinderung wird. Ist bemüht um ein nützliches Leben und um Selbstausdruck. Viele Freunde, sehr entgegenkommend. Fair, hilfsbereit. Betrachtet Probleme objektiv und schämt sich nicht, um Hilfe zu bitten. Hausiert nicht mit den eigenen Problemen. Positive Grundeinstellung, hält nicht an negativen Gedanken fest. Versteht es gut, eigene Schwierigkeiten und Sorgen/Ängste zu bewältigen.

☾ △ ♀ Guter Blick für Werte und Perspektiven. Hat Vertrauen. Hohe Beweggründe. Glaubt an sich selbst. Möchte sich hervortun. Kann gut mit Menschen umgehen. Warmherzig, aufrichtig. Inspiriert Menschen, wenn sie das Interesse verlieren. Übt eine beruhigende Wirkung auf andere aus, weil er/sie sich nicht von der Negativität überwältigen läßt. Geht keine Beziehungen zu Menschen ein, die keine Prinzipien haben. Abneigung gegen schlechten Geschmack und Vulgarität. Schätzt Aufrichtigkeit in Beziehungen. Mischt sich nicht in das Privatleben anderer ein und drängt das eigene Privatleben anderen nicht auf. Diskret. Große Liebe zu Kindern, kann ausgezeichnet mit ihnen umgehen. Begabung für alle möglichen kreativen Berufe oder Hobbys. Liebt und wird geliebt.

☾ △ ♂ Sehr intensives Gefühlsleben, das in der Kreativität nach Ausdruck sucht. Ist kein Müßiggänger. Kommt anderen Menschen entgegen und hat gerne gute Kontakte mit vielen Freunden. Macht auch dann, wenn er/sie für das eigene Recht eintritt, einen guten Eindruck. Mischt sich nicht in die Angelegenheiten anderer ein und möchte auch selbst so behandelt werden. Kann sowohl mit der Öffentlichkeit als auch mit einzelnen gut umgehen. Fühlt sich nicht schnell bedroht durch Wettbewerb. Hat Selbstvertrauen und Vertrauen zu intimen Freunden. Reagiert gelassen auf Herausforderungen und verliert bei Mißerfolg nicht den Mut. Kann mit Kindern gut auf ihrem eigenen Niveau umgehen. Drückt Gefühle offen aus. Menschen fühlen sich wohl in seiner/ihrer Gesellschaft. Hat kein Interesse an unehrlichen Menschen. Fühlt sich emotional nicht verpflichtet gegenüber anderen und ist dadurch ziemlich unabhängig. Sieht bei jedem die guten Seiten und gibt Vertrauensvorschuß.

☾ △ ♃ Freundlich, hilfsbereit, sympathisch, vor allem gegenüber den weniger Glücklichen. Lebhafte, aktive, optimistische emotionale Natur. Optimismus überträgt sich auf andere, vor allem in der Familie. Steckt andere mit Begeisterung an. Löst Probleme so schnell wie möglich. Abneigung gegen Komplikationen. Voller Vertrauen, daß alle Probleme lösbar sind; macht sich nur dann Sorgen, wenn wirklich ein Grund dazu vorliegt. Weiß viel. Kann Prioritäten setzen und geht vollkommen in dem auf, was jeweils am wichtigsten ist. Gute(r) Ratgeber(in). Mangel an Selbstdisziplin; kann nur schwer die eigenen Aktivitäten begrenzen. Fühlt sich zu Menschen mit hohen moralischen Prinzipien hingezogen, die aufrichtig und spirituell interessiert sind. Sehr hingebungsvoll in der Liebe.

☾ △ ♄ Tief, ernsthaft; großes Verantwortungsgefühl. Organisationstalent und Gefühl für Würde. Wenig Sinn für Humor. Ausgeprägtes Pflichtbewußtsein. Neigt zu Depressionen. Praktisch, umsichtig, nicht originell. Konservativ. Erwartet nicht, geschäftlichen Erfolg zu haben, ohne etwas dafür zu tun. Zuverlässig. Streben nach Autorität. Respektiert nur Menschen, die Selbstrespekt haben. Unterhält nur wenige, jedoch dauerhafte Freundschaften. Hält sich an Regeln, auch in persönlichen Beziehungen. Will Kinder zur Disziplin erziehen und dadurch ihre eigene Individualität stärken.

☾ △ ♅ Neigt zur Unbeugsamkeit. Will gerne alles wissen, untersucht alles. Nimmt Wissen leicht auf. Abneigung gegen Oberflächlichkeiten. Schillernde Persönlichkeit. Viele Freunde. Kann gut zuhören. Äußerlich konventionell, innerlich jedoch ein ausgeprägtes Individuum, das emotional unabhängig sein will. Beschäftigt sich lieber mit Gruppen als mit einzelnen, vor allem im Beruf. Mag ungewöhnliche Menschen. Äußert manchmal tiefe spirituelle Gedanken, ohne es selbst zu merken. Ist in der Lage, der Wahrheit ins Auge zu sehen. Begabt für okkulte Studien. Muß Partner mit der gleichen hohen mentalen Frequenz suchen. Sucht nach dem Schönen im Menschen, auch in sich selbst.

☾ △ ♆ Stark ausgeprägtes Gefühl für das Grandiose; will Besonderes leisten. Hochgesteckte, meist jedoch verschwommene Erwartungen. Reagiert kreativ auf Anregungen von außen. Ausgeprägter Sinn für Ästhetik. Pflichtbewußtsein. Spirituell. Fühlt sich nicht sehr verpflichtet, anderen zu helfen. Starke Neigung zu Apathie und Gleichgültigkeit. Eigene Freiheit und Mobilität sind ihm/ihr sehr wichtig. Versteht sich sehr gut mit Jugendlichen. Erwartet in persönlichen Beziehungen, daß Partner vielseitige Interessen haben. Bringt den Menschen, an denen er/sie interessiert ist, große Sympathien entgegen. Könnte auf andere einen sehr wohltuenden Einfluß ausüben; läßt diese Fähigkeit jedoch möglicherweise brachliegen.

☾ △ ♇ Sehr tiefes Gefühlsleben, hat jedoch die Gefühle unter Kontrolle. Vergeudet keine Zeit mit oberflächlichen Bekanntschaften. Freundlich, umgänglich. Zuverlässig auch als Freund(in). Liebe hat spirituellen Charakter. Liebt Menschen aufgrund dessen, was sie sind, nicht wegen dem, was sie zu sein scheinen. Ist überzeugt davon, eines Tages die vollkommene

Liebe zu finden. Mag Kinder sehr gerne und hat viel Freude an ihnen. Beschützt diejenigen, die ihm/ihr anvertraut sind. Tiefer Einblick in den Umgang mit Macht und Geld. Durchschaut die Motive anderer. Geht davon aus, daß Probleme dazu da sind, um gelöst zu werden. Liebt das Leben.

Die Trigone mit Merkur

☿ △ ☾ siehe Seite 201

☿ △ ♂ Große mentale und kreative Engerie. Tendiert jedoch dazu, diese nicht zu benutzen. Läßt sich zu nichts zwingen. Hat er/sie sich erst einmal entschlossen, etwas zu Ende zu bringen, dann wird dies auch durchgeführt. Wenn erforderlich, großes Konzentrationsvermögen. Ist in Konversationen aggressiv. Freundlich. Zuverlässig, diskret. Kann sehr gut mit Kindern umgehen; hat anregende Wirkung auf sie und ist geduldig im Umgang mit ihnen. Kann ebensogut alleine arbeiten wie mit anderen zusammen. Handwerkliches und künstlerisches Geschick. Liebt unkomplizierte Menschen. Fühlt sich emotional zu einem inspirierten, kreativen Menschen hingezogen, mit dem eine Zusammenarbeit entwickelt werden kann.

☿ △ ♃ Optimistische, positive Lebenseinstellung. Glaubt an den eigenen Erfolg. verfügt über sehr viel Information. Gut entwickelte Auffassungsgabe; Neigung, selbstgefällig damit umzugehen und diese Gabe nicht zu nutzen. Möchte möglichst schnell berühmt werden. Lernt schnell und vergißt das Gelernte nicht. Integer, hohe Maßstäbe. Gute Manieren. Versteht sich mit Menschen aller gesellschaftlichen Schichten. Gesunder Menschenverstand. Mondän, jedoch nicht auf abstoßende Weise. Viele Freunde, tolerant. Sinn für Humor. Angenehme Gesellschaft. Beliebt bei Kindern; behandelt diese nicht wie kleine Erwachsene. Läßt sich nicht von Problemen überwältigen.

☿ △ ♄ Praktisch. Achtet auf Details. Genau. Klarer Geist. Ziemlich konservativ. Gut entwickelter Intellekt. Sehr effizient. Lernt schnell. Sehr gutes Gedächtnis. Bleibt auch unter Druck geduldig und diszipliniert. Sprachbegabung. Sieht immer einen konkreten Sinn in dem, was zu tun ist. Investiert viel in die Arbeit. Abneigung gegen Tagträumereien. Kennt die eigenen Grenzen und steckt sich Ziele innerhalb derselben. Mutig, vor allem, wenn die eigene Integrität verteidigt werden muß. Fordert Aufrichtigkeit. Hat man sein/ihr Vertrauen einmal mißbraucht, dann ist kein Kontakt mehr möglich. Akzeptiert nur dann, daß jemand ein Versprechen nicht hält, wenn die Umstände dies erzwingen. Klarer Verstand. Hat Schwierigkeiten mit dem Ruhestand. Fängt im Alter möglicherweise zu schreiben an.

☿ △ ♅ Wahrheitssucher. Fühlt sich erst dann frei, wenn die Wahrheit gefunden ist. Sehr freiheitsliebend. Fruchtbarer, intuitiver Verstand. Spricht mit Überzeugung. Verständnis für Okkultes. Fasziniert von mysteriösen, komplizierten Angelegenheiten. Sehr starkes Interesse am Menschen. Große Begabung für pädagogische Berufe. Talentiert in der Menschenführung, aber bewährt sich am besten, wenn es darum geht, andere dazu anzuregen, ihren eigenen Weg zu gehen. Durchschaut Situationen sehr schnell. Hohe spirituelle Prinzipien kommen nicht in Konflikt mit Materiellem. Hält sich nicht mit Oberflächlichkeiten auf. Wissen und Wahrheit werden gesucht, jedoch nicht um ihrer selbst willen, sondern um zur Vervollkommnung der Menschheit beizutragen.

☿ △ ♆ Künstlerische Phantasie und die Gabe, diese gut zu vermitteln. Sensibel und intelligent. Paßt sich leicht an. Tolerant und nicht anspruchsvoll gegenüber anderen. Hoffnungsvoll, auch bei Problemen. Hat Bedürfnis nach warmherziger freundlicher Umgebung. Versteht es, die Aufmerksamkeit anderer auf sich zu ziehen. Überzeugungskraft, da er/sie sich intuitiv auf die Zuhörer einstellt. Hält sich nicht mit Oberflächlichkeiten auf. Hat immer die Hoffnung, daß auch andere für

Unrecht spirituell empfindlich werden und daß dies sie veranlaßt, etwas dagegen zu unternehmen. Liebt feinsinnige Menschen und ihre Gesellschaft und fühlt sich aufgrund des eigenen reichen inneren Lebens selten einsam.

☿ △ ♇ Fasziniert vom Unbekannten. Großes Konzentrationsvermögen, kreativ, klarer Verstand. Tendiert dazu, diese Talente nicht zu entwickeln und zu nutzen. Kann gut mit Geld umgehen. Liebt den Wettbewerb und scheut schwere Verantwortung nicht. Geht völlig in den eigenen Interessen auf. Entscheidet sich immer für Tätigkeiten, die vollen Einsatz erfordern. Erwartet in Beziehungen viel, aber gibt auch selbst viel. Durchschaut Äußerlichkeiten und die Motive anderer. Sieht die echten Talente anderer und hat die Gabe, sie dazu zu bringen, ihre Fähigkeiten besser zu nutzen. Spricht mit Überzeugungskraft und Autorität, was faszinierend wirkt. Stellt sich auf die Bedürfnisse anderer und auf deren Verständnisniveau ein. Ruft Feindseligkeit hervor, weil er/sie von anderen für allwissend gehalten wird. Neigung, andere zu überreden. Tendenz zu Apathie, vor allem in gesellschaftlichen Problemen. Ist sich kaum des eigenen Potentials bewußt.

Die Trigone mit Venus

♀ △ ☾ siehe Seite 201

♀ △ ♂ Warmherzig, affektiv, freigebig, sympathisch. Orientiert sich stark an anderen, was meist positiv aufgenommen wird. Sex-Appeal, aber erwartet von Beziehungen mehr als nur körperlichen Kontakt. Bereit, Kompromisse zu schließen; andere sind ihm/ihr gegenüber ebenfalls zu Kompromissen bereit. Beliebt bei gesellschaftlichen Anlässen, kreativ im Unterhalten von Freunden, auch im familiären Kreis. Liebt Künstlerisches, vor allem Tanz. Talent für Public Relations. Kann auch gut alleine arbeiten. Kinder genießen seine/ihre Gesellschaft. Versteht es, Menschen für den eigenen Standpunkt zu gewinnen. Blumig im Darlegen der eigenen Ansichten. Wirkt nicht bedrohlich. Hilfsbereit, wenn es nötig ist. Verständnis für die menschliche Natur. Abneigung gegen unerwünschte Einmischung. Verrückt nach Vergnügungen. Läßt sich nicht zum Narren halten, vor allem nicht in der Liebe.

♀ △ ♃ Gefälliges Auftreten. Dies äußert sich möglicherweise nur verbal. Optimistische Einstellung gegenüber Menschen. Freigebig, verständnisvoll und entgegenkommend. Wirkt auf andere sorgloser, als er/sie wirklich ist, weil er/sie nicht mit den eigenen Problemen hausiert. Erledigt persönliche Belange möglichst ohne viel Aufhebens. Zieht möglicherweise Aufmerksamkeit auf sich, aber ist nicht darauf aus. Große Begabung, mit Menschen umzugehen. Stark entwickeltes Gefühl für Prinzipien und Anstand. Verabscheut alles, was unaufrichtig, vulgär, pervers und obszön ist. Bewegt sich hauptsächlich unter Menschen mit guten Umgangsformen. Liebt Musik, Tanz, Theater, Gesellschaft, gutes Essen und Trinken. Schätzt traditionsbewußte Menschen. Fühlt sich in der Liebe zu Menschen hingezogen, die keine Forderungen stellen. Ehrlichkeit und Aufrichtigkeit ist in der Partnerschaft am wichtigsten. Hausiert nicht gerne mit der Liebe. Weiß, was er/sie vom Leben will und findet die Mittel, um es zu erreichen.

♀ △ ♄ Ernsthaft, Zuneigung ist tief und idealistisch, jedoch nicht besonders emotional. Übernimmt schwere Verantwortung und zeigt großes Verantwortungsgefühl. Öffnet sich nicht leicht anderen, es sei denn, er/sie ist sich sicher, daß dies geschätzt wird. Diszipliniert. Disziplin wird eingesetzt, um zum Erfolg zu gelangen; diese Haltung stammt aus der Kindheit. Tolerant gegenüber den Bedürfnissen anderer; hilft, wenn dies nötig ist. Nicht freigebig, aber gibt, wenn er/sie meint, daß es sinnvoll ist. Tiefer Respekt vor allen Formen der Kunst. Ordentlich; Nützlichkeitsdenken; Designertalent. Fühlt er/sie sich emotional zu jemandem hingezogen, dann wird die Person gründlich und vorsichtig beobachtet und »getestet«, um zu erkunden, ob Anpassung erforderlich ist, um Erfolg zu haben.

Gegenseitiger Respekt wird als wichtigste Grundlage für eine Beziehung angesehen. Betrachtet in der Erziehung Disziplin und Respekt als wichtigste Faktoren.

♀ △ ⛢ Immer auf der Suche nach Liebesaffären. Optimistischer Lebensgenießer. Entdeckt Unaufrichtigkeit bei anderen schnell. Paßt sich an, aber läßt sich nicht ausnutzen. Gefühl für Schönheit und Harmonie. Warmherzige Menschen fühlen sich bei ihm/ihr wohl. Kann Themen, über die er/sie spricht, sehr lebendig und anschaulich darstellen. Intuition. Spekulativ, auch in bezug auf Geld. Selbstbeherrschung. In der Liebe herrscht gegenseitiges Vertrauen und Verständnis. Erwartet viel von Partnern und ist auch selbst bereit, viel zu geben. Liebt das Leben aufrichtig und genießt es. Sehr zukunftsorientiert.

♀ △ ♆ Stark ästhetisch orientiert, musikalisch. Verträumt, visionär. Sehr romantisch und emotional. Reagiert auf die höchsten Ideale von und in anderen. Bleibt auch bei Enttäuschung freundlich. Hat Verständnis für den Mißerfolg anderer, wenn diese nur aufrichtig nach dem Guten streben. Entzieht sich in unangenehmen Situationen. Feinsinnig, übt lindernden Einfluß aus. Wirkt mystisch. Charmant, auch gegenüber Vorgesetzten, was normalerweise keine Eifersucht auslöst. Ihm/ihr wird Vertrauen entgegengebracht. Knüpft leicht Beziehungen zu Menschen an, die an sich selbst arbeiten und eine Abneigung gegen alles Grobe haben. Spiritualität gibt dem Leben des/der Betreffenden einen Sinn. Neigt dazu, sich abzusondern und die eigenen Fähigkeiten nicht zu nutzen.

♀ △ ♇ Findet höchste kreative Entfaltung in der Liebe. Soziale und persönliche Kontakte führen zu Spiritualität. Heißblütiger Liebhaber, jedoch nicht ohne Kontrolle. Findet richtigen Partner für die eigene Leidenschaft durch gute Intuition, verschenkt sich nicht einfach. Die echte, absolute Liebe wird möglicherweise nach einer Reihe von Romanzen gefunden, die mehr der Liebe selbst als dem anderen galten. Enormes Talent, anderen hohe ethische und moralische Prinzipien zu vermitteln.

Kann sehr gut mit Jugendlichen umgehen. Hingabe auch im Beruf. Gibt die eigenen Prinzipien aus finanziellen oder beruflichen Gründen nicht auf. Voller Verständnis und Sympathie, aber kann andere auch davon überzeugen, daß sie zu ihrem eigenen Besten seinem/ihrem Ratschlag folgen sollten. Glaubt an sich selbst und an andere. Sehr empfindlich gegenüber Unaufrichtigkeit und Betrug. Verkörpert das Liebesprinzip und wird dafür belohnt.

Die Trigone mit Mars

♂ △ ☉ siehe Seite 198

♂ △ ☾ siehe Seite 202

♂ △ ☿ siehe Seite 204

♂ △ ♀ siehe Seite 206

♂ △ ♃ Intellekt und Körperkraft stehen in ausgewogenem Verhältnis zueinander, werden jedoch möglicherweise bei Herausforderungen oder im Wettbewerb nicht benutzt, weil er/sie dies nicht für nötig hält. Versteht es, das Richtige zum richtigen Zeitpunkt zu tun. Vertrauensvoll. Sehr optimistisch. Ist davon überzeugt, das Gewünschte zu bekommen. Gesetzestreu. Arbeit ist wichtig als Selbstausdruck, nicht als Mittel zu äußerem Erfolg. Mangel an Selbstdisziplin: Gönnt sich jedes Vergnügen. Abneigung gegen Einschränkungen der eigenen persönlichen Freiheit. Stellt an andere keine Anforderungen. Liebt ein unproblematisches Leben und fühlt sich zu Menschen mit der gleichen Einstellung hingezogen. Ist in Partnerschaften Idealist und erwartet, daß der Partner physische, geistige und spirituelle Bedürfnisse teilt und befriedigt.

♂ △ ♄ Ist nicht an persönlicher Sicherheit und an Komfort interessiert. Ordentlich, mutig, beharrlich, praktisch, pflichtbewußt. Effizient, hilfsbereit, diszipliniert. Setzt die eigenen Fähigkeiten umsichtig ein. Außergewöhnliches Managertalent. Respektiert andere so, wie sie sind, und akzeptiert sie auf ihrem eigenen Niveau. Erfolg wird sorgfältig geplant. Gutes Urteilsvermögen. Fühlt sich emotional zu reifen, verantwortungsbewußten Menschen hingezogen, die etwas aus ihrem Leben machen wollen. Bei Liebesbeziehungen liegt der Schwerpunkt auf Familie (Verantwortung), dem Verfolgen der eigenen Ziele, Ansehen und Beruf.

♂ △ ♅ Sehr energisch, willensstark, entschlossen. Mutig, möglicherweise übermütig. Enthusiastisch. Dramatische Art der Selbstdarstellung. Ungeduldig, aufgeregt. Fordert große persönliche Freiheiten für sich. Ungezügelte Energie. Erträgt keine Routine. Talentiert in der Menschenführung, vor allem, was Gruppen betrifft. Liebt aufregende, fortschrittliche Menschen. Beschäftigt sich nur wenig mit der Vergangenheit. Ungeduldig gegenüber Wankelmut. Starke nervöse Spannungen. Gönnt sich zuwenig Ruhe. Impulsiv und rastlos in der Liebe. Starke sexuelle Bedürfnisse. Verträgt keine Zurückweisung; Abneigung gegen die traditionelle Ehe. Ist um einen großen Freundeskreis bemüht.

♂ △ ♆ Hilfsbereit, jedoch mit der Tendenz, andere von seiner/ihrer Hilfe abhängig zu machen. Sieht die besten Seiten in anderen, kann jedoch auch Unaufrichtigkeit aufspüren. Starke Emotionen und Leidenschaften, jedoch ziemlich beherrscht und zielgerichtet. Eigene Sensibilität wird mit Wärme erwidert. Bevorzugt ein unkompliziertes, aber aufregendes Liebesleben. Würdevoll. Magnetisch, charmant, umgänglich. Bringt Begeisterung und Freude in das Leben anderer, vor allem von denjenigen, die er liebt. Starkes Bedürfnis, anderen zu helfen. Tendenz, sich nicht genügend zu behaupten. Tierfreund(in).

♂ △ ♇ Sehr hingebungsvoll. Sehr begabt darin, komplizierte Probleme zu lösen. Lebt aus der spirituellen Überzeugung heraus, anderen helfen zu müssen. Handelt jedoch möglicherweise nie, sondern bleibt ruhiger Zuschauer. Sehr starker Sexualtrieb, der jedoch nicht außer Kontrolle gerät. Sorgt dafür, daß der/die Geliebte mehr als nur Liebhaber(in) ist. Sucht die spirituelle Vereinigung mit dem Partner. Transformiert Menschen, mit denen er/sie Kontakt hat, möglicherweise jedoch unbewußt. Greift gerne auf Macht als Mittel zur Weiterentwicklung zurück. Hilft, wenn Hilfe nötig ist, jedoch meistens nicht unaufgefordert. Furchtlos bei der Verteidigung der eigenen Rechte. Die sehr große spirituelle Energie ist eine starke Kraftquelle in Krisenzeiten.

Die Trigone mit Jupiter

♃ △ ☉ siehe Seite 199

♃ △ ☾ siehe Seite 202

♃ △ ☿ siehe Seite 204

♃ △ ♀ siehe Seite 207

♃ △ ♂ siehe Seite 209

♃ △ ♄ Ernsthaft und zielbewußt, ziemlich optimistisch, konstruktiv. Geduldig, kann die Lektionen der Vergangenheit positiv auswerten und auf die Zukunft anwenden. Freigebig, wählt jedoch bewußt, wem er/sie Hilfe gewährt. Überläßt nichts dem Zufall, erfolgreich. Selbstvertrauen. Hält sich nicht mit Trivialitäten auf. Versteht es gut, mit Untergebenen umzugehen. Ist möglicherweise dem Erfolg gegenüber gleichgültig, was dazu führt, daß die eigenen Fähigkeiten ungenutzt bleiben. Versteht es, anderen bei der Entfaltung ihrer eigenen Talente zu helfen.

♃ △ ♅ Originell, Talent zur Menschenführung. Starkes

Bedürfnis nach persönlicher Freiheit und Respekt vor individuellen Werten. Warmherzige Zuneigung, jedoch nicht sentimental. Gesunder Menschenverstand, eventuell Neigung zum Fanatismus. Kann erreichen, was er/sie will. Ergreift jede Gelegenheit, die sich bietet. Glückspilz. Intuitiv und inspirierend. Kann gut mit Jugendlichen umgehen. Tiefes Verständnis für die Bedürfnisse anderer. Warmherig gegenüber Freunden, aufrichtig gegenüber Feinden. Sehr großes Vertrauen in das eigene Können. Abneigung gegen Pessimisten. Erwartet Aufrichtigkeit in der Liebe und bietet dem anderen spirituelle Kraft und Integrität. Wird wegen Selbstlosigkeit bewundert. Läßt Liebesfähigkeit möglicherweise brachliegen.

♃ △ ♆ Gastfrei, entwickelt schnell Sympathie und ist schnell bereit, Menschen in Not zu helfen. Philanthropisch; die starke Emotionalität drückt sich musikalisch aus. Sehr sensibel. Hang zum Metaphysischen. Idealismus erzeugt die Neigung, die Alltagsrealität aus den Augen zu verlieren oder für unwichtig zu halten. Scheint »von einer anderen Welt« zu sein; will dienen. Sieht keine Barrieren zwischen Menschen, Völkern, Geschlechtern, Spirituellem und Weltlichem. Gelassen. Sieht Gutes, wo andere nur Schlechtes sehen. Parapsychische Begabung führt zu Wissen und Verständnis, das sich wahrscheinlich im Unbewußten oder während des Schlafs entwickelt. Andere spüren seine/ihre Kraft. Eigene spirituelle Sorgen können gemildert werden, indem anderen die eigene Zärtlichkeit und Liebe geschenkt wird. Feinsinnig. Opfert Ideale nicht für Materielles auf. Neigung, die eigenen Talente brachliegen zu lassen.

♃ △ ♇ Hilft gerne Individuen oder Gruppen bei der Entfaltung ihrer eigenen Fähigkeiten. Ermuntert andere, der Zukunft optimistisch entgegenzutreten. Fördert in anderen eine positive Haltung. Ist in der Lage, das Essentielle der Lebensgeheimnisse zu ergründen und selbst den verstocktesten Skeptiker von der eigenen Sicht zu überzeugen. Bedürfnis, sich mit sehr subjektiven Angelegenheiten auseinanderzusetzen. Hat in persönlichen Beziehungen den Wunsch nach Mobilität und kreativem Selbstausdruck. Dient möglicherweise aus freiem Willen anderen. Ist in der Lage, aus einem apathischen und gleichgültigen Leben zu erwachen. Unterscheidet instinktiv Wahrheit und Unwahrheit. Vor allem Jugendliche reagieren positiv auf ihn/sie. Kann festgefahrene Menschen zu neuer Lebendigkeit erwecken. Wahrheitssucher, gespeist durch universelle Energiequelle. Identifiziert sich zu stark, weshalb er/sie nicht loslassen kann.

Die Trigone mit Saturn

♄ △ ☉ siehe Seite 199

♄ △ ☾ siehe Seite 202

♄ △ ☿ siehe Seite 205

♄ △ ♀ siehe Seite 207

♄ △ ♂ siehe Seite 209

♄ △ ♃ siehe Seite 211

♄ △ ♅ Nüchterner, gesunder Menschenverstand, willensstark. Geduldig, umsichtig, jedoch nicht ohne Initiative und Einblick/Originalität. Zukunftsorientiert, freiheitsliebend. Fühlt sich bereichert, wenn andere von seinen/ihren Errungenschaften (Wissen) profitieren. Baut auf Erfolg und vernünftige Risiken, nicht auf Spekulation. Versteht die Menschen und ihre Motive. Kann Jugendliche inspirieren. Verhalten ist von hohen Prinzipien geprägt. Ideale basieren auf Erfahrung. Ausgewogenheit zwischen Altem und Neuem.

♄ △ ♆ Harter Arbeiter, will sich hervortun. Strategisch begabt; hat eine langfristige Perspektive und die Fähigkeit, diese durch gewissenhaftes und praktisches Vorgehen zu realisieren. Ist auch bereit, dafür die kleinen Freuden des Lebens zu opfern. Ausgeprägte Ansichten. Stößt auf Widerstand, wahrscheinlich hinter den Kulissen. Übernimmt gern schwere Verantwortung und bewährt sich dabei. Starker spiritueller Drang, das Leben anderer in positiver Weise zu verändern. Hochentwickelte Ethik. Sehr hilfsbereit, vor allem gegenüber Menschen, die es schwerer haben als er/sie selbst. Sieht nicht um des materiellen Vorteils willen von Prinzipien ab. Kann Ordnung im Chaos schaffen. Tendenz, diese Gabe nicht zu nutzen und Zuschauer zu bleiben. Schriftstellerisches Talent, das auf Inspiration und Weitblick gründet. Strategisch/ausführende Begabung. Enormes Wissen. Kann praktisch jedes Problem lösen.

♄ △ ♇ Sehr große Konzentrationsfähigkeit. Akzeptiert die eigene Verantwortung. Weiß instinktiv, wie die eigenen Interessen wahrzunehmen sind. Realistische Zielsetzungen. Kommt Verpflichtungen und Pflichten nach. Beharrlich. Managertalent. Nimmt bei Entscheidungen Rücksicht auf die Gefühle und Prinzipien anderer. Ungeduldig gegenüber Menschen, die ständig sagen, daß sie dies oder jenes nicht können. Versteht es, Menschen zu manipulieren. Weiß, wie man öffentliche Geldquellen anzapfen kann. Große Überzeugungskraft. Abneigung gegen Verschwendung, vor allem von öffentlichen Geldern. Kann andere, vor allem Jugendliche, aus der Apathie reißen. Tiefere, psychische Entwicklungen gehen sehr langsam, aber auch sehr gründlich vonstatten. Lernt vor allem vom Leben selbst.

Die Trigone mit Uranus

⛢ △ ☉ siehe Seite 200

⛢ △ ☾ siehe Seite 203

⛢ △ ☿ siehe Seite 205

⛢ △ ♀ siehe Seite 208

⛢ △ ♂ siehe Seite 210

⛢ △ ♃ siehe Seite 211

⛢ △ ♄ siehe Seite 213

⛢ △ ♆ Entscheidet selbst, was er/sie glaubt und was nicht. Sucht die Wahrheit und hält sich fern von Illusionen. Wehrt sich gegen Ideen, die das eigene Leben einschneidend verändern würden. Ist möglicherweise gleichgültig gegenüber Machtmißbrauch in Politik und Religion. Fühlt sich vom Mystischen und Esoterischen angezogen und ist auch begabt in dieser Hinsicht. Beharrlich. Klarer Geist, jedoch auch die Tendenz zu unrealistischer Menschenliebe. Neugierig. Sehr große Liebe zu Kunst und Mystik. Auch in praktischen Fragen inspiriert und motiviert durch Ideale.
Anmerkung: Die Auswirkungen dieses Trigons sind nur spürbar, wenn die beiden Planeten außerdem Kontakt zu anderen Himmelskörpern haben oder an der Spitze eines Hauses stehen.

⛢ △ ♇ Neuen Entwicklungen gegenüber aufgeschlossen, die das Bewußtsein wachsen lassen. Abneigung gegen Tradition um ihrer selbst willen. Ist der Meinung, daß Fortschritt Neuorientierung verlangt. Fasziniert vom Okkulten und von den Möglichkeiten, die dort für die Entwicklung eines neuen Bewußtseins liegen. Beschäftigt sich mit Illusionen.
Anmerkung: Siehe Anmerkung zu Uranus Trigon Neptun.

Die Trigone mit Neptun

♆ △ ☉ siehe Seite 200

♆ △ ☾ siehe Seite 203

♆ △ ☿ siehe Seite 205

♆ △ ♀ siehe Seite 208

♆ △ ♂ siehe Seite 210

♆ △ ♃ siehe Seite 212

♆ △ ♄ siehe Seite 213

♆ △ ⛢ siehe Seite 215

♆ △ ♇ Für diesen Aspekt gilt in noch stärkeren Maße als für das Quadrat zwischen diesen beiden Planeten, daß er sich unserer Beobachtung und Erforschung entzieht, da das letzte Trigon vor zu langer Zeit auftrat und das nächste in zu weiter Zukunft liegt (siehe Seite 196).
Allgemein gesagt weist dieser Aspekt darauf hin, daß sich der Betreffende stark getrieben fühlt, mystische Bestrebungen von falschen Motiven zu reinigen und dadurch zum allgemeinen Wachstum der Menschheit beizutragen und zu einer tieferen, umfassenderen Entfaltung der parapsychischen Gaben zu gelangen.

Die Trigone mit Pluto

♇ △ ☉ siehe Seite 200

♇ △ ☾ siehe Seite 203

♇ △ ☿ siehe Seite 206

♇ △ ♀ siehe Seite 208

♇ △ ♂ siehe Seite 210

♇ △ ♃ siehe Seite 212

♇ △ ♄ siehe Seite 214

♇ △ ♅ siehe Seite 215

♇ △ ♆ siehe Seite 216

Der Quinkunx

Orbis 3° (d. h., man spricht von einem Quinkunx, wenn zwei Himmelskörper 147° bis 153° voneinander entfernt sind). Symbol: ⚻

Die Quinkunxe mit der Sonne

☉ ⚻ ☾ Starkes Bedürfnis, an Gefühlsbindungen (Freundschaft und Zusammenarbeit) festzuhalten, führt zu großen Konzessionen, die der eigenen inneren Entwicklung im Weg stehen. Dadurch entstehen starke innere Spannungen. Bindet sich mit so schwerer Verantwortung an andere, daß kein Zurück mehr möglich ist oder möglich zu sein scheint. Extremer Wunsch, anderen zu helfen. Fühlt sich leicht zu etwas verpflichtet. Muß lernen, Selbstlosigkeit in einem entsprechenden Beruf zu verwirklichen. Hat die Tendenz, den Liebespartner auf ein Podest zu stellen, was zu Enttäuschungen führt. Verträgt keine Zurückweisung in der Liebe. Neigt zu Selbstmitleid, Unentschlossenheit. Unterdrückung oder Verleugnung eines Teils der eigenen Persönlichkeit.

☉ ⚻ ♂ Enthusiastisch, energisch und sehr darauf aus, das eigene Können unter Beweis zu stellen. Findet jedoch keine Möglichkeit, seine/ihre Dienste anzubieten, wodurch das Gefühl entsteht, nicht anerkannt zu werden. Zweifelt stark am eigenen Können, was zu einer ständigen Suche nach Anerkennung führt. Möchte gerne gute Arbeit leisten und findet Befriedigung darin. Läßt sich leicht ausnutzen. Nutzt möglicherweise Unwissenheit aus, um anderen etwas aufzuschwatzen. Unterschätzt die eigene Fähigkeit, Zuneigung zu gewinnen. Hat Schwierigkeiten, den eigenen Willen und das aufbrausende Temperament unter Kontrolle zu bringen. Sollte nicht voreilig oder impulsiv handeln.

☉ ⚻ ♃ Abhängig, will sich ständig beweisen, indem

er/sie Dinge für andere erledigt. Extrem empfindlich gegenüber Kritik. Unermüdlicher Arbeiter mit sehr großem Bedürfnis, als Autorität angesehen zu werden. Jedoch Neigung zu Faulheit und Disziplinlosigkeit. Eine gute Ausbildung ist von größter Wichtigkeit, damit die eigenen Talente realistisch gesehen werden können. Sehr starkes Bedürfnis nach Anerkennung. Minderwertigkeitsgefühle gegenüber Geliebten. Lebt ständig in der Furcht, daß er/sie nicht genug tut oder getan hat, was zu Erschöpfung führen kann. Verträgt keinen Alkohol; sollte nichts zu sich nehmen, was der Leber schaden kann. Tendenz zu Nachlässigkeit und Arroganz.

☉ ⚻ ♄ Achtet nicht gut auf die eigene Gesundheit; neigt dazu, sich von anderen ausnutzen zu lassen. Kann nicht nein sagen. Möglicherweise unbewußt auf der Suche nach Strafe. Hat Angst davor, anderen nicht gewachsen zu sein. Sucht daher Arbeit, die nicht fordert und möglicherweise langweilig ist. Muß lernen, auf eigenen Füßen zu stehen und sich mehr gehenzulassen. Sehr starkes Bedürfnis, akzeptiert zu werden. Kann sich nicht entspannen, was zu Kreislauf- und Verdauungsproblemen führt.

☉ ⚻ ♅ Gibt sich nicht gerne geschlagen. Läßt sich schnell umgarnen, wenn man ihm/ihr das Gefühl gibt, daß er/sie als einziger vertrauenswürdig ist. Ähnlich wirken andere Appelle an die Eitelkeit. Leidet im stillen darunter und wird auf die Dauer rachsüchtig, bitter und gehässig. Erkenntnis des eigenen Beitrags zu dieser Situation ist wichtig, sonst entstehen Zweifel an den eigenen Fähigkeiten. Sollte in emotionalen Beziehungen zeigen, daß echtes Interesse besteht, und sich vergewissern, daß der Partner ihn/sie auch wirklich liebt. Tendenz, sich gegen inneres Wachstum zu sträuben, kann zu plötzlichen heftigen Krisen oder zu Krankheiten führen.

☉ ⚻ ♆ Spielt sich gerne als Märtyrer auf. Läßt sich ausnutzen. Mangel an Selbstvertrauen. Beschäftigt sich ständig mit Trivialitäten. Bauscht Lappalien auf und läßt sich von ihnen beherrschen. Glaubt, daß es seine/ihre spirituelle Verantwortung ist, anderen zu helfen, übersieht jedoch dabei, daß andere dies ausnutzen. Unterstellt Menschen zu leicht gute Absichten.

☉ ⚻ ♇ Tut das Gegenteil von dem, was andere wollen, selbst wenn ihm/ihr dies verhaßt ist. Tut zum eigenen Nachteil mehr als notwendig ist. Starke Schuldgefühle. Stellt an sich selbst so hohe Anforderungen, daß die Gesundheit darunter leidet. Vergleicht sich ständig mit anderen. Jagt der Anerkennung nach. Ist sehr mit denjenigen beschäftigt, denen er/sie sich unterlegen fühlt. Neigt dazu, die eigenen Ambitionen zu Gunsten eines anderen aufzuopfern. Muß lernen, in dieser Hinsicht Rat anzunehmen. Sollte sich auf eine einzige Sache konzentrieren. Sollte Konflikte mit anderen vermeiden. Hat Schwierigkeiten, sich zu entspannen. Sehr extreme Einstellung dem Leben und auch Menschen gegenüber. Tendiert dazu, andere aus Mangel an Selbstvertrauen zu manipulieren. Einstellung des Vaters und Beziehung zum Vater ist extrem wichtig für ihn/sie.

Die Quinkunxe mit dem Mond

☾ ⚻ ☉ siehe Seite 218

☾ ⚻ ☿ Hat große Schwierigkeiten, die nüchternen Tatsachen zu erkennen, weil Gefühl und Verstand verwechselt werden. Die erste Reaktion ist emotional und meist falsch. Fühlt sich zu schnell kritisiert, was andere gegen ihn/sie aufbringt. Fühlt sich wegen des eigenen Verhaltens schuldig, aber verändert es auch nicht. Unbewußter Wunsch, allen zu Diensten zu sein, aber nur, um die Aufmerksamkeit auf sich zu ziehen; dies führt zu Schwierigkeiten. Muß lernen, das zu tun, was von ihm/ihr erwartet wird, und nicht mehr. Tut in der Liebe alles, um begehrt zu werden, was die Beziehungen sehr belastet.

☾ ⚻ ♀ Übermäßiges Bedürfnis nach Liebe, vor allem von der Mutter. Wird dieses Bedürfnis nicht erfüllt, dann entwickelt sich Naschsucht, Mangel an Selbstdisziplin und die Erwartung, daß andere für ihn/sie die Probleme lösen müssen. Mangel an Selbstachtung; unterwürfig; möchte allen gefallen. Vernachlässigt die eigenen Bedürfnisse oder jagt ihnen zu sehr nach, was auf die Dauer zu körperlicher Erschöpfung und emotionaler Verarmung führt. Läßt sich ausnutzen, auch von Kollegen. Sollte in der Liebe darauf achten, daß der Partner aufrichtiges Interesse zeigt. Sollte mit sich selbst und mit dem eigenen Besitz nicht zu freigebig sein und Dinge nicht zu großzügig verleihen, denn andere könnten glauben, bei einem so sympathischen Menschen seien sie nicht verpflichtet, das Geliehene zurückzugeben. Gibt in der Liebe möglicherweise nur, um selbst etwas zu bekommen.

☾ ⊼ ♂ Täuscht sich in Menschen. Äußert die eigenen Gefühle unbeherrscht. Verteidigt sich nicht, wenn er/sie ausgebeutet wird, sondern verbittert statt dessen. Ist zu dienstfertig. Hofft, dadurch Sympathie zu gewinnen, was jedoch nicht gelingt. Muß lernen, sich mit den eigenen Angelegenheiten zu beschäftigen und zuerst die eigenen Probleme zu lösen. Andere schmücken sich möglicherweise mit dem Lob, das ihm/ihr zusteht. Dies alles kann unter anderem auch zu Verdauungsproblemen führen. Beziehung zur Mutter ist der Schlüssel zu Aggressivität und Selbstvertrauen. Kämpft gegen Bedrohung, die nur in der eigenen Phantasie existiert.

☾ ⊼ ♃ Großes Bedürfnis, versorgt zu werden und so akzeptiert zu werden, wie er/sie ist. Große Schwierigkeiten damit, aus den eigenen Erfahrungen zu lernen. Unterschätzt die eigene Qualitäten und will daher jedem zu Diensten sein. Freigebigkeit wird ausgenutzt. Fühlt sich schuldig, wenn er/sie einer Bitte nicht nachkommt. Tendenz, sich zuviel aufzuladen. Hobbys sind anzuraten. Sollte die Glaubwürdigkeit von Menschen überprüfen und sich erst dann mit ihnen einlassen. Versteht die eigenen emotionalen Reaktionen auf Reize von außen nicht. Neigt zu Selbstsucht, vor allem, wenn die Mutterbeziehung nicht gut war.

☾ ⚻ ♄ Fühlt sich unwürdig und minderwertig gegenüber anderen Menschen. Ordnet sich unter und läßt sich leicht ausnutzen; diese Haltung entwickelte sich in der Kindheit. Gutes Gedächtnis; Verantwortungsgefühl. Bedürfnis nach Belohnung für Bemühungen, was zu noch besserer Arbeit führt. Blick fürs Detail. Liebesbeziehungen können nur dann angeknüpft werden, wenn mehr Selbstrespekt entwickelt wird. Tendenz zu einseitigen Beziehungen, was auf die Dauer zu unerträglichen Spannungen führt.

☾ ⚻ ♅ Glaubt, sich auf niemanden wirklich verlassen zu können. Starkes Schuldgefühl wegen mangelnder emotionaler Reife gegenüber der Verantwortung. Diese Haltung stammt aus der Kindheit und löst sich durch emotionale Krisen allmählich auf, die zu größerer innerer Freiheit führen. Sehnt sich danach, anderen nicht mehr zu Diensten sein zu müssen. Mitmenschen tun so, als ob niemand anders als er/sie ihnen helfen könnte, wodurch er/sie sich ausnutzen läßt. Sensibel und emotional. Geringe Abwehrkraft, nervös. Muß lernen, nur das absolut Notwendige zu tun. Spielt in der Liebe die dienende Rolle. In den unpassendsten Augenblicken plötzliche emotionale Ausbrüche.

☾ ⚻ ♆ Sehr tiefe Gefühle. Starke Probleme mit der Loslösung. Phantasie sehr beschäftigt mit dem Aufspüren und Produzieren von (irrealen) Problemen. Sollte sehr auf gute Ernährung und Hygiene achten. Aufdringlich, vor allem im Beruf, was Spannungen erzeugt. Kann in der Liebe nur schwer ehrlich und realistisch sein. Dichtet Menschen alle möglichen übertriebenen positiven Eigenschaften an, was zu großen Enttäuschungen führt. Fällt leicht auf den Schein herein, mit dem sich ein anderer umgibt. Sehr romantisch und künstlerisch. Sehr abhängig. Verträgt kein hartes Wort, auch wenn es gut gemeint ist. Tendenz, die eigenen Gefühle zu verbergen und sich aufzuopfern. Fühlt sich dann aber leicht als Opfer und wird rachsüchtig.

☾ ⚻ ♇ Emotional zwanghaft. Muß lernen objektiver zu

sein. Mußte sich wahrscheinlich in der Kindheit unterordnen. Verwechselt daher unbewußt Unterwerfung mit »Liebe«. Nimmt mehr oder weniger unbewußt an, daß andere, die ihn/sie benutzen, ihn/sie auch lieben. Lernt langsam, aber sicher, »nein« zu sagen. Sollte sich immer nur auf eine Aufgabe konzentrieren und sich nicht ständig Neues vornehmen. Kann am besten hinter den Kulissen arbeiten. Ist extrem sensibel für Charme. Läßt sich durch Äußerlichkeiten täuschen. Starkes Bedürfnis nach Heim und Familie kann zu vielen Kompromissen bei der Partnerwahl führen oder zur Wahl eines Partners von niedrigem Niveau. Angst vor den eigenen geheimen Gedanken und Gefühlen. Sollte sich eine Vertrauensperson suchen, um diese Gefühle und Gedanken auszusprechen.

Die Quinkunxe mit Merkur

☿ ⚻ ☾ siehe Seite 220

☿ ⚻ ♂ Verfügt über sehr großes Wissen in sehr vielen Bereichen, aber identifiziert sich damit zu sehr und kann es nicht gut anwenden. Erhält nicht viel Anerkennung für Bemühungen im Dienste von anderen, obwohl das Bedürfnis danach sehr groß ist. Sollte lernen, Prioritäten zu setzen und dabei auch selbst nicht leer auszugehen. Fühlt sich anderen gegenüber zu sehr verpflichtet. Großes Bedürfnis, »nützlich« zu sein. Nervös, übereilt. Fühlt sich leicht unterlegen. Zu nachgiebig in der Liebe, was zu Antipathie und Selbsthaß führt. Arbeitet hart für den Erfolg; sollte Partner suchen, der bereit ist, die Arbeit zu teilen.

☿ ⚻ ♃ Kreativer Ausdruck ist stark blockiert; es scheint immer Dringlicheres zu geben. Kann aus Großherzigkeit keine Bitte um Hilfe abschlagen. Beklagt sich darüber, nicht genug Zeit für sich selbst zu haben, aber fühlt sich leicht schuldig, wenn er/sie einer Bitte um Hilfe nicht nachkommt. Die eigene Entwicklung wird dadurch behindert. Tendenz, die eigenen

Leistungen zu sehr mit denen der anderen zu vergleichen. Kann Experte auf jedem Gebiet werden, in das er/sie sich einarbeitet. Sollte großen Wert auf eine gute Ausbildung legen. Bereit zu harter Arbeit, wenn diese lohnend erscheint. Tendiert in der Liebe dazu, sich vorschnell und wahllos zu binden. Macht leicht Versprechungen, um jemanden für sich zu gewinnen. Neigung, über Dinge zu grübeln, die nicht zu verändern sind. Möglicherweise nervöse Verdauungsstörungen. Neigung zu Nachlässigkeit und Heuchelei.

☿ ⊼ ♄ Übertrieben ernsthaft und übertrieben starkes Verantwortungsgefühl. Setzt alles daran, Anerkennung zu bekommen. Verborgene masochistische Züge. Muß lernen, das große Bedürfnis, etwas für andere zu tun, nicht im persönlichen Bereich, sondern zum Beispiel im Beruf auszuleben. Neigung zu Selbstmitleid. Kennt die eigenen Fähigkeiten nicht; macht sich von sich selbst kein nüchternes und realistisches Bild. Sehr abhängig von der Meinung anderer über die eigene Person. Muß versuchen, den Glauben an sich selbst zu stärken, zum Beispiel durch Beruf und Hobbys. Neigung zum Zynismus. Leidet an verborgenen Ängsten. Rigide.

☿ ⊼ ♅ Schuldgefühle wegen unterlassener Hilfeleistungen. Tendenz, sich so stark anderen zu widmen, daß die eigene Person zu kurz kommt. Abneigung gegen selbstsüchtige Menschen. Kann sich nur schwer mäßigen im Einsatz für andere, was eventuell der eigenen Gesundheit schadet, vor allem dem Nervensystem. Will ein Leben im Dienste der Menschheit, der Welt als Ganzem, führen. Extrem starker intellektueller Arbeitseifer, doch die Probleme von anderen stören die innere Ruhe. Kann nicht abwarten, bis eine Situation sich beruhigt hat. Aufgeregt, ruhelos.

☿ ⊼ ♆ Kann sich nur schwer einer Bitte um Hilfe entziehen; fühlt sich schnell schuldig. Tendenz, sich eingebildete oder echte schwere Verantwortung aufzuladen. Übertreibt die eigenen Fehler. Hat Schwierigkeiten, die eigene stark entwickelte

Phantasie und Kreativität zum Ausdruck zu bringen. Bei enger Zusammenarbeit mit anderen entstehen leicht schmerzliche Mißverständnisse. Tendiert dazu, Zeit zu vergeuden und sich zuviel aufzuladen. Läßt sich leicht ausnutzen, auch in persönlichen Beziehungen. Sollte für viel Entspannung sorgen. Muß lernen, sich klar zu präsentieren und klar zu denken.

☿ ⚻ ♇ Zwanghaftes Verantwortungsgefühl, das aus der Kindheit stammt. Kann nur schwer zwischen den eigenen und fremden Aufgaben unterscheiden. Starkes Talent, Aufgaben bis ins letzte Detail gut auszuführen. Nimmt wegen großer Sensibilität viel mehr wahr als andere. Fühlt sich hingezogen zu hingebungsvollen Menschen. Erwartet von anderen Aufrichtigkeit. Neigung zur Rachsucht, wenn die eigenen Bemühungen nicht anerkannt werden. Erwartet von Untergebenen perfekte Leistungen. Treibt sich selbst aus Ehrgeiz an. Versteht sich gut mit Jugendlichen. Muß sich aus der täglichen Routine zurückziehen können. Äußerst kreativ und energisch. Tendiert dazu, die Dinge komplizierter zu machen, als sie sind, und sie auf umständliche Weise auszuführen. Wird leicht verdächtigt. Hang zu komplizierten und mysteriösen Dingen.

Die Quinkunxe mit Venus

♀ ⚻ ☾ siehe Seite 220

♀ ⚻ ♂ Besessen vom Wunsch nach Anerkennung. Geringes Selbstwertgefühl. Vergleicht sich ständig mit anderen. Richtet sich nach den vermeintlichen Erwartungen der anderen. Läßt sich leicht zur Seite drängen, auch im Beruf. Tut alles, um Aufmerksamkeit auf sich zu ziehen, was von anderen, auch in perönlichen Beziehungen, ausgenutzt wird. Ist zu dienstfertig. Wird schnell betrogen. Mißt Worten großen Wert bei und achtet nicht genug auf die Taten von anderen.

♀ ⚻ ♃ Ist sich der eigenen Bedürfnisse kaum oder nicht

bewußt. Sehr freigebig mit Hilfeleistungen und nicht wählerisch dabei; wird daher auch leicht ausgenutzt. Gerät leicht in eine untergeordnete Rolle und gibt in dieser Position auf naive Weise sein/ihr Bestes, ohne dafür belohnt zu werden. Ist in der Lage, große Verantwortung zu tragen. Unterschätzt die eigenen Fähigkeiten. Versucht ständig, sich zu beweisen. Nimmt sich selbst und die eigenen Pläne zu ernst, was die eigene Entwicklung behindert. Erwartet zuviel. Defensive Haltung in menschlichen Beziehungen. Möchte begehrt werden. Mangel an Optimismus und Selbstachtung. Neigt zur Passivität.

♀ ⚻ ♄ Liebt sich selbst nicht, fühlt sich unwürdig und läßt sich dadurch von anderen benutzen. Empfindet Verantwortung als eine sehr schwere Last. Leicht einzuschüchtern. Meint, daß andere ständig etwas von ihm/ihr wollen; meistens beruht dies jedoch auf Einbildung, führt aber desungeachtet zu Groll. Möchte Arbeiten fehlerlos ausführen. Arbeitet härter als andere in seiner/ihrer Umgebung. Muß vor allem in der Liebe lernen, für sich selbst einzutreten. Hat Angst, von niemandem geliebt zu werden, und wird depressiv, wenn er/sie alleine ist; Depressivität kann zu Verdauungsproblemen führen.

♀ ⚻ ⛢ Drängt sich anderen auf und versucht, deren Probleme zu lösen. Leidet schnell unter Schuldgefühlen anderen gegenüber, die es schwer haben bzw. zu haben scheinen. Vernachlässigt die eigenen Bedürfnisse. Sehr starkes Bedürfnis nach Kommunikation. Versucht, Freundschaft durch Gefälligkeiten zu erkaufen, beklagt sich jedoch später darüber, ausgenutzt zu werden. Muß lernen, Anforderungen an andere zu stellen. Aufrichtiges Interesse an anderen Menschen. Sehr gute Auffassungsgabe, sehr intelligent. Impulsiv und in Liebesbeziehungen leicht gereizt, was von anderen ausgenutzt wird. Ambivalent gegenüber Liebe und Freiheit. Tendenz zu glauben, daß Liebe trügerisch ist.

♀ ⚻ ♆ Treibt sich selbst an, ist inspiriert, sensibel und hat starke Phantasie, kann jedoch keine Prioritäten setzen. Will alles auf einmal. Sehr starkes Bedürfnis nach Anerkennung und Lob. Will allen gefallen, bemüht sich auch sehr darum, was jedoch dazu führt, daß das eigene Potential nicht zur Entfaltung kommt. Außergewöhnliche künstlerische Talente. Extrem romantisch; muß Liebeserklärungen gegenüber vorsichtig sein. Neigt dazu, sich der Realität gegenüber zu verschließen.

♀ ⚻ ♇ Zwanghaftes Bedürfnis, akzeptiert zu werden, was vor allem in Kontakten mit dem anderen Geschlecht zu Spannungen führt. Veräußert sich in emotionalen Beziehungen zu sehr. Wird in der Liebe leicht getäuscht. Läßt sich leicht zu physischen Kontakten als »Liebesbeweise« nötigen. Wichtige Entscheidungen werden häufig unter emotionalem Druck getroffen, was von Geschäftspartnern ausgenutzt wird. Sollte nicht so schnell bereit sein, Zeit und Geld in andere zu investieren. Muß lernen, sich einer einzigen Aufgabe zu widmen und nicht mehr zu tun, als nötig ist.

Die Quinkunxe mit Mars

♂ ⚻ ☉ siehe Seite 218

♂ ⚻ ☾ siehe Seite 221

♂ ⚻ ☿ siehe Seite 223

♂ ⚻ ♀ siehe Seite 225

♂ ⚻ ♃ Glaubt, daß alles nach seinen Wünschen und Vorstellungen geschehen muß. Drängt sich mit besten Absichten anderen auf. Ist der Meinung, daß Angelegenheiten sofort erledigt werden müssen. Fühlt sich leicht schuldig, wenn dies nicht gelingt. Steht der selbständigen Entwicklung anderer häufig im Weg. Kann nur schwer Prioritäten setzen, vor allem im Umgang mit anderen. Muß das Ergebnis von Bemühungen sehen können. Das große Bedürfnis, anderen zu helfen, führt manchmal zu Ausnutzung, auch in der Liebe. Redet zu schnell über eigene Projekte. Läßt sich leicht einschüchtern und in eine untergeordnete Position drängen, protestiert jedoch innerlich dagegen. Übereilt.

♂ ⊼ ♄ Versucht, immer wieder sich selbst zu beweisen, daß er/sie echtes Mitgefühl für andere hat. Hat in dieser Hinsicht Schuldgefühle in bezug auf die eigene Vergangenheit. Hat Schwierigkeiten menschliche Verantwortung genau einzuschätzen, sowohl die eigene wie auch die anderer. Läßt sich leicht einschüchtern, vor allem in Gesprächen, kann jedoch auch aufbrausend reagieren. Glaubt, daß jeder andere fähiger und talentierter ist als er/sie selbst. Ist sich des eigenen Erfolgsvermögens nicht bewußt. Sollte erst dann persönliche Beziehungen eingehen, wenn eigene Überzeugungen sich gefestigt haben, da er/sie sonst überrannt oder mit dem eigenen Gefühl manipuliert werden könnte. Muß dafür sorgen, aktiv zu bleiben, da sonst Probleme mit der Gesundheit (z. B. Arthritis) entstehen können. Neigt zu Unentschlossenheit und dazu, anderen die Schuld zuzuschieben.

♂ ⊼ ♅ Originell, enthusiastisch, handelt jedoch fast immer unter Druck. Glaubt nie genug Zeit zu haben und will alles gleichzeitig und möglichst schnell erledigen. Tut mehr, als er/sie verkraften kann, aufgrund eines leicht ansprechbaren, möglicherweise nicht völlig bewußten Schuldgefühls. Große Bewunderung für erfolgreiche Menschen; versucht, ihnen nachzueifern oder sie zu übertrumpfen, was zu noch größerer Spannung führt, weil es nicht aus den eigenen Anlagen heraus geschieht. Muß lernen, für sich selbst und den eigenen Arbeitsstil einzutreten und sich von Kritik nicht beeinflussen zu lassen. Auch in der Liebe spielt das latente Gefühl von Inkompetenz eine Rolle. Findet nur schwer ein Ventil für Impulsivität und Jähzorn.

♂ ⊼ ♆ Handelt oft zu schnell. Ängstlich. Großes Bedürfnis, positiv und konstruktiv zu sein, vergißt jedoch dabei die nüchterne Planung, durch die dies zu erreichen wäre. Mißerfolg erzeugt neue Ängste und Spannungen. Ungeeignet für schwere körperliche Arbeit. Künstlerisch. Tendiert dazu, die eigene Bedeutung für andere Menschen zu überschätzen, wodurch er/sie ziemlich leicht zu täuschen ist. Starke physische Bedürfnisse. Neigt dazu, sich sexuell mit minderwertigen Charakteren einzulassen. Durchschaut Menschen nicht und betrügt möglicherweise auch andere in sexuellen Beziehungen. Äußerst kurzsichtig. Möglicherweise starke Schuldgefühle in bezug auf Sex, was sexuellen Kontakt unmöglich macht. Muß sehr auf Hygiene achten. Hat Schwierigkeiten, ehrlich für sich selbst einzutreten und sowohl geistige wie auch körperliche Kräfte zu entwickeln.

♂ ⚻ ♇ Extrem empfindlich gegenüber bewußten oder unbewußten Anforderungen, die Menschen im täglichen Leben an ihn/sie stellen. Treibt sich selbst an, manchmal nur, um anderen einen Gefallen zu tun. Starke sexuelle Bedürfnisse, aber Schwierigkeiten, diese zu befriedigen. Neigt dazu, in dieser Hinsicht in Extreme zu verfallen. Fühlt sich leicht schuldig, wenn die Dinge nicht nach Plan verlaufen. Kann finanzielle Schwierigkeiten schwer ertragen. Muß lernen, sich zu entspannen und nichts zu tun. Kann bei geistigen Interessen nur schwer Prioritäten setzen. Macht manchmal auf andere den Eindruck, über Leichen zu gehen. Durchlebt tiefe Krisen, doch ist im Grunde zäh und ausdauernd genug, um sie durchzustehen.

Die Quinkunxe mit Jupiter

♃ ⚻ ☉ siehe Seite 218

♃ ⚻ ☾ siehe Seite 221

♃ ⚻ ☿ siehe Seite 223

♃ ⚻ ♀ siehe Seite 225

♃ ⚻ ♂ siehe Seite 227

♃ ⚻ ♄ Trägt schwer an der Last der Verantwortung. Leidet unter Schuldgefühlen, die sich auf die Vernachlässigung von Pflichten in der Vergangenheit beziehen. Kann in dieser Hinsicht nicht aus eigener Kraft Prioritäten setzen. Sollte Rat suchen, um zu lernen, mehr auf sich selbst zu achten. Gefühle von Groll und Bitterkeit den Menschen gegenüber, denen gedient wird; tatsächlich handelt es sich jedoch um Selbstverachtung. Muß lernen, sich von sich selbst zu distanzieren. Hat geringe Selbstachtung und erkennt daher die eigenen sehr großen Talente nicht. Sollte sich an eine gesunde Lebensführung halten. Tendenz zu Verdauungsstörungen. Hat Bedürfnis nach großer körperlicher Anstrengung, um wieder zu Kräften zu kommen. Ambivalente Haltung gegenüber Autoritäten; bewundert diese Menschen, aber lehnt es ab, von ihnen zu lernen.

♃ ⚻ ♅ Sehr beeinflußbar, wodurch eigene Bedürfnisse und Wünsche vernachlässigt werden. Extrem starker Drang nach direkten Ergebnissen, was zu nachlässiger Planung führt. Mangel an Selbstdisziplin. Muß lernen, nein zu den Anforderungen zu sagen, die andere an ihn/sie stellen, und dabei konsequent bleiben. Nicht in der Lage, die eigenen Fähigkeiten zu koordinieren. Starkes Bedürfnis nach Erfolg. Kann nur schwer guten Rat annehmen. Sollte sich in der Liebe erst versichern, ob die Gefühle auf Gegenseitigkeit beruhen, und sich nicht immer wieder zwingen lassen, seine/ihre Liebe zu »beweisen«. Neigt zu Exzessen. Braucht sehr viel Ruhe. Probleme mit Gruppen, auch dann, wenn diese seine/ihre eigenen Ideen vertreten.

♃ ⚻ ♆ Sieht rational ein, daß andere ihn/sie ausnutzen, aber kann aus emotionalen Gründen nicht den Forderungen und Bitten um Hilfe widerstehen. Fühlt sich leicht anderen gegenüber schuldig. Wünscht sich, daß andere von ihm/ihr abhängig sind. Quält sich selbst; sucht schwierige und schmerzhafte Situationen. Beklagt sich darüber, aber unternimmt nichts dagegen. Warmes und aufrichtiges Verständnis für Menschen, die gesellschaftlich benachteiligt sind. Neigung, die Mängel anderer auf sich zu nehmen. Leidet unter Weltschmerz. Braucht vertrauenswürdigen Rat. Möglicherweise psychosomatische Beschwerden. Tendiert stark zu übertriebenem Idealismus und Wirklichkeitsflucht.

♃ ⚻ ♇ Leicht einzuschüchtern. Sehr auf den eigenen Vorteil bedacht. Verhält sich oft sehr opportunistisch. Jammert gerne über das eigene Schicksal. Hat das Gefühl, daß alle soziale Verantwortung auf ihm/ihr lastet, und versucht, dieser Verantwortung zu entgehen. Verfällt von dem einen Extrem, schamlos von anderen zu profitieren, in das andere, sich der Befriedigung fremder Wünsche absolut zu unterwerfen. Muß lernen, die Motive anderer zu durchschauen und beim Helfen den goldenen Mittelweg zu finden. Großes Talent und die Neigung, andere zu dominieren, was zu großen Problemen führt, solange dieses Talent für selbstsüchtige Zwecke eingesetzt wird.

Die Quinkunxe mit Saturn

♄ ⚻ ☉ siehe Seite 219

♄ ⚻ ☾ siehe Seite 222

♄ ⚻ ☿ siehe Seite 224

♄ ⚻ ♀ siehe Seite 226

♄ ⚻ ♂ siehe Seite 228

♄ ⚻ ♃ siehe Seite 230

♄ ⚻ ♅ Fühlt sich von Veränderungen bedroht, aber läßt sich dies nicht anmerken. Ist der Meinung, daß alles mit alten Mitteln am besten zu schaffen ist. Angst, sich aus der großen Masse hervorzuheben. Andere, auch die Partner, haben möglicherweise einen besseren Einblick in die enormen verborgenen Talente und werden vielleicht versuchen, diese ans Tageslicht zu bringen. Neigung zu Pessimismus und Schicksalsergebenheit. Anlage zu Arterienverkalkung und Gelenkentzündungen. Läßt sich von anderen aufgrund des großen Bedürfnisses nach Anerkennung einschüchtern. Starke emotionale Spannungen, aber spielt gerne den Stoiker.

♄ ⚻ ♆ Großes Bedürfnis nach altruistischem spirituellem Dienen. Hat jedoch keinen klaren Einblick in die eigenen Motive und in die anderer und läßt sich daher ausnutzen. Tendenz, Verantwortung zu übernehmen, ohne dies wirklich zu wollen. Unterbewußtes Schuldgefühl wird durch das Gefühl, gebraucht zu werden, sublimiert. Möglicherweise führt dies zu körperlichen Beschwerden psychosomatischer Art. Angst vor negativen Testergebnissen erzeugt die Neigung, zu große Risiken einzugehen, auch und vor allem im Bereich der Gesundheit. Spielt leicht den heimlichen Märtyrer. Angst vor der eigenen inneren Leere. Neigung zum Verzicht.

♄ ⚻ ♇ Überschätzt das eigene Durchhaltevermögen und lädt sich zuviel auf. Hat Angst davor, jemand könnte ihn/sie der Pflichtvernachlässigung bezichtigen. Hat Angst, daß die eigenen Bemühungen nicht ausreichen. Neigt daher zu Depressivität. Achtet sehr auf Details und Perfektion. Bemängelt schnell die Bemühungen anderer, was die eigene Entwicklung behindert. Wird möglicherweise in den persönlichen Beziehungen von anderen dominiert. Ist sich dessen bewußt, daß andere ihn/sie ausnutzen wollen, um ihre Inkompetenz zu verschleiern; läßt sich möglicherweise auch selbst darauf ein. Sollte genau auf den Inhalt von Verträgen achten, auf Klarheit in diesen Dingen bestehen und keinesfalls mehr tun, als vereinbart ist. Sieht das Leben als einen Kampf. Tendiert dazu, um jeden Preis am Status quo festzuhalten, auch wenn dieser ungünstig ist. Muß lernen, sich anzupassen, um Widerstand und Feindseligkeiten zu vermeiden.

Die Quinkunxe mit Uranus

⛢ ⚻ ☉ siehe Seite 219

⛢ ⚻ ☾ siehe Seite 222

⛢ ⚻ ☿ siehe Seite 224

⛢ ⚻ ♀ siehe Seite 226

⛢ ⚻ ♂ siehe Seite 228

⛢ ⚻ ♃ siehe Seite 230

⛢ ⚻ ♄ siehe Seite 231

⛢ ⚻ ♆ Fühlt sich machtlos gegenüber Ungerechtigkeiten im religiösen und politischen Bereich. Daraus erwächst ein subtiles Schuldgefühl. Glaubt an die Möglichkeit, daß diese Dinge durch Zusammenarbeit vieler Menschen verändert werden können und so die Welt verbessert werden kann. Fühlt sich sehr berührt vom Leid der Benachteiligten. Abneigung gegen Bewußtseinserweiterung.

⛢ ⚻ ♇ Fühlt sich machtlos den Mißständen des gesellschaftlichen, politischen und religiösen Systems gegenüber, in dem er/sie lebt. Ist der Meinung, daß die eigenen Lebensumstände die Entfaltung der eigenen Individualität ernstlich behindert haben. Geld ist dabei möglicherweise ein wichtiger Punkt gewesen. Will nichts mit der enormen Macht zu tun haben, die politische, religiöse und industrielle Führer haben.

Die Quinkunxe mit Neptun

♆ ⚻ ☉ siehe Seite 219

♆ ⚻ ☾ siehe Seite 222

♆ ⚻ ☿ siehe Seite 224

♆ ⚻ ♀ siehe Seite 226

♆ ⚻ ♂ siehe Seite 228

♆ ⚻ ♃ siehe Seite 230

♆ ⚻ ♄ siehe Seite 232

♆ ⚻ ⛢ siehe Seite 233

♆ ⚻ ♇ Für diesen Aspekt gilt in noch stärkerem Maße, was schon beim Trigon und beim Quadrat zwischen diesen beiden Planeten (siehe Seite 216 und 196) gesagt worden ist. Diese Aspekte entziehen sich bis jetzt noch unserer Beobachtung. Allgemein gesagt hat dieser Aspekt die Wirkung, die allen Quinkunxen implizit ist: eine Auswirkung, die günstig für die Außenwelt ist, doch mit dem zu hohen Preis der Selbstaufopferung bezahlt wird und die daher nicht günstig, zumindest jedoch nicht angenehm für den Betreffenden ist. Bei dieser Aspektbeziehung zwischen Neptun und Pluto wird ein Reifungsprozeß stattfinden, der damit beginnt, daß der/die Betreffende sich in mystischer Hinsicht ausnutzen läßt, aus dem starken Verlangen heraus, die Getretenen dieser Erde aufzurichten, und damit endet, daß er/sie sich aus eigener Kraft für diese Dinge einsetzen kann.

Die Quinkunxe mit Pluto

♇ ⚻ ☉ siehe Seite 220

♇ ⚻ ☾ siehe Seite 222

♇ ⚻ ☿ siehe Seite 225

♇ ⚻ ♀ siehe Seite 227

♇ ⚻ ♂ siehe Seite 229

♇ ⚻ ♃ siehe Seite 231

♇ ⚻ ♄ siehe Seite 232

♇ ⚻ ♅ siehe Seite 233

♇ ⚻ ♆ siehe Seite 234

Oppositionen

Orbis 5° (d. h., der Abstand zwischen zwei Himmelskörpern beträgt zwischen 175° und 185°). Symbol: ☍

Die Oppositionen mit der Sonne

☉ ☍ ☾ Eigensinnig. Neigt zur Herrschsucht. Gefühl von Gespaltenheit zwischen Ego und Emotionen. Dies wird auf andere projiziert, wodurch Konflikte mit der Außenwelt entstehen. Bemerkenswerte Geisteskraft. Hat Schwierigkeiten, sich durchzusetzen, und wartet zu oft, bis andere den ersten Schritt tun. Nachträgliche Zweifel an der eigenen Handlungsweise. Kann nur schwer die Vergangenheit loslassen. Möglicherweise in einer disharmonischen Ehe aufgewachsen. Beziehungen sind für ihn/sie einer der wichtigsten Bereiche. Erwartet eine absolute Partnerschaft, aber muß viel an sich selbst arbeiten, bevor es dazu kommt. Hat Angst, für gleichgültig/gefühllos gehalten zu werden. Neigt zu Selbstmitleid. Treibt sich selbst zu stark an.

☉ ☍ ♂ Aufgeregtes Naturell. Liebt das Glücksspiel. Selbstzufrieden. Offenherzig, aber nicht ruhig genug, um davon immer zu profitieren. Liebt den »Kampf«. Neigt dazu, sich zu überarbeiten. Arrogant. Wirkt bedrohlich auf andere. Innerlich sehr unsicher. Mischt sich zu sehr in die Angelegenheiten anderer ein. Sehr energisch. Arbeit muß eine Herausforderung darstellen. Sehr starker Leistungswille. Starke Begierden und starke physische Reaktionen. Wünscht sich jedoch Kameradschaft, wenn es wirklich darauf ankommt. Muß in der Liebe lernen, in bezug auf den Partner realistische Erwartungen zu haben und Kompromisse zu schließen. Schwierigkeiten mit der Selbstbeherrschung.

☉ ☍ ♃ Ruhelos. Große mentale Kräfte; setzt diese jedoch so ein, daß er/sie selbst nicht davon profitiert. Neigung zu blindem Optimismus und Unvorsichtigkeit/Sorglosigkeit. Großer Wunsch zu glänzen, aber ist eigentlich nicht bereit, sich dafür sonderlich anzustrengen. Läßt sich leicht dazu verleiten, zweifelhafte Taktiken und Mittel einzusetzen. Verspricht viel, ohne es zu erfüllen. Tendiert dazu, Freunde in schwierigen Situationen im Stich zu lassen. Verfälscht die Wahrheit entsprechend den eigenen Zielen. Spielt in der eigenen Phantasie die Rolle des grandiosen, kompetenten Siegers, aber hat in Wirklichkeit große Angst vor Herausforderungen und Konkurrenz. Extrem kreativ. Starkes Bedürfnis nach Anerkennung. Vergißt gerne, wer zum Erfolg beigetragen hat. Sehr anspruchsvoll und unbeständig in der Liebe. Gesteht sich selbst viel mehr zu als dem Partner. Geht sehr gern auf Reisen. Indiskret, und versteht nicht, daß dies zum eigenen Nachteil gereichen kann. Sollte auf Ernährung achten.

☉ ☍ ♄ Große Schwierigkeit, zu Selbstentfaltung und Selbstausdruck zu kommen. Muß sich sehr anstrengen, um Erfolg zu haben. Tendenz zu Scheu und Schüchternheit, was jedoch hinter einem rauhen Auftreten verborgen wird. Sehr großer Mangel an Selbstvertrauen. Viele Krisen in persönlichen Kontakten. Fühlt sich bedroht im Umgang mit anderen und wirkt auch selbst bedrohlich. Der Schlüssel zu allen Problemen ist Selbstvertrauen. Hartes Urteil über andere. Liebt sich selbst nicht. Sollte darauf achten, nicht zuviel Salz zu konsumieren und sich genügend zu bewegen.

☉ ☍ ♅ Extrem individualistisch zum eigenen Nachteil. Sehr eigensinnig. Sehr große nervöse Spannungen. Neigung, in Krisensituationen genau das Falsche zu tun, wodurch das, was mühsam aufgebaut wurde, wieder zerstört wird. Neigt zum Hochmut. Möchte geistiger Führer sein, hat jedoch die dabei hinderliche Tendenz, andere zu unterwerfen. Wenig Sinn für Humor. Starke Zweifel an der eigenen Kompetenz. Sehr talentiert. Viel Auf und Ab. Ungeduldig, vor allem mit Menschen, die nicht interessant genug zu sein scheinen. Gefühlsausbrüche, verträgt es jedoch nicht, wenn andere solche haben. Extrem anspruchsvoll in der Liebe, aufregender Lebensstil. Verlangt, daß andere die eigenen Interessen teilen. Tendiert zu wechselnden Partnerbeziehungen. Kann Einschränkungen nicht ertragen, aber schränkt andere ein. Muß lernen, sich zu entspannen.

☉ ☍ ♆ Sehr leicht durch Eitelkeit oder Sympathien zu manipulieren. Erzeugt und sieht Probleme, wo keine sind, und übersieht die wirklichen Probleme. Sehr leicht zum Narren zu halten, vor allem in angeblich mystischen Angelegenheiten. Kann auch bei Menschen und Beziehungen nur schwer das Echte vom Unechten unterscheiden und bevorzugt daher unverbindliche Kontakte. Starke Zweifel an den eigenen Fähigkeiten. Mißtrauisch. Wünscht sich unbewußt, bestraft zu werden. Läßt sich erniedrigen. Färbt die Wirklichkeit nach den eigenen Wünschen. Hat anderen viel zu bieten. Anfällig für Sucht.

☉ ☍ ♇ Verträgt keinerlei Konkurrenz und greift zu extremen Mitteln, um zu »gewinnen«. Geht immer davon aus, daß andere auf irgendeine Weise mächtiger sind als er/sie selbst. Kann es nicht ertragen, wenn etwas unsicher ist. Zwingt anderen seinen/ihren Willen in aggressiver Weise auf. Tendenz, Sex zu mißbrauchen, um Macht über andere zu erlangen. Respektiert die Meinung anderer ganz und gar nicht und verwehrt ihnen, sie äußern zu dürfen. Mißtraut jedem, der andere Ansichten hat. Dies alles hat tiefgreifende psychische Krisen und Wendungen zur Folge. Erst dadurch entwickelt sich allmählich ein Gefühl für Selbstwert und innere Sicherheit.

Die Oppositionen mit dem Mond

☾ ☍ ☉ siehe Seite 236

☾ ☍ ☿ Ruhelos, aufgeregt, nervös. Schwierigkeit, Emotionen und Vernunft miteinander in Einklang zu bringen. Reagiert oft so emotional, daß er/sie gemieden wird. Andererseits werden andere manchmal mit extrem kalter Logik betrachtet. Ist ein schlechter Zuhörer, was dazu führt, daß die Ansichten anderer ignoriert werden. Zieht übereilt und impulsiv Schlüsse. Sehr empfindlich für Kritik. Erweckt manchmal (mehr oder weniger mit Absicht) beim Reden einen falschen Eindruck. Läßt sich zu leicht zu einem Wortwechsel verleiten. Redet zuviel über Privatangelegenheiten. Prahlt leicht mit Wahrheiten und auch Unwahrheiten. Nach außen sehr loyal gegenüber der eigenen Familie.

☾ ☍ ♀ Große Sehnsucht, geliebt zu werden. Will mit jedem auf gutem Fuß stehen und macht dafür zu viele Konzessionen. Erweckt bei anderen den Eindruck, etwas von ihnen zu wollen. Erwartet zuviel von Menschen, die seine/ihre Sympathie haben. Möchte gerne mit anderen zusammenarbeiten, aber findet nur schwer zu der Haltung, die dies ermöglicht. Großes Bedürfnis nach Luxus und Komfort als Kompensation für emotionale Entbehrungen. Versucht möglicherweise, Sex für das eigene Bedürfnis nach Sicherheit zu mißbrauchen. Kann sich nur schwer der Wahrheit stellen. Bezieht alles auf sich selbst. Mischt sich zu sehr in die Angelegenheiten anderer ein. Schwierigkeiten und Krisen vor allem mit sehr nahestehenden Menschen.

☾ ☍ ♂ Tiefes Gedankenleben; tendiert dazu, sich zu stark von den Emotionen mitreißen zu lassen. Tendiert zu Rebellion und Intoleranz. Hat Schwierigkeiten, in Gegnern das Gute zu sehen. Ziemlich grob, ab und zu aufbrausend. Sucht den eigenen Weg im Leben, unabhängig von anderen. Zieht oft den falschen Partner an. Fühlt sich zu schnell kritisiert und schlägt dann sofort hart zurück. Schillernde Persönlichkeit, extravertiert und aggressiv im Umgang mit Menschen. Tendiert zur Untreue. Kümmert sich zu sehr um physische und materielle Dinge. Verhält sich starrsinnig, wenn er/sie Regeln befolgen muß. Wegen emotionaler Ausbrüche Schwierigkeiten mit Kollegen. Kann sich nur schwer entspannen, was oft zu Verdauungsproblemen führt.

☾ ☍ ♃ Glaubt gerne das, was am angenehmsten erscheint. Starke Zweifel an den eigenen Fähigkeiten. Sucht den Kontakt mit talentierteren Menschen, um das eigene Selbstvertrauen zu stärken. Nimmt möglicherweise Schmeicheleien von oberflächlichen Bekannten zu wichtig, die dies dann ausnützen. Ist in manchen Fällen zu schnell bereit, die Fehler anderer zu akzeptieren. Sollte sich für andere Menschen einsetzen. Muß Konkurrenz mit starken Gegnern vermeiden, weil dies die Minderwertigkeitsgefühle nur verstärkt. Großes Bedürfnis nach Wärme und Zuneigung, aber setzt nicht die richtigen Mittel ein, um diese zu bekommen. Sollte auf Körpergewicht achten. Reagiert extrem emotional auf Erfahrungen, ohne genau zu verstehen, was diese Emotionen und Erfahrungen bedeuten. Gibt leicht den anderen die Schuld für das eigene Unvermögen. Anmaßend.

☾ ☍ ♄ Depressiv, unzufrieden. Schwierigkeiten, Zusammenhänge zu sehen. Furchtsam. Durch die Erziehung hat sich ein ausgeprägtes Gefühl für Pflicht und Verantwortung entwikkelt, das als negativ erfahren wird. Angst, nicht geliebt und möglicherweise zurückgewiesen zu werden. Versteht sich besser mit älteren Menschen als mit den Altersgenossen und Jüngeren. Verbittert über Pflichten und Vorgesetzte. Wählt Partner, die die Rolle der Eltern fortsetzen. Will den eigenen Kindern eine angenehmere Kindheit als die eigene ermöglichen. Verdauungsstörungen infolge von emotionalem Streß. Sollte sich oft ausruhen und wenig Salz konsumieren. Einsam. Ausdrucksschwierigkeiten. Angst vor Emotionen, auch vor den eigenen.

☾ ☍ ♅ Hat Schwierigkeiten, Emotionalität und Logik miteinander in Einklang zu bringen. Mangel an Selbstvertrauen. Kann dies überwinden, indem er/sie andere zur Selbstentfaltung stimuliert: Talent zum Lehrer. Fasziniert von bizarren und komplizierten Beziehungen. Nimmt nicht gerne Verantwortung auf sich, vor allem in emotionalen Beziehungen; neigt zur Promiskuität. Äußerst nervös. Sollte sich viel Ruhe gönnen und eine gelassene Betrachtungsweise Dingen und

Menschen gegenüber entwickeln. Sehr aktiv und talentiert. Schwierigkeiten in Beziehungen mit dem anderen Geschlecht, die jedoch möglicherweise nicht bewußt sind. Sehr starkes Bedürfnis nach warmherzigen, affektiven Beziehungen.

☾ ☍ ♆ Kann nur schwer Schein von Wirklichkeit unterscheiden, vor allem in emotionalen Beziehungen. Sehr stark von der Umgebung beeinflußt. Zieht sich gern in eine Scheinwelt zurück. Läßt sich leicht ausbeuten. Große Schwierigkeit, die Entwicklung der eigenen Talente selbst in die Hand zu nehmen. Mangel an Selbstvertrauen: vergleicht sich ständig mit anderen. Sehr sensibel, vor allem in bezug auf die Probleme anderer. Sucht immer und überall das Ideale und geht an der Wirklichkeit vorbei, in der Kompromisse geschlossen werden müssen. Sollte sich besser nicht mit Mystik, Spiritismus und Drogen einlassen, bevor sich ein stärkerer Wirklichkeitssinn entwickelt hat.

☾ ☍ ♇ Besessen von der Vorstellung, daß Zuneigung und emotionale Befriedigung nur durch viel Leiden zu erreichen sind. Bitter und rachsüchtig gegenüber anderen, die den Eindruck erwecken, Macht über ihn/sie ausüben zu wollen. Mißtrauisch gegenüber anderen, die ihm/ihr nahekommen wollen. Verträgt keine Autorität. Übersieht leicht die Gefühle anderer, auch im Beruf. Getrieben von starken physischen Bedürfnissen; daher nicht wählerisch genug mit sexuellen Kontakten. Kann nur schwer Ratschläge akzeptieren. In der Liebe aggressiv und auf die Position des/der Begehrtesten aus. Geht davon aus, daß andere ihn/sie ausnutzen wollen. Kann nur schwer die Schuld bei sich selbst suchen und finden. Kompromißlos zum eigenen Nachteil. Weckt Angst.

Die Oppositionen mit Merkur

☿ ☍ ☾ siehe Seite 238

☿ ☍ ♂ Fast unerschöpfliche geistige Energie. Streitlustig, eigensinnig. Scharfe Zunge und Feder. Probleme mit der Höflichkeit. Nimmt gerne gegen irgend etwas Partei. Sieht die eigenen Fehler nur schwer ein und kann Charaktere, die sich vom eigenen Charakter unterscheiden, nur schwer einschätzen. Sehr begierig, das eigene Können unter Beweis zu stellen. Ruhelos. Erweckt bei anderen den Eindruck geistiger Überlegenheit, was als bedrohlich empfunden wird. Voreilig. Neigung zu Arroganz, was die eigene Entfaltung behindert. Große kommunikative Begabung, kann aber erst Gebrauch davon machen, wenn diplomatisches Verhalten entwickelt worden ist.

☿ ☍ ♃ Sehr aktiver Geist mit fruchtbaren Ideen. Tendiert dazu, sich in Gedanken zu verlieren, manchmal auch mitten in einem Gespräch. Unvernünftig im kleinen. Blufft gerne. Kann hohe Erwartungen und Ideen nur schwer in die Praxis umsetzen. Scheut Verantwortung. Zieht zu schnell Schlüsse, ohne auf die Tatsachen zu achten. Redet zuviel. Sehr neugierig, unersättlicher Wissensdurst. Kommt leicht vom Hölzchen aufs Stöckchen. Muß in Rechtsfragen vorsichtig sein. Unachtsam in der Liebe. Merkt nicht, wenn andere ihn/sie in diesem Bereich auszunutzen versuchen. Hat Schwierigkeiten, ehrlich gegenüber sich selbst zu sein, und wird dadurch zum Opfer der Unehrlichkeiten anderer.

☿ ☍ ♄ Starke Neigung, Pläne und Komplotte zu sehen und zu schmieden, selbst in völlig unbedeutenden Angelegenheiten. Tendenz zu geistiger Engstirnigkeit. Liebt Disziplin. Unglückliche Kindheit. Wenig echte Freunde. Leidet unter Ängsten. Defensiv, Vorurteile, konservativ. Neigt zu Betrügereien. Projiziert alle möglichen Gedanken usw. grundlos auf andere. Mischt sich ständig ein. Angst, im Beruf von anderen ausgenutzt zu werden. Fordert Anerkennung von Kollegen.

Isoliert sich. Neigt dazu, es mit ethischen Wertvorstellungen nicht so genau zu nehmen. Sollte bei Verträgen aufpassen: Übersieht leicht wichtige Punkte. Die Lösung für all diese Probleme liegt darin, die eigene Intelligenz und das praktische Können für sich selbst und für einen Beruf zu entwickeln.

☿ ☍ ⛢ Äußerst eitel und eingebildet. Klammert sich sehr hartnäckig an Illusionen in bezug auf sich selbst und die eigenen Auffassungen, vor allem, wenn diese kritisiert werden. Sehr große Fähigkeiten, die jedoch leicht auf törichte Weise eingesetzt werden. Innere Zweifel an den eigenen Fähigkeiten. Versucht durch Konflikte mit anderen in dieser Hinsicht mehr Selbstvertrauen aufzubauen. Muß lernen, Kompromisse zu schließen. Sehr emotional. Verlangt in der Liebe, daß die Wahrheit gesagt wird. Ist dabei selbst sehr taktlos, aber verträgt es nicht, wenn andere in bezug auf ihn/sie die Wahrheit zur Sprache bringen. Gereizt.

☿ ☍ ♆ Sehr naiv im Beurteilen anderer, vor allem von Konkurrenten. Daraus resultierende Enttäuschungen können zu paranoidem Verhalten, zu Verfolgungswahn usw. führen. Hat Probleme, Tatsachen und Illusionen voneinander zu unterscheiden. Sehr starke Phantasie. Sollte besser alleine arbeiten. Sehr begabt für künstlerische, vor allem literarische Berufe. Musikalisch. Große Sehnsucht nach Gelassenheit. Fühlt sich leicht bedroht. Ist reserviert gegenüber (verbalen) Liebesbezeugungen von anderen. Verpaßt möglicherweise reale Möglichkeiten für Liebesbeziehungen aus Angst, daß die eigene Schwäche ausgenutzt werden könnte. Muß lernen, bei den Gesten und Äußerungen anderer zwischen ehrlichen und unehrlichen zu unterscheiden. Muß Menschenkenntnis entwickeln und lernen, anderen zu dienen.

☿ ☍ ♇ Legt Wert darauf, daß Dinge sofort erledigt werden, sowohl von ihm/ihr selbst als auch von anderen. Starke Zweifel an der eigenen Kompetenz; sucht ständig nach Bestätigung und projiziert eigene Ängste und Krisen auf andere. Fühlt sich bei Kritik direkt in der eigenen Glaubwürdigkeit angegriffen. Dies führt zu starker intellektueller Arroganz. Sollte sich um die eigenen Angelegenheiten kümmern und lernen, auf die Gefühle anderer Rücksicht zu nehmen. Große Schwierigkeiten bei der Zusammenarbeit. Starkes Bedürfnis nach finanzieller Sicherheit kann in der Liebe zum Problem werden. Sollte am besten einen Partner mit gleichen Lebenszielen suchen. Muß lernen, sich im Leben mehr am Sein als am Haben zu orientieren. Muß lernen, die eigene Neigung zur Projektion zu sehen und aus dieser Erkenntnis heraus Kompromisse zu schließen.

Die Oppositionen mit Venus

♀ ☍ ☾ siehe Seite 239

♀ ☍ ♂ Fühlt zuviel und erwartet zuviel. Kann Menschen und Dinge nicht in ihrer eigenen Art und in ihrem eigenen Wert belassen. Unzufrieden mit sich selbst und kritisch gegenüber anderen. Lebendig, aggressiv, schillernd, starke Triebnatur. Große magnetische Anziehungskraft. Fühlt sich emotional nicht sehr verantwortlich für die Menschen, die von ihm/ihr angezogen werden. Sehr sensibel. Sehr stark mit sich selbst beschäftigt und gleichgültig gegenüber den Gefühlen anderer. Zieht zu schnell Schlüsse. Fühlt sich beleidigt, wenn die eigenen Gefühle nicht erwidert werden. Kann viel erreichen, indem er/sie anderen das Gefühl gibt, daß sie überlegen sind.

♀ ☍ ♃ Übermaß an Gefühl. Steht gerne im Mittelpunkt. Großes Bedürfnis nach Veränderungen und nach neuen Erfahrungen, vor allem in der Liebe. Undiszipliniert. Unterschätzt sich selbst, vor allem beim Wettbewerb. Gibt anderen zu sehr nach in der Hoffnung, ihre Achtung zu gewinnen. Großes Bedürfnis nach gesellschaftlicher Anerkennung. Macht Selbstachtung zu stark vom Urteil anderer abhängig. Bedauert sich selbst zu sehr. Nur Menschen, die keine Kritik äußern, werden geduldet. Tendenz, Menschen zu benutzen, aber sehr empört, wenn andere ebenfalls versuchen, ihn/sie zu benutzen. Schließt nur Kompromisse, wenn es wenig kostet. Neigt zu Ungerechtigkeit. Freigebig gegenüber Wohltätern und mitfühlend mit den Problemen der weniger angesehenen Mitmenschen. Liebt Diskussionen. Nimmt es mit der Wahrheit nicht so genau, wenn es den eigenen Zielen dient. Neigt zur Heuchelei. Hat in der Liebe so lange Interesse, bis es daran geht, Verträge zu schließen.

♀ ☍ ♄ Tendiert dazu, das eigene Glück aufzuopfern. Neigt zu Eifersucht, hohen Ansprüchen und Selbstsucht. Eventuell Haustyrann. Treu, aber auch sehr hart auf einigen Gebieten. Sehr starker, in erster Linie negativer Einfluß von einem oder beiden der Eltern, woraus zu großer Ernst und zu großes Verantwortungsgefühl entstanden ist. Schwermütig, einsam. Schwierigkeiten mit dem Finden von Eheglück. Unterschätzt die Bedeutung der eigenen Erfahrungen. Starke Selbstunterschätzung. Hat Schwierigkeiten, der Wahrheit ins Auge zu sehen. Muß die Möglichkeit haben, alleine zu arbeiten. Tendenz, sich zu schnell zu unterwerfen. Sollte mit der Ehe warten, bis diese Probleme gelöst sind. Großes Talent, die eigenen Probleme und die anderer durch innere Aufrichtigkeit, Blick für Details und Integrität zu lösen.

♀ ☍ ♅ Sehr große Probleme mit der Zusammenarbeit. Nicht bereit, die eigenen Motive und Beweggründe zur Diskussion zu stellen. Guter und freundlicher Charakter, aber der Wille wird auf subtile Weise von Emotionen beherrscht, was nach außen hin jedoch nicht sichtbar wird. Ungewöhnliche und überspannte Ideen über Sex und persönliche Freiheit. Sieht nicht ein, daß Menschen immer mehr oder weniger voneinander abhängig sind. Starke nervöse Spannungen durch Verdrängen der eigenen Bedürfnisse. Tendenz, unglückliche und eventuelle sogar gefährliche Beziehungen einzugehen. Übermütig, vor allem in Beziehungen. Impulsiv und leichtsinnig im Umgang mit Geld und Erfahrungen. Klug, sehr charmant. Sehr geeignet für Berufe mit menschlichem Kontakt. Sehr starkes Bedürfnis nach Aufregung, liebt Wettbewerb. Entschlossen und beharrlich:

Schiebt alles und jeden zur Seite, um den eigenen Willen durchzusetzen. Kann in Beziehungen nur sehr schwer dem anderen Raum lassen und wünscht Erfüllung ohne eigenen Beitrag. Dadurch kommt es zu sehr vielen kurzfristig befriedigenden Liebesbeziehungen, die jedoch Einsamkeit zur Folge haben.

♀ ☍ ♆ Bemüht sich rastlos um die Erfüllung eines absoluten Ideals, vor allem in Gefühlsbeziehungen. Sehr sensibel und für Zuneigung empfänglich, aber kann sich nur schwer anpassen. Widmet sich intensiv der Kunst, aber ist möglicherweise exzentrisch. Starke Abneigung gegen Gewalt und Szenen, vor allem in Gefühlsbeziehungen. Tendenz zu heimlichen Verbindungen. Desillusionierung in der Liebe durch Mangel an Offenheit und durch emotionale Abhängigkeit. Sollte jede Art von Kontakt mit Medikamenten und Drogen vermeiden. Tendenz zur Sucht. Sollte das Okkulte meiden. Zügellose Phantasie. Kein guter Blick für Menschen und Dinge. Ist er/sie einmal betrogen, dann ist das Vertrauen praktisch nicht mehr herzustellen. Sollte es anderen überlassen, seine/ihre Interessen zu äußern, vor allem im Beruf. Mißtrauisch, vor allem in persönlichen Beziehungen. Kann nur schwer die eigenen Liebesgefühle einschätzen. Sollte viel und aufrichtig mit dem Partner reden.

♀ ☍ ♇ Intensive Gefühle. Versucht, andere mit den eigenen Forderungen zu beherrschen. Angst vor emotionaler Verantwortung für andere. In Beziehungen ist wahrscheinlich Geld die Ursache großer Probleme. Versucht, Partner nach eigenem Idealbild zu formen oder zieht einen sehr besitzergreifenden Partner an. Muß lernen zu erkennen, wann eine Beziehung sich erschöpft hat. Mißt physischen Qualitäten zuviel Bedeutung bei und übersieht die anderen Vorzüge von Partnern. Freiheit ist ein sehr großes Problem in Beziehungen. Kollegen fühlen sich sehr bedroht. Sollte einer Vertrauensbeziehung mit dem Chef so lange wie möglich aus dem Weg gehen. Sollte Gefühlsleben und Arbeit trennen. Wird leicht zum Opfer von Menschen, zu denen eine emotionale Bindung besteht; kann dann praktisch nicht nein sagen.

Die Oppositionen mit Mars

♂ ☍ ☉ siehe Seite 236

♂ ☍ ☾ siehe Seite 239

♂ ☍ ☿ siehe Seite 242

♂ ☍ ♀ siehe Seite 244

♂ ☍ ♃ Kennt keinen goldenen Mittelweg. Neigt zur Vergeudung. Unvorsichtig. Sich selbst Feind. Liebt Herausforderungen sehr. Bürdet sich häufig zuviel auf. Ist der Ansicht, daß es besser ist, als erster zuzuschlagen. Neigt zu unsorgfältiger Planung. Verträgt es nicht, wenn andere ihm/ihr überlegen sind, und benutzt unfaire Taktiken, um solche Menschen zu diskreditieren. Angst vor Verantwortung, Mangel an Selbstvertrauen in dieser Hinsicht. Fühlt sich bedroht durch Konkurrenz. Sehr ehrgeizig; starke physische Bedürfnisse. Wunsch nach Anerkennung; tendiert zur Unentschlossenheit, wenn Anerkennung ausbleibt.

♂ ☍ ♄ Neigt zur Ziellosigkeit beim Entwerfen und Ausführen von Plänen. Mangel an innerer Tiefe. Manchmal warmherzig und enthusiastisch, dann wieder kalt und im negativen Sinne ängstlich. Manchmal aggressiv, dann wieder apathisch. Viel Auf und Ab, kann nur schwer ein Maß finden. Muß lernen, die eigene Energie konstruktiv einzusetzen. Überschätzt andere häufig. Kennt die eigenen Talente nicht. Liebt sich selbst nicht. Fühlt sich bedroht durch die Fähigkeiten anderer. Erreicht Erfolg in kleinen Schritten. Große Schwierigkeiten mit persönlichen Beziehungen. Unzufrieden mit dem, was auf diesem Gebiet erreicht wird. Sollte in jeder Hinsicht Maß halten und viel ruhen. Eventuell Probleme mit den Gelenken.

♂ ☍ ⛢ Eigensinnig und exzentrisch. Schwierigkeiten, die eigenen Talente richtig zu nutzen. Verträgt keine Einschränkung und Ordnung. Sehr ungeduldig und nicht im geringsten bescheiden. Möchte um jeden Preis den eigenen Weg gehen. Tendenz, Risiken einzugehen und sich zu überarbeiten. Möchte dominieren. Arrogant und anspruchsvoll. Autoritär. Liebt Aufregung. Mehr Schein als echtes Können. Tendiert dazu, Sicherheitsvorschriften zu vernachlässigen; verursacht leicht Unfälle. Tut alles dafür, Anerkennung zu bekommen. Sehr großes Bedürfnis nach Freiheit infolge innerer Unsicherheit. Aufbrausend. Unberechenbares Verhalten entfremdet Freunde. Haßt Tradition.

♂ ☍ ♆ Romantisch. Liebt das Erhabene. Sucht diese Neigung möglicherweise durch Drogen oder Sinnlichkeit zu befriedigen. Kann nur schwer Fehler zugeben. Erwartungen höher als Fähigkeiten. Anlage zu Ängsten/Phobien. Kommt leicht mit dubiosen Dingen in Berührung. Muß lernen, die Vernunft über die Phantasie herrschen zu lassen und ein Ventil für die stark entwickelte Phantasie zu finden. Gefälliges Verhalten, aber andere mißtrauen dem wahrscheinlich. Möchte ungreifbar sein. Gibt Anlaß zu Verdächtigungen. Kann die Realität nur schwer akzeptieren, vor allem, wenn sie schmerzhaft ist. Hat Schwierigkeiten, emotionale Beziehungen anzuknüpfen. Liebt das Unbekannte auf unvernünftige Weise. Sollte Drogen, Alkohol und das Okkulte meiden. Ist leicht zu betrügen. Großes schauspielerisches Talent.

♂ ☍ ♇ Hat die eigene Energie nicht gut unter Kontrolle und wundert sich über die Reaktionen von anderen darauf. Schreibt anderen leicht falsche Motive zu. Erzeugt defensive Reaktionen. Kann die eigenen Handlungen nur schwer logisch begründen. Sehr starker Sexualtrieb. »Magnetisch«. Tendiert dazu, Sex als Machtmittel zu benutzen. Muß lernen, die eigene Kraft für altruistische Ziele einzusetzen. Sollte mehr auf die Möglichkeit von Kompromissen achten und alles erst gründlich durchdenken, bevor er/sie handelt. Sehr anspruchsvoll Ehepartnern gegenüber. Geld- und/oder Autoritätsprobleme in der Ehe. Probleme durch Eifersucht. Ist stärker, als er/sie weiß.

Die Oppositionen mit Jupiter

♃ ☍ ☉ siehe Seite 236

♃ ☍ ☾ siehe Seite 240

♃ ☍ ☿ siehe Seite 242

♃ ☍ ♀ siehe Seite 244

♃ ☍ ♂ siehe Seite 247

♃ ☍ ♄ Neigt zu Melancholie und Enttäuschung. Hin und her gerissen zwischen Selbstwertgefühl und starkem Zweifel an den eigenen Talenten. Großes Bedürfnis nach Bestätigung durch andere sowie nach Anerkennung und Lob; lassen es Vorgesetzte daran fehlen, dann geht er/sie. Kann nur schwer in bezug auf sich selbst die Wahrheit sehen und steht dem eigenen Erfolg dadurch im Weg. Abneigung gegen Menschen mit den gleichen Qualitäten. Tendiert zu Unverantwortlichkeit; entledigt sich der Erfüllung von Pflichten gerne auf die angenehmste Art. Gibt sich gleichgültig gegenüber anderen. Mangel an Einblick in die eigene Persönlichkeit wirkt sich auch behindernd auf Freundschaften und andere persönliche Beziehungen aus. Kommt anderen kaum entgegen, auch nicht in der Liebe. Verträgt es nicht, zurückgewiesen zu werden. Fühlt sich bedroht. Neigt zu hartem Urteil.

♃ ☍ ♅ Ruhelos. Schnell, doch nicht dauerhaft begeistert. Schwimmt gegen den Strom, stolz. Tendenz zur Heuchelei. Unabhängig, starker Intellekt, weiß viel. Mutig, intuitiv. Geht häufig aus Wortwechseln als Sieger hervor. Kann sehr starken Druck aushalten. Neigt gegenüber weniger Begabten zu Despotismus und Verachtung. Hat Schwierigkeiten, sich so zu sehen, wie er/sie wirklich ist. Kann nur schwer Verantwortung für andere tragen. Widerspenstig, Querulant. Tendiert zur Aufgeblasenheit. Starkes Ego.

♃ ☍ ♆ Sehr sensibel für das Leiden von anderen. Zieht Dummköpfe und Wüstlinge an. Fühlt sich zu allen Arten von Kulten und Religionen hingezogen, vor allem, wenn diese seiner/ihrer Eitelkeit schmeicheln. Starke Emotionen. Verliert schnell den kühlen Kopf. Verspricht viel, aber hält wenig. Fühlt sich von anderen unter Druck gesetzt; glaubt, daß sie zuviel von ihn/ihr erwarten. Geht Menschen aus dem Wege, die um Gefallen bitten. Läßt sich zu leicht herausfordern, die eigene Kompetenz zu beweisen. Bürdet sich häufig zuviel auf. Mißtrauisch in persönlichen Beziehungen, da das Vertrauen leicht mißbraucht wird. Fühlt sich schnell schuldig, wenn etwas mißlingt. Unrealistisch in der Liebe. Stellt Geliebte leicht auf ein viel zu hohes Podest. Kann die Betreffenden nur schwer sehen und akzeptieren, wie sie wirklich sind. Verträgt es nicht, zurückgewiesen zu werden. Neigung zu Faulheit und Bequemlichkeit. Anlage zur Sucht.

♃ ☍ ♇ Zwanghafte Neigung zu Selbstexpansion und Wachstum. Greift jede Art von Dogma an, stellt dann jedoch sofort selbst ein Dogma auf. Versucht, die Geheimnisse des Lebens zu ergründen, aber kommt dabei immer wieder in Konflikt mit anderen. Will die Welt verändern, aber stößt gerade die Menschen ab, die ihm/ihr dabei helfen könnten. Spielt gerne den Erlöser/die Erlöserin. Strebt nach Macht über andere. Versucht auch auf illegale Weise zu Geld zu kommen. Großes Talent zu spirituellem Kontakt mit anderen. Arroganz steht echter Erfüllung im Weg.

Die Oppositionen mit Saturn

♄ ☍ ☉ siehe Seite 237

♄ ☍ ☾ siehe Seite 240

♄ ☍ ☿ siehe Seite 242

♄ ☍ ♀ siehe Seite 245

♄ ☍ ♂ siehe Seite 247

♄ ☍ ♃ siehe Seite 249

♄ ☍ ♅ Sehr überzeugt davon, recht zu haben. Ansichten wechseln stark. Neigt dazu, entgegen den eigenen Theorien zu handeln. Kennt keine Bescheidenheit. Leichtsinnig, sensibel und launisch. Verträgt keine Einschränkung. Starkes Streben nach Autorität. Starkes Bedürfnis nach Macht. Ungeduldig, Mangel an Takt und Anpassungsvermögen. Entwickelt in Beziehungen immer Konkurrenzverhalten. Kann andere nur schwer anerkennen, vor allem die Menschen, zu denen enge Beziehungen bestehen. Möchte gleich ganz oben beginnen. Hat Schwierigkeiten, etwas von anderen anzunehmen und zu lernen. Tendiert sehr zum Materialismus. Lernt erst später immaterielle Werte schätzen. Partner sind eine wichtige Stütze, ohne daß dies bemerkt wird.

♄ ☍ ♆ Abwechslung zwischen harter Arbeit und Sichzurückziehen sowie zwischen Angst vor Verantwortung und kräftigem Zupacken. Unrealistische Phantasien und Ambitionen, doch auch von sich selbst überzeugt oder eigensinnig. Sehr mißtrauisch. Große Versagensängste. Ist überzeugt, von Betrügern umgeben zu sein, und wendet deshalb auch selbst fragwürdige Methoden an. Starkes Schuldgefühl. Große Schwierigkeiten in persönlichen Beziehungen aufgrund von Unvermögen, die Motive anderer zu durchschauen. Starke Tendenz zur Depressivität kann nur aufgelöst werden, wenn gelernt wird, die Wirklichkeit zu sehen, wie sie ist.

♄ ☍ ♇ Läßt sich leicht in dubiose, sogar gefährliche Angelegenheiten hineinziehen. Kann sich nur schwer negativen Einflüssen entziehen. Ist durch finanzielle Versprechungen leicht zum Narren zu halten. Verstrickt sich leicht in das Spiel um die Macht. Zieht Menschen an, die unmögliche Anforderungen stellen. Große Angst vor Armut und Statusverlust. Muß lernen, vorsichtige und ehrliche Pläne zu machen und sich negativen Einflüssen zu entziehen.

Die Oppositionen mit Uranus

♅ ☍ ☉ siehe Seite 237

♅ ☍ ☾ siehe Seite 240

♅ ☍ ☿ siehe Seite 243

♅ ☍ ♀ siehe Seite 245

♅ ☍ ♂ siehe Seite 247

♅ ☍ ♃ siehe Seite 249

♅ ☍ ♄ siehe Seite 251

♅ ☍ ♆ Sehr emotional, intensiv, aufbrausend. Nur schwer zu überzeugen. Kein Gefühl für Humor, extrem, gute Absichten. Tendenz, Führern blindlings zu folgen. Neigt zu Apathie im politischen Bereich. Tendenz zum Fanatismus. Kann nur schwer Abstand gewinnen und zu einer ruhigen, objektiven Betrachtungsweise der Dinge und der eigenen Angelegenheiten kommen. Vorahnungen. Wird im Bereich des Okkulten leicht zum Opfer.

⛢ ☍ ♇ Fühlt sich schnell in den eigenen Rechten als Individuum bedroht, vor allem durch politische, religiöse und wirtschaftliche Machthaber. Schwierigkeiten, Entwicklungen auf diesen Gebieten objektiv zu betrachten. Verändert sich nur sehr langsam und paßt sich ebenso langsam an neue Umstände an. Starkes Bedürfnis, sich beim Äußern der eigenen Meinung auf einen anderen zu stützen. Fühlt sich hingezogen zu mächtigen Menschen, die gute Absichten zu haben scheinen. Wälzt bei Mißerfolg schnell die Schuld auf andere ab.

Die Oppositionen mit Neptun

♆ ☍ ☉ siehe Seite 238

♆ ☍ ☾ siehe Seite 241

♆ ☍ ☿ siehe Seite 243

♆ ☍ ♀ siehe Seite 246

♆ ☍ ♂ siehe Seite 248

♆ ☍ ♃ siehe Seite 250

♆ ☍ ♄ siehe Seite 251

♆ ☍ ♇ Für diesen Aspekt (der keine praktische Bedeutung hat) siehe Anmerkung zum Quinkunx auf Seite 234.

Die Oppositionen mit Pluto

♇ ☍ ☉ siehe Seite 238

♇ ☍ ☾ siehe Seite 241

♇ ☍ ☿ siehe Seite 243

♇ ☍ ♀ siehe Seite 246

♇ ☍ ♂ siehe Seite 248

♇ ☍ ♃ siehe Seite 250

♇ ☍ ♄ siehe Seite 252

♇ ☍ ♅ siehe Seite 253

♇ ☍ ♆ siehe Seite 253

Aspektlose Himmelskörper

In der alten Astrologie (bis 1930) wurde angenommen, daß aspektlose Himmelskörper schwache, wenig wirksame Punkte im Horoskop anzeigen. Moderne Untersuchungen haben jedoch ergeben, daß dies völlig falsch ist. Aspektlose Himmelskörper scheinen genau die Eigenschaften zum Ausdruck zu bringen, die sie nach ihrer Stellung in den Zeichen haben müßten. Dazu kommt jedoch noch ein weiteres sehr wichtiges Merkmal: Ein aspektloser Himmelskörper weist darauf hin, daß die psychologischen Eigenschaften, die er symbolisiert, nicht oder nur mit sehr großen Schwierigkeiten im Charakter integriert werden können. Was diese Himmelskörper symbolisieren, wird im Charakter als abgetrennter Bereich, eine Art innerer Spaltung, erfahren. Man könnte die aspektlosen Himmelskörper auch als psychologische Faktoren bezeichnen, die mehr oder weniger losgelöst existieren und eine eigenständige Entwicklung durchlaufen.

Kurze Interpretation der einzelnen aspektlosen Himmelskörper

☉ Starkes Gefühl innerer Gespaltenheit: Der Eindruck herrscht vor, daß es einen guten, »hohen«, »reinen« Teil des Lebens gibt und einen »niederen«. Tatsächlich wird viel Zeit und Aufmerksamkeit auf das »Irdische« verwendet, jedoch wird der »höhere« Teil als das eigentliche Selbst angesehen. Unabhängig. Fühlt sich wie eine Insel. Innerlich verzettelt. Fühlt sich mit Vater und/oder Ehegatten nicht eng verbunden. Ist sich selbst ein Rätsel und hat lange Zeit Angst davor, dieses zu lösen. Hegt oft eine Art Haßliebe dem Leben gegenüber.

☾ Emotionen scheinen zu kommen und zu gehen, ohne der intellektuellen Kontrolle zu unterliegen. Manchmal sehr emotional, dann wieder völlig emotionslos. Hat oft das Gefühl, etwas zwar rational einsehen, es jedoch emotional nicht akzeptieren zu können. Starker unbewußter Drang nach Freiheit. Fühlt sich eng verbunden mit Mutter und/oder Ehegatten. Ambivalentes Verhältnis zu Emotionen.

☿ Manchmal völlig rational und intellektuell, dann wieder töricht und unvernünftig. Sehr redselig und geschwätzig, wenn Gelegenheit dazu besteht. Ruheloser, auf Neues ausgerichteter Geist; ausdrucksvolle Stimme. Unterschätzt die eigene Intelligenz.

♀ Zuneigungen und künstlerische Neigungen/Äußerungen stehen in keinem Zusammenhang mit der Vernunft und scheinen für Außenstehende nicht zu dem Bild zu passen, das sie von dem/der Betreffenden ansonsten haben. Außergewöhnliche und einzigartige künstlerische Qualitäten. Ungewöhnlich oder grillenhaft in Liebesbeziehungen. Knüpft nur schwer gute Beziehungen zu Frauen. Anwandlungen von Einsilbigkeit und Einsiedlertum.

♂ Immer beschäftigt; deckt sich immer mit Arbeit ein; verzettelte Energie; aufbrausend; sporadisches Sexualleben. Große Schwierigkeiten mit Männern, vor allem in Liebesbeziehungen. Talent für Mechanik.

♃ Sucht die Einsamkeit. Starker unbewußter Drang nach Wachstum und Entfaltung. Nachgiebig. Ungewöhnliche, ambivalente philosophische oder religiöse Ansichten. Zweifel und Gewißheit wechseln einander ab.

♄ Manchmal die Vorsicht und Selbstbeherrschung in Person, dann wieder fehlt beides völlig. Tendiert zu Mangel an Selbstdisziplin. Versucht manchmal der Verantwortung zu entfliehen. Melancholisch. Erweckt möglicherweise jedoch einen anderen Eindruck.

♅ Scheinbar grundlos entstehen Augenblicke von völliger Ruhelosigkeit. Liebt Erneuerungen und alles, was neu ist. Neigt zur Rebellion. Will um jeden Preis frei sein.

♆ Sehr starke parapsychische Begabung, die entweder sehr spirituell oder völlig falsch ausgerichtet ist. Sehr kreativ, starke Phantasie und Intuition.

♇ Unterliegt plötzlichen zwanghaften Anwandlungen und Neigungen, die nur schwer zu kontrollieren sind.

Rückläufige (retrograde) Planeten (Symbol: R)

Von der Erde aus gesehen laufen die Planeten manchmal scheinbar rückwärts. Das heißt, sie laufen nicht von Widder über Stier zu Fische, sondern von Widder über Fische zu Stier.

Über die Bedeutung der Rückläufigkeit ist viel geschrieben worden, jedoch besteht wenig Übereinstimmung in diesem Bereich. Auch ist es bis jetzt nicht gelungen, die Bedeutung der Rückläufigkeit wirklich zu untersuchen. Es könnte sein, daß retrograde Planeten auf Eigenschaften hinweisen, die nur langsam ins Bewußtsein dringen. Es könnte sich also um »tiefere« Eigenschaften handeln, die nicht gleich ins Auge springen. Möglicherweise liegen diese Eigenschaften mehr im Bereich des Spirituellen.

Die okkultere Richtung der Astrologie bringt diese Planeten auch manchmal mit der Reinkarnation in Verbindung. Dieses Thema geht jedoch über die Grenzen dieses Buches hinaus.

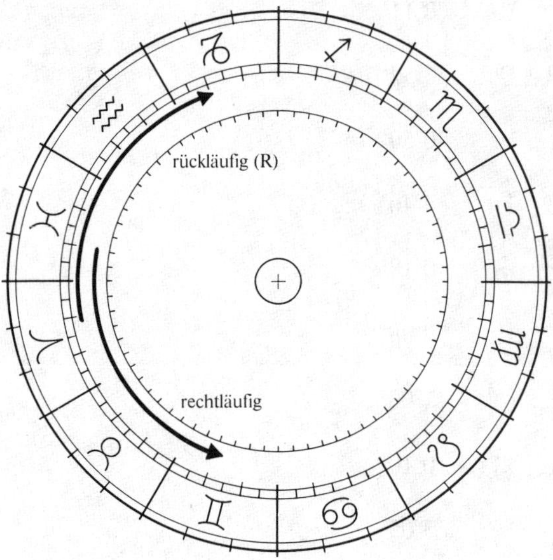

Anwendung der Aspektenlehre auf die Beispielhoroskope

1. *Aufstellung einer Liste der Aspekte im Beispielhoroskop vom 15. April 1978* (siehe Seite 39)

Die folgenden Aspekte (mit ihren Gradentfernungen) sind in dem Horoskop wirksam:

☉	△	♄	0°56′
☾	⚹	♀	3°24′
☾	△	⛢	3°06′
☾	□	♇	3°16′
☾	⚻	♆	0°11′
☿	☍	♇	3°52′
☿	△	♆	0°50′
☿	△	♄	4°46′
♀	☍	⛢	0°18′
♀	⚻	♇	0°08′
♃	⚺	♂	1°00′
♇	⚺	⛢	0°10′
♇	⚹	♆	3°05′

Gruppen: verbunden/einzeln

☉ ☾ ☿ ♀ ♄ ⛢ ♆ ♇

♂

♃

Schematisch dargestellt:

	☉	☾	☿	♀	♂	♃	♄	⛢	♆	♇
☾										
☿										
♀		✶								
♂										
♃					⚺					
♄	△		△							
⛢		△		☍						
♆		⚻	△							
♇		□	☍	⚻				⚺	✶	

Zur Interpretation des ersten Beispielhoroskops

Das Horoskop enthält ziemlich viele Aspekte. Fast alle Himmelskörper sind miteinander verbunden. Unverbunden sind Mars und Jupiter, die zusammen nur ein sogenanntes Duett bilden, weil sie in einem Halbsextilaspekt zueinander stehen.

Die wichtigsten Aspekte sind diejenigen mit kleinem Orbis. Für die Interpretation müssen daher zuerst folgende Aspekte nachgeschlagen werden:

Trigon Sonne/Saturn	☉	△	♄
Quinkunx Mond/Neptun	☾	⚻	♆
Opposition Venus/Uranus	♀	☍	⛢
Quinkunx Venus/Pluto	♀	⚻	♇
Trigon Merkur/Neptun	☿	☍	♆

Dann folgen die übrigen Trigone, Quadrate, Sextile, Quinkunxe, Oppositionen und Halbsextile.

Bei den Aspekten fällt die starke Rolle und daher auch die große Bedeutung von Mond und Merkur auf. Auf Seite 54 wurde festgestellt, daß die Elemente Wasser und Feuer in diesem Horoskop vorherrschen. Das Element Wasser wird durch die Aspektierung des Mondes verstärkt, denn der Mond wird ja dem Wasserzeichen Krebs zugeordnet.

Aus der Elementenverteilung (siehe Seite 54 ff.) wurde auch der Schluß gezogen, daß die Elemente Luft und Erde weniger stark vertreten sind. Nur Pluto befindet sich in Luft. Dieser Planet ist jedoch durch einen Oppositionsaspekt mit dem Luftplaneten Merkur verbunden.

Merkur spielt wegen seiner vielen Aspekte eine wichtige Rolle. Das Element Luft wird später im Leben, nämlich nachdem die Opposition aufgelöst worden ist, seine heilsame Wirkung entfalten. Das heißt (siehe Seite 243), die Arroganz, Angst vor Wettbewerb und die Neigung zum Projizieren muß überwunden werden, damit sich der/die Betreffende weiterentwickeln kann. Auf ähnliche Weise kann man noch weitere Folgerungen aus den bisherigen Beschreibungen ziehen. Dabei ist es ratsam, zuerst eine genaue Aufstellung aller Deutungsfaktoren zu machen, die bisher gefunden worden sind.

2. *Aufstellung der Aspekte des Beispielhoroskops vom 25. Mai 1943* (siehe Seite 50)

Die folgenden Aspekte (mit ihren Gradentfernungen) sind im Horoskop wirksam:

☉	☌	☿	2°54′
☉	☌	♅	1°11′
☉	⚹	♇	1°48′
☉	△	♆	3°57′
☉	⚹	♂	4°58′
☿	☌	♅	4°05′
☿	⚹	♇	4°42′
☿	△	♆	1°09′
☿	⚹	♂	2°04′
♆	☍	♂	1°15′

Gruppen: verbunden/einzeln

☉ ☿ ♅ ♇ ♆ ♂

☽

♀

♃

♄

Schematisch dargestellt:

	☉	☽	☿	♀	♂	♃	♄	♅	♆	♇
☽										
☿	☌									
♀										
♂	⚹		⚹							
♃										
♄										
♅	☌		☌							
♆	△		△		☍					
♇	⚹		⚹							

Zur Interpretation des zweiten Beispielhoroskops

Ebenso wie das Horoskop vom 15. April 1978 enthält auch dieses Horoskop ziemlich viele Aspekte. Ein wesentlicher Unterschied zum vorigen Horoskop besteht jedoch darin, daß bei diesen Aspekten eigentlich immer die gleichen Himmelskörper miteinander verbunden sind. Auf diese Weise sind doch noch vier Himmelskörper aspektlos. Ein zweiter Unterschied zum Horoskop vom 15. April 1978 ist, daß die meisten Aspekte einen ziemlich großen Orbis haben. Nicht ein einziger Aspekt hat einen kleineren Orbis als 1°, vier Aspekte nähern sich dem 4°-Orbis oder liegen sogar darüber, 1 Aspekt hat sogar einen Orbis von fast 5°. Daraus läßt sich direkt schließen, daß dieses Horoskop auf einen zwar sehr begabten, jedoch ziemlich verzettelten Charakter hinweist, dem es schwerfällt, andere Eigenschaften als die der Luftzeichen (in diesem Fall Zwillinge) und des Wasserzeichens (in diesem Fall Krebs) zu voller Entfaltung zu bringen. Kurzum: Das Bild, das auf Seite 54 entworfen wurde, verändert sich kaum, es wird eher noch verstärkt. Als Grundtendenz, die von Aspekten unterstrichen wird, kann gelten, daß die Phantasie leicht außer Kontrolle gerät, was möglicherweise zu Schwierigkeiten führt (siehe Opposition Mars/Neptun), und daß beim Eingehen von wirklich tiefen emotionalen Beziehungen mit Sicherheit Probleme entstehen werden. Viel wird angefangen, aber es fehlt die innere Ruhe, die notwendig ist, um Dinge zu Ende zu führen. Das Bedürfnis nach direkter, greifbarer Anerkennung ist sehr groß.

Durch eine vollständige Aufstellung der einzelnen Aspekte und durch Interpretation der aspektlosen Himmelskörper kann man – mit obenstehender Aussage vor Augen – weitere Schlußfolgerungen ziehen, vor allem, wenn man dabei berücksichtigt, daß die aspektlosen Himmelskörper isolierte psychologische Faktoren darstellen.

Aspekte und inneres Wachstum

Beim Untersuchen eines Horoskops stellt sich immer wieder die Frage: Zeigen die astrologischen Faktoren Grenzen oder Öffnungen an? Mit anderen Worten: Ist man einem mysteriösen Kräftespiel ausgeliefert, das mit schicksalhafter Unabwendbarkeit auf einen zukommt, oder kann man auch selbst darauf Einfluß nehmen?

Gerade in dieser Frage, zu der die Astrologie zwingend hinführt, liegt auch die Kraft der Astrologie. Nach gründlicher Untersuchung mehrerer Horoskope wird offensichtlich, daß der eine Mensch auf bestimmte astrologische Faktoren anders reagiert als der andere. Auch bei Beschäftigung mit dem eigenen Horoskop wird man wahrscheinlich bemerkt haben, daß nicht jede der Beschreibungen, die bisher in diesem Buch geliefert wurden, unbedingt zutrifft. Manche von ihnen treffen vermutlich den Nagel auf den Kopf, andere hingegen gar nicht oder nur mit sehr vielen Einschränkungen. Eine Erklärung hierfür ist, daß in einem Horoskop nicht alle Faktoren gleich stark wirksam sind. Dieses Thema wurde schon ausführlich behandelt. Was die astrologischen Aspekte betrifft, so wurde eine klare Anleitung zur Beurteilung der Wirkungskraft der einzelnen Aspekte gegeben. Die Stellung der Himmelskörper in den Zeichen ist ein weiterer Faktor bei der Beurteilung ihrer Wirkungskraft. Im folgenden werden wir sehen, daß auch die »Häuser« des Horoskops eine Rolle spielen. Dies alles sind astrologisch/technische Erklärungen. Es gibt jedoch auch noch eine psychologische Erklärung für die jeweiligen Unterschiede in der Wirkungskraft der einzelnen Faktoren. Diese psychologische Erklärung kann man im täglichen Umgang mit Menschen finden: Eindeutig reagieren nicht alle Menschen in gleicher Weise auf Erfahrungen. Ein sehr krasses Beispiel dafür sind die Reaktionen von verschiedenen Kindern der gleichen Familie den eigenen Eltern gegenüber. Die Urteile dieser Kinder können sehr stark variieren, obwohl die Eltern die gleichen sind. So kommt es häufig vor, daß das eine Kind gut, das andere hingegen nur schlecht mit seinen Eltern auskommt.

Daraus kann man schließen, daß nicht alle Menschen das gleiche aus ihren Lebensbedingungen machen, d. h., daß der Mensch auch selbst eine Möglichkeit hat, aktiv auf die Einflüsse, die ihn erreichen, einzuwirken. Er kann sich ihnen entweder völlig unterordnen oder er kann als Filter fungieren und selbst bestimmen, was er mit den Impulsen tut. Diese beiden Reaktionsmöglichkeiten, auf der einen Seite die abhängige, passive, auf der anderen Seite die selbständige, aktive, sind die beiden Extreme. Die meisten Menschen befinden sich irgendwo in der Mitte. Die Astrologie gibt Einsicht in die wirksamen Einflüsse und kann auf diese Weise zu einem Fortschreiten auf dem Weg zur Selbständigkeit beitragen, zu Menschen- und Selbsterkenntnis. Vom menschlichen Standpunkt aus gesehen ist dies die wichtigste Funktion, die die Astrologie hat.

Auch die Information, die man aus dem Studium der eigenen Aspekte erhält, ist auf diese Weise verwertbar. Bei der Untersuchung der Aspekte sollte man am besten folgendermaßen vorgehen: Zunächst fertigt man eine genaue Aufstellung der Aspekte und ihrer Bedeutung an. Dann stellt man fest, was man davon in sich selbst wiedererkennt. Anschließend versucht man festzustellen, welche der Eigenschaften im eigenen Charakter integriert sind. Dann schaut man sich die weniger positiven Seiten an und überprüft den eigenen Charakter auch darauf hin. Im Anschluß an all dies stellt sich mit Sicherheit die Frage, was man selbst tun kann, um die aufgezeigten Probleme besser in den Griff zu bekommen. Dazu bietet dieses Buch, was die Aspekte anbetrifft, folgende Möglichkeiten: Nachdem man die Aspekte des eigenen Horoskops untersucht hat, untersuche man auch die übrigen Aspekte, die die gleichen Himmelskörper sonst noch bilden können. Daraus kann man entnehmen, welche Kräfte in der Verbindung dieser beiden Himmelskörper enthalten sind. Diese Kräfte lassen sich aktivieren, indem man ihre Realisierung bewußt anstrebt.

Wenn man beispielsweise im eigenen Horoskop feststellt, daß die Opposition von Mars und Venus, die man dort findet, tatsächlich wirksam ist (siehe Seite 244) und daß man nicht weiß, wie man damit umgehen soll, dann kann man nach-

schauen, welche Möglichkeiten der Kontakt von Mars und Venus außerdem noch beinhaltet, indem man z. B. das Trigon zwischen diesen beiden Planeten zu Rate zieht (Seite 206).
Aus dieser Beschreibung kann man entnehmen, welche Disziplin man sich selbst auferlegen muß, um sich die Energiequelle Mars/Venus zu erschließen. Manchmal wird man bei dieser Art des Studiums bemerken, daß man sich schon auf dem Weg zur positiven Anwendung der Kräfte befindet, die bestimmte Aspekte in sich tragen. Dies ermutigt zu weiteren Schritten auf dem eigenen Weg, in dem Bewußtsein, daß das Streben nach Vervollkommnung wichtiger ist, als schon jetzt vollkommen zu sein. Anders ausgedrückt: Ebenso wie die anderen astrologischen Faktoren stellen auch die Aspekte Wachstumsmöglichkeiten dar. Sie zeigen an, in welche Richtung dieses Wachstum am besten verlaufen kann.

TEIL II: Die Häuser des Horoskops

Einleitung: Die Häuser des Horoskops

In Teil I wurde beschrieben, wie die Beziehungen der Himmelskörper untereinander die Charakterveranlagung symbolisieren. Auch wurden Deutungen für diese Symbolik gegeben. Im zweiten Teil rückt die Erde selbst stärker in den Vordergrund: Wenn wir uns bisher mit den Beziehungen zwischen den Himmelskörpern befaßt haben, die aus ihrer Bewegung durch den Tierkreis entstehen, so werden wir uns jetzt mit der Bewegung der Erde selbst beschäftigen, d. h., in unserem Fall mit der Drehung der Erde um ihre Achse. Durch diese Drehung erhält man nämlich an jedem einzelnen Punkt auf der Erde zu verschiedenen Zeitpunkten ein anderes Projektionsbild der Tierkreiszeichen auf diesen Punkt. Diese Projektion der Tierkreiszeichen auf die Erde zu einem bestimmten Zeitpunkt wird in den »Häusern« erfaßt.

Da das Weltall eine Kugel ist und das Horoskop eine Fläche, stehen wir vor der Aufgabe, die Kugel auf die Fläche zu projizieren. Dieses Problem läßt sich mit demjenigen vergleichen, mit dem Kartographen konfrontiert sind. Es gibt Dutzende von Vorschlägen für die Projektion des Weltalls auf die Ebene und entsprechend viele »Häusersysteme«. Das ist natürlich eine schwierige Situation. Die Anwendung der verschiedenen Systeme führt tatsächlich zu sehr unterschiedlichen Häuserpositionen. Diese starken Abweichungen machen die wegen der komplexen Symbolsprache ohnehin schon komplizierten astrologischen Untersuchungen noch schwieriger. Eine typisch menschliche Schwäche trägt noch das Ihre dazu bei: Sobald man mit einem System arbeitet, tritt das Gesetz der Trägheit in Kraft. Man wird allmählich den Mängeln des gewählten Systems gegenüber blind und schwört Stein und Bein, daß es ausgezeichnet funktioniert und immer nur zu guten Resultaten führt. Sollte man nun einfach davon ausgehen, daß das ganze Getue mit den

Häusern Aberglaube ist – eine Ansicht, die kein Geringerer als Johannes Kepler vertrat? Oder sollte man einfach irgendein System wählen, die Erfolge besonders hervorheben und die Fehlinterpretationen schnell vergessen? Um diesem Dilemma zu entgehen, scheint mir folgende Betrachtung sinnvoll: Zunächst einmal muß man sich wieder vor Augen führen, daß die Astrologie auf analoger Deutung von Symbolen beruht. Von diesem Punkt aus kann man zu einem Verständnis der verschiedenen Projektionssysteme kommen. Sind Systeme unterschiedlich, dann gehen sie von verschiedenen Grundvoraussetzungen aus, die zu einer unterschiedlichen Deutung zwingen. Das heißt: Jedes System der Häuserverteilung hat seinen eigenen begrenzten Bereich, in dem es gute Dienste leistet. Wenn man also seine Ziele formuliert, dann kann man dementsprechend ein Häusersystem wählen. Dieses Buch versucht, dem Leser zu den Erkenntnissen zu verhelfen, über welche Gesamtmöglichkeiten er verfügt und an welchem Punkt seiner Entwicklung in bezug auf die Verwirklichung des Ganzen er sich befindet. Also: »Wo stehe ich? Wohin gehe ich?« Wir benötigen dazu ein Häusersystem, in dem das Symbol für das Ganze ein feststehender Faktor ist, und zusätzlich noch ein Element, das neben dieser Gesamtheit oder ihr gegenübersteht und die momentane Situation des Charakters zum Ausdruck bringt. Diese Bedingungen erfüllt das Projektionssystem, das von dem deutschen Astrologen Robert Koch entwickelt wurde. Wir benutzen dieses System daher auch für die Berechnung der Häuser. Dies ist möglich, weil wir ausschließlich an der Charakterinterpretation interessiert sind. Wenn es uns etwa um das Bestimmen von konkreten Ereignissen ginge, wäre das Koch-System weniger geeignet.

Wir halten uns weiterhin an die Tradition, daß das Horoskop in zwölf Teile unterteilt wird. Diese Teile werden Häuser genannt. Die Bedeutung der einzelnen Häuser für den Charakter wird im folgenden näher erläutert.

Beispiel

In der Abbildung auf Seite 272 oben sind die Koch-Häuser für den Ort Ede (52°2′ n. B. und 5°40′ ö. L.) und für das Datum 26. Oktober 1943, 7.30 Uhr errechnet. Die 12 Häuser werden in der Reihenfolge numeriert, in der sie beim Koch-System gelesen werden. Auch bei den meisten anderen Häusersystemen ist diese Leseart gebräuchlich.

Die Spitze eines Hauses

Auf der Zeichnung sieht man sechs Linien, die den Kreis in zwölf Teile unterteilen. Die Schnittpunkte dieser Linien mit dem Kreis werden Häuserspitzen genannt. An diesen Punkten sieht man die Tierkreiszeichen mit der dazugehörigen Gradzahl. Im Beispielhoroskop steht an der Spitze des ersten Hauses das Tierkreiszeichen Skorpion, und zwar mit 2°46′. An der Spitze des zweiten Hauses steht ebenfalls Skorpion, diesmal jedoch mit 28°57′; auf diese Weise kann man fortfahren. Aus der Zeichnung kann man entnehmen, wie überaus wichtig die Geburtszeit ist. Eine andere Geburtszeit ergibt andere Gradzahlen oder andere Zeichen an den Häuserspitzen. Das Zeichen an der Spitze des ersten Hauses wechselt etwa alle zwei Stunden. So erhalten wir bei einem Horoskop des gleichen Ortes und Datums, jedoch mit einer anderen Zeit, nämlich von 12.00 Uhr mittags, ungefähr das Häuserbild, das in Beispiel 2 auf Seite 272 unten abgebildet ist.

Der Herrscher eines Hauses

Das Tierkreiszeichen an der Spitze eines Hauses gibt an, nach welcher Symbolgruppe dieses Haus zu interpretieren ist. Im Abschnitt »Elemente, Qualitäten und Himmelskörper« wurde gezeigt, daß jedem Zeichen ein oder mehrere Himmelskörper zugeordnet sind. Diese den einzelnen Zeichen zugeordneten

Beispiel 1

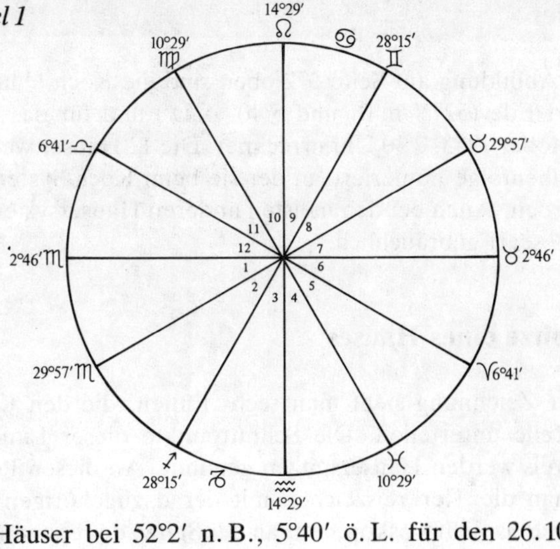

Koch-Häuser bei 52°2′ n. B., 5°40′ ö. L. für den 26. 10. 1943, 7.30 Uhr

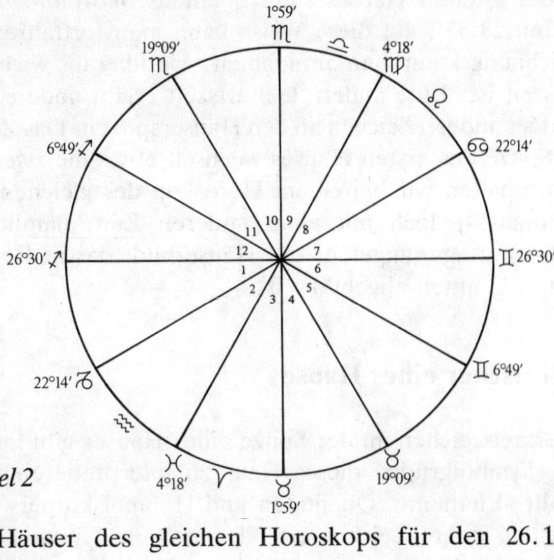

Beispiel 2

Koch-Häuser des gleichen Horoskops für den 26. 10. 1943, 12.00 Uhr

Himmelskörper (siehe Seite 60) werden Herrscher oder »Dispositoren« des Zeichens genannt.

Bei den Zeichen, denen mehr als ein Himmelskörper zugeordnet ist, ist es anzuraten, zuerst den Himmelskörper zu untersuchen, der in der dem Zeichen entsprechenden Spalte steht (siehe Tabelle Seite 60), d. h., man muß beim Zeichen Widder zuerst Mars, beim Zeichen Skorpion zuerst Pluto untersuchen.

Der Vollständigkeit halber muß noch erwähnt werden, daß man außer Herrschern auch noch Nebenherrscher zuordnet. Diesen Nebenherrschern werden wir uns jedoch nicht widmen, da sie eher zu den astrologischen Feinheiten gehören. Das heißt keineswegs, daß die Nebenherrscher unbedeutend wären oder daß sie kaum eine wahrnehmbare Wirkung hätten.

Da alle Zeichen des Tierkreises in einem Horoskop enthalten sind, kann theoretisch auch jedes Zeichen an einer Hausspitze stehen – theoretisch deshalb, weil es beim Koch-System und auch bei den meisten anderen Häusersystemen vorkommt, daß ein Haus mehr als ein Zeichen enthält. Ein Zeichen, das sich in einem Haus befindet, aber nicht an einer Hausspitze steht, nennt man »eingeschlossenes Zeichen«. Die Interpretation eingeschlossener Zeichen ist zwar ein fesselndes Thema, doch gehört auch dies wieder zu den Feinheiten der Astrologie; deshalb gehen wir hier nicht weiter darauf ein. Es wird einleuchten, daß die Häuserspitzen auch in Begriffen von Qualitäten und Elementen (siehe Seite 60) beschrieben werden können.

Auch können zu den Häuserspitzen Aspekte gebildet werden. Dabei arbeitet man mit dem gleichen Orbis wie bei den Aspekten zwischen den Himmelskörpern (Seite 132).

Das erste Haus

Der Aszendent: das aufsteigende Zeichen

Aus der Symbolik des ersten Hauses kann man entnehmen, welchen Eindruck man auf andere macht; es betrifft die äußere Persönlichkeit, die man anderen zeigt. Aus verständlichen Gründen wird diesem Haus eine sehr große Bedeutung beigemessen. Man kann sogar allein schon mit den Daten von Sonne/Mond und Aszendent ein erstaunlich zutreffendes Charakterbild entwerfen. Besonders »schnelle« Astrologen beschränken sich daher manchmal darauf oder sogar nur auf die Kombination Sonne/Aszendent.

Am angenehmsten ist es natürlich für einen Menschen, wenn seine Mitmenschen seinen wirklichen Charakter erkennen, wenn ihn also die anderen so sehen, wie er in Wirklichkeit ist. Jeder weiß aus eigener Erfahrung, daß dieser Idealzustand meist nicht gegeben ist und daß der irreführende Eindruck zu großem Kummer und großen Enttäuschungen führen kann – entweder weil man auf andere einen zu negativen oder weil man möglicherweise einen zu positiven Eindruck macht, was sich ebenso katastrophal für eine harmonische Charakterentwicklung auswirkt.

Aus der Beschaffenheit des ersten Hauses kann man durch Vergleich mit dem übrigen Horoskop entnehmen, wieviel man anderen vorspiegelt, aber auch, welche starken Seiten man einsetzen kann, um sein falsches Image abzubauen.

Das erste Haus ist also das Haus des Bildes, das sich andere von einem selbst machen; es ist die »Persona«, die Maske, die man trägt.

Qualitäten an der Spitze des ersten Hauses

Kardinal: Macher. Jemand, der selbst in Aktion tritt und die Initiative ergreift. Treibt andere und sich selbst möglicherweise an.

Fest: Stabile Persönlichkeit. Schwer zu überzeugen. Kommt nur schwer zurecht mit wichtigen, eingreifenden Veränderungen.

Beweglich: Paßt sich leicht an. Nervös. Liebt Veränderungen.

Elemente an der Spitze des ersten Hauses

Feuer: Energie, lebendig, temperamentvoll.

Erde: Sorgfältig, kritisch, verständnisvoll.

Luft: Nervös, redselig, ständiges Bedürfnis nach Selbstausdruck, schnell besorgt, ängstlich.

Wasser: Sensibel, emotional, geht ganz in etwas auf. Muß sich gelegentlich zurückziehen können.

Aspekte zur Spitze des ersten Hauses und zu Himmelskörpern im ersten Haus

Konjunktionen: Himmelskörper, die eine Konjunktion mit der Spitze des Aszendenten bilden, kommen sehr stark in der Persönlichkeit und in dem Eindruck, den man auf andere macht, zum Ausdruck. Außerdem wirkt sich dieser Himmelskörper besonders stark auf das Haus aus, in dem der Planet steht, der die Konjunktion bildet (d. h. entweder das zwölfte oder das erste Haus). Zur Interpretation der Himmelskörper in den Häusern siehe weiter unten.

Quadrate: Die Quadrate zur Spitze des Aszendenten wirken sich hinderlich auf persönliche Beziehungen aus. Sie unterminieren auch die Persönlichkeit selbst. Probleme, die mit Quadrataspekten zur Spitze von Haus I zusammenhängen, können als Überbleibsel einer Haltung interpretiert werden, die in der Kindheit erlernt wurde. Es dauert meist lange, bis sich die betreffende Person des negativen Eindrucks bewußt wird, den sie aufgrund ihres persönlichen Verhaltens macht. Hinweise auf die Art des Verhaltens sind bei den einzelnen Himmelskörpern zu finden (siehe weiter unten).

Trigone sind ein Hinweis darauf, daß man auf andere einen guten Eindruck macht und daß man die Fähigkeit hat, das Leben zu genießen, vor allem auf den Gebieten, die die jeweiligen aspektbildenden Himmelskörper symbolisieren. Im fünften Haus zum Beispiel findet man Kompensation im Leben durch Selbstausdruck, entweder durch Kreativität oder durch Kinder. (Siehe auch die Beschreibungen anderer Häuser).

Quinkunxe deuten im allgemeinen darauf hin, daß man in dem Lebensbereich, den der Himmelskörper symbolisiert, seine Grenzen nicht gut kennt. Da die Quinkunxe zum Aszendenten meist von einem Planeten im sechsten oder achten Haus gebildet werden, deuten sie oft auf Schwierigkeiten durch falsches Timing in den Bereichen Arbeit, Gesundheit, Sexualität oder auf Geldschwierigkeiten mit anderen hin.

Oppositionen zeigen starke Spannungen in Beziehungen an; man will durch Kampf zu einer guten Beziehung kommen. Steht der Himmelskörper, der die Opposition bildet, im siebten Haus, dann richten sich die Beziehungsprobleme vor allem auf den Ehepartner. Steht der betreffende Himmelskörper im sechsten Haus, dann entstehen Probleme im Beruf oder mit der Gesundheit.

Das Zeichen an der Spitze des ersten Hauses: der Aszendent

♈ Übernimmt gerne persönlich die Führung und ergreift schnell die Initiative. Ist beim Handeln sehr ungeduldig und gereizt. Fühlt sich schnell in der eigenen Ehre verletzt. Macht auf andere den Eindruck einer entschlossenen, optimistischen Kämpfernatur. Zieht stark die Aufmerksamkeit auf sich. Dominant. Mißt gerne die eigene Kraft mit anderen, vor allem in direkter Konfrontation. Liebt alles, was neu ist. Will sofort Ergebnisse sehen. Lebenslustig. Verteidigt das, womit er/sie sich beschäftigt, bis zum äußersten, ohne zu bemerken, daß sich ein harter Kampf entwickelt. Anfällig für Kopfschmerzen. Sehr freiheitsliebend und aktiv. Schwierigkeiten mit der Zusammenarbeit. Läßt sich die eigene Stimmung nicht anmerken, sondern versucht sie durch einen Scherz zu überspielen. Dies kann Einsamkeit zur Folge haben, da andere seine/ihre Gefühle nicht ernst nehmen. Handelt, ohne vorher nachzudenken.

♉ Ruhig und sehr überlegt. Abneigung gegen Eile und Hast. Praktisch. Handelt nicht, ohne sicher zu sein, daß das Handeln auch zu Resultaten führen wird; dann jedoch ist er/sie sehr durchsetzungsfähig. Geduldig und beharrlich. Eigensinnig, vor allem, wenn jemand versucht, Druck auszuüben. Spricht nicht gerne über sich selbst. Macht immer einen ruhigen, beherrschten Eindruck auf andere, wie stark die inneren Emotionen auch sein mögen. Strahlt Wärme und Freundlichkeit aus, so daß andere sich wohl fühlen. Charmant und beliebt. Sucht physischen Komfort und Sicherheit. Versucht, die Dinge gelassen und entspannt auf sich zukommen zu lassen. Faul. Meditiert gerne. Gibt die eigenen Überzeugungen nicht preis. Ab und zu jähzornig. Manchmal sehr eigensinnig. Starke Konstitution. Ehrlich, zuverlässig, hält sich jedoch leicht selbst zum Narren. Verträgt keine Kritik von anderen, nur von sehr bewunderten oder sehr intimen Freunden und Freundinnen. Stark entwickeltes Gefühl für das Schöne in der Natur ist Quelle des Trostes. Sinnlich.

♊ Aktiv, ruhelos, kann sich nicht lange mit einer einzigen Sache beschäftigen oder an einem Ort in einer Haltung verweilen. Versucht, in kurzer Zeit viel zu tun. Redet gerne. Sucht Abwechslung. Liebt delikate, feinsinnige, komplizierte Dinge und Menschen. Schnell, vor allem im Bereich des Intellekts. Setzt sich schnell in Bewegung. Kommuniziert gerne mit anderen. Kann nur schwer schweigen. Großes Bedürfnis nach geistiger Betätigung. Sieht jung aus und altert auch geistig nicht. Findet gerne heraus, wie etwas funktioniert. Liebt das Spiel. Macht auf andere einen geistreichen, charmanten Eindruck. Tendiert dazu, alles nur halb zu tun. Starker Wissensdurst. Neugierig und erfinderisch. Will das Wie und Warum der Dinge ergründen. Dies kann zu einem starken Dominieren des Verstandes führen, wodurch ein gewisses Mißtrauen den tieferen Dingen des Lebens und Menschen gegenüber entstehen kann. Erweckt den Eindruck, mehrere Persönlichkeiten gleichzeitig zu haben, die völlig gegensätzlich sind.

♋ Fühlt sich mit Heim und Familie verbunden. Verändert die eigene direkte Umgebung nur sehr langsam. Freundlich, spricht jedoch nicht mit Fremden über die eigenen Gefühle. Beschützt gerne Menschen. Nimmt viel Rücksicht auf die Gefühle anderer. Verträgt kein hartes Wort. Zieht sich zurück, wenn sein/ihr Gefühl verletzt ist. Erweckt jedoch den Eindruck, gleichgültig zu sein. Kindheitserfahrungen wirken das ganze Leben lang nach. Sucht Integrität und Sicherheit. Ist nicht so leicht für etwas zu gewinnen, jedoch wenn, dann setzt er/sie sich ganz dafür ein. Überempfindlich gegenüber Kritik an der eigenen Person. Will die Dinge mit anderen teilen. Ziemlich konservativ. Äußerlich nachgiebig, aber innerlich selbstbewußt und den eigenen Ansichten treu. Übernimmt auf diese Weise im persönlichen Bereich unbemerkt die Führung. Genau und sorgfältig. Bemüht sich bei der Arbeit um Perfektion. Hat Angst, sich eine Blöße zu geben. Schüchtern. Möchte gerne im Mittelpunkt stehen. Hilfsbereit. Starkes Bedürfnis nach Dankbarkeit. Empfänglich für Atmosphäre und Stimmung. Glaubt oft, daß es anderen besser geht. Nimmt leichter am Kummer anderer als an deren Freude Anteil.

♌ Macht auf andere einen liebenswerten, gefühlvollen, charmanten und sehr selbstbewußten Eindruck. Liebt das Spiel. Will das eigene Image nach dem Bild formen, das andere von ihm/ihr haben. Kann nur schwer Irrtümer oder Mißerfolge zugeben. Steht gerne im Mittelpunkt und will stark erscheinen. Dominant. Stolz. Spielt gerne Führerrollen. Idealistisch, doch andere müssen ihre Kraft und Integrität beweisen. Loyal und edelmütig gegenüber Menschen, die vertrauenswürdig erscheinen. Liebt äußeren Glanz und beeindruckt gerne andere. Ruft Respekt und Sympathie hervor. Sehr empfänglich für Schmeicheleien. Autoritär. Reagiert empfindlich auf die Meinungen anderer. Faul. Hat ein Herz für die Mitmenschen, vor allem für Menschen, die Beistand benötigen. Innere Konflikte werden hinter Unnahbarkeit und Stolz verborgen, da sie als Blamage angesehen werden. Möglicherweise große Furcht, falsch verstanden zu werden. Tendenz, sich selbst für den Mittelpunkt der Welt zu halten. Neigt dazu, andere zu stark zu idealisieren.

♍ Übertrieben kritisch in bezug auf das eigene Äußere. Achtet dabei auf jedes Detail, um einen möglichst guten Eindruck zu machen. Legt großen Wert auf Sauberkeit und Hygiene. Wirkt scheu. Glaubt, nur von wenigen Menschen als attraktiv angesehen zu werden. Adrett. Ordnungsliebend. Perfektionist(in) mit der Neigung, auch andere zur Perfektion zu zwingen. Kritisch sich selbst und anderen gegenüber. Muß lernen, beim Ansprechen der kleinen Fehler anderer taktvoll zu sein. Tut nur etwas, wenn ein greifbares Ziel sichtbar ist; tut Dinge nicht um ihrer selbst willen. Liebt Schönes und Menschen, die guten Geschmack haben. Reserviert und ziemlich kühl. Macht sich gerne nützlich. Liebt die Arbeit. Bewahrt Distanz. Wählerisch, auch im Essen und Trinken. Auge fürs

Detail. Verliert manchmal die größeren Zusammenhänge aus dem Auge. Neigt zu Schwermut und Selbstmitleid. Angst vor eingebildeten Katastrophen und Krankheiten. Tendiert zu Niedergeschlagenheit und Launenhaftigkeit. Macht sich zu viele Sorgen. Zuvorkommend und dienstfertig. Abneigung gegen Überraschungen.

♎ Widmet dem persönlichen Umgang mit Menschen viel Aufmerksamkeit. Möchte lernen, wie dieser am besten zu gestalten ist. Benutzt Charme, um andere zu überzeugen und eigene Ziele zu erreichen. Versucht andere zu manipulieren, ohne daß sie es merken. Abneigung gegen Disharmonien zwischen Menschen. Versucht den Frieden aufrechtzuerhalten. Kleidet sich gerne elegant. Liebt schöne Dinge und die schönen Künste. Kokett. Hat Schwierigkeiten, mit beiden Füßen auf dem Boden zu stehen. Höflich, freundlich. Spielt gerne eine Vermittlerrolle. Kann nur schwer nein sagen. Hat Probleme damit, wirklich er/sie selbst zu sein. Wirkt auf andere unentschlossen, gleichgültig oder faul. Übernimmt gerne die Führung und hat eine Abneigung gegen pedantische Arbeiten. Tendiert dazu, Dinge hinauszuschieben und zuviel zu versprechen.

♏ Ruhig und reserviert; dennoch bemerken andere die tiefen Gefühle. Leidenschaftlich und sensibel. Überwindet körperliche Ermüdung schnell. Kann wegen Kleinigkeiten plötzlich wütend werden. Macht auf andere einen Eindruck von Heimlichtuerei, ohne solche Absichten zu haben. Hat Schwierigkeiten, sich anderen verständlich zu machen. Ausgezeichnete Beobachtungsgabe. Versteht es, den Charakter anderer intuitiv richtig zu erfassen und zu beschreiben. Zieht nur wenige ins Vertrauen. Freundlich. Strahlt auf andere Kraft aus, vor allem durch die Augen. Beschäftigt sich gerne mit den Geheimnissen von Leben und Tod, ebenso wie mit Sexualität und Geld. Erfaßt die Möglichkeiten anderer intuitiv. Starrsinnig. Kämpft hart gegen Angreifer. Großes Bedürfnis, ernst genommen zu werden. Andere unterschätzen seine/ihre innere

Kraft und Fähigkeiten im ersten Augenblick, revidieren ihre Meinung jedoch später. Geht gerne Risiken ein, versäumt es jedoch nicht, sie vorher abzuschätzen. Will das Leben mit dem ganzen Wesen erfahren. Sehr leicht verletzlich. Reagiert auf Verletzungen mit Sarkasmus und Rachsucht.

♐ Offen, extravertiert, ehrlich. Neigung zur Indiskretion. Macht manchmal grobe Bemerkungen, ohne andere verletzen zu wollen. Liebt das einfache Leben. Abneigung gegen Tricks und Pflichterfüllung, weil dies echter Kommunikation seiner/ihrer Meinung nach im Wege steht. Sehr energisch und freiheitsliebend. Wird sehr unruhig, wenn er/sie sich eine Weile still verhalten muß. Starkes Bedürfnis nach Bewegung an frischer Luft. Muß das eigene Leben selbst gestalten können. Läßt andere in Frieden; Abneigung gegen Verantwortung für andere. Hält den anderen jedoch ihre Verpflichtungen vor. Ist sich der Verbundenheit aller Menschen stark bewußt. Hat große Schwierigkeiten, nüchtern zu bleiben, vor allem, wenn es um die eigenen Ideale geht. Verbreitet gerne Ideen. Unstillbarer Wissensdurst. Große Abneigung gegen Einsamkeit und Absonderung sowie gegen Vorurteile. Starkes Bedürfnis nach Kommunikation und Teilen mit anderen. Wirkt sehr entschlossen, tauscht jedoch das eine Ideal schnell gegen ein anderes ein, ohne es selbst zu merken.

♑ Nimmt die Verantwortung der eigenen Persönlichkeit gegenüber sehr schwer und sich selbst sehr ernst. Macht in persönlichen Angelegenheiten einen reservierten und gleichzeitig ehrgeizigen Eindruck. Hat Angst davor, den falschen Eindruck zu erwecken. Setzt sich ganz ein, wenn die anfängliche Reserve einmal überwunden ist. Hohe Maßstäbe. Hat beruhigenden, stabilisierenden Einfluß auf andere. Will in der Welt etwas Wichtiges sein und ist bereit, dafür Entbehrungen auf sich zu nehmen. Hat Achtung vor erfolgreichen Menschen und versucht, von ihnen zu lernen. Großer Ernst dem Leben gegenüber. Findet das Leben und die Welt problematisch und schwer. Neigt anderen gegenüber zu Eifersucht und

Bitterkeit. Kann sich nur schwer entspannen und nur schwer spielen. Eine schlechte Beziehung zum Vater erzeugt die Tendenz, sich völlig verlassen zu fühlen. Arbeitet hart. Verfolgt stark die eigenen Interessen, vor allem in der Arbeit. Großes Bedürfnis nach Anerkennung, Vertrauen und Achtung. Hat Angst, massiv behindert zu werden. Gefühl für Rang und Stand. Sinn für Förmlichkeiten. Läßt sich leicht von Äußerlichkeiten beeindrucken. Neigt dazu, zu bluffen und mehr zu scheinen, als zu sein. Hat trotz allem Gefühl für Humor.

♒ Sehr interessiert an Neuem, aber will dieses auf eigene Faust entdecken. Nur schwer zu überzeugen. Tut Dinge nicht gerne auf herkömmliche Art. Interesse an gesellschaftlichen und wissenschaftlichen Problemen. Wirkt auf andere sehr unpersönlich. Großes Bedürfnis nach Freundschaft: akzeptiert keine Hierarchien, wenn es um Menschen geht. Kann Autorität nur akzeptieren, wenn er/sie davon überzeugt ist, daß diese völlig gerechtfertigt ist. Ruhig und beherrscht. Betrachtet Dinge immer zuerst vom geistigen Standpunkt aus. Mentaler, nicht emotionaler Typ. Hat Schwierigkeiten, mit emotionalen Menschen auszukommen und sie zu verstehen. Kann anderen nur schwer ihre Meinung lassen, wenn diese von den eigenen Vorstellungen von der Wahrheit abweichen. Einnehmend, human. Sucht Einsicht in das Wesen des Menschen. Neigt zu Eigensinn und Exzentrizität. Originelle, eigenwillige Ansichten. Spöttisch; stellt sich dumm und bringt dadurch andere in Verlegenheit.

♓ Sehr sensibel den Gefühlen anderer gegenüber; Tendenz, diese Gefühle (auch die negativen) zu übernehmen. Idealistisch, glaubt an eine Wirklichkeit hinter den Dingen. Großes Einfühlungsvermögen im persönlichen Bereich. Verliert sich schnell in Freigebigkeit und Altruismus. Läßt sich leicht täuschen. Ist verbittert, wenn die Täuschung offenbar wird. Wirklichkeitsfremd, verträumt. Kann nur schwer nein sagen, wenn jemand um Hilfe bittet. Neigt dazu, Menschen anzuziehen, die von ihm/ihr abhängig sind. Hat Schwierigkeiten, für sich selbst einzutreten, und ist eifersüchtig auf Menschen, die dies tun. Sehr nachgiebig. Hang zum Mystischen. Zuwenig Selbstdisziplin. Tief. Emsig und schüchtern. Bescheiden. Künstlerisch.

Der Herrscher des ersten Hauses

Der Herrscher des ersten Hauses kann sich in allen Häusern des Horoskops befinden. Je nach seiner Stellung richtet sich das Interesse des/der Betreffenden hauptsächlich auf den durch dieses Haus symbolisierten Lebensbereich. Die Stellung des Herrschers ist im folgenden durch die Ziffer des Hauses, in der er steht, gekennzeichnet.

1. (Herrscher 1 steht im ersten Haus)
   Richtet seine/ihre Energie auf sich selbst. Stellt sich selbst an die erste Stelle.
2. Gibt viel Geld für eigene Wünsche und Vergnügen aus.
3. Ist direkt in persönlicher Kommunikation. Liebt Reisen zum persönlichen Vergnügen.
4. Richtet Energie auf Heim und Familie. Bestimmt selbst, wann etwas beendet werden muß.
5. Starkes persönliches Interesse an geliebten Menschen. Will mit anderen teilen und etwas gemeinsam tun. Widmet sich stark dem Selbstausdruck.
6. Richtet viel Energie auf die Arbeit. Eventuell Tendenz zu chronischen Krankheiten.
7. Schwierigkeiten mit Partnern in Beziehungen im allgemeinen. Schwierigkeit, auf andere den richtigen Eindruck zu machen. Versucht, eigene Ideen anderen aufzuzwingen.

8. Kommt persönlich mit Talent, Geld und Besitz von anderen in Berührung. Sucht den eigenen Vorteil in Versicherung, Erbschaft und Sex.

9. Starkes Bedürfnis, »sich aus dem Staube zu machen«. Großes persönliches Interesse am Ausland, an Ausländern oder an auswärtiger Politik; ebenso an Religion, Philosophie, höherer Ausbildung und Wissen.

10. Starkes Bedürfnis, der eigene Herr zu sein. Steckt viel Energie in die eigene Karriere.

11. Investiert viel Energie in die Verwirklichung der eigenen Hoffnungen und Erwartungen; ebenso auf gesellschaftliches Leben und Freunde.

12. Setzt seine/ihre Energie hinter den Kulissen ein. Bereitet sich sehr gut vor, bevor er/sie an die Öffentlichkeit tritt. Interesse an Tiefenpsychologie.

Himmelskörper im ersten Haus

☉ Vital, stark, optimistisch. Starkes Ego. Ausgeprägtes Erfolgsstreben, jedoch wird nicht alles zu Ende geführt. Versteht es, die eigenen Pläne durchzusetzen. Möchte gerne alle Stärken und Schwächen von Konkurrenten kennen, versucht aber trotzdem, mit ihnen auf gutem Fuß zu bleiben. Erwartet viel vom Leben. »Selfmademan«. Viele gesellschaftliche Kontakte. Scheint jeder Situation gewachsen zu sein, läßt sich jedoch im Grunde ziemlich schnell einschüchtern, vor allem durch andere Menschen, die ebenfalls kreativ sind. Tendiert dazu, Konflikte zu sehen, die nicht existieren. Vermag aufrichtige Kritik kaum von Angriffen zu unterscheiden. Wächst im Laufe der Zeit über die Verhältnisse hinaus, die die Kindheit prägten. Hat Angst vor zwischenmenschlichen Konflikten. Kann nur schwer Konzessionen machen. Sehr begabt darin, andere zu motivieren und ihnen bei der Entfaltung ihrer eigenen Fähigkeiten zu helfen. Starkes Bedürfnis nach Anerkennung. Kann sich nur schwer mit den eigenen Grenzen auseinandersetzen. Je mehr er/sie anderen Raum läßt, um so beliebter wird er/sie werden.

☾ Sehr emotionale Persönlichkeit, die nur schwer fremde Standpunkte verstehen kann (Gefühl herrscht über den Verstand). Urteilt eher aufgrund von Gefühlen als aufgrund von Fakten. Macht auf andere einen sehr unbeständigen Eindruck. Spiegelt die Gefühle anderer wider und hat Schwierigkeiten, er/sie selbst zu sein. Dieses Widerspiegeln ist der Grund großer Beliebtheit: Andere betrachten ihn/sie als »einen der ihren«. Sehr stark geprägt durch Kindheitseindrücke; Mutter war dominant. Veranlagung zum Schlafwandeln. Leidet unter Stimmungsschwankungen. Kann Spannungen nur schlecht ertragen. Minderwertigkeitsgefühle. Wünscht sich Freunde mit viel Verständnis. Befürchtet, daß die Freunde nur deshalb den Kontakt halten, weil sie Hilfe suchen. Macht zu viele Konzessionen. In materieller Hinsicht besorgt um die eigene Zukunft. Muß lernen, mit der Vergangenheit zu brechen, vor allem mit belastenden Einflüssen der Familie. Zärtlich und fürsorglich anderen gegenüber. Muß lernen, der eigenen Bestimmung zu folgen.

☿ Geschwätzig, ungeduldig, will alles lieber gestern als heute erledigen. Geistig schnell und impulsiv. Egozentrisch, selbstbezogen. Guter Lehrer, wenn die Egozentrik überwunden wird. Geistreich. Neugierig. Unersättlicher Wissensdurst. Versucht, die Motive anderer zu verstehen, und lernt dadurch sehr viel. Kennt die eigenen Fähigkeiten. Steckt sich hohe Ziele. Weiß, daß die Zukunft in den eigenen Händen liegt. Verwirklichung der eigenen Ziele ist sehr wichtig; orientiert daher das Leben auch jeden Tag neu darauf hin. Braucht Kollegen und Konkurrenten, um die eigenen Vorstellungen korrigieren zu können. Bereit, aus Mißerfolgen und Erfahrungen zu lernen. Gutes Urteilsvermögen in Beziehungen. Bedürfnis nach Wurzeln. Starke Abneigung gegen Routine. Arbeitet hart an beruflicher Unabhängigkeit. Erkennt schnell, was anderen fehlt. Unterschätzt die eigenen Fähigkeiten, anderen helfen zu können.

♀ Macht einen freundlichen und angenehmen Eindruck. Liebt Komfort, kleidet sich geschmackvoll. Affektiv und kompromißbereit. Gibt anderen das Gefühl, daß sie mit ihm/ihr spielen können, aber wartet im Grunde nur ab, bis die eigene Position stark genug ist. Mangel an Selbstdisziplin kann die Entfaltung der eigenen Talente behindern. Liebt Harmonie. Versteht es, Freunde für die eigenen Ziele einzuspannen und umgekehrt. Geht Herausforderungen möglichst aus dem Wege und erzählt oft zuviel über die eigenen Pläne. Verträgt keinen Konkurrenzdruck. Muß danach streben, sich so unabhängig wie möglich zu machen. Hat Angst, den Erwartungen anderer (vor allem der eigenen Eltern) nicht zu genügen. Sucht Anerkennung für die eigenen Bemühungen. Hat Angst, abgewiesen zu werden. Starkes Bedürfnis, anderen in der Not beizustehen.

♂ Sehr unabhängig. Geradeheraus. Ruhelos. Will gewinnen. Unfallgefährdet. Will beeindrucken. Vernachlässigt es, sich zu bilden und zu schulen; setzt statt dessen Kraft ein, um zu gewinnen. Enthusiastisch. Kann schlecht über längere Zeiträume planen. Mutig. Freigebig. Wirft das Geld manchmal zum Fenster hinaus. Schwierigkeiten mit Autorität und damit, der Wirklichkeit in die Augen zu sehen. Neigt dazu, auf die Gefühle anderer keine Rücksicht zu nehmen. Reagiert zu stark auf (vermeintliche) Erwartungen anderer. Hat Schwierigkeiten, guten Rat anzunehmen. Braucht Beifall, um etwas leisten zu können. Erkennt menschliche Schwächen. Tendiert dazu, andere einzuschüchtern. Muß lernen, die Verantwortung für das eigene Tun zu übernehmen. Sehr begabt darin, Menschen zu zeigen, wie sie ihre eigenen Talente optimal nutzen können.

♃ Sehr optimistisch und enthusiastisch. Großes Bedürfnis nach Freiheit. Mangel an Beharrlichkeit. Möchte gerne die Führung übernehmen. Zuwenig Selbstdisziplin. Sollte auf Körpergewicht achten. Freigebig. Liebt umfassende Perspektiven und verkraftet es nicht gut, in diesem Bedürfnis frustriert zu werden. Hat ein großes Bedürfnis nach Spiritualität und fühlt sich spirituell dazu verpflichtet, anderen bei der Lösung ihrer Probleme zu helfen. Achtet nicht auf Rang und Stand, sondern schätzt die Menschen wegen dem, was sie sind. Schwierigkeiten damit, Pläne zu machen und sie dann auch auszuführen. Gutes Urteilsvermögen, jedoch bei abweichenden Meinungen sehr wenig kompromißfähig. Ist in der Lage, anderen das Gefühl von Selbstwert zu geben. Will die eigenen Möglichkeiten ganz entwickeln, anstatt die Erwartungen anderer zu erfüllen. Läßt sich leicht ausbeuten, wenn andere um Hilfe bitten. Großes Vertrauen in Menschen, auch in Unbekannte. Gibt gerne. Muß lernen zu sparen. Weiß manchmal mehr als andere und hat die Tendenz, dieses Wissen auszunutzen. Hält die Bedürfnisse anderer für wichtiger als die eigenen Sorgen.

♄ Arbeitet hart. Beharrlich. Mangel an Selbstvertrauen. Großes Konzentrationsvermögen und Gefühl für Form und Verhältnismäßigkeit. Hat Schwierigkeiten, das eigene Innere anderen zu zeigen, und ist auch selbst oft nicht in Kontakt damit. Hat mehr Fähigkeiten, als er/sie selbst weiß. Angst vor Konkurrenz. Lernt vor allem aus Erfahrung. Braucht das Bewußtsein, daß die eigenen Bemühungen allen zum Nutzen gereichen. Nimmt sich selbst zu ernst. Gesteht sich keinerlei menschliche Schwäche zu. Sucht reife Menschen, die als Freunde wenig Anforderungen stellen. Möchte von anderen als gleichwertig behandelt werden. Vergleicht die eigenen Leistungen mit denen der anderen. Bewundert andere wegen ihres guten Urteilsvermögens. Hat Angst, sich lächerlich zu machen. Übervorsichtig. Sucht unbewußt die Zustimmung der Eltern für die eigene Lebensweise. Hat Angst, von anderen ausgenutzt zu werden. Starkes Bedürfnis, respektiert zu werden. Großes spirituelles Bedürfnis, denjenigen zu helfen, die sich selbst nicht helfen können; hindert sich selbst jedoch daran aus Angst vor Mißerfolg. Glaubt von sich selbst, Materiellem gegenüber gleichgültig zu sein.

♅ Impulsiv, launisch, ungewöhnlich, exzentrisch. Neigt zu Veränderung um ihrer selbst willen. Kümmert sich nicht um die Konsequenzen der eigenen Handlungen. Starker Wille in Verbindung mit der Tendenz, diesen anderen aufzuzwingen. Abneigung gegen Verantwortung, wenn die eigene Freiheit dadurch eingeschränkt wird. Will sich nach den eigenen Vorstellungen entwickeln. Schätzt Ausbildung sehr hoch ein. Behandelt Kinder zu liberal, was diese möglicherweise als Mangel an Liebe auffassen. Viele und interessante Freunde. Kühl und unbeteiligt anderen gegenüber. Kümmert sich nicht um die Tatsachen des Lebens. Sexuell ungehemmt. Muß lernen, mehr Verständnis für andere aufzubringen, um die eigenen großen Talente entwickeln zu können. Muß lernen, zu planen und vorauszuschauen. Ist der Ansicht, daß jeder nach seinen eigenen Moralvorstellungen leben sollte. Treibt sich selbst bis zur nervösen Erschöpfung an. Tendiert dazu, sich zu sehr mit Geld zu beschäftigen. Hat die Veranlagung dazu, einer humanitären Aufgabe zu dienen.

♆ Äußerst sensibel der Umgebung gegenüber. Verliert sich leicht in einer Traumwelt. Sehr beeinflußbar. Neigt dazu, sich bei Unannehmlichkeiten zurückzuziehen. Hat Schwierigkeiten, sich durchzusetzen, wenn es wirklich nötig ist. Idealistisch. Leicht zu täuschen; täuscht sich selbst auch leicht. Bedürfnis, den Benachteiligten zu helfen. Hat große Mühe damit, unabhängig zu werden bzw. zu sein. Tendiert dazu, die eigenen Leistungen ständig mit denen der anderen zu vergleichen und dabei die eigenen Leistungen unterzubewerten. Unterminiert die eigene Gesundheit häufig durch zuviel Arbeit. Großes Mitgefühl. Spirituelle Kraft. Werden die spirituellen Talente nicht genutzt und wird nur physischen und materiellen Werten Aufmerksamkeit geschenkt, dann ist die Gefahr der inneren Verwahrlosung sehr groß. Keine gute Vorausschau.

♇ Sehr tiefe Persönlichkeit. Durchlebt Zeiten äußerst strenger Selbstanalyse. Sehr ehrgeizig. Neigt dazu, anderen den eigenen Willen aufzuzwingen. Sehr zielgerichtet. Verändert die Umgebung, wenn das eigene Ziel anders nicht zu erreichen ist. Kämpft für das eigene Recht und eventuell für das anderer (der Masse). Legt großen Wert auf Fair play. Zieht mächtige Freunde an. Ruft eher Respekt als Sympathie hervor. Tendiert dazu, Konkurrenten zu unterwerfen, statt sich ihre Unterstützung zu sichern. Stark entwickeltes Gefühl für Betrügereien, aber hat trotzdem Angst, hintergangen zu werden. Ist eventuell zu sehr auf den eigenen Vorteil aus. Sehr begabt darin, soziales Unrecht aus der Welt zu schaffen. Heftige Willenskonflikte in der Kindheit, die sich wahrscheinlich noch lange auf die persönlichen Beziehungen auswirken. Muß Maß und Kompromißfähigkeit erlernen. Überrennt andere leicht und ist sich selbst gegenüber häufig zu nachgiebig.

Aspekte der Himmelskörper zum Aszendenten

Konjunktionen

Das heißt, ein Himmelskörper ist zwischen 0° und 5° von der Spitze des ersten Hauses entfernt.

☉ Starkes Bedürfnis nach Anerkennung und sehr erfinderisch darin, die Aufmerksamkeit auf sich zu ziehen. Will im Mittelpunkt stehen. Kann nur schwer Kompromisse schließen, weil er/sie Kompromisse für eine Art von Unterwerfung hält. Neigt zur Selbstüberschätzung. Einnehmend und charmant. Will unbedingt der eigene Herr sein. Schwierigkeiten mit Autorität. Ehrlich. Respektiert die echten Qualitäten anderer. Behandelt andere nicht schlecht, solange sie der Vernunft zugänglich sind. Strebt nach echtem Erfolg. Andere sehen sein/ihr gutes Herz. Versteht sich darauf, Menschen zu beeinflussen. Kämpfer(in).

☾ Sucht intime emotionale Beziehungen, aber hält andere Menschen aus Angst vor Verpflichtungen trotzdem auf Distanz. Sehr defensive Haltung anderen und sich selbst gegenüber. Ängstlich, besitzergreifend und eifersüchtig Familienmitgliedern und Freunden gegenüber. Wünscht sich selbst sehr große emotionale Freiheit, hat jedoch Schwierigkeiten damit, diese anderen ebenfalls zuzugestehen, was zu großen Enttäuschungen in diesem Bereich führt. Hat möglicherweise Schuldgefühle und Minderwertigkeitsgefühle, weil in der Kindheit eine Frau ihn/sie dazu zwang, die eigenen Gefühle zu unterdrücken. Neigt dazu, die eigenen Gefühle aus Angst vor dem, was andere dazu sagen könnten, zu verbergen. Hat große Schwierigkeiten, anderen entgegenzukommen. Sehr viel Phantasie, verhält sich aber oft kalt und kritisch, vor allem Menschen gegenüber, die ihm/ihr viel bedeuten könnten.

☿ Redet sehr viel über sich selbst. Sagt immer sofort die eigene Meinung. Lernt leicht. Wird wegen großer Sprachgewandtheit bewundert. Tendiert dazu, auf andere herabzusehen, die geistig weniger wendig sind. Großes Bedürfnis nach Kommunikation und Gedankenaustausch, sowohl aktivem wie passivem. Ruhelos, kann nur schwer stillsitzen. Kann ganz im Lernen aufgehen und entwickelt trotz innerer Unruhe starke geistige Aktivität. Tendiert dazu, geistige Tiefe der Vielfalt der Wissensgebiete zu opfern. Bedürfnis nach einer Anstellung, die ihn/sie nicht an einen Ort bindet. Großes Interesse an Natur, Welt und Menschen. Liebt das Spiel. Geistreich, lebendig und klug.

♀ Starkes Bedürfnis, akzeptiert zu werden. Liebt das Feine und wünscht sich einen Partner mit dem gleichen Geschmack. Macht auf andere einen liebenswerten, freundlichen Eindruck, ist jedoch tatsächlich sehr berechnend und wägt alle Vor- und Nachteile von Beziehungen und gesellschaftlichen Kontakten genau ab. Charmant und wohlgesittet, kann aber sehr fordernd und aggressiv werden, wenn das Begehrte nicht zu erreichen ist. Erliegt leicht der Versuchung,

Menschen mit Hilfe seines/ihres Charmes auszunutzen. Nutzt möglicherweise seine/ihre Fähigkeiten nicht so, wie es möglich wäre. Großes Bedürfnis nach Harmonie. Beliebt.

♂ Unerschöpfliche Energie. Mangel an Disziplin. Nimmt meist jede Herausforderung an. Möchte von allen als überlegen angesehen werden, ist jedoch nicht sehr selbstsicher. Betrachtet Kompromisse als Eingeständnis von Schwäche. Unabhängig. Initiiert gerne Projekte, doch müssen andere das Angefangene zu Ende führen. Starker Wille. Mutig, aggressiv. Große Schwierigkeiten mit Zusammenarbeit, neigt zu übertriebener Dominanz. Verachtet alles Weiche und Schwache. Aufbrausend, vor allem, wenn es um die eigene Person geht. Kann die Vorstellung, jemanden zu brauchen, nicht ertragen. Liebt Sport.

♃ Äußerst optimistisch. Kann nur schwer maßhalten. Ehrgeiz führt zu der Tendenz, sich zuviel aufzubürden. Überschätzt leicht die eigene Bedeutung. Verspricht zuviel. Inspiriert Untergebene. Freigebig und hilfsbereit. Will alles selbst ausprobieren und frei sein. Weitblick. Verträglich. Sehr differenzierte Ansichten über Gut und Böse. Stark entwickelter Gerechtigkeitssinn. Starke ethische Grundeinstellung. Verträgt es nicht, wenn die eigenen Moralvorstellungen angegriffen werden. Freundlich, wohlwollend, sympathisch. Ist möglicherweise zu offenherzig, sowohl in Privatangelegenheiten wie auch in bezug auf wichtige Informationen, die den Beruf betreffen. Macht eventuell keinen besonders seriösen Eindruck.

♄ Sehr ernst, auch schon als Kind. Erweckt den Eindruck, reifer zu sein, als es dem Alter entspricht. Muß schon in jungen Jahren große Verantwortung übernehmen. Hat Schwierigkeiten damit, zu genießen und sich zu entspannen. Grübelt und neigt dazu, auch andere niederzudrücken. Zeigt anderen gegenüber wenig Wärme, vor allem in der Kindheit, und verbirgt dies hinter einer Fassade der Gleichgültigkeit. Sehr zuverlässig. Hält seine Versprechen ein. Fühlt sich in großen Gesellschaften meist einsam. Konservativ, diszipliniert. Großer Mangel an Selbstvertrauen. Lernt durch Erfahrung. Steht nicht gerne im Mittelpunkt des Interesses. Setzt sich nur langsam in Bewegung. Muß den Erfolg absehen können, bevor er/sie einen Schritt zu tun wagt. Hat Angst, sich lächerlich zu machen. Läßt sich manchmal ausnutzen, aber vergißt dies nie.

⛢ Sehr selbstbewußt, was von den meisten Menschen bewundert wird und bei einigen Angst hervorruft. Andere fühlen sich leicht unbedeutend in seiner/ihrer Nähe. Ehrlich und aufrichtig. Ruhelos. Verträgt es nicht, lange an einem Ort zu bleiben. Treibt gerne mit anderen seine Späße. Originell. Sieht viele Aspekte, die andere übersehen. Verzettelt sich häufig. Stellt leicht Kontakt zu den verschiedensten Arten von Menschen her. Mißt gesellschaftlichem Schein und Vorurteilen keine Bedeutung bei. Legt großen Wert auf Individualität und ist sich bewußt, daß der Fortschritt der ganzen Menschheit vom Fortschritt des einzelnen abhängt. Sehr stark zukunftsorientiert. Bemüht um höheres Bewußtsein.

♆ Beschäftigt sich sehr stark mit der Suche nach dem eigenen Wesen und dem Eindruck, den er/sie auf andere macht. Schätzt sich eher anhand der Reaktionen anderer ein, als sich ein eigenes Bild über sich selbst zu machen. Tendiert stark zu Minderwertigkeitsgefühlen. Extrem sensibel der eigenen Umgebung, auch den nahestehenden Menschen gegenüber. Starkes Bedürfnis zu dienen, aber nicht sehr wählerisch in der Auswahl derjenigen, denen er/sie seine Dienste anbietet. Sehr begabt darin, sich nach Art eines Chamäleons in andere hineinzuversetzen. Begabter Schauspieler. Zieht sich gern in eine Scheinwelt zurück. Leidet unter sozialen Ungerechtigkeiten. Nimmt immer das Beste von anderen an und leidet bei Enttäuschungen im stillen. Hat ziemliche Schwierigkeiten mit Verantwortung. Schuldgefühle. Sollte sich nach charakterfesten Menschen umschauen, die ihm/ihr in der Alltagsrealität mehr Halt geben können.

♇ Lebt sehr intensiv. Will alles oder nichts. Durchlebt Perioden extremer psychischer Veränderungen. Sehr emotional. Tritt mit großer Autorität auf. Andere wagen es nicht, ihm/ihr zu widersprechen. Tendenz, das, was andere falsch gemacht haben, selbst besser weiterzuführen. Sehr interessiert an Macht. Erträgt keinen Machtmißbrauch und ruht nicht, bevor sich die Dinge gut entwickeln. Schützt andere um jeden Preis. Neigt dazu, sich selbst und andere zu Extremen zu treiben, was zu Feindschaft führen kann. Empfindet Chaos als Herausforderung und hat großes Talent, extreme Schwierigkeiten zu bewältigen.

Halbsextile

Das heißt, ein Himmelskörper ist zwischen 29° und 31° vom Aszendenten entfernt. Siehe Beschreibung des Quinkunxes.

Sextile

Das heißt, ein Himmelskörper ist zwischen 55° und 65° vom Aszendenten entfernt.

☉ Umgänglich und extravertiert. Liebt Gesellschaft. Starke Persönlichkeit. Bereichert Zusammenarbeit mit Energie und Ideen. Liebt gute Konversation; guter Zuhörer. Hält es nicht lange an einem Ort aus. Ziemlich ruhelos. Liebt Geschwindigkeit. Kann es nicht ertragen, wenn andere ihm/ihr im Wege stehen. Ist in der Lage, sich selbständig Disziplin anzueignen. Keine Probleme mit dem Selbstausdruck. Jugendlich. Ansteckender Humor. Macht auf Vorgesetzte manchmal einen so selbstbewußten Eindruck, daß diese sich bedroht fühlen. Verträgt keinerlei Unaufrichtigkeit, auch nicht bei sich selbst.

☾ Bezieht sich emotional sehr stark auf Freunde und auf Menschen des alltäglichen Umgangs. Starkes Bedürfnis nach Zugehörigkeit zu einer Gruppe. Erfaßt die Bedürfnisse anderer intuitiv und versteht Gruppenprozesse. Tendiert dazu, sich zu stark mit einer Gruppe Gleichgesinnter zu identifizieren, was möglicherweise der eigenen Entwicklung im Wege steht. Reist jedoch gerne, so daß das Problem sich auf diese Weise lösen kann. Starke Tendenz, Einstellungen aus der Vergangenheit auch in der Gegenwart beizubehalten; ist möglicherweise nicht flexibel genug. Kann Wirklichkeit und Phantasie nicht gut voneinander unterscheiden. Wird leicht zu emotional, wenn es um Menschen geht, und unterschätzt die eigenen Fähigkeiten, dieses Problem erfolgreich zu lösen. Arbeit ist ihm/ihr sehr wichtig. Sehr viele gute Ideen.

☿ Gescheit, geistreich, expressiv, sehr neugierig. Kennt den eigenen Wert und die eigenen Fähigkeiten. Untersucht zunächst die Fakten, bildet sich dann eine eigene Meinung und spricht diese auch aus. Versucht, anderen ein gutes Gefühl zu geben und sich von der positiven Seite zu zeigen. Guter Kommunikator. Erhält im Beruf wegen Einfallsreichtums und Klugheit viel Anerkennung. Möglicherweise werden Ideen von Vorgesetzten gestohlen. Liebt die Menschen und kommt mit allen gut aus. Erkennt die Motive anderer. Fühlt sich vor allem durch die geistigen Qualitäten der Menschen angezogen. Lernt schnell, aber hat Schwierigkeiten, bei einer Sache zu bleiben. Emsig. Liebt das Spiel.

♀ Liebt Vergnügen mehr als die Arbeit. Kann sehr gut mit Menschen umgehen. Starke Abneigung gegen alles Häßliche. Liebt den Luxus. Versucht im Umgang mit anderen stets, die Aufmerksamkeit auf das Positive zu lenken. Beliebt. Sucht in allen Kontakten Harmonie. Zwingt anderen die eigene Meinung nicht auf. Sucht nach Kompromissen. Weiß, was er/sie vom Leben will. Ziemlich schüchtern. Großes Bedürfnis nach Sicherheit im Alter. Wird schnell zu vertraulich. Läßt sich leicht ausnutzen. Hält sich an das Gesetz. Nachgiebig.

♂ Sagt furchtlos die eigene Meinung. Enthusiastisch und impulsiv. Begeisterung über die eigenen Ideen treibt andere in die Defensive. Kann nur schwer stillsitzen und schweigen. Muß lernen, erst nachzudenken und dann zu reden bzw. zu handeln. Will, daß Freunde Mut und Offenheit bewundern, was Kompensation für Unsicherheit ist. Arbeitet hart und tut mehr, als unbedingt notwendig ist. Sieht Konkurrenz als Herausforderung an. Gut informiert. Unabhängig. Kann mit Menschen zusammenarbeiten, die die eigenen Ziele teilen. Will ernstgenommen werden, schon als Kind. Pflegt lieber Umgang mit Männern als mit Frauen. Hat viel Sinn für Fairneß. Sucht Freunde, die keine Anforderungen stellen, aber läßt sie in der Not nicht im Stich. Muß lernen, sich zu disziplinieren.

♃ Zieht viele Menschen an und erhält Hilfe von ihnen. Optimistisch. Versteht es, anderen aus ihren Schwierigkeiten herauszuhelfen. Gut entwickeltes Gefühl für günstige Gelegenheiten. Idealistisch. Erwartet viel vom Leben. Neigt zu Faulheit. Fühlt sich zu freigebigen, optimistischen, reiferen Menschen hingezogen. Tolerant, aber verträgt keine Engstirnigkeit. Enthusiastisch. Beliebt. Freigebig. Möchte gerne herausragen. Tiefes Verständnis und breit gefächertes Wissen. Gute(r) Zuhörer(in). Kann nur schwer nein sagen, wenn jemand ihn/sie um Hilfe bittet. Gönnt sich zuwenig Ruhe. Investiert viel in Partnerschaften. Sehr guter Kommunikator.

♄ Ernst. Lernt schon früh, Verantwortung zu tragen. Zuverlässig. Wenige, jedoch zuverlässige Freunde/Freundinnen. Wirkt älter, als er/sie tatsächlich ist. Bevorzugt den Umgang mit jeweils nur einem Menschen. Fühlt sich in Gruppen nicht sonderlich wohl. Systematischer Geist. Lernt gerne. Starkes Bedürfnis nach Logik. Hat große Schwierigkeiten, etwas zu lernen, das nicht logisch faßbar ist. Praktisch und realistisch. Tut sein/ihr Bestes, um sich klar auszudrücken. Neigt zu Selbstgerechtigkeit. Verliert nie viele Worte. Sehr anspruchsvoll, jedoch fair. Strebt sehr danach, herauszuragen.

Etwas einseitige, jedoch tiefe Sicht, auch wenn es darum geht, andere zu verstehen.

♅ Liebt alles Neue. Originell und progressiv. Sehr guter Kommunikator. Offen für neue Ideen. Starke Intuition, die auch zuverlässig ist. Unabhängig. Möchte, daß andere seine/ihre Meinung respektieren. Sagt, was er/sie denkt. Ungeduldig gegenüber überkommenen Vorstellungen, auch wenn dies zum eigenen Nachteil ist. Hat inspirierende Freunde. Liebt anregende Kontakte und sehr ungewöhnliche Menschen. Engstirnigere und weniger freie Menschen sind auf ihn/sie eifersüchtig. Liebt den Wettbewerb, aber sieht auch als Sieger die Qualitäten des Gegners. Freiheitsliebend.

♆ Sehr starke Intuition, vor allem im Erfassen der Bedürfnisse und Wünsche anderer. Nimmt sehr viel wahr. Sieht und fühlt mehr als die meisten Menschen und wird daher oft nicht ernst genommen. Sehr starker Hang zum Mysteriösen und Phantastischen. Idealistische Einstellung Freunden und Freundschaften gegenüber. Andere gewinnen leicht einen falschen Eindruck von ihm/ihr. Sehr starke Phantasie. Unterschätzt sich selbst. Andere finden ihn/sie charmant, aber auch naiv. Starkes Bedürfnis, negative Elemente in der eigenen Umgebung ins Positive zu kehren. Gefügig. Kann nur schwer Entscheidungen treffen. Glaubt, andere hätten mehr Fähigkeiten.

♇ Hat Macht über Menschen. Tiefes psychologisches Interesse. Praktisch, wenn es darum geht, Veränderungen einzuführen. Tiefe Einsicht in die Rolle, die er/sie im Leben anderer spielt. Liebt Herausforderungen. Direkt und roh. Gibt nicht gern Irrtümer zu. Ist weniger selbstsicher, als es scheint. Möchte möglichst als erster zuschlagen. Bereit, für die eigene Zukunft hart zu arbeiten. Entfaltet in Krisensituationen die größte Kraft. Sehr intensiv in Beziehungen. Sucht nur sehr tiefen Kontakt. Magnetisch. Sehr eindringlicher, forschender Geist. Neigt dazu, den eigenen Willen anderen aufzuzwingen.

Quadrate

Das heißt, ein Himmelskörper ist zwischen 85° und 95° von der Spitze des ersten Hauses entfernt.

☉ Macht auf andere einen negativen Eindruck. Hat große Mühe, anderen das wahre Selbst zu zeigen. Trotzdem tendieren die anderen dann immer noch dazu, ihn/sie weiter der Unaufrichtigkeit zu bezichtigen. Schließt gewöhnlich nur dann Kompromisse, wenn absolut keine andere Möglichkeit mehr besteht. Kann in bezug auf sich selbst nur schwer den Tatsachen ins Auge sehen. Drängt sich auf; möchte von jedem anerkannt werden, was auf andere bedrohlich wirkt. Muß lernen, die Initiative stärker anderen zu überlassen. Rechnet von vorneherein mit Widerstand und Behinderung, wenn er/sie etwas will. Schwierigkeiten mit Vorgesetzten, vor allem in der Kindheit. Muß lernen, daß andere sich nicht wegen seines/ihres Mangels an Fähigkeiten negativ verhalten, sondern wegen seines/ihres aggressiven Verhaltens.

☽ Emotional sehr starke Vorurteile. Wechselhaft, auch anderen Menschen gegenüber. Hat das Gefühl, daß manche Menschen ungeheure Forderungen an ihn/sie stellen, und verbirgt daher die eigenen Gefühle. Ist Menschen mit einem starken Charakter nicht gewachsen. Fühlt sich in Gegenwart von geschätzten Menschen leicht angespannt. Bei Beziehungsproblemen zieht er/sie sich in die eigene Phantasiewelt zurück, statt für seinen/ihren Standpunkt einzutreten. Haltungen, die in der Kindheit eingeprägt wurden, beherrschen unbewußt das gesamte Verhalten. Muß lernen, jeden Tag als eine neue Herausforderung zu sehen. Bürdet sich leicht zuviel auf. Selbstmitleid. Muß lernen, in beruflichen Angelegenheiten verschwiegen zu sein und die Vergangenheit loszulassen.

☿ Aktiver Geist, liebt Gespräche und Gedankenaustausch. Äußert die eigenen Ansichten mit großem Nachdruck, was es schwierig macht, wirklich mit anderen zu kommunizieren. Muß lernen zuzuhören. Neigt dazu, sich durch Freunde oder Beziehungen von den eigenen Zielen ablenken zu lassen. Klatschsüchtig. Unterschätzt die negativen Auswirkungen von Klatsch und Verleumdung. Treibt gerne Scherze mit anderen und sieht auch dabei nicht den Schaden, den dies anrichten kann. Erzählt gerne verschiedenen Menschen verschiedene Geschichten und wird deshalb für unehrlich gehalten. Versucht, den Eindruck von Überlegenheit zu erwekken, aber fühlt sich im tiefsten Inneren minderwertig. Neigt dazu, nur die Ziele zu verfolgen, die den eigenen Vorgesetzten genehm sind, und steht damit der eigenen Entwicklung im Weg. Glaubt, daß andere bessere Chancen haben, aber nimmt die eigene Entwicklung auch nicht selbst in die Hand. Spätentwickler(in) mit der Fähigkeit, in jedem gewählten Bereich Hervorragendes zu leisten.

♀ Sehr starke sentimentale Bindungen an das Elternhaus. Große Schwierigkeiten, sich unabhängig zu machen und auf eigenen Füßen zu stehen. Bemühungen um Selbständigkeit erzeugen Schuldgefühle. Sucht ständig nach guten Gründen, um hinderliche Bindungen/Verpflichtungen weiterhin aufrechtzuerhalten. Verträgt es nicht, wenig Geld zu haben. Faul in bezug auf das Geldverdienen. Setzt sich aus Angst vor der Verantwortung keine klaren Ziele. Läßt sich gerne von anderen ernähren. Hält sich mit den eigenen Ansichten zurück und wickelt andere mit Charme um den Finger. Beliebt. Bewundert Menschen, die viel Geld verdienen und ist insgeheim der Ansicht, daß diese ihm/ihr Geld zur Verfügung stellen sollten. Arbeitet nur hart, wenn die eigene materielle Zukunft direkt bedroht zu sein scheint. Muß lernen, an der eigenen Entfaltung zu arbeiten.

♂ Glaubt, die ganze Welt gegen sich zu haben, wenn es wirklich darauf ankommt. Hat Schwierigkeiten mit echter Zusammenarbeit. Hat viel Energie. Liebt Herausforderungen, aber erliegt leicht der Versuchung, Konkurrenten eins auswischen zu wollen. Neigt in emotionalen Situationen zu vorschnellen Reaktionen. Sehr starker Geltungsdrang. Fühlt sich leicht durch Kritik verletzt. Läßt sich nicht daran hindern, die eigene Meinung kundzutun. Reagiert prompt und heftig auf Herausforderungen. Drängt Menschen gerne in die Defensive. Versucht, das eigene Selbstwertgefühl durch die Niederlagen anderer zu stärken. Abneigung gegen Autorität. Eltern konnten wahrscheinlich keine höhere Ausbildung bezahlen. Bewundert Menschen, die ihre Talente in Geld ummünzen können, aber ist selbst nicht bereit, die dazu erforderlichen Opfer zu bringen. Will hart arbeiten, um die eigenen Talente zu entwikkeln und Ziele zu erreichen, aber zweifelt oft daran, ob es sich lohnt, die dabei auftretenden Frustrationen hinzunehmen.

♃ Macht einen außerordentlich guten Eindruck auf andere. Neigt jedoch dazu, dies zur Befriedigung der eigenen Bedürfnisse und Forderungen zu benutzen. Vor allem in persönlichen Schwierigkeiten und Zeiten der Unsicherheit entsteht diese Form von Egoismus, bei der viel mehr gefordert als gegeben wird. Will alles im großen Maßstab tun. Ist stark von einem Elternteil beeinflußt, der als absolutes Ideal angesehen wird. Bereit, alle Anstrengungen zu unternehmen, die notwendig sind, um nach der Pensionierung ein gutes Auskommen zu haben. Warmherzig. Läßt sich ausnutzen, ohne es selbst zu merken. Mangel an Selbstbeherrschung. Lädt sich zuviel auf. Möchte möglichst schnell die Spitze erreichen. Ist sich nicht dessen bewußt, daß eine solche Spitzenposition auch sehr unsicher ist. Braucht Teamarbeit.

♄ Hat Angst, Steine in den Weg gelegt zu bekommen. Unterschätzt die eigenen Fähigkeiten. Unter Druck gesetzt zieht sie/er sich zurück. Reagiert im Wettbewerb zunächst langsam, um Selbstvertrauen zu gewinnen. Benutzt zur eigenen Verteidigung jeden Trick. Fühlt sich in bezug auf Liebe oder Freundschaft häufig unwürdig. Dieser Zug ist vor allem dann stark entwickelt, wenn in der Kindheit nicht beide Eltern sehr starke emotionale Unterstützung gegeben haben. Sieht das Leben als außergewöhnlich schwere Aufgabe an.

Sollte kritische Freunde möglichst meiden. Versucht zu fliehen, vor allem vor sich selbst. Muß lernen, Fehler zu machen. Macht einen kühlen Eindruck, ist jedoch sehr verantwortungsbewußt und ernst. Perfektionistisch. Sehr argwöhnisch jeglicher Autorität gegenüber. Erwartet nicht, etwas ohne Gegenleistung geschenkt zu bekommen.

♅ Extremes Freiheitsbedürfnis. Dieses Bedürfnis verursachte in der Kindheit große Probleme. Neigt dazu, die Verantwortung für das eigene Tun nicht auf sich zu nehmen. Abneigung gegen Bindungen. Unterhält Beziehungen nicht aufgrund von Verträgen, sondern auf der Grundlage gegenseitigen Einverständnisses. Will ein bedeutsames und sinnvolles Leben führen. Gleichgültig Geld gegenüber. Läßt sich möglicherweise in dieser Hinsicht ausnutzen. Wird von anderen als »anders« angesehen. Haben die Kindheitserfahrungen zu Konservatismus und Anpassung geführt, dann läßt er/sie sich leicht ausbeuten. Hofft, einst einen Beitrag zur Beseitigung sozialer Ungerechtigkeiten leisten zu können.

♆ Muß lernen, im Auftreten sehr geradlinig zu sein, denn sein/ihr Verhalten wird von anderen von vorneherein negativ interpretiert. Versteht Freunde leicht falsch. Äußerst sensibel. In der Lage, unbewußte Botschaften von anderen aufzufangen. Reagiert jedoch zu direkt darauf, was große Mißverständnisse erzeugt. Möglicherweise im Gefühlsbereich hellseherisch. Tritt zuwenig für sich selbst ein und opfert sich für andere auf, ohne sich vorher zu fragen, ob diese Menschen dies überhaupt wert sind. Zieht möglicherweise auch Personen an, die sich gerne zu Opfern machen. Sehr empfindlich für Kritik und unsicher in bezug auf die eigenen Fähigkeiten. Kommunikation mit den Eltern äußerst schlecht. Hat große Schwierigkeiten, sich darüber klarzuwerden, was er/sie vom Leben will. Extrem idealistisch. Neigt zum Tagträumen, statt die eigene Kreativität produktiv einzusetzen. Hat zu viele Interessen gleichzeitig. Entscheidet im Zweifelsfalle immer zugunsten des Gegners, auch zum eigenen Nachteil.

♇ Schwierigkeit, das richtige Gleichgewicht zwischen den Rechten anderer und den eigenen Rechten zu finden. Sollte im Umgang mit anderen Menschen extrem aufrichtig sein, da andernfalls leicht ein falscher Eindruck entstehen könnte. Lebt extrem intensiv. Erweckt den Eindruck, etwas verbergen zu wollen. Wirkt auf andere sehr stark. Sollte den Kontakt mit Menschen meiden, die zu intensive Gefühle haben. Glaubt, das Leben anderer stark beeinflussen zu müssen. Möchte alles nach den eigenen Einsichten verbessern und glaubt, überall Ordnung schaffen zu müssen. Arrogant. War in der Kindheit davon überzeugt, daß die Eltern allmächtig sind. Ausgesprochenes Talent, die falschen Entscheidungen zu treffen, aber duldet keine Kritik. Muß ein gutes Urteilsvermögen entwickeln, um die enormen geistigen und emotionalen Kräfte zum eigenen Vorteil und zum Nutzen anderer einsetzen zu können. Extrem stark in schwierigen Situationen. Sehr starker Wunsch nach Macht und Anerkennung.

Trigone

Das heißt, ein Himmelskörper ist zwischen 115° und 125° von der Spitze des ersten Hauses entfernt.

☉ Sieht wenig Grund, Dinge zu tun, an denen er/sie keine Freude bzw. zu denen er/sie keine Lust hat. Stark entwickeltes Selbstwertgefühl. Ist anderen gegenüber gerne direkt, aber oft auch zu direkt und zu wenig diplomatisch. Will die größeren Zusammenhänge des Lebens erkennen und ist etwas zu ungeduldig Details gegenüber. Freigebig. Glaubt an den eigenen Erfolg. Menschen können gut mit ihm/ihr zusammenarbeiten. Sehr vital, aber hat die Tendenz, die eigenen Möglichkeiten nicht voll zu nutzen. Ab und zu faul. Richtet manchmal zuviel Aufmerksamkeit auf die eigenen Mängel. Schwierigkeiten mit Kritik. Hat das Bedürfnis nach einem Beruf, der eine Herausforderung ist. Will für die gute Arbeit, die er/sie leistet, bewundert werden. Erwartet auch, gut dafür bezahlt zu werden. Braucht den Wettbewerb, um das Äußerste aus sich herauszuholen.

☾ Starkes Bedürfnis, von anderen emotional verstanden zu werden. Möchte anderen sehr nahe sein. Hat keine Angst, die eigenen Gefühle zu zeigen. Bedürfnis, Probleme mit Freunden bereden zu können. Liebt Vergnügungen. Möchte sich zu anderen zugehörig fühlen, aber bleibt im Kontakt mit ihnen sich selbst treu. Mutter ist extrem wichtig und hat großen Einfluß auf das Verhalten in Beziehungen. Starke Phantasie. Läßt sich möglicherweise ausbeuten. Großes Bedürfnis, begehrt zu sein; ärgert sich, wenn die Bemühungen, dies zu erreichen, auf wenig Gegenliebe stoßen. Akzeptiert Freunde manchmal, ohne genau zu wissen, ob sie dies wirklich wert sind.

☿ Setzt geistige Fähigkeiten sowohl im Spiel als auch für nützliche Arbeit ein. Liebt die Technik. Sucht Antwort auf alle Fragen; neugierig. Schreibt gerne. Kann sich gut ausdrücken. Lernt gerne von anderen: Menschenfreund. Lernt vieles spielerisch. Versteht es, die Aufmerksamkeit von Zuhörern zu fesseln. Kennt die eigenen Grenzen und die eigenen Talente. Enthusiastisch und optimistisch. Sehr befähigt, aus Erfahrungen zu lernen. Risikofreudig. Macht andere glauben, daß er/sie hauptsächlich um ihr Wohl besorgt ist. Meidet Wettbewerb, wenn er/sie nicht gut genug darauf vorbereitet ist.

♀ Empfängt von anderen viel Wärme und Sympathie. Setzt hin und wieder den eigenen Charme ein, um andere für sich zu gewinnen. Hat die Tendenz, Geschenke mit Gefälligkeiten zu erwidern. Gibt Geld am liebsten für sich selbst aus. Verträgt keine Kritik und ist nicht selbstkritisch genug. Feinsinnig, auf gesellschaftliche Aktivitäten und auf Karriere aus. Bedürfnis nach Komfort. Schließt leicht Freundschaften. Liebt das Vergnügen. Beliebt. Haßt Konfliktsituationen. Schließt auch gegen die eigene Überzeugung Kompromisse. Tendiert dazu, den eigenen Besitz bzw. die eigenen Lebensumstände als normal zu empfinden, was zu hohe Erwartungen an das Leben zur Folge hat.

♂ Großes Bedürfnis, sich selbst treu zu sein. Starker Wille. Kann nur dann gut unter einem Vorgesetzten arbeiten, wenn er/sie sich respektiert fühlt. Läßt andere schnell fallen, wenn bei ihnen Schwäche oder Unaufrichtigkeit sichtbar werden. Enthusiastisch und aktiv. Liebt das Spiel mehr als die Arbeit. Mutig, ab und zu leichtsinnig. Idealistisch. Kämpft bis zum bitteren Ende für die eigenen Ideen und Ideale. Geht gerne Risiken ein. Liebt sowohl physische wie auch geistige Herausforderungen. Braucht sehr viel Geld, sollte sich aber besser nichts borgen. Vernachlässigt die Zukunftsplanung. Wirkt bei der Arbeit sehr aktiv, aber macht sich möglicherweise aus dem Staub, wenn es wirklich darauf ankommt.

♃ Liebt den Spaß; gesellig. Scherzt gerne, aber nicht auf Kosten anderer. Hat Schwierigkeiten mit den ernsten Seiten des Lebens. Sehr optimistisch und charmant. Weiter Horizont. Sehr neugierig und reiselustig – sowohl physisch wie auch geistig. Zweifelt nicht am eigenen Erfolg. Glaubt, Erfolg ohne harte Arbeit erreichen zu können. Bombastische Zukunftspläne. Verborgene Angst bei Wettbewerb. Mangel an Disziplin. Kann nur schwer Prioritäten setzen und vergeudet auf diese Weise Zeit und Talente. Offenbart die eigenen kreativen Ideen zu schnell anderen. Sollte sich besser kein Geld borgen oder anderweitig auf Kredit leben.

♄ Realistisch. Glaubt nicht an Märchen, sondern nur an Resultate und an Dinge, die nützlich sind. Sehr diszipliniert. Sieht Zukunftsmöglichkeiten, die andere übersehen, und setzt sich ein, um diese zu erreichen, auch wenn es auf Kosten des eigenen Vergnügens geht. Kann nur schwer genießen. Will sich so umfassend wie möglich entwickeln. Abneigung gegen Glücksspiele. Sucht Erfolg und Ansehen. Hat nur wenig Freunde, doch ist diesen gegenüber sehr loyal. Gibt sich in der Liebe nicht so schnell hin, sondern überprüft zuerst genau, wie vertrauenswürdig und fähig der geliebte Mensch ist. Kein Interesse an rein körperlichen Beziehungen. Liebt sich selbst nicht genug. Hält selbst Menschen auf Abstand, die ihn/sie wirklich schätzen. Stoisch. Muß lernen, mehr Wärme zu zeigen.

♅ Besteht darauf, sich selbst treu bleiben zu dürfen. Will alles selbst herausfinden. Möchte neue Wege und Lösungen finden; ist weniger an dem interessiert, was es schon gibt. Abneigung gegen Menschen, die berechenbar sind. Sehr starkes Anpassungsvermögen. Hängt nicht sehr an Vergangenheit und Tradition. Läßt sich von anderen nicht unter Druck setzen. Optimistisch und klug, kann deshalb gut mit Problemen fertig werden. Weigert sich, sich lange mit negativen Dingen zu beschäftigen. Große Abneigung gegen die Stechuhr. Neigt zum Alleingang. Nicht sehr an Status interessiert. In der Liebe ist der intellektuelle Kontakt sehr wichtig. Versteht andere Menschen besser, als sie sich selbst verstehen. Sonnt sich in der Vorstellung, Einfluß auf das Leben anderer zu haben.

♆ Sehr starke Phantasie. Idealistische Einstellung anderen gegenüber. Sehr empfänglich für die Bedürfnisse und Gefühle anderer. Selbstlos. Inspiriert. Sucht nach der idealen menschlichen Beziehung. Ist in der Lage, diese idealistische Einstellung in künstlerische Betätigung umzusetzen. Sollte sich um eine gute Technik bemühen, damit die eigenen Talente anerkannt werden. Kann gut mit Kindern arbeiten. Nimmt eigene Charakterfehler sehr schwer, vor allem, wenn der Hinweis darauf von anderen kommt. Nachgiebigkeit kann dazu führen, ausgenutzt zu werden. Muß lernen, sich von Negativität in der Umgebung abzuwenden. Weiß, daß er/sie in der Lage ist, einen wichtigen Beitrag zum Wohl der Menschheit zu leisten, aber gibt leicht den Mut auf, bevor er/sie genau erkannt hat, worin dieser Beitrag besteht. Spirituelle Lebenseinstellung. Hat die Fähigkeit, die Spiritualität in anderen zu erwecken.

♇ Äußerst intensive Emotionen. Nimmt das Leben sehr ernst. Möchte die eigenen Freunde sehr tief kennenlernen. Hält an einer einmal gefundenen Lebensphilosophie fest und läßt sich von niemandem davon abbringen. Die sehr tiefen Erfahrungen mit anderen führen jedoch zu einschneidenden Veränderungen in dieser Hinsicht. Sehr starke Fähigkeit, das Leben anderer kreativ zu verändern. Muß lernen zu erkennen, wann Menschen und Dinge so bleiben können, wie sie sind. Kann alles, wenn er/sie nur will. Lernt viel aus der Vergangenheit. Kennt seine schlechten Eigenschaften und hat eine starke Bereitschaft, hart an deren Besserung zu arbeiten. Möchte herausragen und schätzt dies auch bei anderen.

Quinkunxe

Das heißt, ein Himmelskörper ist zwischen 147° und 153° von der Spitze des ersten Hauses entfernt.

☉ Setzt sich ganz für etwas ein. Will von allen Menschen anerkannt werden, die er/sie kennt. Strebt danach, herauszuragen. Ungeduldig Menschen gegenüber, die faul sind und nichts leisten. Mit sich selbst nur zufrieden, wenn es im Beruf gut steht. Unterschätzt die eigenen Talente. Treibt sich bis zur Erschöpfung an. Versucht, sich selbst gegenüber das eigene Können zu beweisen. Intensive Beziehungen. Andere tendieren dazu, ihn/sie falsch zu verstehen. Hat den Eindruck, von anderen nur akzeptiert zu werden, wenn er/sie sich auf irgendeine Weise verleugnet. Tendiert dazu, Vergnügungen aufzuschieben. Große Diskrepanz zwischen innerem Wesen und äußerem Eindruck. Kann nicht gut einschätzen, wie er/sie auf andere wirkt und was er/sie bei anderen auslöst.

☽ Stellt die eigenen Bedürfnisse und Gefühle an die zweite Stelle. Im Inneren jedoch ein sehr reiches Gefühlsleben, so daß diese Selbstverleugnung eventuell zu großen Problemen führen kann. Andere sehen diese Emotionalität nicht, so daß emotionale Ausbrüche für sie völlig unerwartet kommen. Zieht Menschen an, die emotional schwierig sind, bis er/sie lernt, die eigenen Gefühle zu äußern. Neigt dazu, sich selbst nicht ganz zu akzeptieren. Sehr bemüht, anderen zu zeigen, daß sie ihm/ihr wirklich wichtig sind. Läßt sich leicht ausnutzen. Kann nur schwer einschätzen, wer Hilfe verdient und wer nicht.

☿ Der erste Eindruck, den andere von ihm/ihr haben, stimmt nicht mit dem überein, was er/sie sagt, was zu Problemen führen kann. Sollte daher darauf bestehen, daß andere ihm/ihr genau zuhören. Möglicherweise selbst offen und direkt, aber verträgt es nicht, wenn andere dies ihm/ihr gegenüber ebenfalls sind. Liebt geistige Arbeit, Spiel und Technik, eventuell auch manuelle Arbeit. Will neue Dinge lernen, wenn sie der eigenen Person nützen. Verträgt aufgrund nervöser Veranlagung keine Unordnung. Gibt zu leicht und zu schnell nach. Unterschätzt vor allem die eigene Fähigkeit, Menschen zu beurteilen. Haßt es, nicht ernst genommen zu werden. Arbeitet effizient, aber redet zuviel. Kennt andere besser als sich selbst. Hängt nostalgisch an der Vergangenheit.

♀ Schließt zu schnell Kompromisse mit Menschen, zu denen enger Kontakt besteht. Tut zuviel nur um des lieben Friedens willen. Nimmt sich selbst dies später übel. Sehr großes Bedürfnis, anderen zu helfen. Ausgeprägter Hang nach Sicherheit. Glaubt, in der Liebe anderen gefällig sein zu müssen, wagt es aber selbst kaum, um etwas zu bitten. Geht sehr tiefe Beziehungen ein und lernt sich dadurch selbst besser kennen. Scheint in der Liebe anders zu sein, als man auf den ersten Blick erwartet. Hat Angst, daß andere die eigene Zuneigung nicht annehmen. Muß lernen, Wünsche zu äußern, vor allem in Beziehungen, und nicht ständig versuchen, zu versichern, daß alles nur »gut gemeint« war.

♂ Muß lernen, Kompromisse zu schließen. Wirkt viel aggressiver, als er/sie wirklich ist. Fühlt sich von anderen leicht sehr behindert. Wirkt auf andere schnell bedrohlich. Neigt zur Rachsucht. Kann nur schwer unterscheiden, wann jemand wirklich seine/ihre Rechte verletzt. Treibt sich selbst sehr stark und bis zur Erschöpfung an. Möchte gerne furchtlos wirken. Kann sich nicht vorstellen, auch Schwächen zu haben. Impulsiv. Kann nur schwer die eigenen Fehler und Probleme sehen. Möchte schnell Resultate erzielen. Handelt erst und denkt später. Geht auf jede Herausforderung ein. Wird wegen seines/ihres Mutes bewundert. Liebt Wortgefechte. Versteht es, das Vertrauen anderer zu gewinnen.

♃ Stellt die eigenen Bedürfnisse an die erste Stelle. Durchlebt tiefe, schmerzhaft kreative Veränderungen. Muß lernen, die eigene Energie auch zugunsten anderer einzusetzen. Mangel an Selbstdisziplin. Macht schnell Versprechungen, ohne ihnen nachzukommen. Bietet anderen Hilfe an und gibt ihnen dabei das Gefühl, daß sie sich selbst nicht helfen können. Sehr viele Talente. Gute Absichten. Anerkennung kommt möglicherweise erst nach viel Auf und Ab. Fängt vieles an. Schuldgefühle wegen der Vielzahl der eigenen Talente. Muß lernen, sich auf ein einziges Ziel zu beschränken. Großherzig, immer bereit, sich mit den Problemen anderer zu beschäftigen. Zieht viele »Gutwetterfreunde« an. Hat Schwierigkeiten, die eigenen Schwächen realistisch einzuschätzen.

♄ Nimmt sich selbst zu ernst. Möchte an der Verwirklichung wichtiger Aufgaben mitarbeiten. Kann sich nur schwer an sich selbst erfreuen. Talent, Dinge zu meiden, die unwesentlich sind. Vorsichtig, reserviert. Wirkt auf andere unnahbar. Bietet seine/ihre Dienste erst nach sorgfältiger Prüfung an. Mischt sich zu sehr in die Angelegenheiten anderer ein. Hilft anderen nicht ungefragt, doch wenn er/sie darum gebeten wird, dann ist die Hilfe bzw. der Rat oft so verletzend und fordernd, daß der andere bedauert, jemals um Rat gebeten zu haben. Lernt langsam, aber vergißt das Gelernte nie mehr. Möchte herausragen und hat insgeheim Angst vor Mißerfolg. Integer. Finanzielle Sicherheit ist sehr wichtig. Selfmademan. Unterschätzt die eigenen inneren Kräfte. Neigt dazu, sich um die eigene Gesundheit zu sorgen.

⛢ Großes Bedürfnis, die eigenen Talente so gut wie möglich zu nutzen. Beschäftigt sich nur deshalb mit der Vergangenheit, um aus ihr zu lernen – oder um alte Methoden zu verbessern. Da andere solche Verbesserungsvorschläge und neuen Methoden nicht leicht annehmen, muß er/sie mit klaren Resultaten aufwarten. Forscht nach arbeitseinsparenden Neuerungen. Wird leicht zum Opfer der Imitation durch andere. Freunde sehen seine/ihre Talente klarer als er/sie selbst. Effektiv bei der Arbeit, was Vorgesetzte möglicherweise nicht erwähnen, obwohl sie es wissen. Bedürfnis, Talente zum Nutzen anderer einzusetzen. Schwierigkeiten in Beziehungen, weil Arbeit Vorrang hat. Tendiert dazu, aufgrund innerer Angst vor Verpflichtung die falschen Menschen anzuziehen.

♆ Tendenz, nicht für sich selbst einzutreten, was zu unbewußten Rachegefühlen führt, die alle Beziehungen belasten. Spielt gerne die Märtyrerrolle. Hält die Bedürfnisse anderer für wichtiger als die eigenen und muß versuchen, ein positives Ventil dafür zu finden. Reagiert sehr empfindlich auf die Umgebung, auch gesundheitlich. Sollte sich sehr in acht nehmen mit Medikamenten und dafür sorgen, daß die körperliche Kondition aufrechterhalten wird. Starker Wunsch nach Zusammenarbeit. Gute Absichten, aber zeigt nach außen hin mehr egoistische Motive, was Argwohn weckt. Plant nicht gut und ist geistig nicht gut organisiert. Läßt sich leicht täuschen, vor allem, was Finanzielles anbetrifft. Arbeitet am besten alleine.

♇ Trägt sehr schwer an Verantwortung gegenüber anderen. Sollte Menschen meiden, die eine negative Einstellung haben und unausgeglichen sind. Neigt zu zwanghaftem und extremem Verhalten. Sollte Menschen suchen, die ihn/sie zur Selbsterforschung ermuntern und die einen klaren Blick haben. Hat jedoch die Tendenz, gerade diesen Menschen aus dem Weg zu gehen. Muß in Freundschaften das Geben lernen und anderen Raum lassen, ohne dabei einer Neigung zu folgen, sich dominieren zu lassen. Springt sofort ein, wenn etwas schiefgeht, vor allem im beruflichen Bereich. Vorurteile. Kann nur sehr schwer Irrtümer eingestehen. Möchte wegen des eigenen starken Charakters bewundert werden. Verbirgt die eigenen Schwächen. Glaubt von anderen, daß sie ihre Position auf nicht ganz ehrlichem Wege erreicht haben. Hofft insgeheim auf einen hohen Führungsposten.

Oppositionen

Das heißt, ein Himmelskörper ist zwischen 175° und 185° von der Spitze des ersten Hauses entfernt.

☉ Großes Bedürfnis, mit anderen zusammenzusein, -zuarbeiten usw. Fühlt sich alleine nicht wohl. Tendiert dazu, menschliche Interaktion zunächst grundsätzlich als Kampf und Konkurrenz aufzufassen; erst später wird nach vielen Konflikten wirkliche Kooperation oder Wettbewerbsfähigkeit erlernt. Außergewöhnlich umgänglich. Läßt sich sehr leicht von anderen beeindrucken. Zieht Menschen mit einem starken Ego an. Hofft unbewußt, daß andere den eigenen Selbstwert bestätigen werden. Hat in Beziehungen Angst vor Abweisung. Sehr starkes Bedürfnis nach Komplimenten. Versucht in persönlichen Beziehungen viel zu sehr, das Beste zu geben und alles richtig zu machen. Versetzt sich immer erst in die Position des anderen, bevor er/sie die eigene Meinung äußert.

☽ Immer auf der Suche nach emotionaler Unterstützung. Sucht bei anderen Schutz vor den eigenen Schwierigkeiten. Sucht emotionale Menschen. Mag oberflächliche Bekanntschaften nicht. Kann in Freundschaften anderen nur schwer sein/ihr echtes Wesen zeigen. Mutter spielt eine sehr wichtige Rolle bei der Partnerwahl. War die Beziehung mit der Mutter gut, so besteht die Möglichkeit einer guten, schützenden, »mütterlichen« Einstellung gegenüber dem Partner. War die Beziehung schlecht, dann wird ein Partner gewählt, der eine »Mutter« sein kann. Starkes Bedürfnis, immer von jemandem gebraucht zu werden. Freigebig und freundlich. Viele Freunde. Sehr starkes Bedürfnis, geliebt zu werden. Macht sich insgeheim Sorgen darüber, ob er/sie selbst genug zu einer Beziehung beiträgt. Hat Schwierigkeiten, allein zu sein.

☿ Sehr großes Bedürfnis nach geistiger Inspiration. Diskutiert gerne, jedoch mehr als Selbstzweck als wegen der Ideen, die dabei geäußert werden, was zu ernsten Problemen führen kann. Abneigung gegen emotionale Menschen. Angst vor Zurückweisung führt zu abwartender Haltung. Wartet mit der Äußerung der eigenen Meinung, bis andere ihre Meinung geäußert haben. Neigt dazu, die eigene Meinung an die anderer Menschen anzupassen. Tut zuviel dafür, sich beliebt zu machen, und wird deshalb nicht ernst genommen. Außergewöhnliches Talent zu Kommunikation und Konversation. Sehr angenehme Gesellschaft. Neigt dazu, die Wahrheit den eigenen Zielen und Wünschen anzupassen. Liebt Menschen wirklich und braucht sie, aber versucht, Verantwortung in Beziehungen auszuweichen.

♀ Wohlgesittet. Wird von anderen geachtet und geschätzt. Schreibt Menschen häufig gute Eigenschaften zu, die sie gar nicht besitzen, vor allem, wenn es sich um Freundschaften handelt. Fühlt sich nur wirklich wohl in Gesellschaft. Tut das Beste, um auf andere nicht bedrohlich zu wirken. Hofft, daß niemand seine/ihre eigene innere Unsicherheit entdeckt. Schüchtern in Gesellschaft Vorgesetzter und Menschen gegenüber, die er/sie bewundert. Legt großen Wert auf Status. Wirkt äußerlich nachgiebig und sanftmütig, aber versucht tatsächlich, andere für die eigenen Ziele einzuspannen. Großes Bedürfnis nach Bestätigung.

♂ Tendenz, bedrohliche Menschen anzuziehen. Die Ursache ist die eigene Aggressivität. Sieht andere als Herausforderung an. Hat im Grunde nicht viel Selbstvertrauen und versucht dies zu kompensieren. Kann nur in der Auseinandersetzung mit anderen mehr Selbstdisziplin und Selbstvertrauen entwickeln. Andere sollen anerkennen, daß er/sie jeder Herausforderung gewachsen ist. Gibt sich aufgrund innerer Unsicherheit einen überlegenen Anschein. Sehr energisch. Muß lernen, mehr auf die eigenen Taten als auf Worte zu achten. Muß auch lernen, anderen Anerkennung für ihre gute Ideen zukommen zu lassen. Hinterläßt bei Vorgesetzten den Eindruck, Schwierigkeiten nicht gewachsen zu sein, wenn es wirklich darauf ankommt.

♃ Freigebig, höflich, feinsinnig, wird deshalb manchmal von anderen argwöhnisch betrachtet. Lernt sehr gerne von anderen. Abneigung gegen Bindungen, die keine Zukunft haben. Stolz auf das eigene gute Urteil. Neigt mehr zum Nehmen als zum Geben. Kann nur schwer Wurzeln schlagen. Großes Bedürfnis nach Freiheit, um alle sich bietenden Gelegenheiten zu nutzen. Sehr gewandt in der Konversation. Starkes Erfolgsstreben. Abneigung gegen materielle und emotionale Verantwortung. Neigt dazu, andere auszubeuten. Fühlt sich zu älteren, reiferen und eventuell eifersüchtigen und besitzergreifenden Menschen hingezogen.

♄ Probleme mit Altersgenossen. Sucht nach Führung und Weisheit. Fühlt sich in tieferen Beziehungen bedroht und eingeschränkt. Sucht unbewußt Menschen, die äußerst kritisch ihm/ihr gegenüber sind. Geht extrem stark in sich selbst auf, aber beklagt sich gleichzeitig über die Gleichgültigkeit anderer ihm/ihr gegenüber. Erweckt bei anderen den Eindruck, sich für etwas Besseres zu halten, wodurch die anderen Abstand halten. Glaubt, von anderen nicht geschätzt zu werden. Extrem starkes Bedürfnis nach Anerkennung, aber zweifelt so stark am eigenen Wert, daß er/sie kaum Anerkennung erhält. Wagt es nicht, für sich selbst einzutreten. Glaubt, die eigenen unterbewußten Ängste müßten für alle sichtbar sein. Schuldgefühle. Angst vor Verantwortung.

♅ Liebt freie, exzentrische Menschen, die ihm/ihr jedoch die verschiedensten unangenehmen Überraschungen bereiten können. Das Anziehende an ihnen ist, daß sie keine Forderungen stellen. Hat unbewußt Angst vor den Verpflichtungen gewöhnlicher Beziehungen. Erfinderisch. Will auf eigene Weise arbeiten können. Rebell. Eigensinnig, aber nicht bereit, die Verantwortung für das eigene Tun auf sich zu nehmen. Meidet Konkurrenz. Hofft insgeheim, einen wichtigen gesellschaftlichen Beitrag leisten zu können, aber verwirklicht dies wahrscheinlich nie. Lebt nach eigenen Gesetzen. Autoritätsprobleme. Talent, andere zur Selbstentfaltung zu bringen.

♆ Enttäuschung und eventuell Betrug in intimen und tiefen Beziehungen bzw. Freundschaften. Verwirrung und Mißverständnisse in Freundschaften/Beziehungen. Tendiert dazu, sich selbst aufzuopfern, ohne danach zu fragen, ob eine Situation/Person dies wert ist. Übernimmt unbewußt die Probleme anderer. Neigt dazu, ältere Menschen zu idealisieren. Fühlt sich zu sehr sensiblen Menschen hingezogen. Wird stark von anderen beeinflußt. Möchte jeden lieben und die Last aller auf sich nehmen. Möchte gebraucht werden. Kann nicht alleine sein. Sehr starke Phantasie. Kreativ. Tiefes Gefühl, daß das Glück nicht für ihn/sie bestimmt bzw. unverdient ist. Wird von anderen mehr geliebt, als er/sie merkt. Sollte sich wichtige Abmachungen schriftlich bestätigen lassen. Fühlt sich in der Liebe sehr zu starken Persönlichkeiten hingezogen. Sollte dabei die Aufrichtigkeit anderer sehr gründlich überprüfen.

♇ Tendenz, Beziehungen als Kampf zu sehen. Unbewußte Neigung, die Menschen anzuziehen, mit denen er/sie am schwersten zurechtkommt. Kann Menschen nur schwer so akzeptieren, wie sie sind. Beziehungen tragen immer die Möglichkeit zu tiefen, positiven Veränderungen in sich. Emotional sehr intensiv. Zieht Menschen mit starker Persönlichkeit und feurigem Temperament an. In Beziehungen kann es zu Ausbeutung kommen, an der beide Partner beteiligt sind, der eine bewußt, der andere unbewußt. Stellt sehr hohe Anforderungen an andere, aber verträgt es nicht, wenn dies auf Gegenseitigkeit beruht. Versteht es, die Aufmerksamkeit auf sich zu lenken. Amtspersonen versuchen möglicherweise, ihn/sie in Verruf zu bringen.

Das zweite Haus

Aus der Symbolik des zweiten Hauses kann man entnehmen, welche Einstellung jemand materiellen Werten gegenüber hat und dem gegenüber, was zum Überleben notwendig ist – wie man sich ein Einkommen, ein Dach über dem Kopf, einen Platz zum Leben sichert. Das zweite Haus symbolisiert also die Fähigkeit zu überleben.

Qualitäten an der Spitze des zweiten Hauses

Kardinal: Großes Bedürfnis, Geld zu verdienen, setzt seinen/ihren ganzen Ehrgeiz daran.

Fest: Arbeitet hart und ausdauernd für die materielle Sicherheit.

Beweglich: Einkommen fluktuiert. Bezieht Geld und materielle Sicherheiten aus mehr als einer Quelle.

Elemente an der Spitze des zweiten Hauses

Feuer: Möchte für Bemühungen schnell belohnt werden.

Erde: Praktische(r) Arbeiter(in). Hat genügend Geduld, um die eigenen Pläne ausreifen zu lassen und zu praktischen Ergebnissen zu führen.

Luft: Bemüht sich vor allem um intellektuelle Artikulation. Pläne und Ideen sind wichtiger als finanzieller Lohn.

Wasser: Gefühl beherrscht das Streben nach materieller Sicherheit, was zu Fluktuationen im Einkommen führen kann.

Aspekte zur Spitze des zweiten Hauses und zu Himmelskörpern im zweiten Haus

Konjunktionen: Sehr begabt im Erwerben von Geld.

Quadrate: Große Schwierigkeiten beim Gelderwerb, vor allem im Umgang mit Geld und mit »Werten«. Zweifelt stark an den eigenen Talenten und Fähigkeiten. Schwierigkeit, emotionale Probleme, die im tiefen Inneren wurzeln, offen und verständlich auszudrücken.

Trigone: Versteht es, Arbeiten zu einem befriedigenden Abschluß zu bringen, was dem Ruf zugute kommt.

Quinkunxe: Schwierigkeit, in der Zusammenarbeit den Dingen ihren Lauf zu lassen. Fühlt sich schnell angegriffen, wenn die eigenen Ansichten und Wertvorstellungen in Frage gestellt werden.

Oppositionen: Einkommen und Fähigkeiten von anderen spielen eine wichtige Rolle für die eigene Sicherheit und beim Erwerb des eigenen Einkommens. Möglicherweise sehr neidisch auf den persönlichen Besitz anderer. Sollte versuchen, sich an selbstgefundenen Prinzipien zu orientieren.

Das Zeichen an der Spitze des zweiten Hauses

♈ Ergreift gerne die Initiative, wenn es darum geht, Geld und Besitz zu erwerben. Ungeduldig in diesen Dingen. Geld wird ebenso schnell ausgegeben wie eingenommen. Starker Wunsch, Geld zu verdienen und dies mit Hilfe neuer Ideen zu tun. Setzt materiellen Besitz mit emotionaler Sicherheit gleich. Lenkt die Aufmerksamkeit anderer im Bereich des Geldverdienens auf sich. Liebt den Wettbewerb beim Geldverdienen.

♉ Sucht physischen Komfort und Sicherheit durch Einkommen und Besitz. Praktisch und beharrlich beim Erwerben eines Einkommens. Kann sich von einmal erworbenem Besitz nur schwer trennen. Strebt nach den angenehmeren Dingen des Lebens. Der Wunsch danach kann so stark werden, daß der gesunde Menschenverstand keine Beachtung mehr findet und die Energie verzettelt wird. Kann nur dann erfolgreich sein, wenn es gelingt, die Harmonie zwischen Geist und Körper herzustellen. Plötzliche Impulsivität in Gesprächen und Aktionen.

♊ Neugierig in bezug auf Geld. Kauft gerne Dinge, die den Intellekt anregen. Liebt die Abwechslung beim Gelderwerb sowie delikate und komplizierte Dinge im Bereich von Sicherheit/Einkommen. Sieht Geldverdienen als Spiel an. Spricht gerne über alles, was mit Gelderwerb zusammenhängt. Verkauft sich gut durch Witz und Begeisterung.

♋ Vertrauenswürdig in bezug auf Geld, aber nicht gerade liberal. Möchte den Besitz teilen, vor allem mit Menschen, zu denen eine emotionale Beziehung besteht. Sparsam, aber nicht geizig. Widerstand gegen Geldverdienen, aber widmet sich ganz solchen Tätigkeiten, wenn es unumgänglich ist. Könnte Geld mit Immobilien verdienen, mit Dingen, die der Verschönerung des Hauses dienen, oder als Publizist.

♌ Liebt äußeren Glanz und prunkt gerne mit den guten Dingen des Lebens. Geht mit Selbstvertrauen an das Geldverdienen heran. Setzt beim Erwerben eines Einkommens Organisationstalent und Intuition ein. Wünscht sich eine hohe Position mit großer Autorität. Sollte besser alleine arbeiten als mit einem Partner. Ist ehrgeiziger, als es nach außen hin den Anschein hat.

♍ Achtet beim Gelderwerb sehr auf die gute Durchführung der Arbeiten. Muß lernen, Besitz mit anderen zu teilen. Nüchterne, jedoch freigebige Einstellung zum

Geld. Umgebung, in der gearbeitet wird, ist ziemlich wichtig. Erwirbt selbst emotionale Sicherheit, indem er/sie anderen gegenüber als Elternfigur auftritt und eine Zuhörerrolle übernimmt. Muß lernen zu sparen, denn er/sie ist auf das eigene Einkommen angewiesen.

♎ Macht das Geldverdienen bzw. den Besitzerwerb zu einer Art künstlerischen Selbstausdrucks. Liebt harmonische Verhältnisse und Partnerschaft beim Einkommenserwerb. Neigt zu Manipulation in dem Bereich, in dem das Einkommen erworben wird. Möglicherweise starrsinnig. Hat Schwierigkeiten, die materiellen und emotionalen Seiten des Lebens miteinander in Harmonie zu bringen. Starke Abneigung gegen Pornographie, schmutzige Witze und gegen die Randbereiche des Lebens.

♏ Hat ein emotionales Verhältnis zu Geld und Besitz, weiß dies jedoch zu verbergen. Will Macht über Geld und Besitz oder wird davon beherrscht. Neigt zu Rachsucht, wenn jemand oder etwas dem Einkommenserwerb im Wege steht. Sehr starkes Besitzstreben. Kann Besitz nur schwer mit anderen teilen. Mangel an Selbstvertrauen kann zu starker Eifersucht gegenüber Geliebten führen. Muß die Haltung gegenüber Geld und Besitz korrigieren.

♐ Sieht den Einkommenserwerb als einen Sport an. Jovial im Umgang mit Geld und Besitz. Mag Sentimentalitäten im Bereich von Geld und Besitz nicht. Sehr energisch beim Schaffen von Sicherheit, ohne sich dessen bewußt zu sein. Achtet nicht sehr auf herkömmliche Verhaltenscodes im Bereich von Geld und Besitz, tut dies jedoch nicht aus Böswilligkeit. Enthusiastisch; naive bzw. arglose Einstellung Geld gegenüber. Hang zum Spekulieren.

♑ Nimmt Geld, Besitz und Einkommenserwerb sehr ernst. Setzt sich total dafür ein, nachdem er/sie eine anfängliche Reserve überwunden hat. Hohe Maßstäbe in diesem Bereich. Kann Entbehrungen ertragen und arbeitet hart, um Geld zu verdienen. Machtstreben im Bereich von Besitz. Kann gut mit Geld umgehen, aber sollte darauf achten, die Tendenz zum Geiz zu bekämpfen. Sehr beharrlich und intensiv im Bereich von Geld, Besitz und Sicherheit.

♒ Liebt Experimente im Bereich von Geld, Besitz und Sicherheit. Starke Intuition, wenn es um das Geldverdienen geht. Managertalent. Ist nie mit dem Erreichten zufrieden, sondern will immer mehr. Ist sich im Bereich von Geld und Besitz seiner selbst bewußt. Bezieht möglicherweise Einkommen von großen Institutionen. Sowohl starkes persönliches Engagement bei Geld und Besitz als auch die Tendenz, Distanz zu halten und sich selbst dabei zu beobachten.

♓ Tendenz, sich im Bereich von Geld und Besitz selbst zu verlieren. Läßt sich im Bereich der materiellen Sicherheit aufgrund von eigener Freigebigkeit und Altruismus leicht täuschen. Mysteriöse Vorstellungen von Sicherheit und Besitz. Hat Schwierigkeiten damit, ein festes Einkommen zu erwerben. Sehnt sich danach, in der Nähe von Wasser oder auf dem Wasser zu wohnen. Redet auf sanfte, poetische Art. Die Weite und Stille des Meeres haben eine beruhigende Wirkung auf ihn/sie.

Der Herrscher des zweiten Hauses

Der Herrscher des zweiten Hauses kann sich in allen Häusern des Horoskops befinden. Dementsprechend richtet sich das Interesse der/des Betreffenden vor allem auf den von diesem Haus symbolisierten Lebensbereich. Die Stellung des Herrschers in den Häusern wird im folgenden durch die Ziffer des Hauses angezeigt, in dem dieser Herrscher steht.

1. Gibt Geld für persönliches Vergnügen aus.
2. Strengt sich sehr an, um Geld zu verdienen.

3. Familienmitglieder helfen beim Erwerben des Einkommens, oder Einkommen wird im Medienbereich erworben.
4. Gibt Geld aus für Komfort im Haus und für einen angenehmen Lebensabend. Arbeitet möglicherweise zu Haus oder handelt mit Immobilien.
5. Gibt Geld für Kinder, Liebhaber(innen), Vergnügungen aus.
6. Gibt Geld aus für Haustiere, Gesundheit, Kleidung. Schwierige Arbeitsbedingungen können die Vitalität sehr schwächen.
7. Hilfe von Partnern beim Gelderwerb.
8. Zusätzliches Einkommen durch Versicherungen und Erbschaften.
9. Verdient Geld durch Handel mit dem Ausland bezüglich religiöser oder philosophischer Ziele und Tätigkeiten.
10. Gibt viel Geld für gesellschaftliches Prestige aus.
11. Freunde helfen beim Erwerb von Einkommen und Sicherheit.
12. Erhält Geld von großen Institutionen durch (möglicherweise unbewußte) Anwendung psychologischen Wissens.

Himmelskörper im zweiten Haus

☉ Sehr materialistisch eingestellt. Materieller Erfolg ist gleichbedeutend mit persönlichem Erfolg. Haßt die Vorstellung, von jemandem abhängig zu sein. Vergißt Menschen, die ihm/ihr geholfen haben. Sucht Freundschaft zu einflußreichen Menschen. Ist leicht zu anspruchsvoll gegenüber Kindern. Sucht einen stabilen, ehrlichen, warmherzigen Partner und will sich nicht mit weniger zufrieden geben. Integer und gesetzestreu. Entschlossen, freigebig und affektiv. Strebt nach Harmonie.

☾ Sorgt sich um eigene Sicherheit, Besitz und Einkommen. Kann nur schwer ertragen, daß die eigenen Wünsche nicht befriedigt werden. Paßt sich bei der Arbeit leicht an. Verantwortlich und widmet sich ganz der Arbeit. Hat Mitgefühl mit anderen, die in einer weniger guten Situation leben. Vergleicht den eigenen Erfolg mit dem anderer und glaubt, daß diese es besser getroffen haben. Angst vor Risiken. Isoliert sich leicht. Interessiert an Ausbildungen, die sofort in Geld/Sicherheit umzusetzen sind. Argwöhnisch gegenüber Menschen, die Forderungen stellen. Sehr starkes Besitzstreben Menschen und Dingen gegenüber, aber auch tief empfundene Liebe.

☿ Strebt sehr stark danach, die eigene Kreativität für Arbeit und Gelderwerb einzusetzen. Will keine Zeit verlieren bei der Verwirklichung der eigenen materiellen Ziele. Investiert dafür Zeit und Energie in Ausbildung. Große Abneigung gegen die Vorstellung, von anderen abhängig zu sein. Tendiert dazu, zu ausschließlich in der Arbeit aufzugehen. Versteht es, das Vertrauen anderer zu gewinnen. Möchte, daß die eigenen Bemühungen anerkannt werden. Will vom Partner bewundert werden. Hat wenig Verständnis für die Probleme anderer Menschen. Möchte als prinzipientreu gelten. Ignoriert die Ansichten anderer häufig. Redet sehr gerne. Kommunikatives Talent.

♀ Ausgeprägtes Bedürfnis nach Komfort. Versteht es, auf die richtigen Leute den richtigen Eindruck zu machen, vor allem im Beruf. Liebt Stil. Will nicht, daß irgend jemand materiell von ihm/ihr abhängig ist, und möchte auch selbst nicht abhängig sein. Läßt sich leicht von den Qualitäten anderer beeindrucken. Hat in der Liebe vor allem Interesse an Menschen, die ein Leben im Überfluß führen. Ist bereit, für Partner Opfer zu bringen. Neigt zu materiellem Egoismus. Besitzergreifend und eifersüchtig, jedoch loyal. Abneigung gegen rein Geistiges.

♂ Impulsiv im Umgang mit Geld. Braucht viel Geld. Vorsichtig im Eingehen enger Bindungen, vor allem, wenn sie auf die Dauer teuer werden könnten. Versteht es, sich im Beruf Unterstützung zu sichern. Zeigt sich im Beruf von der besten Seite und kennt die Schwächen von Kollegen. Hilft anderen, die dies wirklich brauchen. Ist so stark auf Geldverdienen fixiert, daß die Entwicklung des eigenen Intellekts und der eigenen Fähigkeiten möglicherweise vernachlässigt wird. Ehrgeizig. Starkes Besitzstreben, eventuell auch in bezug auf Menschen.

♃ Freigebige, idealistische Einstellung gegenüber Geld und Einkommen. In dieser Hinsicht Selbstüberschätzung und Mangel an Selbstbeherrschung. Will in bezug auf Finanzielles bzw. Karriere nicht von Freunden abhängig sein. Gibt sich oft zu sehr den eigenen Vergnügungen hin und vernachlässigt die Entwicklung der Talente. In der Liebe sehr wenig Selbstdisziplin, was Besitz und Geld anbetrifft. Hilft gerne. Tendenz, zuviel Geld zu leihen. Macht leicht Versprechungen.

♄ Stark ausgeprägtes Pflichtgefühl im Bereich der Arbeit. Unterschätzt die eigenen Fähigkeiten zum Gelderwerb. Ehrlich in Geldangelegenheiten. Kann Mangel an Selbstvertrauen beheben durch Annahme der Herausforderungen von Konkurrenten. Schenkt den eigenen Begrenzungen zuviel Aufmerksamkeit. Tut das Beste, um andere zu verstehen. Sehr hilfsbereit. Grüblerisch. Angst, Unwissenheit eingestehen zu müssen. Hat Angst, das zu verlieren, was ihm/ihr wirklich wichtig ist. Neigt zur Eifersucht. Sinnlich.

⛢ Sucht originelle Methoden, um die eigenen Bedürfnisse und die Bedürfnisse anderer zu erfüllen. Will nicht durch Besitz eingeschränkt werden. Entdeckt schnell Unaufrichtigkeit. Läßt sich eher von den Fähigkeiten anderer als von deren Besitz beeindrucken. Großes Talent, zwischen Objektivem und Subjektivem zu unterscheiden. Neigt bei Ausbildungen zu Ungeduld. Wichtigster Wert ist die persönliche Freiheit. Sehr begabt im Lösen von Problemen, aber ist sich dessen möglicherweise nicht bewußt. Hat manchmal merkwürdige Eßgewohnheiten.

♆ Tendenz, sich selbst im Beruf zu unterschätzen, ein zu niedriges Niveau zu akzeptieren, die eigenen Talente nicht zu entwickeln und sich zu beklagen, daß immer nur andere befördert werden. Muß lernen, im beruflichen Bereich für sich selbst einzutreten. Fühlt sich anderen gegenüber schnell verpflichtet. Sollte es vermeiden, sich Geld zu leihen. Sollte sich die bestmögliche Ausbildung suchen. Bei Verträgen ist Vorsicht anzuraten; grundsätzlich sollte Rechtsbeistand gesucht werden. Neigt dazu, Besitz für andere aufzuopfern. Sehr empfindlich gegenüber Kritik von anderen an seiner/ihrer Kompetenz. Läßt sich leicht betrügen. Sollte Drogen meiden und im Umgang mit Medikamenten vorsichtig sein.

♇ Starkes Besitzstreben, da Besitz ihm/ihr das Gefühl von Macht gibt. Ergreift jede sich bietende Gelegenheit, um das eigene Können zu beweisen. Sehr starkes Bedürfnis, von anderen völlig unabhängig zu sein. Gerät leicht in die Versuchung, andere zu erpressen. Selfmademan. Kennt die Macht des Geldes. Hat die Fähigkeit, andere zur völligen Selbstentfaltung zu ermutigen. Wirkt auf andere bedrohlich. Ist sich möglicherweise der eigenen Fähigkeit, anderen zu helfen, nicht bewußt. Erhält manchmal Geld aus verborgenen Quellen.

Das dritte Haus

Aus dem dritten Haus kann man entnehmen, welches Verhältnis jemand zu Kommunikation und zum Geistigen hat; wie er/sie aus Lebenserfahrungen und im allgemeinen lernt.

Qualitäten an der Spitze des dritten Hauses

Kardinal: Trägt gerne neue Ideen in die Welt und in sein/ihr eigenes Leben.

Fest: Tendenz zum Starrsinn und zum Festhalten an den eigenen Ideen. Verändert die eigenen Ansichten und den eigenen Lebenslauf nicht leicht.

Beweglich: Sagt, was er/sie denkt. Weiß sich auf Reisen gut zu helfen.

Elemente an der Spitze des dritten Hauses

Feuer: Temperamentvoll beim Kommunizieren und Darlegen des eigenen Standpunktes. Bringt die Dinge auf den Punkt.

Erde: Lernt für die Praxis. Realistische Ideen. Praktisch auf Reisen.

Luft: Nervös, aber auch flexibel bei der Kommunikation. Spricht schnell.

Wasser: Sensibel bei Kommunikation. Nimmt die Umgebung in sich auf. Paßt sich der Umgebung an.

Aspekte zur Spitze des dritten Hauses und zu Himmelskörpern im dritten Haus

Konjunktionen: Sehr begabt darin, zu kommunizieren und Probleme zu lösen.

Quadrate: Tendiert dazu, Ideen und Objekte sehr stark zu sexualisieren oder Sexualität zu stark zu rationalisieren und zu stark zu intellektualisieren. Probleme mit Brüdern und Schwestern. Hat Schwierigkeiten, in der Kommunikation den gewünschten Eindruck zu machen. Kommunikation wird von unbewußten Impulsen gesteuert.

Trigone: Ist in der Lage, Geist und Körper harmonisch zusammenwirken zu lassen. Guter Kommunikator. Liebt Reisen. Löst Probleme leicht.

Quinkunxe: Karriere- und Geschäftsangelegenheiten sind nicht besonders gut organisiert und auch sehr unübersichtlich. Hat große Schwierigkeiten, in diesen Bereichen das Richtige im richtigen Augenblick zu tun. Tut sich schwer bei der Kommunikation mit Partnern und Vorgesetzten. Schwierigkeiten durch (einen) Eltern(teil).

Oppositionen: Starke Spannung bei geistigen Prozessen. Große Nervosität. Neigt zu Unbeständigkeit. Hat Schwierigkeiten, aus dem Leben zu lernen (siehe auch Quadrate).

Das Zeichen an der Spitze des dritten Hauses

♈ Übernimmt in der Kommunikation Führung und Initiative. Ungeduldig im Gespräch. Lenkt die Aufmerksamkeit beim Kommunizieren auf sich. Liebt Diskussionen. Schneller, aufgeweckter Geist. Trifft impulsiv Entscheidungen. Will in Bewegung sein. Ungeduldig.

♉ Handelt lieber als zu reden. Praktischer, beharrlicher, langsamer Geist. Rackert sich geistig ab. Geht bis zum äußersten, um Dinge gründlich zu lernen, vor allem, wenn sie zu Komfort und Sicherheit verhelfen können. Entschlossen, alle Hindernisse zu überwinden, wenn er/sie sich einmal etwas in den Kopf gesetzt hat.

♊ Kommuniziert und reist gerne. Sehr veränderliche geistige Einstellung mit großem Anpassungsvermögen. Sagt das eine und tut etwas anderes. Sucht Abwechslung in der Kommunikation. Liebt delikate, komplizierte geistige Angelegenheiten. Neugierig. Erfinderisch im geistigen Bereich. Betrachtet Kommunikation als Spiel.

♋ Durchschaut Sachverhalte nicht schnell, aber hat ein sehr gutes Gedächtnis, vor allem, was Fakten und Daten betrifft. Wenn er/sie sich nach langem Zögern einmal für etwas begeistert, dann aus ganzem Herzen. Gewandt im Gespräch, wenn auch auf eine etwas blumige Art. Überempfindlich gegenüber Kritik an eigenen Ideen. Starkes Bedürfnis nach Gemeinschaft mit Gleichgesinnten. Zu vertrauensselig auf geistigem Gebiet, im Gespräch nicht sehr liberal.

♌ Kommt Vereinbarungen gerne pünktlich nach. Sagt die Dinge so, »wie sie sind«. Dominiert gerne. Schnell und spielerisch in der Kommunikation, auch charmant und ehrlich. Trägt die eigenen Ansichten mit großem Selbstvertrauen vor. Spielt nicht nur im Freundeskreis gerne eine liebenswerte, affektive Rolle.

♍ Kritischer, anspruchsvoller Geist. Achtet auf Details und schätzt Gründlichkeit auf geistigem Gebiet und bei der Kommunikation. Talent zum Kartographen. Redegewandt und selbstsicher. Analytisch. Abneigung gegen Überraschungen auf geistigem Gebiet und in der Kommunikation. Bei der Kommunikation ist die Umgebung, in der sie stattfindet, sehr wichtig.

♎ Idealisiert auf geistigem Gebiet. Liebt die Anmut in der Kommunikation. Macht Kommunikation und Geistiges zu einer Art künstlerischen Selbstausdrucks. Neigt bei der Kommunikation und im geistigen Bereich zum Manipulieren. Logisch. Versucht, alles von allen Seiten zu betrachten. Begabt für Teamarbeit. Empfindlich der Haltung von Brüdern und Schwestern gegenüber.

♏ Äußert sich nicht schnell über das, was er/sie weiß. Sieht Information als Machtmittel an. Emotionale Haltung gegenüber Geistigem und Wissen, hält dies jedoch verborgen. Wird leicht rachsüchtig, wenn es nicht gelingt, die eigenen Ziele in bezug auf Wissen/Kommunikation durchzusetzen. Vertritt die eigenen Auffassungen sehr direkt und autoritär. Sucht den direktesten Weg, um die eigenen Ziele zu verwirklichen.

♐ Sieht Kommunikation und Geistiges ebenso wie Wissen als einen Sport an. Mag keine Sentimentalitäten. Nimmt die Dinge, wie sie kommen. Jovial in der Kommunikation. Voller erfrischender Ideen. Redet und erzählt gerne. Reist gerne. Macht Pläne für große Reisen, die jedoch meist nicht verwirklicht werden. Bedürfnis, auf dem einen oder anderen Gebiet als Autorität angesehen zu werden. Achtet im geistigen Bereich und in der Kommunikation nicht sehr auf Konventionen, aber treibt keinen Mißbrauch damit. Enthusiastisch.

♑ In der Kommunikation anfänglich reserviert, setzt sich jedoch voll und ganz ein, wenn diese Reserve erst einmal überwunden ist. Hohe Maßstäbe auf geistigem Gebiet und in der Kommunikation. Hat beruhigenden Einfluß in Gesprächen. Hat Schwierigkeiten mit neuen Ideen. Angst, falsch verstanden zu werden. Möchte in der Kommunikation perfekt sein. Ist vielem gewachsen. Beharrliche, intensive Geisteskraft. Interessiert an Reisen.

♒ Sehr viele Ideen, jedoch unsicher, wie diese in die Praxis umzusetzen sind. Reist nicht gern alleine. Tiefes Verständnis der menschlichen Natur. Ist sich seiner selbst bewußt. Wirkt beim Kommunizieren auf andere unpersönlich. Liebt Experimente auf geistigem Gebiet und in der Kommunikation. Vertritt phantastische Ansichten im Gespräch, im geistigen Bereich und in der Kommunikation.

♓ Starkes Einfühlungsvermögen im geistigen Bereich und in der Kommunikation. Verliert sich leicht selbst. Mystische Ideen. Hängt sehr an Brüdern und Schwestern. Sehr sentimental. Ist vorsichtig mit dem, was er/sie sagt, und möchte, daß andere dies auch sind. Neigt zu Träumen und Phantastereien. Schwierigkeiten mit der »harten« Realität. Sehr empfänglich für altruistische Ideen.

Der Herrscher des dritten Hauses

1. Kommuniziert gut im persönlichen Bereich. Sehr stark mit sich selbst beschäftigt. Reist allein und zum eigenen Vergnügen.
2. Denkt gerne und viel über Geld nach. Ausgeprägtes Gefühl für persönliche Werte und Prinzipien.
3. Redet sehr gerne; hört gerne die eigene Stimme. Gute Kommunikation mit Familie/Freunden. Reist gerne.
4. Kommuniziert gut im eigenen Heim. Starkes Gespür für Wohlergehen und Sicherheit von Familie und Heim und intensive Beschäftigung damit.
5. Geistig sehr stark mit Selbstausdruck beschäftigt. Kommuniziert gut mit Kindern. Vermittelt anderen auf unterhaltsame Weise Wissen. Reist zum Vergnügen.

6. Ist geistig sehr stark mit Gesundheit und Beruf beschäftigt. Reist aus beruflichen Gründen. Macht sich Sorgen über Hygiene und medizinische Versorgung auf Reisen. Plant Reisen sehr genau.

7. Beschäftigt sich geistig sehr stark mit Partnerschaften. Gute Kommunikation mit Partnern. Liebt das gesellschaftliche Leben. Übernimmt führende Rolle in Partnerschaften. Weiß, was das Publikum will. Reist nicht gern alleine.

8. Beschäftigt sich geistig sehr stark mit finanziellen Angelegenheiten, an denen andere beteiligt sind. Beschäftigt sich mit dem Tod. Fair im Umgang mit dem Besitz und der Kreativität anderer.

9. Beschäftigt sich geistig sehr stark mit Philosophie und tieferen Lebensfragen sowie mit Gerechtigkeit. Unzufrieden mit sich selbst. Schwierigkeiten beim Publizieren der eigenen Arbeit. Mißverständnisse mit Blutsverwandten.

10. Geistig sehr stark mit Karriere beschäftigt. Gute Voraussetzungen für eine Karriere im Transport- oder Kommunikationswesen. Starker Einfluß von Eltern(teil) auf sein/ihr Denken. Sagt gerne das, was anderen gefällt.

11. Geistig sehr stark mit Freundschaft und Idealen beschäftigt. Redet viel über die eigenen Wünsche und Vorlieben. Liebt gesellschaftliche Aktivitäten und das Organisieren. Denken wird stark von Freunden und eigener Hoffnung beeinflußt.

12. Geistig sehr stark mit Spirituellem, dem Unbewußten und der menschlichen Natur beschäftigt. Geht nicht mit den (echten) eigenen Gefühlen und Gedanken hausieren. Sehr talentiert für private Forschungen. Möglicherweise Sprachfehler, dessen Ursachen in den Tiefen des Unterbewußten liegen.

Himmelskörper im dritten Haus

☉ Versteht es, die Aufmerksamkeit auf sich zu lenken. Optimistisch bezüglich der eigenen Zukunft. Lernt aus Fehlern. Kann gut reden und andere vom Sinn des Zusammenarbeitens überzeugen. Talentiert für Public Relations, Schreiben, Reden und Unterrichten. Tendiert dazu, viele Fragen zu stellen, aber wartet nicht, bis die Antworten gefunden sind. Neigt zum Aufschneiden. Angst, auf einer unauffälligen Position unerkannt zu bleiben. Sollte versuchen, so schnell wie möglich unabhängig zu werden und Entscheidungen aufgrund eigener Vorstellungen zu treffen. Liebt Veränderungen in allen Bereichen. Langweilt sich schnell. Humorvoll, manchmal sarkastisch.

☽ Neugierig. Hat manchmal Schwierigkeiten, Wirklichkeit und Phantasie auseinanderzuhalten. Vorurteile. Geschwätzig. Liebt Menschen und kann sehr gut mit ihnen umgehen. Angst vor Zurückweisung. Sollte dafür sorgen, so gut wie möglich ausgebildet zu werden. Muß lernen, Entscheidungen logisch, nicht emotional zu treffen. Hilfsbereit. Muß lernen, sich aus Familientradition und von elterlichem Druck zu befreien. Sehr starke Phantasie. Muß Konzentration lernen. Verfügt über viel Wissen, aber weiß nicht, wie dieses genutzt werden kann. Denken ist möglicherweise zu stark von einer Mutterfigur beeinflußt.

☿ Viele Ideen. Kann gut reden. Sprühender Geist. Ist hilfsbereit und kann auch selbst Hilfe annehmen. Unersättlicher Wissensdurst und großes Talent, dieses Wissen anzuwenden. Fühlt sich in Beziehungen nicht wohl. Sieht die eigenen Ideen als seine/ihre Kinder an. Sollte herausfordernde Karriere anstreben. Leidenschaftlich. Sollte auf Sicherheit achten, vor allem im Beruf. Neigt dazu, den Wert der eigenen Ideen zu unterschätzen. Liest sehr gerne. Fragt bei allem stets nach dem Warum und dem Wie. Ruhelos. Starke sexuelle Phantasie.

♀ Charmant und kompromißbereit. Liebt feinsinnige Menschen. Liebt Komfort und Beziehungen zu Gleichgesinnten. Starkes Bedürfnis nach Harmonie, scheut Konflikte. Ethische Grundeinstellung. Will innerlich wachsen. Abneigung gegen Klatsch und Verleumdung, ebenso gegen schmutzige und körperliche Arbeit. Verantwortlich. Lädt sich zu viele Verpflichtungen auf. Andere sehen zuerst seine/ihre besten Eigenschaften. Muß lernen, Ausdauer zu entwickeln, vor allem bei der Wahl von Freunden. Emotional und im Grunde glücklich. Flirtet gerne. Liebe auf intellektueller Grundlage.

♂ Kann gut diskutieren. Mangel an Disziplin, wenn er/sie herausgefordert wird, vor allem im Gespräch. Wirkt anregend auf andere. Große Überzeugungskraft, auch in intimen Beziehungen. Starkes Bedürfnis nach weiterer Entfaltung der eigenen Möglichkeiten. Weiß nicht, wann es besser ist zu schweigen. Neigt zu Arroganz. Arbeitet sehr viel. Sehr ehrgeizig. Stößt auf Eifersucht. Findet die richtigen Kontakte. Großes Bedürfnis, Unabhängigkeit zu beweisen, auch schon in der Kindheit. Läßt sich nicht von der Ansicht anderer zurückhalten, daß seine/ihre Pläne nicht realisierbar seien. Impulsiv, ungeduldig. Verzettelt sich leicht. Sollte im Verkehr aufpassen.

♃ Weiß viel. Ist manchmal nicht beharrlich genug. Läßt sich leicht durch Neues ablenken. Ewige(r) Student(in). Begeistert sich für jedes neue Interessengebiet. Mitfühlend. Sehnt sich nach Entwicklung und Wachstum. Nie zufrieden mit dem erreichten Niveau. Versteht es, seine Fähigkeiten für andere einzusetzen. Andere haben instinktives Vertrauen in sein/ihr Verständnis und seine/ihre Führungsfähigkeit. Muß lernen, sich Ruhe zu gönnen. Starke physische Bedürfnisse, läßt sich jedoch leicht von Rohheit abschrecken. Kann sich nur schwer einem Appell an sein/ihr Mitgefühl entziehen und läßt sich daher leicht ausnutzen. Hat Schwierigkeiten, elterliche Forderungen und das eigene Wachstum miteinander in Harmonie zu bringen. Visionär. Sehr idealistisch. Muß gesunden Menschenverstand entwickeln.

♄ Ernst, geistige Tiefe, nach innen gewandt. Lernt langsam, aber behält das einmal Gelernte. Kann die Vorstellung nicht ertragen, nicht informiert zu sein. Unterschätzt die eigenen Fähigkeiten. Geistige Disziplin. Hat Schwierigkeiten, Zuneigung zu zeigen. Glaubt nicht an den eigenen Erfolg, es sei denn, er/sie ist sehr gut geschult. Orientiert sich zu sehr an den Erwartungen der Eltern. Ist leicht niedergeschlagen. Sieht immer zuerst die negative Seite einer Sache. Frustration bei Ausbildung. Ist Brüdern und Schwestern sehr zugetan. Reist, um etwas zu lernen.

♅ Fordert vollkommene geistige Freiheit. Abneigung gegen Verpflichtungen. Freunde sind fasziniert von seiner/ihrer geistigen Kraft und Faszination. Starke Tendenz, in den Tag hinein zu leben. Will andere gerne an der eigenen, durch Erfahrung erworbenen Weisheit Anteil nehmen lassen. Kann nicht gut zuhören. Sehr klug, auch wenn er/sie sich nicht dessen bewußt ist. Sollte sich um eine höhere Ausbildung bemühen, um die eigenen Talente voll ausschöpfen zu können. Fällt leicht Nachahmern zum Opfer. Will schnelle Ergebnisse sehen. Sucht nach der Verbesserung von Arbeitsprozessen. Bedürfnis, anderen zu dienen. Wurde möglicherweise von den Eltern dazu benutzt, ihren Zielen zu dienen, anstatt eine eigene Zukunft aufbauen zu können. Extrem erfinderisch, kann daher ganz aus eigener Kraft leben. Fängt zuviel an und führt zuwenig zu Ende. Exzentrisch in der Kommunikation. Liebt Reisen ins Blaue. Unterhält ungewöhnliche Beziehungen.

♆ Betrachtet das Leben entweder von einem sehr hohen, idealisierten Standpunkt aus oder aus einer äußerst deprimierenden negativen Geisteshaltung heraus. Begabt für außersinnliche Wahrnehmung. Sollte immer eine(n) nüchterne(n) Ratgeber(in) in der Nähe haben. Sehr starkes Mitgefühl. Tendiert im Umgang mit anderen zum Moralisieren. Sucht bei sich selbst immer nach möglichst schmeichelhaften Eigenschaften, dadurch wird die Entwicklung des sehr großen kreativen Potentials behindert. Starke Schuldgefühle, auch der Gesellschaft als ganzem gegenüber. Muß lernen, sich aktiv für andere einzusetzen. Sollte Situationen meiden, in denen Märtyrer gesucht werden. Sehr begabt darin, die libidinöse Energie durch Phantasien zu befriedigen, wohingegen die erreichbare Realität leicht enttäuschend ist. Muß lernen, sich gegen die Eltern zur Wehr zu setzen. Wenig Interesse am Materiellen und sehr großes Talent, es sich im Leben angenehm zu machen.

P

Begabt im Lösen von Problemen, vor allem dann, wenn sie anderen unlösbar erscheinen. Sehr stark zukunftsorientiert. Ungeduldig gegenüber Menschen, die nur über Pläne und Zukunft reden. Nimmt ungewöhnlich viel wahr. Ist das Interesse erst einmal geweckt, dann wird der Gegenstand des Interesses bis auf den Grund erforscht. Wenn Ideen bzw. Gewohnheiten keinen Sinn mehr haben, dann wirft er/sie diese über Bord und ist der Meinung, daß andere dies auch tun sollten. Sehr sensibel den Bedürfnissen anderer gegenüber. Ist den eigenen Zielen treu. Talent, aus allem das Beste zu machen. Möchte gerne Leistungen erbringen, die allen nutzen. Nimmt jede Herausforderung an. Starker, revolutionärer Geist. Tendiert dazu, sich grob und sehr direkt auszudrücken. Behält Gedanken für sich.

Das vierte Haus

Aus der Symbolik des vierten Hauses kann man entnehmen, wie jemand sich selbst sieht, mit welcher Qualität oder mit welchen dominanten Charaktereigenschaften er/sie sich am stärksten identifiziert. Dieses Bild ist jedoch zum größten Teil unbewußt, da es entsprechend der Symbolik des vierten Hauses aufgrund früher Familieneinflüsse entstand. Aus dem vierten Haus kann man weiterhin ersehen, welchen Eindruck der Elternteil des gleichen Geschlechts jeweils macht bzw. gemacht hat. Das vierte Haus gibt auch Aufschluß über die häuslichen Verhältnisse.

Qualitäten an der Spitze des vierten Hauses

Kardinal: Aktiv in der eigenen Umgebung. Verändert die Umgebung durch Eigeninitiative.

Fest: Liebt Dauerhaftes. Abneigung gegen tiefgreifende Veränderungen. Wenn eine Veränderung jedoch nicht mehr zu umgehen ist, dann geschieht sie oft zu schnell und zum eigenen Nachteil.

Beweglich: Durch Ruhelosigkeit viele Veränderungen in der eigenen Umgebung.

Elemente an der Spitze des vierten Hauses

Feuer: Bleibt aktiv bis zum Tode.

Erde: Im Alter keine materiellen Sorgen.

Luft: Behält Flexibilität und Interessen bis zum Lebensende.

Wasser: Macht sich Sorgen über den Lebensabend.

Aspekte zur Spitze des vierten Hauses und zu Himmelskörpern im vierten Haus

Konjunktionen: Der Himmelskörper, der diese Konjunktion bildet, erhält im Horoskop besondere Bedeutung. Der instinktive Teil der Persönlichkeit ist stärker als gewöhnlich entwikkelt. Er wirkt sich vor allem im Bereich der Beziehungen aus, wenn die Konjunktion aus dem dritten Haus kommt, und auf die Emotionalität, wenn der Himmelskörper, der die Konjunktion bildet, im vierten Haus steht.

Quadrate: Der Einfluß der Eltern hat wahrscheinlich zur (unbewußten) Ablehnung der eigenen sexuellen Identität geführt. Enttäuschungen in Beziehungen erzeugen hier tiefe emotionale Wunden. Macht einen ungünstigen Eindruck auf die meisten seiner Mitmenschen. Probleme entstehen durch zögernde Haltung. Stellt die eigenen Bedürfnisse an die erste Stelle (wenn das Quadrat aus dem ersten Haus kommt).

Trigone: Tiefes Verständnis und Sympathie für Menschen. In schwierigen Situationen innere Quelle der Kraft und Inspiration. Starkes und realistisches Bild von sich selbst. In der Lage, lang andauernde kreative Beziehungen einzugehen.

Quinkunxe: Unstabile Persönlichkeit (innerlich); hat Schwierigkeiten, im richtigen Augenblick das Richtige zu tun. Kann nur schwer Partnerschaften aushalten, die Stabilität, Vertrautheit und Zuverlässigkeit erfordern. Leidet unter Streß.

Oppositionen: Führt inneren Kampf, um die Verpflichtungen zwischen Familie und inneren Emotionen sowie die gesellschaftlichen und philosophischen Aspekte des Lebens miteinander in Harmonie zu bringen (siehe auch Quadrate).

Das Zeichen an der Spitze des vierten Hauses

♈ Sieht sich als jemanden, der die Führung übernimmt, den Wettbewerb liebt, als Pionier, als ungeduldigen Menschen, als jemanden, der die Aufmerksamkeit anderer auf sich zieht, als Menschen, der das Unbewußte erforscht. Starke Beziehung zur Mutter. Spielt König(in) im eigenen Haus. Nie zufrieden damit, wie Menschen und Dinge sind. Muß lernen, die eigenen Interessen mehr nach außen zu richten.

♉ Sieht sich als körperlichen, sinnlichen Menschen, der sich der Bedürfnisse des eigenen Körpers und der materiellen Welt sehr bewußt ist. Hat Heim und Familie gegenüber eine beschützende, konservative Einstellung. Liebt den Komfort im eigenen Haus. Abneigung gegen Umzüge. Künstlerisches und harmonisches häusliches Leben. Elternteil des eigenen Geschlechts ist wahrscheinlich besitzergreifend, konservativ und starrsinnig.

♊ Betrachtet sich als jemanden, mit einem starken Bedürfnis nach Abwechslung, Spiel, delikaten, verfeinerten und komplizierten Angelegenheiten. Sieht sich als neugierig, phantastisch und erfinderisch. Liebt die Technik und das Wissen darüber, wie Dinge funktionieren. Zieht häufig um. Fühlt sich schnell irgendwo zu Haus. Regt die Konversation im Haus an. Gutes Gedächtnis. Legt Familienarchiv an. Leidet unter Stimmungsschwankungen. Findet den Elternteil des eigenen Geschlechts geschickt, redselig und unbeständig.

♋ Sieht sich als integre Persönlichkeit und als jemanden, der sich nicht schnell für etwas gewinnen läßt, aber, einmal gewonnen, der Sache auch sehr treu ist. Sucht Sicherheit in Heim und Familie. Überempfindlich gegenüber Kritik an Heim und Familie. Vertrauenswürdig, aber nicht sehr liberal. Erlebte in der Jugend viele Umzüge. Elternteil vom gleichen Geschlecht hat sehr starken beschützenden Einfluß.

Starkes Bedürfnis, Wurzeln zu schlagen. Sozial eingestellt. Sehr ausgeprägtes Bedürfnis nach Sicherheit. Sieht Elternteil des gleichen Geschlechts als sensibel und konservativ an.

♌ Hält sich für eine liebenswürdige, aktive Person, die gerne in bestimmten Bereichen die Führung übernimmt. Sieht sich als jemanden, der das Spiel liebt, Selbstvertrauen hat und ehrlich ist. Hält sehr stark an diesem Selbstbild fest. Ist stolz auf das eigene Heim und empfindet es als eine Quelle der Freude. Liebenswert als Gastgeber(in). Starkes Verlangen, Wurzeln zu schlagen. Bedürfnis nach Komfort im eigenen Heim. Möglicherweise freigebiger mit Geschenken als mit Zuneigung. Gibt Kindern jede Möglichkeit, sich zu entfalten. Empfindet Elternteil des gleichen Geschlechts als autoritär und charmant zugleich.

♍ Hält sich für kritisch und anspruchsvoll und für jemanden, der sehr auf kleine Dinge achtet. Die unmittelbare Umgebung ist sehr wichtig für die eigene innere Ruhe. Abneigung gegen Überraschungen im häuslichen und familiären Bereich und aus dem Unterbewußten. Perfektionistisch im Haus. Regt sich schnell über Kleinigkeiten im Haus auf. Gute(r) Gastgeber(in). Bringt Gespräche in Gang. Hält Elternteil des gleichen Geschlechts für praktisch und anspruchsvoll. Liebt Haustiere.

♎ Liebt physische Schönheit. Empfindet sich selbst als sinnlich und gleichzeitig als anmutig. Neigt dazu, stark zu idealisieren, was Heim, Familie und die eigenen unbewußten Bestrebungen angeht. Macht das Haus zu einer Art künstlerischen Selbstausdrucks. Manipuliert unbewußt. Kann häusliche Konflikte nur schwer aushalten. Harmonie und Wurzeln in Heim und Familie geben Stabilität und vor allem emotionale Sicherheit. Fühlt sich glücklich, wenn er/sie mit einem geliebten Menschen zusammen ist und mit ihm teilen kann. Auch Musik ist eine Quelle des Glücks. Empfindet Elternteil des gleichen Geschlechts als angenehm und ausgeglichen.

♏ Emotional gefärbte Einstellung zu Heim und Familie und zum Unterbewußten, hält dies aber verborgen. Sieht sich selbst als Menschen, der nicht direkt handelt, sondern zuerst überprüft, ob für die eigene emotionale Intensität Raum genug vorhanden ist. Will Macht über Geld oder wird vom Geld beherrscht. Rachsüchtig, wenn es um Heim und Familie nicht gut steht. Hat Geheimnisse gegenüber der Familie. Aufbrausend, vor allem zu Hause. Abergläubisch. Empfindet Elternteil des gleichen Geschlechts als stark, hilfsbereit und erfinderisch.

♐ Sieht sich als eine aufgeweckte Persönlichkeit, die alles als Herausforderung betrachtet. Hält sich für jovial, sorglos und für einen Menschen, der eine Abneigung gegen Sentimentalitäten hat. Glaubt, die Dinge so zu nehmen, wie sie kommen. Sieht sich außerdem als jemanden, der sich nicht um Vorschriften kümmert. Sehr energisch in häuslichen und familiären Angelegenheiten, ohne dies selbst zu merken. Fair. Stolz auf Heim und Herkunft. Muß lernen, kritische Haltung gegenüber anderen durch eine philosophischere Betrachtungsweise zu ersetzen. Wohnt möglicherweise weit vom Geburtsort entfernt. Empfindet Elternteil des gleichen Geschlechts als human und sehr phantasievoll.

♑ Hält sich für jemanden, der die Verantwortungen des Lebens sehr schwer nimmt. Sieht sich als Mensch, der sich voll und ganz einsetzt, wenn die anfängliche Reserve erst einmal überwunden ist. Hohe Maßstäbe im Bereich von Heim und Familie. Glaubt, Entbehrungen gut ertragen zu können. Strebt danach, einen beruhigenden, stabilisierenden Einfluß auszuüben. Hat Schwierigkeiten mit neuen Ideen (im Bereich von Heim und Familie). Sehr intensiv im familiären und häuslichen Bereich mit der Tendenz zu herrschen. Kann Zuneigung nur schwer zum Ausdruck bringen. Hält sich an bewährte Methoden. Stolz auf die eigene Herkunft. Sozial bewußt. Empfindet Elternteil des gleichen Geschlechts als schlicht und konservativ. Sammelt Erbstücke.

♒ Sieht sich als gespaltene Persönlichkeit: Die eine Hälfte hält sich auf Distanz, die andere engagiert sich körperlich stark. Hält sich für jemanden, der sich seiner selbst bewußt ist. Sucht originellen Lebensstil. Probleme durch launenhaftes Verhalten zu Hause. Fühlt sich geistig sehr stark mit Heim und Familie verbunden. Schwierigkeit, mehr zu überschauen als den eigenen kleinen Bereich. Setzt alles unter Druck, nur sich selbst nicht. Zieht oft um. Empfindet Elternteil des gleichen Geschlechts als intellektuell und intuitiv.

♓ Sieht sich als jemanden mit einem starken Einfühlungsvermögen. Neigt dazu, sich selbst zu verlieren. Hält sich für freigebig und altruistisch. Starkes Bedürfnis, sich für die Familie aufzuopfern. Macht sich insgeheim Sorgen über die Familie. Sehr sensibel. Muß lernen, sich von Familieneinflüssen freizumachen. Leidet unter Stimmungsschwankungen. Erlebt viel Auf und Ab. Fühlt sich nicht sehr sicher. Empfindet den Elternteil des gleichen Geschlechts als sensibler und netter als den anderen.

Der Herrscher des vierten Hauses

1. Die Entwicklung der Persönlichkeit und das persönliche Gefühl von Sicherheit ist sehr stark von einem Elternteil beeinflußt.
2. Besitz und Prinzipien sind ausschlaggebend für das Gefühl von (materieller) Sicherheit. Kann zu Hause Geld verdienen. Hat eventuell Einkommen aus Immobilien.
3. Beziehungen und Kommunikation sind wichtig für Sicherheitsgefühl. Möglicherweise wohnen Familienmitglieder bei ihm/ihr. Einfluß der Familie auf das häusliche Leben.
4. Starkes Bedürfnis, Wurzeln zu schlagen. Dies ist wesentlich für das eigene Sicherheitsgefühl.

5. Liebt Vergnügungen und Partys im eigenen Heim. Das Heim ist der Ort des Selbstausdrucks. Macht das Haus attraktiv für Kinder. Selbstausdruck ist wesentlich für das eigene Sicherheitsgefühl.

6. Arbeit ist wichtig für das eigene Sicherheitsgefühl. Möglicherweise wohnen Onkel oder Tante im gleichen Haus.

7. Partnerschaft ist wichtig für das eigene Sicherheitsgefühl. Partner besitzt möglicherweise Immobilien.

8. Sexualität ist wesentlich für das eigene Sicherheitsgefühl. Tod eines Elternteils kann wichtigen Einfluß auf die eigene häusliche Umgebung haben.

9. Philosophie oder Religion sind wichtig für das eigene Sicherheitsgefühl. Hat möglicherweise Besitz weit vom Geburtsort entfernt.

10. Ansehen und Karriere sind wichtig für das eigene Sicherheitsgefühl. Arbeitet zu Hause.

11. Freunde sind wesentlich für das eigene Sicherheitsgefühl. Viele häusliche Aktivitäten im Zusammenhang mit Freunden. Hat möglicherweise adoptierte Kinder.

12. Eigene (unbewußte) psychologische Einsicht ist wichtig für das Sicherheitsgefühl. Heimliche Sorgen bedingt durch die häusliche Situation.

Himmelskörper im vierten Haus

☉ Braucht starke Familienbindungen, um sich wohl zu fühlen. Hängt Tagträumen über die eigenen Möglichkeiten und über die eigene Zukunft nach, aber versucht, der Verantwortung für sich selbst zu entfliehen. Neigt zu Apathie und gibt sich mit zu bescheidener Position zufrieden. Fühlt sich leicht bedroht durch Wettbewerb und zieht sich dann zurück. Unterschätzt die eigenen Talente, vor allem, solange Familieneinflüsse bestehenbleiben. Läßt sich leicht beeinflussen; neigt zum Aberglauben. Sympathisch. Minderwertigkeitsgefühle, viele Stimmungsschwankungen. Sehr starkes Gedächtnis. Ruhiger und zufriedener Lebensabend. Freigebige Eltern. Braucht Partner für die eigene Weiterentwicklung.

☾ Neigt dazu, sich der eigenen und der elterlichen Familie unterzuordnen, um auf diese Weise ihre Sympathie zu gewinnen. Sehr starke Bindung an die Eltern. Wagt es nicht, die eigenen Talente zu entfalten und als Persönlichkeit ganz zu reifen. Selbstmitleid. Starkes Mitgefühl mit Menschen, die in Not sind. Viele bitten ihn/sie in ihrer Not um Hilfe. Emotional abhängig und deshalb stark mit finanzieller Sicherheit beschäftigt. Gibt der Familie den Vorrang vor den eigenen persönlichen Beziehungen. Liebespartner öffnet ihm/ihr möglicherweise die Augen für das eigene große Potential. Neigt zum Wunschdenken und zur Gleichgültigkeit. Schuldgefühle sind überwindbar, wenn die eigenen Talente entwickelt werden. Ist möglicherweise davon überzeugt, keine Liebe zu verdienen. Gutes Gedächtnis. Starker Einfluß einer Mutterfigur.

☿ Ahmt die Eltern in bezug auf Haltung und Verhalten nach. Neigt dazu, nur die eigenen Ansichten zu äußern, die mit denen der Eltern übereinstimmen. Fruchtbare Phantasie. Braucht Ausbildung, um Selbstvertrauen entwickeln zu können. Sehr sensibel gegenüber den Gefühlen anderer. Intelligent. Hält Geld für wichtig und verdient es auch ziemlich leicht. Neigt dazu, sich in bezug auf Ziele zu verzetteln. Muß lernen, Herausforderungen anzunehmen und erfolgreich sein zu wollen. Braucht Partner, der ihn/sie immer zu unterstützen bereit ist. Partner ist möglicherweise eine wichtigere Unterstützung, als er/sie selbst weiß. Sehr hilfsbereit und geschickt im Helfen. Neigt dazu, sich ausnutzen zu lassen. Wird leicht durch andere von den eigenen Zielen abgelenkt. Geistiger Reichtum.

♀ Sagt das Richtige im richtigen Augenblick, um einen guten Eindruck zu machen. Sehr hilfsbereit. Ist auf der Hut, wenn es darum geht, Verpflichtungen einzugehen. Liebt Komfort und sucht den Weg des geringsten Widerstandes, um ein Leben in diesem Sinne führen zu können. Sehr großes Bedürfnis nach Sicherheit. Starke Abneigung gegen Konkurrenz, Spannung und Disharmonie. Nur eine geliebte Person bringt ihn/sie dazu, die eigenen Talente zu entwickeln. Hat Angst, daß andere sich im täglichen Leben von ihm/ihr lossagen könnten, und macht aus diesem Grunde viele Konzessionen. Ist immer bereit, sich die Probleme anderer anzuhören. Glaubt nicht, begehrenswert zu sein; läßt deshalb Möglichkeiten für affektive Bindungen ungenutzt an sich vorüberziehen. Versucht, das eigene Haus geschmackvoll und künstlerisch einzurichten. Sehr talentiert als Gastgeber(in). Mutter übt große Anziehungskraft aus. Tendiert dazu, den Partner zu bemuttern. Tiefe Gefühlsnatur. Braucht die Sicherheit der Liebe. Lernt Partner möglicherweise zu Hause und durch Vermittlung der Eltern kennen.

♂ Schwierigkeiten mit familiären Verpflichtungen und mit der Verantwortung von anderen und für andere. Möchte das Recht haben, eigene Fehler zu machen und unabhängig zu sein. Ermutigt Menschen, ihm/ihr zu vertrauen, aber tendiert auch dazu, dieses Vertrauen zu enttäuschen. Ist der Meinung, daß Taten wichtiger sind als Worte. Starke Abneigung gegen Geldmangel. Muß lernen, sich stärker auf menschliche Werte zu konzentrieren. Kann Mißerfolge in der Karriere nur schwer ertragen. Tendiert dazu, eher die Erwartungen der Eltern zu erfüllen, als die eigenen Talente zu entfalten. Muß lernen, dem Partner besser zuzuhören. Muß auch lernen zu unterscheiden, wer Hilfe braucht und wer nicht. Starkes Talent, Ideen in die Tat umzusetzen, neigt aber dazu, dies zu impulsiv zu tun. Sollte besser eine Karriere aufbauen und erst danach heiraten. Hat die Tendenz, Gefühle zu unterdrükken. Elternteil des anderen Geschlechts dominant. Äußerst ungeduldig.

♃ Tiefes Verständnis und Mitgefühl für andere. Fruchtbare Phantasie. Weiß viel, aber braucht stets die Bestätigung, daß er/sie dieses Wissen auch gut anwendet. Sollte sich eine optimistischere Haltung zulegen bezüglich der eigenen Fähigkeit, ungewöhnliche Situationen erfolgreich zu bewältigen. Geht oft erst auf Herausforderungen ein, wenn er/sie von sich selbst glaubt, die eigenen Talente perfekt entwickelt zu haben. War in der Kindheit möglicherweise zu behütet, so daß es ihm/ihr schwerfällt, ein eigenes Leben aufzubauen. Ist viel kompetenter, als er/sie glaubt. Muß sich Gegenleistungen für die eigenen Bemühungen ausbedingen. Glaubt zu Unrecht, daß er/sie nicht geschätzt wird, und macht zu viele Konzessionen, um Anerkennung zu erhalten. Muß lernen, er/sie selbst zu sein. Braucht viel Platz im eigenen Haus. Probleme mit dem Körpergewicht. Reicher Lebensabend. Elternteil des anderen Geschlechts möglicherweise freigebig und optimistisch. Stammt aus einer Familie mit starker religiöser oder philosophischer Tradition.

♄ Sehr autoritär und diszipliniert erzogen. Liebt Gesetz und Ordnung. Will anderen dienen, aber ist sehr darauf bedacht, dafür auch gut bezahlt zu werden. Glaubt, daß andere von ihm/ihr immer Spitzenleistungen erwarten. Fühlt sich den Eltern gegenüber sehr stark verpflichtet. Hat große Angst zu versagen. Liebt sich selbst nicht und ist sich der eigenen Fähigkeit, Geld zu verdienen, nicht bewußt. Spätentwickler. Fühlt sich durch Heim und Familie eingeschränkt. Hat Schwierigkeiten, die eigenen wahren Gefühle zum Ausdruck zu bringen. Extrem starker Einfluß der Mutter. Materielle Sicherheit wird als Ersatz für emotionale Sicherheit betrachtet. Trägt schwer an der Verantwortung für die Familie.

⛢ Starkes Gefühl der Verbundenheit mit den Mitmenschen. Mußte in der Jugend viele Pflichten auf sich nehmen und rebellierte dagegen. Möchte für andere in die Bresche springen. Tiefe kreative Einsicht. Zeigt Klugheit bei der Nutzung des eigenen Talents. Neigt dazu, impulsiv für sich selbst einzutreten. Muß lernen, Kompromisse zu schließen. Lernt viel aus Gesprächen anderer. Ist bereit, für die eigene Zukunft Opfer zu bringen. Hat in Liebesbeziehungen Angst vor der Verantwortung. Starkes Bedürfnis nach Freiheit und Unabhängigkeit. Mutter ist möglicherweise eine Quelle der Irritation. Zieht viel um oder führt viele Veränderungen im Haus durch.

♆ Muß lernen, für sich selbst einzutreten. Die Meinung, die andere von seiner/ihrer Integrität haben, ist stark abhängig von der eigenen Offenheit. Neigt dazu, sich aufzuopfern und nicht darauf zu achten, ob die angebotenen Dienste auch honoriert werden. Ist in einer Umgebung aufgewachsen, die wenig Verständnis für seine/ihre echten Talente hatte. Durch Selbstanalyse können diese Talente entdeckt werden, nachdem die Bindungen an die Kindheit aufgelöst worden sind. Beziehung zu den Eltern ist getrübt. Möglicherweise Mißtrauen von seiten eines Elternteils. Neigt dazu, nicht an sich selbst zu glauben. Fühlt sich der Liebe anderer unwürdig. Extrem empfindlich im Bereich des Emotionalen und gegenüber Zurückweisung. Sehr warmherzig und zärtlich. Hat viel Verständnis für Menschen mit Problemen. Tendiert dazu, das Privatleben wegen beruflicher Verpflichtungen zu vernachlässigen. Idealisiert stark in der Liebe. Muß lernen, nein zu sagen und sich ein Lebensziel zu setzen. Wählt möglicherweise einen Beruf, in dem nicht alle Talente zum Zuge kommen. Sehr sensibel gegenüber der häuslichen Umgebung und gegenüber den Gefühlen der Eltern. Merkt möglicherweise nicht, wann etwas zu Ende ist. Fühlt sich stark von mysteriösen Dingen angezogen. Sympathische Mutter.

♇ Fühlt sich der eigenen Familie sehr verpflichtet. Großer autoritärer Druck in der Kindheit. Starkes Bedürfnis, der eigene Herr zu sein und das eigene Schicksal zu bestimmen. Ausgeprägter Wunsch, anderen von Nutzen zu sein. Stellt subtile Forderungen an Partner und verträgt keinerlei Zurückweisung. Besessen vom Erfolg und von dem Streben, sich über die Kindheitsverhältnisse zu erheben. Arbeitet hart. Großes Talent, anderen spirituell zu helfen; muß dafür jedoch hart arbeiten. Großes Bedürfnis nach Bekanntheit. Zwanghafte Neigung, Veränderungen im Haus durchzuführen oder umzuziehen. Muß schwere Opfer bringen, um die eigenen ehrgeizigen Ziele zu erreichen, aber besitzt auch die Kraft dazu. Kann anderen nur schwer zuhören, dadurch fehlt oft das geeignete Wissen, das weiterhelfen könnte.

Das fünfte Haus

Aus dem fünften Haus kann man entnehmen, wo die besten Möglichkeiten für den schöpferischen Selbstausdruck liegen. Deshalb gehören auch die Freuden des Lebens, die »Kinder«, sowohl die geistigen wie auch die körperlichen, zum fünften Haus. Auch die Sexualität als Selbstausdruck ist dem fünften Haus zugeordnet. In gewissem Sinne kann man es daher als das »wahre« Wesen eines Menschen bezeichnen, zumindest kann man aus dem fünften Haus entnehmen, wie jemand sein »wahres« Wesen am liebsten zum Ausdruck bringen würde.

Qualitäten an der Spitze des fünften Hauses

Kardinal: Ergreift gerne die Initiative zu kreativen Unternehmungen. Übernimmt in der Liebe und gegenüber Kindern gerne die aktive Rolle.

Fest: Orientiert das eigene Handeln gerne an Prinzipien. Hält starrsinnig an den eigenen Wertvorstellungen fest. Steht zu den Produkten des eigenen Handelns und ist den eigenen Kindern treu. Kommt möglicherweise nie über die erste Liebe hinweg.

Beweglich: Kann sich gut ausdrücken. Risikofreudig. Sieht die Liebe und das Leben gerne als Glücksspiel an. Hat mehr als eine Liebesaffäre.

Elemente an der Spitze des fünften Hauses

Feuer: Kraftvoll und begeistert in Selbstausdruck und kreativen Dingen. Möchte jede Freude, die auf diesem Gebiet zu erleben ist, auskosten. Leidenschaftlich und feurig als Liebhaber(in).

Erde: Praktisch und nüchtern im Kreativen, Kindern gegenüber und im Selbstausdruck. Möchte gerne zu Ergebnissen kommen.

Luft: Geht an wichtige Lebensfragen zuerst einmal geistig heran, erst danach konkret. Ist unbeständig in Gefühlen und Zielen. Anpassungsfähig.

Wasser: Selbstausdruck, Kreativität, Verhältnis zu Kindern und zur Sexualität sind allesamt stark emotional geprägt. Sieht dies alles als rein emotionale Angelegenheiten an. Poetische, sentimentale Natur. Tendiert dazu, sich an Liebespartner und Kinder anzuklammern. Tieferes Wesen zeichnet sich durch starke Intuition und möglicherweise durch paranormale Begabungen aus.

Aspekte zur Spitze des fünften Hauses und zu Himmelskörpern im fünften Haus

Konjunktionen: Wenn sie aus dem vierten Haus kommen: Häusliche Verhältnisse und Familientradition haben einen starken Einfluß auf den Selbstausdruck, vor allem in bezug auf die Bedeutung des Himmelskörpers, der die Konjunktion bildet. Wenn Konjunktionen aus dem fünften Haus kommen: Die Bedeutung des Himmelskörpers (siehe unten) wird verstärkt.

Quadrate: Ausdruck und Sexualität stehen unter sehr großem Druck. Der Himmelskörper in Verbindung mit dem Einfluß des Hauses, aus dem das Quadrat kommt, gibt Auskunft über die Art dieses Drucks. Die wahre Art des Drucks ist der betreffenden Person möglicherweise nicht bewußt.

Trigone: Selbstausdruck im weitesten Sinne des Wortes wird vor allem als Vergnügen und nicht so sehr als ein bloßer »Egotrip« gesehen.

Quinkunxe: Neigt dazu, die Haltung der Eltern in bezug auf den eigenen Selbstausdruck zu übernehmen und diese auch auf die eigenen Kinder zu übertragen. Heimliche Liebesaffären führen zu nichts. Nicht realisierbare Liebesaffären im Beruf.

Oppositionen: Sieht Quadrate, allerdings wird hier der Druck möglicherweise nach außen projiziert. Hat Schwierigkeiten, Kinder aufzuziehen bzw. zu bekommen. Probleme durch Adoptivkinder.

Das Zeichen an der Spitze des fünften Hauses

♈ Strebt nach Impulsivität und Selbstausdruck. Steht gerne im Mittelpunkt. Impulsiv in Liebe und bei Spekulation. Liebe auf den ersten Blick. Kraftvoll im Selbstausdruck. Dominant in der Liebe und Kindern gegenüber. Körperliche Aspekte der Liebe ebenso wichtig wie Übereinstimmung in sexuellen Möglichkeiten und Bedürfnissen. Möchte aus allem soviel wie möglich herausholen.

♉ Sucht Selbstausdruck mehr im Handeln als im Reden. Komfort und Sicherheit sind wichtige Mittel des Selbstausdrucks. Leidenschaftlich in der Liebe und besitzergreifend. Starke Kreativität. Sehr praktisch im Umgang mit Kindern. Sollte besser nicht spekulieren. Die Sinne sind ein wichtiges Mittel des Selbstausdrucks.

♊ Gibt der Kreativität am leichtesten Ausdruck durch die Hände und durch Worte. Sucht Abwechslung im Selbstausdruck. Liebt das Delikate, Komplizierte und Feinsinnige in der Kunst. Große Phantasie. Hat mehr als eine Liebesaffäre. Gute geistige Fähigkeiten wirken anziehend.

♋ Richtet Selbstausdruck auf die häusliche Umgebung, wo man in Sicherheit mit anderen, Vertrauten Austausch pflegen kann. Starke emotionale Beziehungen zu Geliebten und Kindern. Bemuttert andere, die eine emotionale

Bindung zu ihr/ihm haben; dies ist ein Mittel des Selbstausdrucks. Neigt dazu, andere zu stark beschützen zu wollen, so daß ihnen für ihren eigenen Selbstausdruck nicht genug Raum bleibt.

♌ Selbstausdruck durch Herzensangelegenheiten. Zuneigung und das Äußern von Zuneigung als Selbstausdruck. In diesem Bereich dominant. Sehr kinderlieb, aber treibt die Kinder auch an, um sich mit ihnen brüsten zu können. Väterlich, im Sinne von »Vater weiß es am besten«. Kann Intuition benutzen, um zu spekulieren.

♍ Sucht Perfektion als Selbstausdruck. Kritische Einstellung als Mittel des Selbstausdrucks. Achtet auf Details. Kritisch, manchmal kalt gegenüber Geliebten und in der Liebe. Neigt dazu, anderen das eigene Perfektionsideal aufzuzwingen, besonders Kindern und Liebespartnern. Benutzt Kleidung und Kochen als Mittel des Selbstausdrucks. Klug beim Spekulieren.

♎ Sucht im Selbstausdruck Harmonie und die Überwindung von Gegensätzen. Selbstausdruck durch Sinnlichkeit und Streben nach Anmut. Liebt körperliche Schönheit. Idealisiert stark in der Liebe. Fordert sehr viel Aufmerksamkeit von Liebespartnern. Flirtet gerne und hat Schwierigkeiten, sich auf nur eine Person zu beschränken. Feinsinnig. Musikalisch und kreativ. Liebt Kinder, aber macht ihnen lieber eine Freude, als sie selbst zu erziehen.

♏ Sucht Selbstausdruck in tiefer Emotionalität und im Sex. Ist jedoch zunächst sehr abwartend, um herauszufinden, ob für die eigene Intensität genügend Ausdrucksmöglichkeiten bestehen. Viele heimliche Liebesaffären. Leidenschaftlich, eifersüchtig und anspruchsvoll in der Liebe. Direkt und kraftvoll im Umgang mit Kindern. Sollte besser nicht spekulieren. Ungewöhnliche Hobbys und abenteuerliche Urlaubsreisen.

♐ Kümmert sich nicht um Normen, wenn es darum geht, sich selbst und die eigene Kreativität zum Ausdruck zu bringen. Sieht Kreativiät und Selbstausdruck als eine Art Sport an. Naiv und jovial in bezug auf den Selbstausdruck. Liebt Herausforderungen und das Jagdspiel in der Liebe. Treibt gerne Sport, auch mit Kindern. Spekuliert gerne und eignet sich auch dazu; hat meist Glück dabei, es sei denn, Quadrate, Oppositionen oder Quinkunxe sind vorhanden.

♑ Nimmt Selbstausdruck sehr ernst. Sehr ernste Einstellung zu Liebe und Kindern. Setzt sich total ein, wenn die anfänglichen Reserven überwunden sind. Kann Entbehrungen im Bereich der Liebe ertragen und findet den wahren Selbstausdruck erst später im Leben. Verlangt von Kindern Disziplin. Kühl und reserviert in der Liebe, zumindest zu Anfang. Zweifelt ständig an der eigenen Liebesfähigkeit und an der Kreativität und ist sich der eigenen Intensität nicht bewußt. Kinderfreund(in). Stellt den Urlaub hinter die Arbeit zurück.

♒ Zwei Persönlichkeiten im Selbstausdruck und in der Liebe: Die eine ist engagiert, die andere ein objektiver Zuschauer. Wirkt sehr unpersönlich auf andere. Ist sich seiner selbst bewußt. Experimentiert gerne und setzt im Bereich des Selbstausdrucks, der Sexualität und der Liebe Phantasie ein. Schwierigkeiten, bei einem Liebespartner zu bleiben. Ungewöhnliche Vorstellungen über Verlobung usw. Ist sehr gerne mit Kindern befreundet, aber scheut sich wahrscheinlich davor, selbst Kinder zu haben. Sollte besser nicht spekulieren.

♓ Starkes kreatives Einfühlungsvermögen. Selbstausdruck im Bereich der Gefühle und des Mystischen. Verliert sich leicht in Liebesaffären, Vergnügungen, Selbstausdruck. Neigt dazu, sich durch Freigebigkeit und Altruismus im Bereich der Lebensfreuden in die Irre führen zu lassen. Attraktiv, aber überempfindlich in der Liebe. Der Liebespartner ist bereit, alles mit ihm/ihr oder für ihn/sie zu tun. Sehr idealistische Einstellung gegenüber Kindern und Erziehung.

Der Herrscher des fünften Hauses

1. Sehr begabt als Führer. Starkes Ego. Liebt Kinder und alle Arten des Selbstausdrucks.

2. Gibt sehr viel Geld für persönliches Vergnügen und für Kinder aus.

3. Kann gut mit Kindern kommunizieren. Benutzt das Reden in hohem Maße als ein Mittel des Selbstausdrucks, auch in der Liebe. Ist immer bereit, zum eigenen Vergnügen und wegen der Liebe zu reisen. Begabt im Verkaufen kreativer Produkte.

4. Lebt Kreativität vor allem zu Hause aus. Besitzergreifend gegenüber Liebespartnern und Kindern. Sucht vor allem eine gute Mutter für seine Kinder bzw. will vor allem eine gute Mutter sein.

5. Sehr kreativ. Kann gut spekulieren, es sei denn, Quadrate, Quinkunxe oder Oppositionen sind vorhanden. Kreativität und alle Formen des Selbstausdrucks sind eine Quelle der Freude.

6. Erträgt keine Routinearbeit. Enormes Bedürfnis nach Kreativität im Bereich der Arbeit. Arbeit ist eine wichtige Quelle des Selbstausdrucks.

7. Muß in Partnerschaften dominieren können. Glaubt an die gesetzlich abgesicherte Ehe. Sehr erfolgreich im Umgang mit der Öffentlichkeit; dies und Partnerschaft sind wichtige Formen des Selbstausdrucks.

8. Möchte bei Teamwork im Bereich der Spekulation dominieren, was zu Problemen führt. Sex und Geld sind eine wichtige Möglichkeit des Selbstausdrucks. Wahrscheinlich zu forsch gegenüber Kindern.

9. Glücksspiel auf intuitiver Basis. Reisen, Philosophieren und Religion sind wichtige Quellen des Selbstausdrucks. Ausländische Liebhaber/innen.

10. Karriere, Beruf, Berufung sind wichtige Quellen des Selbstausdrucks. Bedürfnis, sich im Beruf hervorzutun und die absolute Spitze zu sein bzw. zu erreichen. Geeignet für Amüsement und spekulative Berufe.

11. Freundschaft und gesellschaftliches Leben sind eine wichtige Quelle des Selbstausdrucks. Möglicherweise Probleme mit Kindern. Liebesaffären beginnen oder enden oft in Freundschaft.

12. Tiefe psychologische Einsicht. Erforschung der menschlichen Natur ist eine wichtige Möglichkeit des Selbstausdrucks. Liebt Heimlichkeiten oder redet nicht viel über Liebesaffären. Möglicherweise Probleme in bezug auf Kinder. Die eigenen kreativen Produkte werden nur schwer von ihm/ihr selbst und anderen verstanden.

Himmelskörper im fünften Haus

☉ Sehr auf Vergnügen aus. Beliebt. Versteht es, andere zu begeistern. Kann nur schwer wählen. Braucht viel Geld. Hat Schwierigkeiten, langfristige Ziele zu finden und entwickelt daher die eigenen Talente nicht weiter. Zuwenig Selbstdisziplin. Eitel. Neigt dazu, Eltern oder Familie auf der Tasche zu liegen und sich nicht selbst um den eigenen Lebensunterhalt zu kümmern. Scheut harte Arbeit. Warmherzig und freigebig denjenigen gegenüber, die er/sie liebt. Stolz und starke Tendenz zum Egoismus. Will glänzen.

☽ Sensibel und romantisch. Läßt sich leicht durch Liebesbeziehungen ablenken und entwickelt sich deshalb nicht. Kann nur schwer Prioritäten setzen und Pläne für das ganze weitere Leben machen. Kann gut mit anderen umgehen. Starkes Bedürfnis, geliebt zu werden, und sehr große Dankbarkeit denjenigen gegenüber, die ihn/sie lieben. Sucht nach einer Möglichkeit des Selbstausdrucks. Liebt das Vergnügen. Mangel an Selbstbeherrschung. Kann Zurückweisung nicht ertragen, vor allem nicht die der breiten Öffentlichkeit. Starker Wunsch nach Popularität, möchte sich jedoch dafür nicht wirklich anstrengen. Läßt sich gerne versorgen. Möchte im Mittelpunkt der allgemeinen Aufmerksamkeit stehen. Sehr kreative, starke Persönlichkeit. Wahl des/der Geliebten wird von einer Mutterfigur bestimmt. Starke Intuition.

☿ Ist sich der eigenen Kreativität bewußt, aber schiebt es immer wieder auf, damit auch etwas anzufangen. Selbstsüchtig. Verliert das Interesse, sobald die Faszination des Neuen verflogen ist. Dramatische und überzeugende Art des Selbstausdrucks. Allergisch gegenüber Verpflichtungen. Starkes Bedürfnis nach Anerkennung für die eigenen Anstrengungen. Starker Wunsch, die eigenen Fähigkeiten umzusetzen. Ausgesprochen freundlich. Will frei sein, ohne dafür zu arbeiten. Macht andere glauben, daß nichts ihn/sie aus der Fassung bringen kann, aber hat insgeheim Angst, nicht genügend Eindruck zu machen. Will jede Situation beherrschen. Neigt dazu, sich mit eingebildeten Problemen zu beschäftigen. Kommt aus einer behüteten Umgebung, wodurch der Reifungsprozeß langsamer vonstatten geht als gewöhnlich. Versucht immer wieder, sich vor sich selbst zu entschuldigen. Die geistige Ebene ist in der Liebe sehr wichtig. Talent zum Schreiben und zum Reden. Im Herzen jung. Neigt zu Übertreibungen.

♀ Sehr romantisch, gefühlsbetont, warmherzig, beliebt. Versteht es, Menschen für sich zu gewinnen. Liebt die guten Dinge des Lebens. Versteht sich gut mit Kindern. Setzt sie nicht unter Druck. Neigt zu Passivität und Feigheit. Liebt Menschen und Gedankenaustausch. Kann nicht lange böse sein. Neigt dazu, alles zu dramatisieren. Zuwenig Selbstdisziplin im Umgang mit Geld; Streben nach Komfort. Kann nicht nein sagen. Findet, daß er/sie gegenüber Vorgesetzten zu sehr zurückstecken muß. Hat die Neigung, Geschäftliches und Vergnügen durcheinander zu werfen. Kommt möglicherweise aus sehr behütetem Milieu, weshalb die eigene Selbständigkeit und Kreativität nicht genügend entwickelt ist. Neigt dazu, geliebte Menschen zu positiv zu sehen und sich mehr oder weniger stark für sie aufzuopfern.

♂ Enthusiastisch, impulsiv, unvernünftig, mutig. Starke Triebnatur. Geht gerne Risiken ein. Hält es nicht für notwendig, Verantwortung für das eigene Verhalten zu übernehmen. Liebt den Sport. Gibt jungen Menschen gerne Anregungen. Vorliebe für spekulative Unternehmungen. Will für den Liebespartner der wichtigste Mensch auf der Welt sein. Neigt dazu, Geistigem zuwenig Aufmerksamkeit zu widmen. Sorglos mit Geld. Innerlich viel sanftmütiger, als es äußerlich scheint. Neigt zu Streitereien mit Geliebten. Eifersucht in der Liebe. Schauspielerische Begabung.

♃ Sehr kreativ und in der Lage, in der Welt einen Beitrag zu leisten, bleibt jedoch lieber Zuschauer. Sehr starke spirituelle Überzeugungen, aber schenkt anderen nur wenig Aufmerksamkeit. Verschwendet zuviel Energie. Möchte alles möglichst sofort tun. Fühlt sich zu Menschen hingezogen und liebt tiefsinnige, lebhafte Diskussionen. Versteht es sehr gut, mit Menschen umzugehen. Freigebig. Kann gut zuhören. Immer hilfsbereit. Unbewußte Zweifel, ob Menschen ihn/sie lieben, verleiten dazu, anderen viel zu schenken. Muß Ergebnisse vor Augen haben, um Unternehmungen zu Ende führen zu können. Fühlt sich schuldig, weil er/sie nicht genug für andere tut. Macht sich Sorgen über die Energie, die er/sie in die eigene Karriere steckt. Hat von Haus aus eine sehr solide Basis mitbekommen. Spekuliert gerne. Schauspielerische Begabung.

♄ Egozentrisch, bedingt durch Gefühl der Inkompetenz. Glaubt, viel größere Anstrengungen unternehmen zu müssen als andere, um zu Ergebnissen zu kommen. Hat

Angst davor, sich mit der eigenen Kreativität auseinanderzusetzen. Sehr moralische Einstellung, beabsichtigt jedoch nicht, die eigenen Handlungen zu rechtfertigen. Ist ungehalten darüber, daß andere seinen/ihren Motiven mißtrauen. Starke Angst, nicht akzeptiert zu werden; engagiert sich daher nur sehr zögernd, was zu Einsamkeit führt. Bewundert Menschen, die selbständig denken, und sehnt sich danach, irgendwann auch selbst die eigene Meinung ausdrücken zu können. Starkes Bedürfnis, von anderen gebraucht und akzeptiert zu werden. Große Sehnsucht nach Respekt und Aufrichtigkeit in der Liebe. Hat Angst, nicht genügend Geld für das Lebensnotwendige zu haben. Scheu und schüchtern. Bereit, für die eigene Karriere Opfer zu bringen. Nimmt Probleme im Bereich der Arbeit viel zu schwer. Pathetisch in der Liebe. Hat Angst vor Intimitäten. Sorgt sich so sehr über Liebesbeziehungen, daß die Freude darüber auf der Strecke bleibt. Konservativ in der Liebe. Mißt der öffentlichen Meinung dabei große Bedeutung bei. Unterdrückt oder verleugnet die eigene Kreativität. Sehr autoritär gegenüber Kindern.

⛢ Große Schwierigkeiten, in Liebesbeziehungen Verantwortung auf sich zu nehmen. Tut sich auch sehr schwer mit Beziehungen, die lange andauern sollen. Ist sich der eigenen Kreativität bewußt, aber schiebt es immer wieder auf, wirklich etwas damit anzufangen. Entwickelt die kreativen Talente erst, wenn er/sie einsieht, daß dadurch Freiheit von familiären Pflichten zu erreichen ist. Sucht Befreiung, auch von den Kindheitserfahrungen, um die eigenen Talente entfalten zu können. Möchte gerne die eigenen geistigen Fähigkeiten unter Beweis stellen. Sehr undiszipliniert bei der Suche nach Vergnügen. Will eigentlich nur das tun, wozu er/sie Lust hat. Kann keinerlei Einschränkung ertragen. Möchte die Aufmerksamkeit auf sich ziehen. Bewundert Menschen, die frei sind, und will sie für sich selbst einspannen. Möchte anderen gerne helfen. Fühlt sich wohler in gesellschaftlichen als in intimen Beziehungen. Sucht Partner, der genug Freiheit läßt, um die eigenen Wege zu gehen, auch in der Liebe. Starkes Bedürfnis zu wachsen.

♆ Erwartet mehr von der Liebe, als er/sie bekommt. Idealistisch. Läßt sich in der Liebe leicht betrügen. Starke, inspirierende Persönlichkeit. Ist in der Lage, Enttäuschungen in kreativen Ausdruck umzusetzen. Kann nur schwer zwischen aufrichtigen und unaufrichtigen Menschen unterscheiden. Hat Schwierigkeiten, die Menschen so zu nehmen, wie sie sind, und ist fortwährend damit beschäftigt, sie an das eigene Idealbild anzupassen. Starke Neigung zum Tagträumen. Große Angst vor Zurückweisung. Mangel an Durchsetzungsvermögen und Hingabe. Leidet und fühlt sehr stark mit Menschen mit, die es weniger gut getroffen haben. Hat Schwierigkeiten, ein Lebensziel zu finden, und kann die damit verbundene Verantwortung nur schwer ertragen. Starkes Bedürfnis nach Anerkennung für die eigenen Bemühungen, anderen zu helfen. Hat in der Kindheit nicht gelernt, auf eigenen Füßen zu stehen. Möglicherweise starke Schuldgefühle gegenüber dem Elternhaus aufgrund von fehlender Loyalität. Abneigung gegen harte Arbeit.

♇ Hält sich selbst für sehr wichtig und strebt nach Macht über andere. Versteht es, die Schwächen anderer äußerst geschickt auszunutzen. Zwanghaft und aggressiv in der Liebe. Kann es nicht ertragen, zurückgewiesen zu werden. Zuwenig Selbstdisziplin. Kann jungen Menschen Selbstvertrauen vermitteln. Erstaunliches Showtalent, vor allem, wenn es darum geht, die eigenen Bedürfnisse zu befriedigen. Möchte an der Lösung gesellschaftlicher Probleme mitarbeiten. Widmet sich mit großer Intensität den eigenen Zielen. Wünscht sich Partner(in), der/die dies auch tut. Tendiert dazu, andere zu unterwerfen. Erweckt den Eindruck, Kompromisse zu schließen, tut dies jedoch in Wahrheit nicht. Fordert Disziplin, ist jedoch fair. Ist meist nicht besonders vorausschauend. Kann Geldmangel nicht ertragen. Kann besser das Geld anderer als das eigene Geld verwalten. Besitzt Heilkraft. Sollte auch bereit sein, im verborgenen zu arbeiten. Neigt dazu, Liebesgefühle zu verbergen oder zu unterdrücken. Glücksspieler im Leben und in der Liebe. Möglicherweise Probleme mit den eigenen Kindern oder mit dem Gebären von Kindern.

Das sechste Haus

Aus dem sechsten Haus kann man entnehmen, wie jemand sein Leben organisiert und wie er/sie mit Regelmäßigkeit und Details umzugehen versteht. Das sechste Haus zeigt die persönliche Einstellung zur Arbeit und die gesundheitliche Veranlagung. Aus dem sechsten Haus kann man außerdem entnehmen, wie es um die Talente eines Menschen steht, Dinge bzw. Methoden zu erlernen, die das Leben erleichtern – mit anderen Worten, welchen praktischen Nutzen jemand aus den eigenen Erfahrungen zieht.

Qualitäten an der Spitze des sechsten Hauses

Kardinal: Organisiert das eigene Leben gerne gut. Setzt sich mit seiner ganzen Kraft dafür ein, um dieses Ziel zu erreichen. Ergreift im Beruf gerne die Initiative. Gute Gesundheit, starke Konstitution. Nimmt sich nicht genügend Zeit, um die eigenen Erfahrungen optimal auszuwerten und daraus soviel wie möglich zu lernen.

Fest: Organisiert das Leben langsam, aber auf sehr beharrliche Weise. Neigt zu Starrsinn gegenüber den Lektionen des Lebens; Mangel an Anpassungsvermögen. Das gleiche gilt für die Einstellung zur Arbeit. Probleme mit der Gesundheit sind meist sehr langwierig.

Beweglich: Starke Begabung, aus den eigenen Lebenserfahrungen zu lernen. Sehr anpassungsfähig im persönlichen Leben und im Beruf. Keine sehr starke Konstitution.

Elemente an der Spitze des sechsten Hauses

Feuer: Starke Vitalität und viel Energie. Große Begeisterung bei der Arbeit und in Situationen, aus denen gelernt werden kann.

Erde: Organisiert das Leben gerne auf praktische Weise. Will aus Erfahrungen lernen, wenn es ihm/ihr nützlich erscheint. Fühlt sich körperlich wohl. Liebt praktische Arbeit.

Luft: Organisiert das eigene Leben gerne aufgrund von geistigen Erwägungen. Lernt hauptsächlich durch Einsicht. Vor allem das Nervensystem beeinflußt die Gesundheit. Wie er/sie denkt, so fühlt er/sie sich auch.

Wasser: Will das eigene Leben nach dem Gefühl organisieren. Lernt vor allem durch Gefühlserlebnisse. Sensibel gegenüber Kollegen.

Aspekte zur Spitze des sechsten Hauses und zu Himmelskörpern im sechsten Haus

Konjunktionen: Günstig für die Dienste, die man anderen leistet. Wenn die Konjunktion aus dem fünften Haus kommt: Befriedigung bei der Arbeit; ist in der Lage, die eigene Kreativität in der Arbeit ganz zu entfalten. Wenn die Konjunktion aus dem sechsten Haus kommt: Arbeit im Gesundheitswesen oder im Zusammenhang mit dem Vermitteln der eigenen Lebenserfahrungen und Lebenstechniken.

Quadrate: Schwierigkeit, von der eigenen Lebenserfahrung zu lernen. Lernt, indem immer wieder die gleichen Fehler gemacht werden: Das gleiche gilt für Probleme im Bereich der Arbeit und der Gesundheit. Zieht ungleiche Partner in einem Schüler-Lehrer-Verhältnis an. Hat die Tendenz, sich oder den anderen in Beziehungen zu unterwerfen.

Trigone: Lernt leicht aus den eigenen Lebenserfahrungen. Hat auch keine Schwierigkeiten, sie anderen zu vermitteln. Arbeitet effektiv und kümmert sich ebenso effektiv um die eigene Gesundheit.

Quinkunxe: Schwierigkeiten, festzustellen, wann aus Erfahrungen zu lernen ist. Findet nur schwer den richtigen Zeitpunkt dafür, sich um die eigene Gesundheit zu kümmern. Kann auch nur schlecht einschätzen, wann der richtige Zeitpunkt gekommen ist, um bei der Arbeit die Initiative zu ergreifen.

Oppositionen: Muß lernen, anderen zu dienen. Muß die eigenen Probleme so schnell wie möglich lösen, damit sie sich nicht negativ auf Gesundheit und Arbeitsatmosphäre auswirken. Muß lernen, das Leben und die Arbeit zu organisieren und stärker nach spirituellen Werten zu leben (siehe hierzu auch Quadrate).

Das Zeichen an der Spitze des sechsten Hauses

♈ Übernimmt bei der Arbeit gerne die Führung. Impulsiv im Suchen nach neuartigen Lebenserfahrungen. Ungeduldig bei der Arbeit und bei der Organisation des eigenen Lebens. Liebt Wettbewerb bei der Arbeit. Zieht die Aufmerksamkeit auf sich und leistet gerne Pionierarbeit. Neigt dazu, sich selbst und andere anzutreiben. Ruhelosigkeit bringt ihn/sie dazu, die berufliche Tätigkeit zu wechseln und nach neuen Erfahrungen zu suchen. Bemäkelt Kollegen häufig. Eignet sich für Arbeit im medizinischen Sektor. Anfällig für Kopfschmerzen. Krankheit ist häufig von Fieber begleitet. Gesundheitlicher Schwachpunkt des Körpers ist der Schädel.

♉ Sucht physischen Komfort und Sicherheit durch Arbeit. Neigt zur Faulheit beim Organisieren des Lebens und beim Umsetzen der Lebenserfahrung. Guter und zuverlässiger Arbeiter, aber erträgt es nicht, eine untergeordnete Position zu bekleiden. Feste Überzeugungen können Probleme bei der Arbeit erzeugen. Wehrt sich gegen berufliche Veränderung, selbst wenn dies eine Beförderung nach sich ziehen würde. Hat die gleiche Haltung gegenüber Lebenserfahrungen. Sollte auf das Körpergewicht und auf Ernährung achten. Gesundheitlicher Schwachpunkt ist der Kehlkopf.

♊ Arbeit ist einer der wichtigsten Bereiche im Leben. Hat mehr als eine Anstellung. Ändert die Einstellung zu den eigenen Lebenserfahrungen und paßt die eigene Haltung dementsprechend an. Spricht gerne über Lebenserfahrungen. Sucht einen abwechslungsreichen Job. Begabt für Handarbeit und für Arbeit, bei der Kommunikation eine wichtige Rolle spielt. Muß lernen, sich zu entspannen und sich Hobbys zulegen, die mit der Arbeit nichts zu tun haben. Geht auch an die Organisation des eigenen Lebens mit intellektuellen Mitteln heran. Kann gut aus Erfahrungen lernen.

♋ Starkes Bedürfnis nach Erfolg. Braucht Gesellschaft. Lernt vor allem aus Gefühlserfahrungen. Sucht Sicherheit durch Arbeit. Mangel an Vertrauen. Sollte nicht essen, wenn er/sie aufgeregt ist. Sehr empfindlich gegenüber Kritik an der eigenen Arbeit. Vorurteile bezüglich der eigenen Lebenserfahrungen. Konservative Einstellung zum Leben, was die Lernfähigkeit beeinträchtigt. Sucht sowohl in der Arbeit als auch in Lebenserfahrungen vor allem nach Bestätigung.

♌ Möchte der eigene Herr sein. Liebenswürdig zu Untergebenen. Organisationstalent. Geborener Perfektionist, wenn es um das eigene Wachstum geht. Tendenz, sich zu überarbeiten, kann zu Problemen mit dem Herzen führen. Sollte auf die Wirbelsäule achten, vor allem beim Heben. Möchte das Leben und die Lebenserfahrungen gerne als ein Spiel ansehen, das zu Selbstvervollkommnung führt. Hat Selbstvertrauen; ist in jeder Beziehung ehrlich und manchmal faul bei der Arbeit.

♍ Liebt Präzisionsarbeit. Kann gut hinter den Kulissen arbeiten. Starke analytische Fähigkeit bei der Arbeit und beim Betrachten der eigenen Lebenserfahrungen. Verliert in bezug auf Arbeit und Lebenserfahrungen leicht die großen Zusammenhänge aus dem Auge. Bringt anderen vor allem gerne kleine Details und Methoden der Lebensbewältigung bei. Tendenz, sich zu überarbeiten, führt zu Verdauungs- und Darmproblemen. Abneigung gegen Überraschungen im alltäglichen Leben. Kritisiert Kollegen häufig.

♎ Liebt harmonische Arbeitsbedingungen und Zusammenarbeit. Fair, aber bitter und scharf, wenn er/sie unzufrieden ist. Haßt harte und schmutzige Arbeit. Vorliebe für Arbeit im Bereich des Ästhetischen oder der Rechtsprechung. Heiratet möglicherweise eine(n) Kranke(n) oder zieht gesellschaftliche Vorteile aus der Ehe. Gesundheitlicher Schwachpunkt sind die Nieren. Trifft nicht gerne Entscheidungen anhand von Lebenserfahrungen und bezüglich der Organisation des eigenen Lebens.

♏ Arbeitet am besten alleine oder im verborgenen. Abneigung gegen Routine. Forschergeist. Muß geistige Anregung in der Arbeit finden können, sonst entsteht Ruhelosigkeit. Sehr starke Abneigung gegen »Stechuhrarbeit«. Sollte besser geistige als körperliche Arbeit verrichten. Gesundheitliche Schwachpunkte sind die Genitalien und der untere Teil des Rückens. Ist sehr emotional bei der Organisation des eigenen Lebens. Haßt Änderungen im Verlauf des eigenen Lebens. Nicht sehr offen den eigenen Lebenserfahrungen gegenüber.

♐ Liebt es, dort zu arbeiten, wo etwas los ist. Hat mehr als eine Einkommensquelle oder Arbeit. Ruhelos. Neigt dazu, sich aus Stolz auf die eigene Arbeit bis zur Erschöpfung anzutreiben. Die Arbeit führt, wenn alles gut verläuft, zu einer vertrauenden, philosophischen Einstellung zum Leben. Braucht Arbeit, um im Gleichgewicht zu bleiben. Optimistische Einstellung zu den eigenen Lebenserfahrungen und allgemein positive Einstellung zum Leben. Kennt sich nicht aus mit den Normen, die in der Arbeitswelt herrschen, und kümmert sich auch nur wenig darum bzw. hat eine negative Einstellung dazu. Idealistisch, aber muß lernen, Ideen praktisch umzusetzen. Verträumt, setzt sich nur langsam in Bewegung. Gute(r) Lehrer(in). Gesundheitliche Schwachpunkte: Hüftbereich. Sieht die Arbeit und eventuell auch die Lebenserfahrung als eine Art Sport an. Steckt viel Energie in Arbeit und in die Verarbeitung von Erfahrungen, ohne zu merken, daß andere dies in viel geringerem Maße tun.

♑ Mensch der Tat. Sehr starkes Bedürfnis nach Perfektion in der Arbeit und nach Ehre und Anerkennung für die getane Arbeit. Begabt für ausführende Arbeit und Verwaltungstätigkeit. Organisationstalent. Treibt sich selbst und andere an. Drückt die eigenen Ideen so vehement und dynamisch aus, daß andere es nicht wagen zu widersprechen. Verschafft sich Respekt bei der Arbeit. Nimmt die Verantwortung für die Arbeit und für die Organisation des eigenen Lebens sehr wichtig. Zweifelt jedoch in diesem Punkt ständig am eigenen Können und sucht daher auch ständig nach Bestätigung. Setzt sich total ein, wenn die anfängliche Reserve erst einmal überwunden ist. Übt in seinem Arbeitsbereich beruhigenden Einfluß aus. Gesundheitliche Schwachpunkte sind Herz, Rücken und Knie. Eventuell Veranlagung zur Gicht.

♒ Humane Einstellung gegenüber dem Leben und der Arbeit. Originell bei der Arbeit und im Umgang mit der eigenen Lebenserfahrung. Die Kollegen werden Freunde. Probleme durch starrsinnige Haltung bei der Arbeit. Sollte negative Einstellung zur Arbeit und eine negative Arbeitsatmosphäre meiden, da dies der Gesundheit schadet. Muß lernen zu geben, ohne gleich an Belohnung zu denken. Neigt zu Schwermütigkeit. Gesundheitliche Schwachpunkte: Nervensystem und Fußgelenke. Ist sich im Bereich der Arbeit seiner selbst bewußt.

♓ Romantisiert die alltäglichen Verrichtungen und die Arbeit. Neigt dazu, mehr über das zu träumen, was getan werden muß – auch in bezug auf das eigene Leben –, als wirklich etwas zu tun. Neigt dazu, sich über Unwichtiges Sorgen zu machen. Zieht sich gerne in eine Scheinwelt zurück. Starke Intuition bei der Arbeit. Großes Verantwortungsgefühl gegenüber Kollegen und Untergebenen. Zu intensive Emotionen. Leidet unter Stimmungsschwankungen. Neigt dazu, sich in der Arbeit zu verlieren und sich so zu erschöpfen.

Der Herrscher des sechsten Hauses

1. Arbeit und Gesundheit sind die wichtigsten Bereiche des Lebens.
2. Enge Beziehung zwischen Geld und Gesundheit.
3. Arbeit setzt voraus, daß er/sie gut kommunizieren kann. Familienmitglieder helfen in bezug auf Gesundheit und Arbeit.
4. Arbeitet höchstwahrscheinlich zu Hause, möglicherweise aus gesundheitlichen Gründen.
5. Geeignet für Arbeit im Vergnügungssektor oder mit Kindern.
6. Geeignet für Arbeit im Gesundheitswesen. Zuverlässige Kollegen/Untergebene.
7. Geeignet für Arbeit im Zusammenhang mit der Rechtsprechung. Lernt Ehepartner bei der Arbeit kennen.
8. Geeignet für Arbeit im Zusammenhang mit Versicherung, dem Okkulten, Notariat. Möglicherweise paranormale Begabung.

9. Geeignet für Arbeit, die mit religiöser Berufung im Zusammenhang steht, für Arbeit im Verlagswesen oder im Zusammenhang mit Reisen. Arbeitet möglicherweise im Ausland. Unterstützungen durch Blutsverwandte im Bereich der Arbeit möglich.

10. Geeignet für medizinischen Beruf.

11. Großer Ehrgeiz. Freunde helfen möglicherweise bei der Arbeit.

12. Geeignet für Arbeit in Krankenhäusern und für große Institutionen. Klatsch und Verleumdung bei der Arbeit. Veranlagung für eine langwierige Krankheit.

Himmelskörper im sechsten Haus

☉ Versucht, aus den gewöhnlichen Lebensumständen das Beste zu machen. Hält Geld für wichtig, aber auch die Art, wie es verdient wird. Will Menschen helfen, selbständig zu werden. Erzieherische Qualitäten. Arbeitet hart, um die eigenen Ziele zu erreichen. Gönnt sich zuwenig Ruhe. Kann bei der Arbeit nur schwer nein sagen. Interesse an Ernährung. Reserviert. Unterschätzt sich leicht selbst. Fähiger Geist, jedoch etwas zu kritisch. Zuverlässiger Arbeiter, der in der Lage ist, Verbesserungen in der Arbeitswelt einzuführen.

☾ Unsicher über die eigene Fähigkeit, finanziell auf eigenen Füßen zu stehen. Umgibt sich mit so viel materiellem Komfort wie möglich. Will finanziell unabhängig sein. Warmherzig und freigebig. Fühlt sich zu Menschen mit stabilem Charakter und hohen Lebensprinzipien hingezogen. Glaubt, alles aus der Erfahrung lernen zu können. Will anderen gerne helfen. Neigt dazu, die eigenen Bedürfnisse und Talente zu vernachlässigen. Starke Selbstunterschätzung. Gesundheit ist abhängig von Stimmungen. Läßt sich in der Liebe leicht ausnutzen; der/die Partner(in) läßt ihn/sie alle möglichen unangenehmen Aufgaben erledigen. Veranlagung zu Allergien. Sollte sehr auf Ernährung achten. Wechselt oft die Arbeitsstelle. Muß lernen, sich selbst mehr zu gönnen. Reinlich.

☿ Starker logischer Geist. Löst gerne Probleme. Arbeitet hart an der eigenen Entwicklung. Erwartet nicht, von anderen etwas geschenkt zu bekommen, sondern will sich alles selbst erarbeiten. Geht in der Arbeit ganz auf. Andere schätzen seine/ihre Hilfe stärker, als er/sie glaubt. Kann nur schwer zeigen oder zugeben, daß er/sie etwas nicht weiß. Neigt dazu, sich über eingebildete Probleme Sorgen zu machen. Muß lernen, sich zu entspannen und hat das Bedürfnis nach einem gesunden, regelmäßigen Leben mit sportlicher Betätigung. Neigt dazu, Beziehungen mit Menschen einzugehen, die sich selbst nicht helfen wollen. Muß lernen, sich zu konzentrieren. Tendenz, zu sehr auf Details zu achten. Äußerst empfindliches Nervensystem.

♀ Möchte harmonische Beziehungen zu allen unterhalten und ist deshalb zu großen Kompromissen bereit. Sucht einen Beruf, in dem die eigenen Bemühungen gut entlohnt werden. Ab und zu starker innerer Widerstand gegen die Tatsache, daß er/sie sich von anderen ausnutzen läßt. Ißt gerne viel und reichlich und kann dieser Verlockung nur schwer widerstehen. Bedürfnis, von denjenigen anerkannt zu werden, für die er/sie gearbeitet hat. Hat möglicherweise einen Partner, der auf die eine oder andere Weise gehandikapt ist. Talent für Arbeit in engem Kontakt mit anderen, die Probleme haben. Arbeitet am besten in einer Umgebung, die von gutem, verfeinertem Geschmack geprägt ist. Muß lernen, sich zu äußern, wenn die eigene Meinung mit der Meinung der anderen nicht übereinstimmt. Geht zu schnell Bindungen mit Unbekannten ein. Kleidet sich attraktiv. Ist in der Liebe reserviert, aber gerne bereit, anderen zu dienen. Muß lernen, Gefühle der Zuneigung und Liebe offen zum Ausdruck zu bringen.

♂ Arbeitet hart. Versteht es, Geld zu verdienen. Wird bei der Arbeit/Karriere durch Männer unterstützt. Zweifelt an den eigenen Fähigkeiten, Erfolg zu haben. Ist ungeduldig, wenn es darum geht, erfolgreich zu sein. In bezug auf die Karriere aufrichtig und ganz bei der Sache. Sollte lernen, diese Eigenschaften auch im persönlichen Leben zu entwickeln. Nimmt gerne anderen die Arbeit aus der Hand. Sollte lernen abzuwarten, bis die anderen um Hilfe bitten. Untergräbt die eigene Abwehrkraft durch zuviel Arbeit. Streitet viel mit Kollegen. Geeignet für Arbeit, die auf irgendeine Weise mit Maschinen und Technik zu tun hat.

♃ Starkes Bedürfnis nach materiellem Komfort und gesellschaftlichem Ansehen. Tut, was von ihm/ihr erwartet wird, aber tendiert dazu, sich zuviel aufzubürden. Beschäftigt sich bei der Arbeit extrem stark mit Details. Aufrichtig und engagiert. Hat Verständnis für andere, die in ärmlichen Verhältnissen leben. Zweifelt daran, ob die eigenen Ideen so gut sind, wie andere behaupten. Versteht es, anderen zu dienen und ihnen von Nutzen zu sein. Überfordert sich selbst und erschöpft sich dadurch. Läßt andere, die auf die eine oder andere Weise von ihm/ihr abhängig sind, nicht im Stich. Versucht, sich vor Hilfeleistungen anderen gegenüber zu drücken, indem er/sie sich selbst weismacht, nicht dazu in der Lage zu sein. Sollte auf Ernährung achten. Versteht es, sich zu erholen.

♄ Ernsthaft und bedachtsam, im Alltag und bei der Arbeit. Will für die eigenen Bemühungen sehr gut entlohnt werden. Versucht, alles so gut wie möglich auszuführen und aus den eigenen Talenten das Beste zu machen. Abneigung gegen Risiken bei Unternehmungen. Erzieht die eigenen Kinder mit Disziplin, aber tut sehr viel für sie, möglicherweise ohne daß sie dies jemals anerkennen werden. Hofft, daß sich die Kinder ein ähnliches Leben wie er/sie selbst aufbauen werden, voller Verantwortungsgefühl und Hingabe. Zieht einen Partner an, der sich stark auf ihn/sie stützt. Braucht dies zur Stärkung des eigenen Selbstwertgefühls. Fühlt sich mehr oder weniger verantwortlich für gesellschaftliche Probleme. Trägt die eigenen Ideen nicht genug nach außen. Starkes Bedürfnis nach Anerkennung für die eigenen Bemühungen. Versteht es, Probleme zu lösen. Neigt dazu, die eigene Gesundheit zu untergraben, entweder durch zu harte Arbeit oder durch eine übertriebene Sorge um die Gesundheit. Kritisch. Wechselt nicht gerne die Arbeitsstelle. Zieht sich in die Einsamkeit zurück, um das eigene Leben zu analysieren. Möglicherweise Probleme mit Haut und Knochen.

♅ Hat die Fähigkeit, Probleme intuitiv zu lösen. Möglicherweise nicht sehr praktisch. Glaubt, sich um eine höhere Ausbildung bemühen zu sollen, hat aber große Probleme damit, daß dies die Bewegungsfreiheit einschränkt. Fühlt sich durch die Routine alltäglicher Verpflichtungen leicht frustriert. Mangel an Disziplin macht es schwer, Verantwortung zu tragen. Unzufrieden mit sich selbst, es sei denn, eine Beschäftigung wird gefunden, bei der die intuitive Gabe, Probleme zu lösen, eingesetzt werden kann. Mangel an Durchsetzungsvermögen und ungeduldig hinsichtlich der eigenen Zukunft. Gesteht sich selbst viel mehr zu als anderen. Mißt den Partner mit einem anderen Maß als sich selbst. Hohe Erwartungen an die eigenen Kinder, die ihn/sie bewundern. Eignet sich für astrologische und wissenschaftliche Arbeit sowie für Forschungsarbeit. Unkonventionell in Kleidung und Eßgewohnheiten. Sehr empfindliches Nervensystem. Spannung, Einschränkung und Sorgen führen leicht zu Problemen mit der Gesundheit. Offen für alternative Heilmethoden.

♆ Fühlt sich verpflichtet zu helfen, wo er/sie nur kann. Sehr sensibel den Problemen anderer gegenüber. Neigt dazu, sich selbst im Dienste anderer aufzuopfern. Muß lernen, mit Dienstleistungen sparsamer zu sein und sich stärker um eine gute Ausbildung zu bemühen. Große Zweifel an der eigenen Fähigkeit, Ideen in die Tat umzusetzen. Übernimmt zu schnell alle möglichen Verpflichtungen. Sollte sich ernsthafter mit der eigenen Zukunft beschäftigen. Kann nicht nein sagen.

Hat Schwierigkeiten, aufrichtige von unaufrichtiger Liebe zu unterscheiden. Muß lernen, positiv zu denken, da negatives Denken sich ungünstig auf die eigene Gesundheit auswirken kann. Kann sich eine Krankheit einreden. Sollte die Berührung mit Alkohol und Drogen vermeiden. Wird schnell süchtig. Neigt zu Faulheit im alltäglichen Leben und bei der Arbeit. Verträumt. Unzufrieden mit der Arbeit. Läßt sich leicht von Kollegen betrügen.

P Löst gerne schwierige Probleme. Eignet sich für die Forschung. Möchte Abhängigkeit um jeden Preis vermeiden. Treibt sich selbst stark an, um Ziele zu erreichen. Nimmt zu schnell Aufgaben von anderen auf sich und vergeudet damit die eigene Energie. Hat Angst vor Konkurrenz. Durchschaut die gegnerischen Schwächen. Ist in der Lage, andere dadurch zu manipulieren. Will der eigenen Familie alle Wünsche erfüllen und ist selbst damit zufrieden, wenn Bemühungen gewürdigt werden. Neigt zu diktatorischem Verhalten Untergebenen gegenüber. Besessen von dem Wunsch, das Dienstleistungswesen zu verbessern. Streikt schnell. Geeignet für Arbeit mit kleineren Tieren. Ist dem Nudismus nicht abgeneigt. Möglicherweise sehr intensive Beschäftigung mit der Ernährung.

Das siebte Haus

Das siebte Haus gibt Auskunft darüber, wie jemand mit seinesgleichen umgeht und was er auf andere projiziert. Es ist das Haus der Partnerschaft und dessen, was man aus Partnerschaften über sich selbst lernen kann. Mit Partnerschaft sind alle Arten von Beziehungen gemeint, sowohl die beruflichen wie auch die intimeren.
Aus dem siebten Haus kann man auch entnehmen, wie man neue Kontakte knüpft und wie die Kontakte verlaufen, wenn sie zu einer Herausforderung werden – mit anderen Worten, wenn Probleme entstehen.
Das siebte Haus weist auch auf Situationen hin, in denen man bezüglich Rechtsfragen und dergleichen auf den Rat anderer angewiesen ist.

Qualitäten an der Spitze des siebten Hauses

Kardinal: Führt die eigenen Pläne in Zusammenarbeit mit anderen aus. Gründet Arbeitsgemeinschaften und erforscht deren Arbeitsweise. Sieht Teamwork und Gruppenaktivitäten als wichtigen Aktionsbereich an.

Fest: Anspruchsvoll und loyal bei der Zusammenarbeit. Verändert sich nur sehr schwer. Ist starrsinnig und hält sich an feste Gewohnheiten und Verhaltensweisen im Umgang mit anderen Menschen.

Beweglich: Locker im Umgang mit anderen. Lebhaft. Wirkt bei Zusammenarbeit nörglerisch auf andere. Partner, die nicht finden, was sie suchen, entfernen sich meist und suchen sich eine(n) andere(n).

Elemente an der Spitze des siebten Hauses

Feuer: Stolz. Arbeitet hart für andere. Enthusiastisch in neuen Partnerschaften. Hat energische Partner, und macht selbst als Partner einen energischen Eindruck. Sucht Aktivität in Partnerschaften.

Erde: Realistisch in bezug auf die eigenen Wünsche. Fair anderen gegenüber. Zieht praktischen Partner an. Sucht Sicherheit in Partnerschaften.

Wasser: Emotional und besitzergreifend in Partnerschaften. Sucht Partner als Stütze. Zieht sensible Partner an. Sucht vor allem emotionale Bestätigung in der Partnerschaft.

Luft: Schwerpunkt von Partnerschaften liegt im Geistigen. Sucht in der Partnerschaft vor allem geistige Bestätigung. Launisch in Partnerschaften, aber auch sehr anpassungsfähig. Hat mehr als eine Beziehung.

Aspekte zur Spitze des siebten Hauses und zu Himmelskörpern im siebten Haus

Konjunktionen: Aus dem sechsten Haus: Starkes Bedürfnis, mit dem Partner zusammenzuarbeiten und dem Partner zu helfen. Aus dem siebten Haus: Starkes Bedürfnis nach Verständnis in der Partnerschaft.

Quadrate: Disharmonie in Beziehungen und in der Zusammenarbeit. Schwierigkeiten, sichere Partner und Partner mit gleicher emotionaler Wellenlänge zu finden. Die Probleme sind in der Kindheit entstanden, zumindest wenn die Himmelskörper, die die Aspekte bilden, im vierten oder im zehnten Haus stehen. Arbeitet hart daran, in Beziehungen etwas zu erreichen; ist das Ziel jedoch erreicht, dann erlischt das Interesse, und ein neuer Wunsch keimt auf.

Trigone: Leichtigkeit im Umgang mit Partnern und der Öffentlichkeit. Zieht gleichartige Partner an und findet leicht eine ausgeglichene, emotional gleichwertige Beziehung.

Quinkunxe: Partnerschaft ist die Ursache von nur schwer greifbarem Streß. Kann nur sehr schwer zu gutem Timing in Partnerschaft, Zusammenarbeit und Beziehungen kommen. Heimliche Liebesaffären bringen nichts ein.

Oppositionen: Kampf mit dem eigenen Ego und Eigenliebe in Partnerschaft und Zusammenarbeit. Projiziert sich selbst zu stark in Partnerschaften. Es kostet große Mühe, eine befriedigende Beziehung und Zusammenarbeit aufzubauen.

Das Zeichen an der Spitze des siebten Hauses

♈ Übernimmt in Partnerschaften die Führung und ergreift die Initiative. Ungeduldig in Partnerschaften und Zusammenarbeit. Lenkt in Partnerschaften die Aufmerksamkeit auf sich. Liebt Konkurrenz und sieht Konkurrenz in Partnerschaft oder Zusammenarbeit. Zieht aufbrausenden Partner an, oder Partner braust im Umgang mit ihm/ihr schneller auf als gewöhnlich.

♉ Schätzt in der Partnerschaft Taten mehr als Reden. Sucht in Partnerschaften physischen Komfort und Sicherheit. Praktisch und beharrlich in Partnerschaft und Zusammenarbeit. Loyaler, aber etwas starrsinniger Partner, der traditionelle Werte und Komfort über alles stellt. Geld spielt eine wichtige Rolle in Partnerschaften.

♊ Sucht Abwechslung in Partnerschaft und Zusammenarbeit. Ist in diesem Bereich erfinderisch. Hält dabei Kommunikation für einen der wichtigsten Punkte. Neugierig und redselig. Schwerpunkt der Beziehungen liegt im Geistigen. Hat mehr als eine Beziehung. Zieht Partner an, der frei bleiben will.

♋ Sucht Sicherheit in der Partnerschaft und will alles teilen. Sucht nach Anschluß an Gruppen/Vereine von Gleichgesinnten. Läßt sich nicht leicht für etwas gewinnen, ist es jedoch einmal so weit, dann erweist er/sie sich als sehr ergeben und äußerst beharrlich. Reagiert überempfindlich auf Kritik von seiten des Partners und in der Zusammenarbeit. Zuverlässig, aber nicht gerade liberal in der Partnerschaft. Sentimentale Einstellung gegenüber Partnern, besitzergreifend. Starke emotionale Schwankungen. Sucht möglicherweise im Partner die »Mutter«.

♌ In der Partnerschaft anspruchsvoll, stolz und loyal, zumindest, solange alles gut verläuft. Gibt sich in Partnerschaft und Zusammenarbeit gerne liebenswürdig, affektiv, charmant, ehrlich und vertrauensvoll. Hat in Partnerschaft und Zusammenarbeit ständiges Bedürfnis nach Schmeicheleien und Bewunderung. Hat ein Herz für Menschen. Sucht möglicherweise in der Partnerschaft einen »Vater«. Etwas kindliche, spielerische Einstellung zur Partnerschaft.

♍ Anspruchsvoll. Beständige, sensible, jedoch übermäßig kritische Einstellung zu Partnerschaft und Zusammenarbeit. Sucht für alles eine gute Erklärung; ist sonst nicht zufrieden und handelt nicht. Partnerschaft und Zusammenarbeit können für den/die Betreffende(n) zu Bereichen des Dienstes am Mitmenschen werden.

♎ Interessiert sich sehr dafür, was andere von seiner/ihrer Partnerschaft und Zusammenarbeit halten. Bedürfnis nach harmonischer Zusammenarbeit und Partnerschaft. Tolerant in diesen Bereichen. Idealisiert im Bereich der Partnerschaft stark. Partnerschaft wird zu einer Art von künstlerischem Selbstausdruck. Manipuliert und flirtet gerne. Braucht möglicherweise die Schule mehrerer Ehen, bevor er/sie eine wirklich harmonische Beziehung findet.

♏ Emotionale, besitzergreifende und eifersüchtige Haltung in Partnerschaft und Zusammenarbeit, hält dies jedoch so weit wie möglich verborgen. Tritt in Partnerschaft und Zusammenarbeit nicht sofort in Aktion, sondern prüft zunächst, ob genügend Raum für die eigene emotionale Intensität vorhanden ist. Will Macht über Partner oder läßt sich von Partner und Kollegen beherrschen. Wird rachsüchtig, wenn die Zusammenarbeit fehlschlägt. Geht sehr starke Bindungen ein.

♐ Joviale, heitere/optimistische Haltung Partnerschaft und Zusammenarbeit gegenüber. Hält sich nicht an Verhaltensnormen, die in bezug auf Zusammenarbeit und Partnerschaft im »gesellschaftlichen Leben« gelten; hat auch keinen Blick dafür, aber hat diese Einstellung nicht aus Böswilligkeit. Abneigung gegen Sentimentalitäten in Partnerschaft und Zusammenarbeit. Naive Einstellung gegenüber »der Gesellschaft«. Hat mehr als eine Beziehung. Betrachtet die Ehe als Möglichkeit, um aufzusteigen oder spirituell zu wachsen. Eventuell Ehe mit ausländischem Partner. Zieht entweder Partner an, die philosophisch/abenteuerlich oder sorglos/unverantwortlich sind.

♑ Geht nur sehr allmählich und erst in fortgeschrittenem Alter echte Bindungen ein. Nimmt die Verantwortung in Partnerschaft und Zusammenarbeit sehr ernst. Zweifelt ständig an den eigenen Qualitäten oder Fähigkeiten in Ehe, Zusammenarbeit und Partnerschaft und sieht nicht, daß er/sie einen nützlichen Beitrag leistet. Sucht in Zusammenarbeit und Partnerschaft immer die Bestätigung anderer. Setzt sich total ein, wenn er/sie die anfängliche Reserve gegenüber anderen überwunden hat. Übt beruhigenden Einfluß auf Partner und Kollegen aus. Hat Schwierigkeiten mit neuartigen Vorstellungen im Bereich von Partnerschaft/Zusammenarbeit und ist sehr beharrlich. Praktisch, loyal und kühl. Zieht mächtige, dominierende Partner an oder Menschen, die schwere Verantwortung tragen. Machtstreben im Bereich von Zusammenarbeit/Partnerschaft und Neigung zur Herrschsucht.

♒ Unabhängig, starrsinnig und exzentrisch, wenn er/sie behindert wird. Fordert immer Freiheit im Umgang mit anderen, auch von Kollegen. Hat zwei Gesichter in Partnerschaft und Zusammenarbeit: einerseits persönlich/körperlich stark engagiert, andererseits sehr distanziert und objektiv beobachtend. Liebt Experimente im Zusammenleben bzw. in der Zusammenarbeit. Partner muß gleichzeitig Freund(in) sein. Geht Ehe ein, um die eigenen Ziele zu erreichen.

♓ Verliert sich leicht im Bereich der Partnerschaft und in der Zusammenarbeit. Sehr großes Einfühlungsvermögen. Neigt im Umgang mit anderen dazu, sich aus altruistischen Beweggründen und aufgrund von Freigebigkeit täuschen und ausnutzen zu lassen. Starke emotionale Bindungen. Hat mehr als eine Beziehung. Hält Probleme vor Partner/Kollegen verborgen. Sucht den idealen Partner. Überempfindlichkeit führt in Partnerschaft und Zusammenarbeit zu Streß. Zieht möglicherweise einen Partner an, der auf irgendeine Weise gehandikapt ist.

Der Herrscher des siebten Hauses

1. Schwierigkeiten in der Zusammenarbeit bzw. im Zusammenleben mit anderen. Bedürfnis, in der Zusammenarbeit bzw. im Zusammenleben zu dominieren. Muß lernen, Kompromisse zu schließen, wenn Erfolg in diesem Bereich gewünscht wird. Sucht einen eigenen Weg.

2. Partnerschaft und Zusammenarbeit drehen sich oft um Geld.

3. Kommunikation spielt in Partnerschaft und Zusammenarbeit eine sehr wichtige Rolle. Reist viel. Lernt Partner eventuell durch Blutsverwandten, durch Korrespondenz oder auf Reisen kennen. Heiratet möglicherweise die Jugendliebe oder jemanden aus der näheren Umgebung.

4. Familie erhebt gegen die Heirat möglicherweise Einspruch. Die Ehe kann aber auch von den Eltern arrangiert werden und dient dem eigenen Ruf und dem Schutz bzw. Aufbau des Prestiges.

5. Braucht Kinder für glücklichen Verlauf der Beziehung. Versteht es, der Liebe den rechten Platz im Leben zukommen zu lassen. Teilt kreative Pläne bzw. Arbeit mit Partner. Heirat im Zusammenhang mit Vergnügungen, Erziehung bzw. Unterricht, Urlaub, Hobbys.

6. In der Zusammenarbeit und in der Ehe werden Geheimnisse geteilt. In der Ehe gibt es unumstößliche Tabus, über die keiner der beiden Partner jemals spricht. Kann gut mit anderen Menschen zusammenarbeiten. Gesundheit der Partner ist möglicherweise ein wichtiges Thema im Leben. Lernt Partner wahrscheinlich durch die Arbeit kennen.

7. Versteht es, Zusammenarbeit bzw. Zusammenleben harmonisch zu gestalten. Zieht harmonische Menschen als Partner oder Kollegen an.

8. In Beziehungen nimmt die Sexualität den wichtigsten Platz ein. Auch das Geld des Partners spielt möglicherweise eine wichtige Rolle. Eventuell arbeitet der Partner im Versicherungswesen oder hat einen Beruf, der etwas mit Tod bzw. Erbschaften zu tun hat.

9. Kann mit dem Partner auf höherem Niveau kommunizieren. Heiratet möglicherweise Ausländer(in), lernt diese(n) auf Reisen, im Zusammenhang mit einem Studium oder im Zusammenhang mit der Kirche kennen. Die eigenen Verwandten und die religiösen bzw. philosophischen Ansichten sind von großer Bedeutung in Partnerschaft und Zusammenarbeit und für Erfolg in diesen Bereichen.

10. Partnerschaft und Zusammenarbeit werden der Karriere

untergeordnet. Partnerschaft und Zusammenarbeit sind jedoch von wesentlicher Bedeutung für den Ruf. Schwierigkeiten mit beruflichen Partnerschaften, bis in dieser Hinsicht eine große Umsicht entwickelt wird. Karrierestreben ist möglicherweise der Grund für eine Scheidung.

11. Partner ist mehr Freund(in) als Geliebte(r). Ehepartner wird durch Freunde oder gesellschaftliche Aktivitäten kennengelernt. Aktives gesellschaftliches Leben mit dem Ehepartner. Hält an Zusammenarbeit bzw. Zusammenleben fest in der Hoffnung, daß es einmal wirklich gut werden wird.

12. Schwierigkeiten in der Zusammenarbeit, da Menschen angezogen werden, die völlig andere Ziele haben. Geheimnisse in Partnerschaft und Zusammenarbeit. Gerät oft an Partnerschaften oder Teams, die ihn/sie einschränken. Neigung, sogenannte »karmische« Beziehungen, Partnerschaften oder Arbeitskollegen anzuziehen. Gesundheit des Partners ist möglicherweise ein Problem.

Himmelskörper im siebten Haus

☉ Braucht den Anstoß von anderen, um die eigenen Talente entwickeln zu können. Sehr sprachgewandt. Leicht einzuschüchtern. Verträgt es nicht, ständig Rechenschaft ablegen zu müssen. Sehr starke Überzeugungskraft. Überzeugt andere davon, daß er/sie für sie wichtig ist. Sehr großes Talent, sich selbst zu fördern; hat aber auch die Tendenz, sich selbst im Wege zu stehen. Zweifelt schnell an den eigenen Fähigkeiten. Will ständig beweisen, daß er/sie gewinnen kann, und schafft sich unbewußt dafür geeignete Situationen. Autoritär. Talent zur Menschenführung, aber hat vor allem in der Kindheit große Schwierigkeiten mit Kritik. Vergleicht sich selbst und die eigenen Möglichkeiten immer mit denen der anderen. Sollte besser keinen Partner suchen, den er/sie auffangen muß. Anpassungsfähig in der Partnerschaft. Sollte Partner meiden, der das eigene Selbstbild verletzt. Höflich. Entschlußlos. Sehr befähigt, eine gute Beziehung aufzubauen. Ermutigt den Partner.

☾ Sehr starkes Bedürfnis nach tieferem persönlichem Kontakt. Angst vor Zurückweisung führt zu zahlreichen Konzessionen. Hat ohne Grund das Gefühl, daß andere nicht an ihm/ihr interessiert sind. Muß Objektivität erlernen. Zu starke Familienbindungen. Ausgeprägtes Bedürfnis zu bemuttern. Läßt sich leicht ausnutzen. Starkes Mitgefühl mit anderen. Muß lernen, Distanz zu Menschen zu bewahren, denen er/sie hilft. Großes Bedürfnis nach Anerkennung von seiten des Partners für die eigenen Bemühungen. Wünscht sich einen Partner, der nicht ohne ihn/sie auskommen kann. Möchte beliebt sein. Starke emotionale Schwankungen. Sucht im Partner Mutterfigur.

☿ Guter Kommunikator. Bedürfnis nach persönlichem Kontakt mit der Öffentlichkeit. Braucht vertrauenswürdige(n) Ratgeber(in), um die richtigen Entscheidungen in bezug auf Beruf und Beziehungen zu treffen. Großes Talent, anderen zu helfen. Viel Verständnis für die Bedürfnisse anderer. Sehr spritzig in Konversationen. Hört sich geduldig und aufmerksam die Probleme und Ideen anderer an. Mangel an Selbstvertrauen, wenn Entscheidungen zu treffen sind. Stützt sich dabei leicht zu stark auf andere. Spannung zwischen Erziehung und den eigenen Erwartungen. Versteht es, Probleme zu lösen. Beschäftigt sich zu intensiv mit der Belohnung für die eigenen Bemühungen. Heiratet möglicherweise, um gesellschaftlich aufzusteigen, nicht aus Liebe. Sehr viele kreative Ideen. Sucht Selbstausdruck durch Partnerschaften. Entschlußlosigkeit. Heiratet möglicherweise (zu) früh. Richtet sich bei der Wahl des Partners eventuell mehr nach dem Verstand als nach dem Gefühl.

♀ Starkes Bedürfnis, menschliche Beziehungen harmonisch zu gestalten. Kompromißbereit. Wohlwollend und entgegenkommend Mitarbeitern gegenüber. Versucht, die eigenen Ziele durch passiven Widerstand durchzusetzen. Versteht es, die Talente anderer für die eigenen Ziele zu benutzen. Sagt im richtigen Zeitpunkt das Richtige, um den gewünschten Eindruck zu machen. Rednerisches Talent, kann andere ziemlich schnell vom eigenen Standpunkt überzeugen. Mußte sich in der Kindheit zu stark an die Forderungen der Eltern anpassen, was Probleme bei der Durchsetzung der eigenen Ideen und Pläne erzeugt. Muß lernen, sich vom Einfluß der Eltern zu befreien, um zu voller Entfaltung und zu einer befriedigenden Partnerschaft kommen zu können. Tut oft mehr, als nötig ist. Abneigung gegen körperliche Arbeit. Ist vor allem an wohlhabenden Menschen interessiert. Warmherzig und umgänglich in Beziehungen. Richtet sich bei der Wahl der Kleidung mehr danach, was für einen Eindruck sie auf andere macht, als nach dem eigenen Geschmack. Jugendliches Äußeres. Sucht Frieden und Harmonie in Partnerschaften. Zieht viele Partner an.

♂ Neigt zu Wortgefechten. Fühlt sich schnell bedroht, wenn andere eine andere Meinung vertreten. Wirkt auf andere aggressiv. Schüchtert Menschen durch brüske, impulsive Art zu handeln ein. Versteht es, die Aufmerksamkeit auf sich zu lenken. Ehrgeizig. Denkt viel darüber nach, wie die eigenen Ideale am besten zu verwirklichen sind, aber beläßt es oft beim Reden. Geht manchmal auf zweifelhafte Vorschläge ein. Starkes Bedürfnis nach Freiheit. Große innere Zweifel an der eigenen Kompetenz. Gibt sich jedoch einen völlig anderen Anschein, indem er/sie auf Bedrohung aggressiv reagiert. Eltern haben ihm/ihr wahrscheinlich nicht gestattet, sich frei zu äußern, was zu einem Bruch mit ihnen führte. Sollte sich auf eine führende berufliche Position vorbereiten. Finanzielle Unabhängigkeit sehr wichtig. Anerkennung ist dennoch wichtiger als Geld. Alles-oder-nichts-Haltung bei Zusammenarbeit und Partnerschaft. Kann Zurückweisung nicht ertragen, vor allem nicht in der Liebe. Muß für den Liebespartner die wichtigste Person auf der Welt sein. Heiratet eventuell übereilt. Zieht in Partnerschaften und Zusammenarbeit leicht Rechtsstreitigkeiten an. Zieht einen Partner an, der ihm/ihr viel Energie abfordert. Gleichförmigkeit in der Partnerschaft ist ein großes Problem.

♃ Verständnisvoll. Kompromißbereit. Freigebig gegenüber Menschen in der Umgebung. Träumt von idealer Gesellschaft. Ist in der Lage, sich verschiedene Standpunkte anzuhören. Versteht es, anderen Menschen durch Entwicklung ihrer eigenen Talente Selbstvertrauen zu geben. Engagiert. Möglicherweise in Verhältnissen aufgewachsen, in denen es nicht möglich war, durch sozialen Kontakt zu wachsen. Fordert sich körperlich stark. Will bei Zusammenarbeit alle Last auf sich nehmen. Hat ständig das Gefühl, zuwenig Zeit zu haben. Muß lernen, Aufgaben zu delegieren. Tendiert stark zum Geiz, hat aber zugleich einen starken Drang zur Freigebigkeit. Fühlt sich spirituell anderen und der Gesellschaft verbunden. Muß lernen, die moralische Verantwortung für das eigene Tun zu übernehmen. Erwirbt gesellschaftliches Prestige durch Partnerschaft. Hat mehr als eine Beziehung. Heiratet Partner aus höherer gesellschaftlicher Schicht.

♄ Sehr vorsichtig und reserviert gegenüber anderen und im Eingehen von beruflichen und privaten Partnerschaften. Befürchtet, von anderen eingeschränkt zu werden. Bewundert Menschen, die ihrer selbst sicher sind, aber läßt leicht die Gelegenheit verstreichen, die eigenen Qualitäten unter Beweis zu stellen. Angst vor Konkurrenz und starke Selbstunterschätzung. Die Angst, sich lächerlich zu machen, hindert daran, die eigenen Talente anderen zur Verfügung zu stellen. Wirft beim Verfolgen eines beruflichen Ziels manchmal ethische Werte über Bord. Läßt sich leicht überrumpeln. Hat es durch die Erziehung schwer, sich durchzusetzen. Muß lernen, sich von familiären Einflüssen zu befreien. Fühlt sich leicht allem und jedem gegenüber verpflichtet und muß deshalb lernen, nur das Notwendigste zu tun. Ist zu allem fähig, wenn Liebe im Spiel ist, die seine/ihre echten Talente anregt und fördert. Angst, nicht akzeptiert zu werden, aber neigt auch dazu, die Verantwortung für das eigene Handeln nicht zu übernehmen und sich nicht genügend zu schulen. Zieht älteren Ehepartner an. Echte emotionale Bindungen entstehen erst später im Leben. Starkes Gefühl für Verantwortung oder Schuld dem Partner gegenüber. Angst vor Verlusten.

♅ Will das Leben uneingeschränkt genießen. Sucht Kontakt zu progressiven, aufregenden Menschen. Will sich der Verantwortung entziehen. Erträgt keine Verpflichtungen, ebenso wenig wie die Vorstellung, von anderen abhängig zu sein; behindert sich selbst damit. Tendiert dazu, nicht sorgfältig genug zu planen. Versucht, den eigenen Kindern uneingeschränkte Freiheit zu geben. Glaubt ganz genau zu wissen, was für die Kinder gut ist. Versteht sich darauf, Kontakte mit wichtigen Menschen zu knüpfen, um die eigenen Ziele zu verwirklichen. Kann Regeln, die andere aufgestellt haben, nicht ertragen. Rebellisch. Ist nicht so selbstsicher, wie er/sie sich nach außen hin gibt. Gibt sich nur ungerne mit Geldproblemen und der nüchternen Realität des Geldes ab. Vergißt, daß Menschen ihm/ihr Gefallen getan haben. Fasziniert andere durch den eigenen Charme. Versucht, so viel wie möglich von anderen zu profitieren. Unbeständig in Partnerschaft und Zusammenarbeit. Fühlt sich stark zu viel begabteren Ehepartnern hingezogen. Starke intuitive Bindung an Partner.

♆ Hat keinen klaren Blick für den wirklichen Inhalt seiner/ihrer Beziehungen. Idealisiert Partner und Kollegen viel zu stark. Sollte sich bezüglich der Partnerwahl besser mit einer Vertrauensperson beraten. Sollte sich um eine möglichst gute Ausbildung kümmern, um nicht ausgenutzt zu werden. Muß lernen, Pläne zu machen und sich daran zu halten. Zwanghaftes Bedürfnis, die eigenen kreativen Ideen jedem mitzuteilen, der sie hören will. Läßt sich sehr leicht betrügen. Heiratet eventuell aus Unzufriedenheit mit der eigenen Kindheit. Die beste Art, ein Selbstwertgefühl aufzubauen und zu verstärken, ist eine Karriere. Glaubt, daß jeder ihm/ihr auf dem einen oder anderen Gebiet überlegen ist. Erkennt nicht, daß er/sie ein außerordentliches Talent dazu hat, Menschen zu helfen. Muß lernen, nein zu sagen, wenn jemand, der nicht ganz aufrichtig ist, um Hilfe bittet. Tendenz, sich von denjenigen betrügen zu lassen, die ihm/ihr helfen sollen. Sucht und findet spirituelle Beziehungen.

P

Starker Drang, andere zu beherrschen. Besessen vom Streben nach gesellschaftlicher Macht. Kein Hindernis ist ihm/ihr zu groß, wenn es um die Eroberung eines/einer Geliebten geht. Neigt bei Zurückweisung zu Grausamkeit und Rachsucht. Versteht es, Hilfe für die eigenen Pläne zu bekommen. Bringt den eigenen Kindern bei, selbständig zu sein. Versteht die Gedanken und Beweggründe anderer. Will keine Verpflichtungen anderen gegenüber, und überrennt einfach diejenigen, die ihm/ihr im Weg stehen. Verstrickt sich in extreme Situationen mit anderen. Sehr großes Talent, sich für Schwächere einzusetzen. Glaubt manchmal, daß der Zweck die Mittel heilige, und schüchtert andere durch seine/ihre Methoden, die eigenen Bedürfnisse zu erfüllen, ein. Tendiert dazu, eine Partnerschaft einzugehen, die die Wurzeln zu ihrer Zerstörung schon in sich trägt. Werden diese Wurzeln zum Wachsen gebracht, dann zerstört sich die Partnerschaft selbst; geschieht dies nicht, dann ist nichts zu befürchten.

Das achte Haus

Aus dem achten Haus kann man entnehmen, wie jemand auf tiefe Krisen reagiert, wie er sich regeneriert, d. h., wie er es versteht, aus Krisen, die mit Verlust einhergehen, Kraft zu schöpfen. Außerdem kann man aus dem achten Haus die Einstellung gegenüber Sexualität, den eigenen Talenten, der Kreativität und dem Besitz anderer ablesen. Das achte Haus zeigt auch, wie jemand mit seinen tiefsten Begierden umgeht und welche Einstellung er gegenüber dem Erforschen des Okkulten, des Verborgenen, dessen, was tabu ist, hat.

Qualitäten an der Spitze des achten Hauses

Kardinal: Ergreift die Initiative bei tieferen Lebenskrisen. Hat Macht und Verantwortung über andere und über ihre Talente bzw. ihr Einkommen.

Fest: Beharrende und konservative Haltung in tieferen Lebenskrisen. Guter Verwalter und (ausführender) Arbeiter.

Beweglich: Unstabil in tieferen Lebenskrisen, jedoch sehr anpassungsfähig. Unzuverlässig im Umgang mit den Angelegenheiten anderer.

Elemente an der Spitze des achten Hauses

Feuer: Schneller Tod. Aktiv in Krisensituationen.

Erde: Hängt am Leben. Praktische, nüchterne Einstellung zu Lebenskrisen.

Luft: Rationale Einstellung zu Leben und Tod. Geht Lebenskrisen mit dem Verstand an.

Wasser: Sehr emotionale Haltung dem Tod gegenüber. Reagiert auf Lebenskrisen mit Intuition und Emotion. Paranormale Begabungen.

Aspekte zur Spitze des achten Hauses und zu Himmelskörpern im achten Haus

Konjunktionen: Erstaunliche innere Kraft. Die Himmelskörper, die die Konjunktion bilden, geben Aufschluß über die Art der Kraft (siehe unten). Wenn die Konjunktion aus dem siebten Haus kommt, werden die Kräfte durch Partnerschaften beeinflußt. Steht der Himmelskörper, der die Konjunktion bildet, im achten Haus, dann werden die Kräfte durch Sexualität und Einkommen/Talente beeinflußt.

Quadrate: Die Entdeckung des Unbekannten, des Okkulten und der Sexualität geht mit Mißerfolg und emotionalen Spannungen einher. Abenteuer auf diesen Gebieten sind nicht anzuraten. Die Entdeckungsreisen müssen sehr sorgfältig geplant werden, damit wirkliches Wachstum stattfinden kann.

Trigone: Fähigkeit, intuitiv und ohne emotionalen Streß das Geheimnis der Sexualität und das Unbekannte zu erforschen. Hat die Fähigkeit, auf harmonische Weise tiefe Lektionen des Lebens zu lernen. Kann fruchtbare Pläne im verborgenen entwickeln.

Quinkunxe: Schwierigkeiten mit dem Timing in Lebenskrisen. Das Haus, aus dem der Quinkunx kommt, gibt Aufschluß über die Ursache der Spannung (z. B. aus dem ersten Haus: die Persönlichkeit).

Oppositionen: Schwierigkeiten, die eigenen moralischen Werte mit denen der anderen in Harmonie zu bringen. Diese Schwierigkeit wird auf andere projiziert und führt so zu tieferen Lebensproblemen. Möglicherweise materialistische Tendenzen.

Das Zeichen an der Spitze des achten Hauses

♈ Ergreift in der Sexualität und im Umgang mit der Kreativität anderer gerne die Initiative. Impulsiv; setzt viel Energie ein, um die Geheimnisse von Leben und Tod zu ergründen. Schneller Tod. Tiefere Krisen entstehen durch Probleme mit der Arbeit und eventuell mit der Gesundheit. Angepaßt und praktisch in sexuellen Dingen. Sehr kritisch. Pioniertalent im Bereich des Okkulten.

♉ Sucht physischen Komfort und Sicherheit in der Sexualität. Hängt am Leben. Sehr starkes Besitzstreben. Starre Vorstellungen über Fragen des Lebens und Todes und über die Lebensgeheimnisse. Schwierigkeit, mit anderen zu teilen, auch auf nichtmaterieller Ebene. Konservativ, vorsichtig und sorgfältig in der Sexualität und im Umgang mit Besitz und Talent anderer. Muß besonders auf Kehlkopf und Geschlechtsorgane achten. Partner besitzt Immobilien.

♊ Sollte keinesfalls rauchen. Gespalten gegenüber den Fragen von Leben und Tod, der Sexualität, des Okkulten und der Lebensgeheimnisse. Neugierig in bezug auf Arbeit, Gesundheit, Ernährung und Kleidung. Ruheloser Geist, der nach Antworten auf die tieferen Fragen des Lebens sucht, jedoch nicht genügend Durchhaltevermögen besitzt, um diese auch zu bekommen. Redet gerne über Sexualität, das Okkulte sowie über Leben und Tod und Besitz und Talent anderer. Partner hat mehrere Einkommensquellen.

♋ Läßt sich in Sexualität und okkulten Angelegenheiten nicht leicht gewinnen, aber wenn, dann ist er/sie sehr engagiert. Einstellung in diesen Bereichen ist nicht sehr liberal. Fühlt sich durch die Fragen des Lebens und des Todes schnell bedroht. Überempfindlich gegenüber Kritik am eigenen Sexualleben. Will die tieferen Bereiche des Lebens mit anderen teilen. Paranormale Sensibilität. Zuwenig Selbstdisziplin im Bereich der Sexualität. Starke Vorahnungen. Verhält sich in der Sexualität passiv. Muß sich eine positive Einstellung gegenüber den Fragen des Lebens und des Todes zulegen, ebenso gegenüber dem Okkulten und dem Besitz und den Talenten anderer. Partner ist Geld gegenüber gleichgültig, es sei denn, sein/ihr Gefühl ist mit im Spiel.

♌ Offen und aufrichtig in Fragen des Lebens und Todes. Neigt zu falschem Stolz. Zieht gerne alle Aufmerksamkeit auf sich. Muß lernen, anderen zu geben, statt im Rampenlicht zu stehen. Liebenswert und affektiv im Bereich der Sexualität. Liebt Spiel und Flirt. Hat eine ziemlich kindliche Einstellung zur Sexualität, zu Fragen des Lebens und Todes und zum Okkulten. Partner ist freigebig mit Ratschlägen und in der Sexualität. Sollte auf die Herzfunktion achten.

♍ Kritisch, analytisch und nüchtern in Fragen des Lebens und des Todes sowie im Okkulten. Nicht zu überzeugen, außer durch Tatsachen. Sehr kritisch im Umgang mit anderen. Achtet auf Details und mag keine Halbheiten im Bereich der Sexualität. Veranlagung zum Fetischismus. Mag in der Sexualität keine Überraschungen. Redet sich möglicherweise ein, frigide zu sein. Muß auf die Verdauung achten und das Nervensystem schonen. Nüchterne Einstellung dem Geld des Partners gegenüber.

♎ Liebt in der Sexualität physische Schönheit, Anmut und Sinnlichkeit. Idealisiert sehr stark im Bereich des Okkulten, der Sexualität und der Talente anderer. Macht Sexualität zu einer Art künstlerischen Selbstausdrucks. Tendiert aus Mangel an Selbstdisziplin zu Manipulation in der Sexualität und im Umgang mit dem Geld und den Talenten anderer. Muß lernen, auf harmonischere Weise mit anderen zusammenzuarbeiten. Rechtsstreitigkeiten im Zusammenhang mit Erbschaften usw. Sollte Alkohol und Stimulanzien meiden. Hat Probleme durch zu große Nachgiebigkeit. Sollte besonders auf die Nieren achten.

♏ Sehr starkes Interesse am Okkulten, Fragen des Lebens und Todes, Sexualität. Sehr emotionale Einstellung zu diesen Dingen, aber hält dies verborgen. Wartet ab, bis genügend Raum für die eigene Intensität vorhanden ist. Rachsüchtig, wenn die eigenen Pläne in diesem Bereich nicht zu verwirklichen sind. Läßt sich vom Okkulten, vom Sex und vom Besitz anderer beherrschen oder will Macht darüber. Ist in diesen Bereichen nicht beständig. Regeneration ist ein wichtiges Lebensproblem: durchlebt sehr tiefe Krisen. Neigt dazu, sich zu verzetteln. Aktives, jedoch heimliches Sexualleben. Versucht verstohlen, sich in die Geheimnisse anderer einzumischen. Muß lernen, Energie nicht zu mißbrauchen, und muß auf die Geschlechtsorgane achten.

♐ Optimistische Haltung gegenüber den tiefen Fragen von Leben und Tod. Betrachtet die Auseinandersetzung mit tiefen Lebensfragen und mit der Sexualität als Sport. Sehr energisch in Lebenskrisen, in bezug auf Sexualität und in bezug auf die Talente anderer, ohne dies jedoch selbst zu merken. Stört sich in dieser Hinsicht nicht an Verhaltensnormen, tut dies jedoch nicht aus Böswilligkeit. Langes Leben. Zieht Partner an, der freigebig mit Geld ist. Philosophische, traditionalistische Einstellung zu Fragen des Lebens und des Todes. Religion oder Philosophie ist eine wichtige Stütze in Lebenskrisen. Starker innerer Glaube, der für Außenstehende jedoch nicht immer sichtbar ist.

♑ Nimmt Verantwortung in Fragen des Lebens und Todes, in Lebenskrisen, der Sexualität gegenüber und im Umgang mit den Talenten bzw. Einkommen anderer sehr ernst. Setzt sich ganz in diesen Bereichen ein, nachdem die anfängliche starke Reserve überwunden ist. Kann Entbehrungen auf dem Gebiet der Sexualität ertragen. Hat beruhigenden Einfluß auf andere, die sich in Lebenskrisen befinden. Sehr beharrlich und intensiv im Bereich des Okkulten, der Sexualität und in Lebenskrisen. Machtstreben in diesen Bereichen. Verantwortlich und nüchtern im Umgang mit dem Einkommen anderer. Langes Leben. Zieht Partner an, der fortwährend seine/ihre Talente oder Geldmittel in Anspruch zu nehmen versucht. Mangel an Diplomatie und Takt im Umgang mit anderen. Sollte über andere nachdenken und ihnen bei einer Umorientierung in bezug auf Talent und Besitz helfen. Neigt dazu, mehr über Sex zu phantasieren, als zur Tat zu schreiten. Möchte in der Sexualität Perfektion erreichen, aber braucht in dieser Hinsicht sehr viel Bestätigung vom Partner.

♒ Gespalten im Bereich der Sexualität, des Okkulten und in Fragen des Lebens und Todes. Einerseits sehr engagiert und persönlich beteiligt, andererseits kühl distanziert und sich selbst beobachtend. Experimentiert gerne im Bereich des Okkulten, in Krisen und mit der Sexualität. Originelle Ideen in diesen Bereichen. Sehr interessiert an Hellsichtigkeit und Ähnlichem. Zieht Partner an, der exzentrisch im Umgang mit Geld und in der Sexualität ist. Zieht intellektuelle Freunde an. Sehr sinnlich in der Sexualität, aber steht dabei ständig unter intellektuellem Druck. Sollte über eine Umorientierung in bezug auf Sexualität nachdenken. Krisen im Zusammenhang mit Sexualität. Sehr intuitiv. Heilende Kräfte.

♓ Starkes Einfühlungsvermögen im Bereich des Okkulten und in sexuellen Kontakten. Neigt dazu, sich im Okkulten und in der Sexualität zu verlieren. Tendenz, sich durch Altruismus und durch Freigebigkeit im Okkulten und in der Sexualität ausnutzen zu lassen. Mystische, idealistische Ideen in den Bereichen der Sexualität, des Okkulten sowie in bezug auf Talente und Besitz anderer. Sollte Berührung mit Drogen und mit allem, was zur Sucht führen kann, meiden. Muß sorgfältig auf Hygiene achten. Starke paranormale Fähigkeiten, aber ebenso stark beeinflußbar, so daß es durch Mangel an Unterscheidungsvermögen in diesem Bereich zu Lebenskrisen kommt. Sehr tiefes Verständnis und Mitgefühl mit Bedürftigen. Mystische Natur. Zieht Partner an, der zu Heimlichkeiten im Bereich von Geld, Besitz und Sexualität tendiert.

Der Herrscher des achten Hauses

1. Eigene Ansichten über Leben und Tod sind stark abhängig und werden stark beeinflußt vom Besitz anderer. Diese Abhängigkeit führt zu tieferen Lebenskrisen.

2. Tiefere Lebenskrisen im Zusammenhang mit einer materialistischen Einstellung zum Leben. Geeignet für einen Beruf im Zusammenhang mit dem Besitz anderer.

3. Sehr empfänglich für Okkultes und für außersinnliche Wahrnehmungen. Stark entwickelte Intuition beim Treffen wichtiger Lebensentscheidungen.

4. Starke unterbewußte Affinität zum Okkulten. Erbschaften.

5. Sollte Spekulationen mit dem Besitz anderer und im Bereich der Sexualität bzw. der Talente anderer meiden. Fühlt sich möglicherweise von gesellschaftlichen Randbereichen stark angezogen.

6. Sehr talentiert für Forschungsarbeit. Sexualität wird stark durch Ernährungsweise und Kleidung angesprochen.

7. Lebenskrisen entstehen vor allem durch oder mit Partner. Partnerschaften sind sehr förderlich für finanzielle Angelegenheiten.

8. Sehr gute Veranlagung, sich mit Fragen des Lebens und des Todes auseinanderzusetzen (in der Weise, wie es das Zeichen an der Spitze nahelegt).

9. Schwierigkeiten mit Blutsverwandten, im Ausland, mit philosophischen oder religiösen Anschauungen. Neigt dazu, mit der Kreativität oder dem Geld anderer zu handeln.

10. Leumund wird beeinflußt durch den Ruf, den er/sie im Bereich der Sexualität hat. Arbeit im Zusammenhang mit dem Tod, etwa im Versicherungswesen, Notariat usw.

11. Starkes inneres Wachstum durch Einsatz für Freunde oder von Freunden, eventuell Geld durch Freunde.

12. Geheime sexuelle Affären oder Probleme. Genießt Wohltätigkeit. Möglicherweise (im Gefühlsbereich) hellseherisch. Sorgen über Talente oder Einkommen anderer.

Himmelskörper im achten Haus

☉ Zieht Lebenskrisen an, in denen er/sie lernen muß, von einer materialistischen Lebenseinstellung zu einer stärker spirituell geprägten Haltung zu gelangen. Hat eine sehr starke Triebnatur, aber auch das Bedürfnis, anderen zu helfen und zu dienen. Verständnis für menschliches Scheitern und menschliche Bedürfnisse. Neigt zu Mangel an Selbstdisziplin in der Liebe. Hat Schwierigkeiten damit, Verantwortung zu tragen. Hält Geld für wichtig, aber erfreut sich auch an dem Wissen, daß die eigenen Dienste für andere wichtig gewesen sind. Hat Schwierigkeiten zu beurteilen, wann es wichtig ist, anderen beim Lösen ihrer Probleme zu helfen, und wann Hilfe ihnen eventuell Wachstumsmöglichkeiten nehmen würde. Nimmt aus Geldgier zu anspruchslose Arbeit an. Versteht es, anderen Anstöße zu geben. Manager. Besitzt Heilkräfte. Interessiert am Okkulten. Neigt zu Eifersucht und Rachsucht.

☾ Fühlt sich schnell verpflichtet, anderen zu helfen. Ist durch seine Erziehung nicht dazu angeregt worden, die eigenen kreativen Kräfte völlig zu entfalten. Sehr sensibel und mitfühlend. Hat Schwierigkeiten zu unterscheiden, wann es richtig ist, anderen zu helfen, und wann er/sie sich ausbeuten läßt. Neigt dazu, mehr für andere zu tun als für sich selbst, besonders wenn es um Geliebte geht. Steht dem eigenen Wachstum im Wege und ist verbittert darüber. Muß lernen, Gefälligkeiten anzunehmen. Natürliche Begabung, das Leben anderer zu bereichern. Sollte sich um eine möglichst gute Ausbildung bemühen. Schwankt zwischen tiefer Hingabe an andere und der Tendenz, sie ihrem Schicksal zu überlassen. Kraftvoll. Parapsychische Sensibilität. Versucht gleichzeitig Richter und Schöffe zu spielen. Sinnlich. Extreme Höhen und Tiefen im Gefühlsleben.

☿ Scharfer Geist und tiefes Bedürfnis, alles zu wissen. Sehr begabt für die Erforschung des Unbekannten. Kennt den eigenen Wert für Menschen, die sich in Not befinden und Rat brauchen. Karriere kommt nur langsam in Bewegung durch Familienverpflichtung und Genußsucht. Sehr geschickt im Lösen von Problemen. Zweifel an der eigenen Kompetenz. Findet nur schwer Wege, um die eigenen Ideen umzusetzen. Schwierigkeiten mit dem Planen. Muß lernen, die eigenen Ideen fundierter zu entwickeln und besser zu vermitteln. Neigt dazu, Menschen das zu sagen, was sie hören wollen. Neigt zu Heimlichkeiten. Will Einkommen des Partners oder dessen Talente verwalten. Aufbrausend.

♀ Sucht tiefe, warme und gesellige Beziehungen. Zwanghaftes Verlangen, die starken körperlichen Bedürfnisse zu befriedigen. Ist anderen gerne behilflich. Glaubt ständig, daß andere besser sind als er/sie. Starkes Bedürfnis, andere zu verstehen. Tolerant. Braucht andere als Resonanzkörper für die eigene innere und intellektuelle Entwicklung. Schwankt hin und her zwischen dem Bedürfnis, wirklich zum Wohle anderer zu arbeiten, und dem Bedürfnis, Macht über ihren Besitz bzw. ihre Talente zu erlangen. Viel Freude am Sex. Sexuell sehr attraktiv. Neigt zu Faulheit und Genußsucht. Braucht (spirituelle) Führung. Friedlicher Tod.

♂ Anspruchsvoll in Beziehungen. Kann Zurückweisung ebensowenig ertragen wie Verpflichtungen. Arbeitet hart. Braucht Anerkennung, um weiterkommen zu können. Neigt dazu, das Bedürfnis nach Anerkennung in das Bedürfnis nach Geld zu transformieren, was der echten Entwicklung im Wege steht. Starkes Bedürfnis nach Genuß und persönlichem Vergnügen. Sehr starker Ehrgeiz. Versucht, der Verantwortung für das eigene Tun aus dem Wege zu gehen. Sehr begabt darin, anderen in Not zu helfen. Spannungen in der Sexualität und im Umgang mit dem Geld bzw. Talent des Partners. Starker, eindringlicher Geist. Kräftig. Muß sich in acht nehmen bei Testamenten, Versicherungen usw.

♃ Fühlt sich zu den weniger Glücklichen hingezogen. Hat stärker die nahe Zukunft vor Augen als langfristige Pläne. Läßt sich gerne beschenken. Abneigung gegen die Vorstellung, in Armut leben zu müssen. Starkes Bedürfnis, anderen zu helfen. Neigt dazu, andere nicht ihre eigenen Wege gehen zu lassen, wenn sie Probleme haben. Muß lernen, Prioritäten zu setzen. Versucht, andere durch Freigebigkeit für sich zu gewinnen. Setzt die Befriedigung der eigenen Bedürfnisse meist an die erste Stelle. Weiß, was andere motiviert, und kann dadurch Wohltäter(in) oder Ausbeuter(in) sein. Starke sexuelle Bedürfnisse. Interesse am Okkulten. Hintergründig. Sollte sich über die eigenen Motive Rechenschaft geben.

♄ Vergleicht zu stark das eigene Einkommen und die eigenen Talente mit denen anderer und sieht die eigene Position dabei zu negativ. Kann sich nicht damit abfinden, daß er/sie von anderen abhängig ist. Starkes Bedürfnis nach persönlicher Sicherheit. Eignet sich für selbständige Arbeit. Sehr großes Talent, der Öffentlichkeit zu dienen, ohne dies selbst zu merken. Braucht viel Bestätigung. Denkt meist zuerst an materielle und erst an zweiter Stelle an menschliche Werte, vor allem im Beruf. Sehr diszipliniert im sexuellen Bereich, vor allem, wenn Geld im Spiel ist. Muß sich sehr anstrengen, um die verdiente Anerkennung zu erhalten. Organisationstalent. Langes Leben. Neigt zu Heimlichkeiten. Leidet unter Stimmungsschwankungen und Mutlosigkeit. Fühlt sich sexuell zu älteren Partnern hingezogen. Probleme mit sexueller Potenz bzw. mit den Geschlechtsorganen.

⛢ Hemmungslos. Schwierigkeiten mit frustrierten Menschen. Weiß sehr viel über die Menschen, mit denen er/sie umgeht, möglicherweise mehr als sie selbst. Hat die Gabe, Menschen dazu zu bringen, sich selbst zu akzeptieren. Wünscht sich ein Leben ohne Einschränkungen. Neigt dazu, anderen zu viele Dienste zu erweisen. Stärkste Seite ist das Durchschauen der Probleme anderer und die Fähigkeit, diese zu lösen. Sollte sich darin und auch in anderen Fertigkeiten so gut wie möglich ausbilden lassen. Befreier. Stark zukunftsorientiert. Mangel an Selbstdisziplin und erfinderisch in der Sexualität. Neugierig. Starke Intuition. Interesse am Okkulten.

♆ Sehr sensibel und emotional. Lebt stark in der Phantasie. Kann nur schwer Schein und Wirklichkeit voneinander unterscheiden, auch in der Liebe, vor allem aber im Bereich der Sexualität. Hat viel zu bieten im philosophischen, mystischen und okkulten Bereich, wenn auch möglicherweise erst später im Leben. Zieht problematische Menschen an. Sollte aufpassen, wem er/sie Hilfe anbietet. Zieht Ausbeuter an. Sehr genußsüchtig. Muß sehr vorsichtig mit dem Verleihen von Geld sein und die Verantwortung für das Haushaltsgeld selbst übernehmen. Läßt sich leicht dazu verleiten, unnötige Dinge zu kaufen. Strahlt auf andere unbewußt Verständnis und Mitgefühl aus. Wahrträume. Sollte allen Kontakt mit süchtig machenden Mitteln meiden.

♇ Erfaßt gesellschaftliche Veränderungen intuitiv. Ist sich des menschlichen Leids sehr bewußt. Möchte die Welt verbessern. Hat eine viel größere innere Kraft, als er/sie selbst weiß. Ist in der Lage, andere Menschen zu begeistern. Braucht die Zusammenarbeit mit anderen Menschen. Entdeckt im fortgeschritteneren Alter plötzlich die eigenen Möglichkeiten. Zieht eventuell Partner an, dem Geld wichtiger ist als alles andere. Starke Triebnatur zeugt von der sehr großen Kreativität. Zweifelt daran, die eigenen Fähigkeiten jemals voll entfalten zu können. Sollte sich um eine gute Ausbildung bemühen, um die eigenen Möglichkeiten zu entdecken. Sollte nicht leichtfertig mit moralischen und rechtlichen Angelegenheiten umgehen. Zieht Menschen mit starker innerer Kraft an. Hat die Fähigkeit, Geldquellen zu finden, die andere übersehen.

Das neunte Haus

Aus dem neunten Haus kann man entnehmen, welche Einstellung jemand Abenteuern und der Entwicklung neuer Lebensweisen gegenüber hat. Man kann auch daraus ersehen, auf welche Bereiche sich das forschende Interesse des Betreffenden richtet und wie dessen persönliche Ethik sich entwickelt. Die tieferen Erwartungen, der Eindruck, den jemand bei der Kommunikation macht, und die Fähigkeiten zu tieferem Lernen werden hier ebenfalls dargestellt.

Qualitäten an der Spitze des neunten Hauses

Kardinal: Nimmt gerne an Gruppenaktivitäten teil. Ist in diesem Bereich ein Organisationstalent. Unternimmt gerne Reisen und ergreift Initiativen zur Erweiterung des Bewußtseins; gibt jedoch schnell auf, wenn Resultate ausbleiben.

Fest: Baut Ansichten und Lebenseinstellung langsam, aber unerschütterlich auf. Nur schwer vom einmal eingeschlagenen Lebensweg abzubringen.

Beweglich: Geistig offen. Nimmt gerne an Diskussionen und Debatten teil, um daraus zu lernen. Liebt Veränderung wegen der Möglichkeit, daraus zu lernen. Anpassungsfähig. Vorliebe für Wanderreisen.

Elemente an der Spitze des neunten Hauses

Feuer: Investiert gerne viel Energie in Reisen und in Kampagnen zur Verbesserung der Welt. Sucht Herausforderung für das eigene Leben.

Erde: Konventionelle Lebenseinstellung. Praktisch in bezug auf Reisen, neue Lebensmöglichkeiten und Studium. Praxisorientierte Ethik.

Luft: Intelligent. Wissensdurst richtet sich auf alle Bereiche, vor allem aber auf die tieferen Dinge des Lebens und auf interessante Reisen.

Wasser: Lernt aus Situationen und erwirbt Wissen, indem er/sie ganz darin aufgeht. Abneigung gegen Abstraktes. Sensibel gegenüber Ausländern.

Aspekte zur Spitze des neunten Hauses und zu Himmelskörpern im neunten Haus

Konjunktionen: Himmelskörper ist von großer Bedeutung dafür, wie neue Richtungen im Leben gefunden werden. Kommt die Konjunktion aus dem achten Haus, dann sind gemeinsame finanzielle Angelegenheiten ebenso wie Sexualität ein starker Motor.

Quadrate: Neigt dazu, sich selbst am Wachstum zu hindern. Die wirklichen Ursachen dafür sind unbewußt, so daß entweder eine rationale Erklärung dafür gefunden wird, die jedoch keineswegs logisch ist, oder die Bereitschaft zu wachsen zwar da ist, aber der falsche Weg gewählt wird.

Trigone: Lernt leicht aus dem Leben und ist in der Lage, veraltete Anschauungen und Kontakte aufzugeben. Hat falls nötig keine Schwierigkeiten mit Publikationen.

Quinkunxe: Schwierigkeiten durch religiöse/philosophische Haltung, die in der Kindheit angenommen wurde. Hat große Mühe, das richtige Timing und das richtige Gleichgewicht für Veränderungen zu finden, so daß die Ansichten einen ziemlich starken Einfluß haben können.

Oppositionen: Hat sehr große Schwierigkeiten, zu geistiger Harmonie zu gelangen und diese Harmonie zu erhalten. Projiziert dies jedoch auf andere, was zu dramatischen Erfahrungen führt. Ähnliche Probleme entstehen auf Reisen und beim Absolvieren einer höheren Ausbildung (siehe auch Quadrate).

Das Zeichen an der Spitze des neunten Hauses

♈ Greift alles auf, was neu ist und was Aufregung und Abenteuer verspricht. Hält das Leben nur für lohnenswert, wenn es eine Herausforderung darstellt und Risiken enthält. Findet Beachtung im Bereich des Publizierens sowie auf philosophischem/religiösem Gebiet: ist darin Pionier und sehr ungeduldig.

♉ Sucht eine Stütze in Religion und Philosophie, und hat Angst, von der Tradition abzuweichen. Reist nicht gerne, vor allem nicht, wenn es auf Kosten des Komforts geht. Möchte sich im Leben stärker am Tun als am Reden orientieren.

♊ Liebt Reisen. Sprachbegabt. Kommuniziert gerne mit Ausländern. Wünscht sich, publizieren zu können. Sucht Abwechslung in Lebensbedingungen und Lebenserfahrungen. Stellt viele Fragen, aber ist zu ungeduldig, um die Antworten abzuwarten.

♋ Starke Gefühlsbindungen an das Mutterland, an die Familie und an die Blutsverwandten. Reist gerne auf dem Wasser. Läßt sich nicht schnell von neuen Ideen überzeugen, die das eigene Leben verändern könnten, doch wenn dies geschieht, dann widmet er/sie sich ganz der Verwirklichung und der Verbreitung dieser Ideen. Reagiert überempfindlich auf Kritik an den eigenen philosophischen/religiösen Ansichten. Sucht die Geborgenheit einer Gruppe von Gleichgesinnten.

♌ Liebt Reisen im großen Stil. Hat feste religiöse und politische Überzeugungen. Versucht oft, anderen diese Überzeugungen aufzuzwingen. Lehrer(in). Liebt religiöse Zeremonien. Aufrichtig in der Lebenseinstellung. Neigt zu Faulheit und Egoismus beim Realisieren neuer Lebensmöglichkeiten.

♍ Immer auf der Suche nach Schwachstellen in Argumentationen, vor allem, wenn es um philosophische oder religiöse Anschauungen geht. Treibt sich geistig sehr stark an. Kritisch Blutsverwandten gegenüber. Eignet sich für das Verlagswesen. Beschäftigt sich mit Ernährungsproblemen, Kleidung und Make-up. Haßt Überraschungen. Sieht bei Lebenskrisen in erster Linie die negative Seite. Umgebung ist sehr wichtig für die Entwicklung neuer Lebensweisen.

♎ Entschlußlosigkeit in Lebensfragen und in der Haltung zum Leben. Ändert schnell die eigene Meinung. Unpraktisch auf Reisen; verliert leicht die Orientierung und verirrt sich schnell. Idealistisch, sucht Gleichgewicht und Harmonie in Lebenskrisen. Stark ästhetisch geprägte philosophische und religiöse Ansichten. Neigt in tieferen Krisen zum Manipulieren.

♏ Extrem feste Überzeugungen. Wirkt diktatorisch. Sucht geheimnisvolle Dinge und erforscht die Sexualität. Macht auf andere bei der Kommunikation den Eindruck von Heimlichtuerei und starker Emotionalität. Handelt nicht sofort, wenn sich neue Möglichkeiten anbieten, sondern vergewissert sich zuerst, ob genug Raum für die eigenen Emotionen vorhanden ist.

♐ Sehr stark interessiert an philosophischen und religiösen Fragen. Spielt gerne den Guru. Könnte gut Spezialist(in) für etwas werden. Liebt Reisen, Glücksspiel und das Publizieren. Kümmert sich nicht um Verhaltensnormen bei der Kommunikation, im universitären Bereich und auf Reisen. Stärker an Gerechtigkeit als an Neuem interessiert.

♑ Reserviert, praxisorientiert und ruhig in bezug auf philosophische oder religiöse Ansichten. Nimmt die Verantwortung im Bereich der Entwicklung neuer Lebensmöglichkeiten sehr ernst und zeigt großes Interesse an der Selbstentfaltung, wenn erst einmal die anfängliche Reserve aufgegeben ist. Arbeitet sehr hart an der Selbstentfaltung, wenn die eigene Kühle überwunden ist. Hat einen beruhigenden Einfluß auf andere beim Begehen neuer Wege, aber will dabei auch Macht haben.

♒ Liebt Experimente und entwickelt viel Phantasie, wenn es darum geht, neue Lebensweisen zu ersinnen. Identifiziert sich vor allem mit der Menschheit als Ganzem, nicht so sehr mit Individuen. Unabhängige Haltung und unkonventionelle Sicht des Lebens. Ist seiner/ihrer Zeit geistig häufig voraus. Stark zukunftsorientiert.

♓ Astralreisen. Sehr starke parapsychische Fähigkeiten. Lebendiges, bedeutungsvolles Traumleben; Wahrträume. Sensibel Ausländern gegenüber. Idealistisch auf philosophischem/religiösem Gebiet; läßt sich aufgrund des eigenen Altruismus leicht ausbeuten. Mystische Ideen.

Der Herrscher des neunten Hauses

1. Fühlt sich stark angesprochen von philosophischen/religiösen Anschauungen, vom Verlagswesen; von der Universität und vom Reisen und setzt sich auf diesen Gebieten persönlich ein.

2. Verdient Geld mit Reisen, Religion, Philosophie. Geld spielt bei der Entwicklung der eigenen Moral eine wichtige Rolle.

3. Gute Kommunikationsmöglichkeiten im Ausland, in neuen Lebenssituationen, in der akademischen Welt und auf Rei-

sen. Anpassung spielt eine wichtige Rolle in der eigenen Moral.

4. Läßt sich möglicherweise im Ausland nieder. Das Unterbewußte ist von sehr großer Bedeutung für religiöse, philosophische und ethische Einstellung sowie für das Traditionsbewußtsein. Gemeinsinn spielt eine wichtige Rolle in der eigenen Moral.

5. Sehr begabter Lehrer. Liebt Reisen und philosophische Lektüre. Vergnügungen und das Herz spielen eine wichtige Rolle in der eigenen Moral.

6. Arbeit impliziert philosophisch/religiöse und Auslandskontakte. Sinn für das Exotische, auch in bezug auf Kleidung. Arbeit und Tiere spielen eine wichtige Rolle in der eigenen Moral.

7. Gesetzestreue und Partnerschaft sind wichtig in der eigenen Moral.

8. Versteht sich gut darauf, Geld für einen guten Zweck aufzutreiben. Sex und das Unbekannte spielen eine wichtige Rolle in der eigenen Moral.

9. Sehr stark am Ausland interessiert. Talent für Sprachwissenschaft. Philosophische/religiöse Interessen. Gerechtigkeit spielt eine wichtige Rolle in der eigenen Moral.

10. Möchte ein anerkannter Experte sein. Eignet sich für eine juristische, philosophische, politische, religiöse oder akademische Laufbahn. Ansehen und Berufung spielen eine wichtige Rolle in der persönlichen Moral.

11. Hat Freunde im Ausland. Seine/ihre Ansichten werden im Ausland leichter akzeptiert als in der eigenen Heimat. Erwartungen an das Leben sind im Ausland leichter zu erfül-

len. Freundschaft und Zukunftserwartungen spielen eine wichtige Rolle in der persönlichen Moral.

12. Unerwartete Möglichkeiten ergeben sich durch eine höhere Ausbildung, durch das Einschlagen neuer Lebenswege und durch die Verwirklichung der eigenen philosophischen/religiösen Lebensanschauungen. Probleme; Intrigen aufgrund von oder während Auslandsreisen. Plagiat. Tiefere psychologische Einsichten und das Leid der Welt spielen eine wichtige Rolle für die persönliche Moral.

Himmelskörper im neunten Haus

☉ Glaubt an sich selbst. Möchte die eigene Kompetenz beweisen. Wünscht sich, daß die eigenen Bemühungen Einfluß auf andere haben, und läßt sich davon inspirieren. Verliert bei Mißerfolgen leicht die Geduld. Versteht es, die richtigen Kontakte anzuknüpfen, um zu Erfolg zu kommen. Verständnisvoll. Immer auf der Suche nach neuem Wissen. Braucht viel Bewegungsfreiheit. Baut ein eigenes Leben auf, das von dem der Eltern abweicht. Sollte sich um eine höhere Ausbildung kümmern. Idealistische/philosophische Haltung. Neigt zu groben Bemerkungen. Geeignet für Leben im Ausland. Vater möglicherweise von ausländischer Abstammung. Geeignet für das Verlags- und Unterrichtswesen.

☾ Starkes Bedürfnis, die eigenen Talente ganz auszuschöpfen. Nimmt sehr leicht neue Informationen auf. Entscheidet im Zweifelsfalle zugunsten des Gegners. Kann gut zuhören, aber gibt sich nicht gerne mit Lappalien ab. Abneigung gegen unengagierte Menschen. Nimmt aktiv am Leben Anteil. Eignet sich nicht für körperliche Arbeit. Hat Schwierigkeiten, sich unabhängig zu machen. Sollte sich besonders bei der Arbeit und im Umgang mit der Öffentlichkeit an die gültigen moralischen Maßstäbe halten. Sehr starke, empfängliche, hellseherische Intuition. Wird schnell emotional in bezug auf philosophische/religiöse Fragen und gegenüber oder im Zusammenhang mit Ausländern bzw. dem Ausland.

☿ Durchläuft eine intensive geistige/intellektuelle Entwicklung. Möchte das eigene Wissen gerne anderen vermitteln. Natürliches Selbstvertrauen, aber zweifelt auch manchmal daran, ob die eigenen Ziele erreichbar sind. Versteht es, Verhalten und Wünsche anderer zu deuten. Kann anderen zu einer objektiven Einsicht in ihre Probleme verhelfen. Bedürfnis nach Partnerschaft, in der eine freie Kommunikation besteht und die eigenen Ziele begeistert unterstützt werden. Eignet sich mehr zum Lösen von Problemen als zu körperlicher Arbeit. Hat sich sehr anstrengen müssen, um sich die gewünschte höhere Ausbildung zu ermöglichen. Sollte sehr auf die Motive bei der Anwendung der eigenen Talente achten. Scharfer, aber von Vorurteilen belasteter Geist und Mangel an Taktgefühl. Kann nicht warten. Reist sowohl geistig wie auch physisch. Starke Intuition. Sorgen in bezug auf philosophische oder religiöse Fragen wie auch im Zusammenhang mit dem Ausland.

♀ Legt großen Wert auf gesellschaftliche Anerkennung. Macht aus politischen Überlegungen heraus Konzessionen. Ist bereit, mit dem Partner Gespräche zu führen, um Mißverständnisse aus dem Weg zu räumen. Anpassungsfähig vor allem, wenn dies der Selbstentfaltung dienlich ist. Gibt anderen das Gefühl, wichtig zu sein. Immer auf der Suche nach neuen Zielen. Verträgt keine Routine. Abneigung gegen Menschen, die unhöflich oder grob sind. Sollte sich um eine höhere Ausbildung bemühen. Tendiert dazu, die eigenen Bedürfnisse an die erste Stelle zu setzen. Religion/Philosophie und höheres Wissen sind eine Quelle der Ruhe. Freundlich; extravertiert.

♂ Starkes Bedürfnis, Eindruck zu machen und das eigene Können unter Beweis zu stellen. Glaubt an das eigene Können. Geht schnell Risiken ein. Möchte romantische(r) Liebhaber(in) sein. Will immer das erste und das letzte

Wort haben mit dem Ziel, andere dadurch einzuschüchtern. Kann es nicht ertragen, Befehlsempfänger zu sein. Kann nicht gut zuhören. Ist schnell im Handeln. Hat Schwierigkeiten damit, Rat einzuholen. Sollte sich um eine Ausbildung bemühen, um unabhängig zu werden. Leiht sich unüberlegt Geld. Wendet in der Liebe jede Taktik an, um zu erobern. Vergißt leicht diejenigen, die bei seiner/ihrer Karriere behilflich waren. Kämpft für Ideale. Ruheloser Geist. Kann Ehe mit Ausländer(in) eingehen.

♃ Naturliebhaber(in). Reist sehr gerne, körperlich ebenso wie geistig, und erforscht gerne neue Bereiche. Expansiver Geist. Hat enorme Möglichkeiten, geistig und spirituell zu wachsen. Lernt aus allem, was er/sie erlebt. Setzt Vertrauen in den eigenen Erfolg. Will das Beste für Geliebte und Kinder und macht ihnen oft große Geschenke. Sehr gute(r) Zuhörer(in). Sehr begabt darin, die Lebensqualität eines anderen zu verbessern. Liebt herausfordernde Arbeit. Sollte sich um höhere Ausbildung bemühen. Ist zu sehr auf Belohnung für die eigenen Bemühungen aus.

♄ Sparsam und praktisch auf Reisen. Gute(r) und geduldige(r) Lehrer(in). Konservative philosophische/religiöse Ansichten. Bereit, für Menschen zu arbeiten, die es weniger gut haben. Praktische Lebensphilosophie. Große Intelligenz. Nimmt sehr viel Rücksicht darauf, was die »allgemeine Ansicht ist«, bevor er/sie handelt. Zuverlässig. Schweigsam. Hat ab und zu das Bedürfnis, sich zurückzuziehen. Glaubt möglicherweise, alles zu wissen. Kann höhere Ausbildung nur mit Schwierigkeiten verwirklichen. Arbeitet hart. Neigt dazu, andern das Spiel zu verderben, und setzt möglicherweise zweifelhafte Mittel ein.

♅ Freidenker. Sehr großes Bedürfnis nach Freiheit und Unabhängigkeit. Starke Intuition. Kümmert sich nicht um veraltete und konventionelle Ansichten. Neigt dazu, die eigenen religiösen, philosophischen und politischen Standpunkte anderen aufzuzwingen. Schafft es, sich trotz aller möglichen Behinderungen eine höhere Ausbildung zu erkämpfen. Starker Glaube an den eigenen Erfolg; sehr verantwortungsvoll. Ist nur schwer zu betrügen. Hilft freigebig andern Menschen, die wirklich Hilfe brauchen. Stark auf die Zukunft und auf ein lebenswertes Leben ausgerichtet. Glaubt oft, alles »schon immer gewußt« zu haben. Tendiert dazu, diejenigen, die ihn/sie brauchen, zu vergessen, wenn die eigenen Ziele sich in eine andere Richtung bewegen. Sollte Menschen meiden, die versuchen, ihm/ihr zweifelhafte Methoden beizubringen.

♆ Macht später im Leben die Entdeckung, daß vieles in der Kindheit Gelernte keinen wirklich tiefen Wert hat. Wird leicht zum Opfer der eigenen Tendenz, im Zweifelsfall zugunsten des Gegners zu entscheiden. Dies geschieht vor allem dann, wenn er/sie jemandem einen Dienst erweisen will. Ist sich lange der eigenen außergewöhnlichen kreativen Phantasie nicht bewußt. Sollte sich von familiären Verpflichtungen so schnell wie möglich befreien und der eigenen Entwicklung nicht durch den Glauben, von der Familie gebraucht zu werden, im Wege stehen. Sollte Beruf nicht aufgrund finanzieller Erwägungen wählen, sondern aus der Einsicht in die eigenen Fähigkeiten, anderen zu helfen. Neigt dazu, unbewußt das von anderen zu hören, was er/sie hören will, und hat Schwierigkeiten mit der objektiven Wahrnehmung und dem Akzeptieren dessen, was andere erzählen. Kann die Fehler anderer nur schwer akzeptieren. Höhere Ausbildung ist die beste Methode, um sich von den in der Kindheit erlernten Irrtümern zu befreien. Sehr begabt darin, anderen zu helfen, sowohl einzelnen wie auch Gruppen. Muß lernen zu erkennen, wer seine/ihre Hilfe wirklich braucht und wann Menschen auf den eigenen Füßen stehen müssen. Unnötige Zweifel an der Erreichbarkeit der eigenen Lebensziele.

♇ Starkes Bedürfnis, revolutionäre Schriften zu verfassen und zu publizieren. Erforscht den Geist. Ziemlich zwanghafte Einstellung gegenüber philosophischen, religiösen und politischen Angelegenheiten. Schwierigkeiten im Ausland. Vertieft sich gerne in psychologische, metaphysische, philosophische und mystische Literatur. Starkes Talent, andere spirituell anzuleiten und ihnen zu dienen. Gute(r) Zuhörer(in) und Ratgeber(in). Hört auch das, was nicht ausdrücklich gesagt worden ist. Versteht andere besser als sich selbst. Sehr sozial motiviert, bzw. hat zumindest die Veranlagung dazu. Sehr sensibel für menschliches Leid auf den verschiedenen Seinsebenen. Bleibt möglicherweise zu lange von der Familie abhängig, was die Entfaltung der eigenen Talente behindert. Läßt sich in erster Linie davon leiten, öffentliche Beachtung zu finden, was andere ihm/ihr möglicherweise übelnehmen, weil sie sich dadurch ausgenutzt fühlen.

Das zehnte Haus

(der MC = Medium coeli oder die Himmelsmitte)

Das zehnte Haus zeigt, wie jemand die eigene Aufgabe in der Welt sieht und welche Berufung oder welchen Beruf er/sie sich wünscht bzw. sucht. Auch kann man dem zehnten Haus entnehmen, welchen Ruf der/die Betreffende in der Welt hat, wie er/sie über sich selbst hinauszuwachsen versucht und wie er/sie in der Gesellschaft funktioniert. Auch wird angezeigt, worauf der/die Betreffende seinen/ihren Ehrgeiz richtet und welche Methoden er/sie bei der Erfüllung seiner/ihrer Ziele einsetzt.

Qualitäten an der Spitze des zehnten Hauses

Kardinal: Steuert sein Ziel direkt an. Talent zu ausführender Arbeit. Steht in dem Ruf, ein Macher zu sein.

Fest: Findet nur langsam sein Lebensziel, ist aber dann kaum noch davon abzubringen.

Beweglich: Ändert häufig die Lebensrichtung. Gute(r) Verkäufer(in). Ist der Ansicht, daß die Arbeit oder das angestrebte Lebensziel vor allem interessant sein muß und strebt nicht unbedingt nach einer führenden Position.

Elemente an der Spitze des zehnten Hauses

Feuer: Schafft sich durch eigene Initiative Möglichkeiten. Widmet sich energisch der eigenen Berufung bzw. Karriere. Aktion ist das wichtigste Element bei der Suche nach dem Sinn des Lebens.

Erde: Hat die Fähigkeit, klug, effizient, lange und hart für das eigene Lebensziel zu arbeiten, das möglichst zu praktischen Ergebnissen führen soll.

Luft: Großes Anpassungsvermögen und viele Kontaktmöglichkeiten bei der Verwirklichung des eigenen Lebensziels bzw. der eigenen Karriere. Der Geist ist der wichtigste Faktor beim Finden des Lebenssinns.

Wasser: Paßt sich intuitiv den wechselnden Umständen im Beruf und auf der Suche nach dem Lebensziel an. Gefühl bildet die Grundlage für das Finden eines Lebenssinns.

Aspekte zur Spitze des zehnten Hauses und zu Himmelskörpern im zehnten Haus

Konjunktionen: Starker Wunsch, erfolgreich zu sein. Die Bedeutung des Himmelskörpers, der die Konjunktion bildet, ist für die Gesamtpersönlichkeit sehr groß (siehe unten). Wenn die Konjunktion aus dem neunten Haus kommt, dann besteht ein starker Glaube an die eigenen Fähigkeiten, Erfolg zu haben; auch existiert dann die Kraft, aus sich selbst heraus eine Lebensphilosophie zu entwickeln. Wenn die Konjunktion im zehnten Haus stattfindet, sind Durchsetzungsvermögen und Organisationstalent besonders stark entwickelt.

Quadrate: Die Suche nach dem eigenen Lebensweg wird behindert und manchmal durch Widerstand von außen (meist durch Verdächtigungen und durch die Rachsucht anderer) blockiert. Der/die Betreffende behindert sich jedoch auch selbst, da es ihr/ihm besonders schwerfällt, ruhige und harmonische Beziehungen zu anderen zu pflegen, vor allem dann, wenn die Quadrate aus dem ersten und siebten Haus kommen.

Trigone: Bei der Suche nach dem eigenen Lebensweg stellen sich harmonische Verhältnisse ein ebenso wie gute Ratgeber,

Untergebene, Geld usw. Hat Gefühl für Humor und gut entwickelte Fähigkeit, zu kommunizieren und an Gemeinschaft/Gesellschaft Anteil zu nehmen.

Quinkunxe: Je nach den Häusern, aus denen die Quinkunxe kommen, wird auf die Aufgabe der Umorientierung hingewiesen, die notwendig ist, bevor der eigene Lebensweg gefunden werden kann. Aus dem fünften Haus: Ansichten über Verliebtheit, Kinder usw. müssen verändert werden; aus dem dritten Haus: Selbstausdruck und Verpflichtungen gegenüber Blutsverwandten müssen sich ändern.

Oppositionen: Mangel an Harmonie zwischen den Verpflichtungen gegenüber der Gemeinschaft, der Karriere und dem eigenen Lebensweg. Tendiert dazu, andere zu »bemuttern«. Muß schmerzhafte Entscheidung zwischen Privatleben und öffentlichem Leben treffen. Projiziert dies jedoch zuerst auf andere.

Das Zeichen an der Spitze des zehnten Hauses

♈ Will Pionier sein und die Aufmerksamkeit der ganzen Welt auf sich ziehen, was auch gelingt. Sucht rasche Anerkennung. Ungeduld und leichtes Aufbrausen können zu geschäftlichem Mißerfolg führen und dem guten Ruf schaden. Stößt in seiner Karriere auf Eifersucht und hat Feinde im Beruf. Nimmt aktiv am gesellschaftlichen Leben teil. Elternteil des anderen Geschlechts ist energisch, aufbrausend, streitlustig.

♉ Sucht physischen Komfort und Sicherheit im Beruf und durch den Beruf. Schafft sich selbst neue berufliche Möglichkeiten. Hat das Bedürfnis nach leitenden bzw. autoritären Positionen. Taktvoll und diplomatisch im Umgang und im Geschäftsleben. Elternteil des anderen Geschlechts ist freigebig, attraktiv und praktisch, aber auch starrsinnig.

♊ Sucht Abwechslung und Spiel im Beruf und im Leben. Redet gerne über Beruf und Karriere. Sehr anpassungsfähig im Beruf. Hat mehr als einen Beruf. Tendiert zu starker Selbstkritik. Ruhelos und schnell gelangweilt. Eignet sich für kommunikativen Beruf. Elternteil des anderen Geschlechts ist intellektuell und realistisch.

♋ Weiß intuitiv, was »man« will. Tendiert zu Veränderungen in der Wahl der Laufbahn und der Lebensrichtung. Klug und wach in beruflichen Angelegenheiten. Extrem sensibel. Sucht Integrität und Sicherheit im Beruf. Will im Team arbeiten. Überempfindlich gegenüber Kritik im Beruf oder am eigenen Lebenswerk. Vertrauenswürdig in Geschäften, jedoch nicht gerade liberal. Benutzt Takt und Diplomatie, um den eigenen Willen und die eigenen Ziele durchzusetzen. Einfacher, unkomplizierter Charakter, der sich meistens zu viele Gedanken macht. Unterdrücktes Gefühlsleben kann zu Hauterkrankungen führen. Elternteil des anderen Geschlechts ist dominant und konservativ.

♌ Großes Bedürfnis nach Macht und Ruhm. Will führen, aber muß große Anstrengungen unternehmen, um auch wirklich eine Führungsrolle übernehmen zu können. Mißerfolg im Beruf und beim Finden des Lebensziels, bis der eigene Egoismus und Machthunger überwunden ist. Organisations- und Führungstalent. Glaubt an das eigene Können. Starke Persönlichkeit, starkes Bedürfnis nach Erfolg in der Welt. Elternteil des anderen Geschlechts reserviert, diskret, unterstützend autoritär und liebenswürdig.

♍ Will für andere arbeiten, ohne gleich an Belohnung zu denken. Kann mittels Beharrlichkeit und Durchsetzungsvermögen zu Erfolg kommen. Eignet sich gut als Lehrer(in). Hat mehr als einen Beruf. Hat die Fähigkeit, Chancen, die sich bieten, zu erkennen und zu analysieren. Neigung zu übermäßiger Selbstkritik kann zu Zaghaftigkeit führen. Große intellektuelle Fähigkeiten. Kritisch, anspruchsvoll, achtet auf Details im Beruf und beim Finden der eigenen Lebensrichtung. Arbeitsumgebung ist sehr wichtig. Elternteil des anderen Geschlechts praktisch, anspruchsvoll und kritisch.

♎ Fair in Beruf und in geschäftlichen Dingen. Klug. In der Öffentlichkeit besser bekannt als in der eigenen Familie. Übt Anziehungskraft auf die breite Öffentlichkeit aus. Guter kaufmännischer Instinkt. Liebt Anmut und Schönheit im Bereich der Arbeit und bei der Erfüllung der eigenen Lebensaufgabe. Macht den Beruf zu einer Art künstlerischen Selbstausdrucks. Neigt zum Manipulieren und zur Entschlußlosigkeit beim Suchen eines Lebensziels. Elternteil des anderen Geschlechts ist klug und aufrichtig.

♏ Sehr starkes Erfolgsstreben. Selbstvertrauen mit der Tendenz zum herrischen, herablassenden oder anmaßenden Auftreten. Ist der Meinung, alles selbst und aus eigenen Stücken schaffen zu können. Muß hart arbeiten, um Anerkennung zu erhalten. Verschlossen in bezug auf die eigenen Karrierepläne und die dabei angewendeten Techniken. Dies gilt auch für die Wahl des Lebenszieles. Läßt sich durch Mißerfolg nicht von den eigenen Zielen abbringen. Behält die Trümpfe im Ärmel. Wird rachsüchtig, wenn es nicht gelingt, die eigenen Ziele durchzusetzen. Sehr emotionale Einstellung zum Leben als Ganzem ebenso wie zum Beruf. Handelt nicht sofort, sondern vergewissert sich zuerst, ob genügend Raum für die eigenen Absichten vorhanden ist. Sucht Macht im Beruf oder läßt sich beherrschen. Elternteil des anderen Geschlechts ehrgeizig, energisch und verschlossen in bezug auf sich selbst.

♐ Idealistische bzw. philosophische Lebenseinstellung. Läßt sich von Mißerfolg im Beruf und bei der Verwirklichung des eigenen Lebensziels nicht entmutigen. Führungstalent. Fähigkeit, zu vermitteln. Nüchternes und gutes Urteilsvermögen. Strebt nach gesellschaftlichem Ansehen. Abneigung gegen Sentimentalitäten im Berufsleben und bei der Wahl des eigenen Lebenszieles. Sehr energisch im Beruf, ohne dies jedoch selbst zu merken. Hält sich nicht sonderlich an die allgemein akzeptierten Verhaltensnormen. Elternteil des anderen Geschlechts ist ehrlich und aufrichtig.

♑ Ist sich der gesellschaftlichen Strukturen sehr stark bewußt. Will wachsen, hat jedoch eine konservative Grundhaltung. Starke Intuition im geschäftlichen Bereich. Sucht Verantwortung. Entwickelt Initiative und Mut bei der Suche nach einer gesellschaftlichen Position. Bemüht sich sehr darum, gesellschaftlich akzeptiert zu werden. Tendiert zum Strebertum. Setzt sich ganz ein, nachdem die anfängliche Reserve überwunden ist. Kann verwehrte gesellschaftliche Anerkennung zeitweise verwinden, ohne an Ausdauer einzubüßen. Hat einen beruhigenden und stabilisierenden Einfluß in dem Bereich, in dem er/sie die Lebenserfüllung sucht. Strebt intensiv nach gesellschaftlicher Macht.

♒ Scheint im beruflichen und im gesellschaftlichen Bereich zwei Persönlichkeiten zu besitzen: Die eine ist selbst an den Geschehnissen beteiligt, die andere beobachtet kühl und distanziert. Liebt Experimente im beruflichen und im gesellschaftlichen Bereich. Hat sehr feste Vorstellungen davon, wie das eigene Leben qualitativ zu verbessern ist, und die Fähigkeit, diese Vorstellungen auch in die Tat umzusetzen. Freunde helfen bei der Karriere bzw. bei der Verwirklichung des Lebensziels. Erfolg durch große Institutionen. Loyal denjenigen gegenüber, die beim Aufbau der Karriere und beim Erreichen des Lebensziels geholfen haben. Erfinderisch. Starker, intuitiver Geist. Bedürfnis nach Komfort und Sicherheit. Strebt eventuell eine Karriere im Bereich des Okkulten an und will die eigene Arbeit in den Dienst der ganzen Menschheit stellen. Elternteil des anderen Geschlechts ist exzentrisch, hat eine starke Phantasie und viel Gemeinschaftsgeist.

♓ Tiefe des Gedankenlebens und Verständnistiefe wird im Beruf genutzt. Bedürfnis nach Abänderung des beruflichen Weges. Starke Phantasie, was sowohl von Vorteil als auch von Nachteil sein kann. Kann Dinge nur schwer in der richtigen Perspektive sehen. Hat Schwierigkeiten damit, größere Zusammenhänge zu erfassen. Weiß intuitiv, was die Allgemeinheit will. Kann in anderen das Beste zum Vorschein bringen. Muß lernen, den eigenen Erfolg Schritt für Schritt aufzubauen. Musik und Kunst sind möglicherweise eine Wohltat für ihn/sie. Großes Einfühlungsvermögen und die Tendenz, sich in beruflichen Dingen zu verlieren. Läßt sich möglicherweise durch Freigebigkeit und Altruismus von der Suche nach dem eigenen Lebensziel ablenken. Sinn für Mystik. Elternteil des anderen Geschlechts ist distanziert, aber sanftmütig.

Der Herrscher des zehnten Hauses

1. Kann Ehre, Anerkennung und Lebensweg nur durch persönliche Initiative finden.

2. Geld ist ein wichtiger Gesichtspunkt beim Finden des eigenen Lebensziels und beim Aufbau der Karriere. Eventuell Geld vom Elternteil des anderen Geschlechts.

3. Karriere und Lebensziel erfordern die Fähigkeit zur Kommunikation.

4. Findet Lebensweg leichter, wenn der Elternteil des gleichen Geschlechts ihn/sie unterstützt. Geeignet für Immobiliengewerbe. Elternteil wohnt bei ihm/ihr.

5. Spekulative Haltung und Familie sind wichtig beim Finden des eigenen Lebenswegs. Hat die Fähigkeit, ein Hobby zum Beruf zu machen.

6. Lebensweg steht im Zusammenhang mit dem Dienst an anderen und mit der Gesundheit. Möglicherweise verderben Untergebene den guten Ruf.

7. Findet Lebensweg über Partnerschaft, Zusammenarbeit und Öffentlichkeit.

8. Findet Lebensweg im Umgang mit der Kreativität und dem Einkommen anderer, eventuell im Bereich des Okkulten.

9. Findet möglicherweise weit vom Geburtsort entfernt ein Lebensziel und baut ein Leben auf, in dem philosophische und religiöse Betrachtungen eine zentrale Rolle spielen.

10. Gute Chancen zu gesellschaftlichem Aufstieg. Angesehen im Beruf.

11. Freunde helfen beim Aufbau einer Karriere und beim Finden eines Lebenszieles.

12. Lebensaufgabe steht im Zusammenhang mit tiefer psychologischer Einsicht. Verborgene Feinde besudeln den guten Ruf.

Himmelskörper im zehnten Haus

☉ Starker Wunsch nach Erfolg. Sucht Ehre und Bekanntheit bzw. will sich einen (guten) Namen machen. Liebt seine/ihre Arbeit. Ist in der Lage, andere anzuregen, wenn sie die gleichen gesellschaftlichen Ziele haben. Übernimmt gerne Verantwortung und braucht eine führende Position, um sich glücklich fühlen zu können. Versteht es, sich selbst zu »verkaufen« und andere zu überzeugen. Muß geheime Verbindungen zu sogenannten Freunden meiden. Ist leicht so besessen von den eigenen Zielvorstellungen, daß die Familie zu kurz kommt. Sucht möglicherweise den Weg nach oben, ohne die eigenen Talente zu entwickeln. Gerecht und vorsichtig. Sehr ehrgeizig. Neigt zu Pessimismus. Kann Hilfe von denjenigen erwarten, die im Beruf schon weitergekommen sind, vor allem dann, wenn er/sie lernt, Kritik anzunehmen.

☾ Starkes Bedürfnis nach einem Beruf, bei dem Kontakt mit Menschen bzw. Öffentlichkeitsarbeit eine Rolle spielt. Sehr starkes Bedürfnis, sich unentbehrlich zu machen. Möchte, daß die Dienste für andere von diesen gewürdigt werden. Viel Verständnis für andere. Hat Schwierigkeiten und Schuldgefühle, wenn er/sie sich für sich selbst Zeit nimmt. Tendenz, sich zu sehr für andere einzuspannen. Kann nur schwer nein sagen. Schwierigkeit mit der Entscheidung zwischen Beruf und Familie. Ausgeprägtes Managertalent. Unterschätzt die eigenen Qualitäten. Tut sein Äußerstes, um die Erwartungen aller anderen zu erfüllen. Veränderungen des Berufs- und Lebensweges durch Emotionalität. Schwierigkeiten aufgrund von unterbewußten Ängsten. Guter Name und Beruf sind wichtig, um zur inneren Ruhe und zur Entfaltung zu gelangen. Elternteil des anderen Geschlechts ist dominant. Frauen haben eindeutig Einfluß auf seinen/ihren Erfolg.

☿ Sehr beschäftigt mit der Entwicklung der eigenen Talente, um öffentliche Anerkennung zu erhalten. Sehr begabt darin, Probleme zu lösen. Ist sich sowohl der humanitären bzw. ethischen als auch der materiellen Werte bewußt. Kann gut zuhören und um Rat bitten. Hat das Bedürfnis, anderen zu helfen, die sich nicht selbst helfen können. Vergißt es, die Hilfe von anderen zu erwidern. Sieht Wettbewerb als eine Möglichkeit an, die eigenen Talente und Fähigkeiten zu verbessern. Kommt vorwärts, solange die eigene Arbeit eine Herausforderung darstellt. Verliert leicht das Vertrauen in die eigene Zukunft. Berechnend. Naturtalent für Berufe im kommunikativen Bereich. Großes Konzentrationsvermögen. Praxisbezogen und intelligent. Sollte Sinn für Humor entwikkeln.

♀ Strebt nach gesellschaftlicher Anerkennung; ist bereit, dafür Konzessionen zu machen. Ist bemüht, Diskussionen harmonisch verlaufen zu lassen. Entscheidet bei Meinungsverschiedenheiten im Zweifelsfall zugunsten des Gegners. Wünscht sich beruflichen Erfolg, vor allem deshalb, um ein komfortables Leben führen zu können. Beherzigt die eigenen moralischen Grundsätze im Beruf. Menschen sind gerne in seiner/ihrer Gesellschaft. Sucht so viele freundschaftliche Beziehungen wie möglich, um auf diese Weise die eigenen Ziele erreichen zu können. Sehnt sich nach dem Tag, an dem es keine Karrieresorgen mehr gibt und man endlich die angenehmeren Seiten des Berufs genießen kann. Ist den eigenen Kindern eine gute Mutter bzw. ein guter Vater, aber fühlt sich nicht zum häuslichen Leben hingezogen. Kann sich nur schwer zwischen Liebesbeziehungen und Karriere entscheiden. Weiß, wann man die eigene Meinung besser für sich behalten sollte. Starke Zweifel an der Möglichkeit, die eigene Zukunft selbst aufzubauen. Zieht einflußreiche Hilfe an. Gute Beziehung zum Vater.

♂ Zeigt Mut und Kraft in schwierigen Situationen und wird dafür bewundert. Versteht es, die eigenen Talente auf die effektivste Weise zu nutzen. Fordert andere gerne heraus, vor allem im Beruf. Arbeitet, bis die eigenen Grenzen erreicht sind, aber niemals mehr. Erfolg ist ein wichtiges Stimulans. Sehnt sich nach einer Zeit, in der die beruflichen Verpflichtungen Raum lassen für soziale Interessen. Möchte anderen gerne helfen, selbständiger zu werden. Starker Sexualtrieb. Verträgt nur schwer Zurückweisung. Will eigenes Leben selbst bestimmen, ohne sich anderen gegenüber verantworten zu müssen. Karriere bzw. Lebensziel und Ehe sind nicht miteinander in Einklang zu bringen. Duldet keine Einmischung in die eigenen Zukunftspläne. Hat Schwierigkeiten damit, im Beruf Kompromisse einzugehen. Sollte Beruf und Privatleben voneinander trennen. Will das Beste für die eigene Familie, was zu Verlusten führen kann. Zieht die Aufmerksamkeit auf sich und stellt das eigene Können gelassen unter Beweis. Muß lernen, sich auf eine einzige Sache zu konzentrieren. Kann sehr selbständig arbeiten. Großes Selbstvertrauen. Kämpft für Erfolg und guten Namen. Begabung für einen Beruf im Bereich der Technik und der Chemie. Harmoniert charakterlich nicht mit dem Elternteil des anderen Geschlechts. Berufliche Karriere leidet möglicherweise durch Klatsch und Verleumdung.

♃ Strebt nach hoher gesellschaftlicher Position und vertraut darauf, daß dies auch erreicht wird. Liebt seine/ihre Arbeit. Neigt dazu, zuviel Energie in die Arbeit zu investieren. Kennt den Wert des Geldes. Gut informiert. Sucht den richtigen Rat. Mitfühlend und erfinderisch beim Lösen menschlicher Probleme. Ermutigt Menschen geradezu, zu hohe Anforderungen an ihn/sie zu stellen. Lädt sich zuviel auf. Hat aus der Kindheit die Einstellung übernommen, daß man nicht aufgeben darf, was immer man auch beginnt. Muß Selbstdisziplin lernen. Tendiert dazu, die Kinder zu verwöhnen in der Hoffnung, daß sie ihm/ihr dafür ewig dankbar sein werden. Vergißt leicht diejenigen, die beim eigenen Aufstieg auf der gesellschaftlichen Leiter geholfen haben. Geborener Richter. Vorsichtig bei seinen/ihren Handlungen und schnell zum Rückzug bereit. Nicht aggressiv.

♄ Ehrgeizig, leistet viel. Geht sehr ernsthaft an die Planung der eigenen Karriere heran. Will der/die Beste auf seinem/ihrem Gebiet sein. Hält Versprechen ein. Betrachtet Besitz als handfesten Beweis für den eigenen Wert. Hält sich an die Spielregeln. Starke physische Bedürfnisse, aber trennt den Beruf vom Privatleben. Gibt für andere sein/ihr Bestes. Nimmt Verantwortung nur dann auf sich, wenn klar ist, daß er/sie der Situation gewachsen ist. Will Karriere alleine aufbauen und geht nur Partnerschaften ein, wenn sie in dieser Hinsicht von Nutzen sein können. Möchte über die Umstände hinauswachsen, unter denen er/sie aufgewachsen ist. Sehr diszipliniert. Vermittelt Kindern gerne Disziplin und Verantwortungsgefühl. Ist in der Lage, das eigene Wissen zur Grundlage des Handelns zu machen. Abneigung gegen illegale Methoden. Gibt sich große Mühe, eine gute Ausbildung zu erhalten. Hat Angst vor der Zukunft, vor allem in finanzieller Hinsicht. Vergißt leicht Menschen, die ihm/ihr geholfen haben. Strebt nach Macht. Arbeitet hart und ist realistisch. Tendiert dazu, andere zu benutzen und zu beherrschen. Starkes Pflichtgefühl. Vater ist dominant. Bei Quadraten/Oppositionen besteht die Gefahr von Rheuma und Gelenkbeschwerden.

♅ Stellt die eigenen Talente und das eigene Können unter Beweis. Vertraut auf den Erfolg, aber kann die Vorstellung nicht ertragen, daß der Beruf die eigene Freiheit einschränkt. Anerkennung ist eine wichtige Quelle der Kompensation. Bedient sich keiner unlauteren Mittel, um zu beruflichem Erfolg zu kommen. Bedürfnis nach Neuerungen im Beruf. Möchte einen wichtigen Beitrag in der Welt leisten und für andere arbeiten, die in Schwierigkeiten sind. Muß lernen, die Verantwortung für das eigene Tun auf sich zu nehmen. Kindheit und familiäre Verpflichtungen haben ihn/sie eine Zeitlang von der eigenen Intuition entfremdet, daraus resultiert starker Freiheitsdrang. Versteht es, mehr aus der eigenen Ausbildung zu machen als andere. Vergißt leicht diejenigen, die ihm/ihr bei der Karriere behilflich waren, und gibt auf dem Weg nach oben zu schnell auf. Eignet sich für ungewöhnliche und erfinderische Arbeit. Arbeitet innerhalb von Gruppen. Hat die Fähigkeit, mit Hilfe traditioneller Ideen zu progressiven Ergebnissen zu kommen. Liebt die Wissenschaft. Eignet sich für die Astrologie.

♆ Sehr anpassungsfähig im Beruf. Kann sowohl mit einzelnen wie auch in Gruppen arbeiten. Braucht ziemlich lange, um die eigenen Talente nutzbringend umzusetzen. Sehr geeignet für einen Beruf oder für ein Leben, in dem es um Lösung von Problemen anderer geht. Greift zu ungewöhnlichen Methoden. Religiöses Training hält ihn/sie von unlauteren Methoden ab. Vorsichtig im Umgang mit Geld, da er/sie nicht durch finanzielle Probleme behindert werden will. Sehr sensibel; läßt sich leicht von anderen unter Druck setzen, was dazu führt, daß er/sie sich verpflichtet fühlt. Geheime Zweifel, ob er/sie jemals im Leben und im Beruf zu Erfolg kommen wird. Kann besser geben als nehmen. Wird von den Erwartungen der Eltern behindert. Fühlt sich unsicher bei Wettbewerb. Versucht meist, Herausforderungen aus dem Weg zu gehen. Braucht Partner, der ihn/sie von diesem Verhalten abbringt. Braucht viel Zeit für Besinnung und für geistige Klärungsprozesse. Ist viel begabter, als er/sie selbst weiß. Hat ein falsches Bild von einem Elternteil, was zu tiefer Enttäuschung führen kann. Inspirierend. Schwierigkeiten mit Verantwortung. Neigt im beruflichen Bereich zu unrealistischen Vorstellungen. Eignet sich für Arbeit im medizinischen Bereich oder bei großen Institutionen. Sehr idealistisch der Welt gegenüber eingestellt und immer auf der Suche nach den Idealen in der Karriere.

♇ Weiß, woran die Gesellschaft krankt. Spannung zwischen persönlichem Ehrgeiz, dem Aufbau einer Karriere und dem Willen, für gesellschaftliche Verbesserungen zu kämpfen. Weiß, wie Probleme zu lösen sind; vor allem bezieht sich dies auf Gruppenprobleme. Zieht von Natur aus die Aufmerksamkeit wichtiger Persönlichkeiten auf sich. Sehr starkes Bedürfnis, denen zu helfen, die sich selbst nicht helfen können, vor allem dann, wenn die Not durch soziale, politische oder wirtschaftliche Faktoren entstanden ist. Ungeduldig mit Menschen, die keine eigene Meinung haben und nicht für ihre Ansichten eintreten. Spannungen in der Beziehung zu den Eltern werden sublimiert. Elternteil des anderen Geschlechts ist eine stille Kraft. Widmet sich seiner/ihrer Aufgabe in der Welt mit Hingabe. Stellt an Kinder hohe Anforderungen. Ermutigt sie dazu, etwas zu erreichen. Spannung zwischen Karriere und Liebe/Ehe. Hat die Tendenz, diejenigen, die ihm/ihr helfen, zu vergessen. Viele Richtungsänderungen im Verlauf der Karriere. Sucht gesellschaftlich herausragende Rolle. Eignet sich für politische Arbeit oder für Arbeit in großen Institutionen.

Das elfte Haus

Das elfte Haus gibt Aufschluß über die Einstellung zur menschlichen Gemeinschaft und über die Haltung Freunden und Bekannten gegenüber. Man kann aus diesem Haus auch ablesen, wie jemand seine Hoffnungen und Wünsche zu verwirklichen versucht und wie jemand seine Fähigkeiten der Gemeinschaft zur Verfügung stellt. Auch erhält man Auskunft, welche Einstellung jemand zum Wissen und als Wahrheitssucher hat.

Qualitäten an der Spitze des elften Hauses

Kardinal: Geht aktiv an die Verwirklichung der eigenen Hoffnungen und Erwartungen heran, ebenso an das Erlangen tieferer Erkenntnis und an die Vermittlung derselben.

Fest: Ist beständig und hat fest umrissene Hoffnungen und Erwartungen an das Leben sowie genau ausgearbeitete Pläne darüber, wie diese zu verwirklichen sind. Beständig in Freundschaften. Hat Schwierigkeiten, die eigenen Errungenschaften der Gemeinschaft zu vermitteln.

Beweglich: Unbeständig in bezug auf die Verwirklichung und die Definition der eigenen Erwartungen an das Leben. Immer auf der Suche nach Neuem und nach neuen Bekannten, Freunden und gesellschaftlichen Aktivitäten.

Elemente an der Spitze des elften Hauses

Feuer: Aktiv, ziemlich aggressiv in Freundschaften und in bezug auf die Verwirklichung der eigenen Erwartungen. Braust bei gesellschaftlichen Anlässen leicht auf. Enthusiastische, idealistische und kreative Einstellung der Menschheit gegenüber.

Erde: Praktisch, konkret; Abneigung gegen zuviel Idealismus, was die Erwartungen an das eigene Leben anbetrifft. Sieht gesellschaftliche Kontakte vor allem vom Gesichtspunkt der Nützlichkeit aus. Möchte der Gemeinschaft von Nutzen sein.

Luft: Die Vorstellungen über das eigentliche Lebensziel sind sehr starken Schwankungen unterworfen, ebenso wie die Vorstellungen über die Gesellschaft und über die Freunde und Bekannten, die er/sie sich eigentlich wünscht. Möchte vor allem einen geistigen Beitrag zum Wohl der ganzen Menschheit liefern.

Wasser: Sehr sensibel in bezug auf die Haltung anderer, der Freunde, der Bekannten und der Gemeinschaft ihm/ihr selbst gegenüber. Sieht Gemeinschaft vor allem als Einheit, die auf gemeinsamer Gefühlsbasis gegründet sein sollte. Will etwas zu einer Gemeinschaft beitragen, die diese Voraussetzung erfüllt. Suche nach der Wahrheit mit Hilfe von Gefühl und Intuition.

Aspekte zur Spitze des elften Hauses und zu Himmelskörpern im elften Haus

Konjunktionen: Aus dem zehnten Haus: Karriere wird durch Freunde beeinflußt. Sucht Karriere, bei der Beruf und Berufung zusammenfließen. Im elften Haus: Dieser Himmelskörper wirkt besonders stark auf alle das elfte Haus betreffende Angelegenheiten (siehe unten).

Quadrate: Je nach der Art des Hauses, aus dem das Quadrat kommt, existieren unbewußte Einflüsse, die die Verwirklichung der eigenen Erwartungen und das Funktionieren in der Gemeinschaft behindern (z. B. aus dem zweiten Haus: Geldangelegenheiten und die eigene Einstellung Geld und Besitz gegenüber). Die Neigung, Partner, Freunde und Bekannte ständig korrigieren zu wollen, führt zu Spannungen. Freunde lassen ihn/sie in kritischen Situationen eventuell im Stich oder verraten ihn/sie.

Trigone: Kann die eigenen bedeutenderen Errungenschaften gut übermitteln und Freunde daran Anteil nehmen lassen, stellt sie aber auch der Gemeinschaft als Ganzem zur Verfügung. Das Bedürfnis, Menschen in der eigenen Umgebung weiterzuhelfen, auch spirituell, ist von Erfolg gekrönt.

Quinkunxe: Ambivalente Gefühle Freunden und Bekannten gegenüber. Subtile Zurückweisungsmechanismen und Schwierigkeiten mit der Wahl des richtigen Augenblicks in sozialen Prozessen, in Freundschaften und beim Aufbau von Beziehungen. Zweifelt an den tieferen Wahrheiten des Lebens.

Oppositionen: Schwierigkeiten beim Realisieren der eigenen tieferen Erwartungen. Neigt dazu, diese Erwartungen zu vernachlässigen und statt dessen direkt erreichbarem Genuß und Vergnügen nachzujagen. Hat Schwierigkeiten, Freundschaft und Liebe miteinander zu verbinden. Starke Tendenz, Freunde und Partner verbessern zu wollen, was die Betroffenen verärgert. Zieht möglicherweise Freunde an, die sich nicht an ihre Verabredungen halten, vor allem, wenn es um Vergnügungen geht.

Das Zeichen an der Spitze des elften Hauses

♈ Zieht die Aufmerksamkeit in Gruppen auf sich, übernimmt entweder die Führung oder wird zum Querulanten. Aggressiv in Gruppen bzw. in Freundschaften. Ungeduldig bei Gruppenaktivitäten. Ergreift in gesellschaftlichen Prozessen bzw. in Gruppen die Initiative, ebenso bei der Verwirklichung der Erwartungen an das eigene Leben. Ist Pionier der Wahrheitssuche. Versucht, Freunde unter Druck zu setzen.

♉ Kann gut zuhören. Starrsinnig und loyal in gesellschaftlichen Prozessen und in Freundschaften. Hält eigensinnig an eigenem Erwartungsmuster und an den eigenen Wünschen fest. Praktisch und beharrlich bei Gruppenaktivitäten. Sucht Bequemlichkeit und Komfort in Gruppen und im gesellschaftlichen Leben. Schätzt Taten mehr als Worte, wenn es darum geht, die eigenen Erwartungen zu verwirklichen; ebenso ist es im sozialen Leben.

♊ Sucht Freunde, die beweglicher und intellektueller sind als er/sie selbst. Wankelmütig in Gruppenprozessen und im Umgang mit Freunden. Ungeduldig der Erfüllung der eigenen Wünsche und Bedürfnisse gegenüber. Kann nur schwer abwarten, bis Pläne gereift sind. Setzt sich geistig mit der Menschheit als Ganzem auseinander. Spricht gerne in Gruppen. Neugier der Gesellschaft als Ganzem gegenüber.

♋ Überempfindlich gegenüber Kritik an der eigenen sozialen Einstellung. Sucht Erfüllung in Gruppen von Gleichgesinnten. Sucht gesellschaftlichen Umgang mit Gleichgesinnten und tendiert dazu, Andersdenkende zu meiden oder ihnen zu mißtrauen. Sozial eingestellt. Sorgt gerne für Freunde. Sorgende Haltung der ganzen Menschheit gegenüber. Besitzergreifend gegenüber Freunden und Bekannten und in den Gruppen, zu denen er/sie gehören will. Hält starrsinnig an den eigenen Hoffnungen und Erwartungen fest. Stellt die eigenen Lebenserfahrungen der Gemeinschaft nicht schnell zur Verfügung; tut er/sie dies jedoch, dann ist er/sie mit Hingabe bei der Sache.

♌ Möchte in Gruppen und gegenüber Freunden und Bekannten eine dominierende Rolle spielen. Liebenswürdiges und charmantes Auftreten. Sehr loyal, freigebig und treu Freunden gegenüber, vor allem, solange ein gutes Verhältnis zu ihnen besteht. Will im gesellschaftlichen Leben glänzen. Nimmt voller Begeisterung an gesellschaftlichen Aktivitäten teil. Muß den eigenen Egoismus überwinden, bevor er/sie die Lebenserfahrungen der Gemeinschaft zur Verfügung stellen kann. Ehrlich im gesellschaftlichen Umgang und den eigenen Freunden gegenüber. Jagt dem eigenen Vergnügen nach.

♍ Kritische Haltung Freunden, sozialen Kontakten und der gesamten Gesellschaft gegenüber. Glaubt nicht an die eine Wahrheit. Sucht immer nach Schwachpunkten im Wissen der anderen, allerdings auch im eigenen Wissen. Achtet im gesellschaftlichen Leben und bei Gruppengeschehnissen auf Details. Sehr freundlich gegenüber Kollegen. Schließt Freundschaften mit Arbeitskollegen. Übertrieben anspruchsvolle Wünsche und Erwartungen an das eigene Leben.

♎ Sehr sozial eingestellt. Liebt Freunde, gesellschaftliche Ereignisse, Partys, Sehen und Gesehenwerden in guter Gesellschaft. Sucht arrivierte Freunde. Idealisiert stark in allgemein menschlichen Fragen. Macht gesellschaftliches Leben zu einer Art von künstlerischem Selbstausdruck. Neigt dazu, Gruppen bzw. in Gruppen zu manipulieren. Erwartungen an das Leben und Wünsche gründen auf dem Streben nach Harmonie.

♏ Nicht sehr gesellig. Geht lieber seiner eigenen Wege. Ist sich selbst der beste Freund bzw. die beste Freundin. Rauh im Umgang mit Freunden, aber pflegt Freundschaften leidenschaftlich. Handelt in Gruppen nicht sofort, sondern wartet ab, bis genügend Raum für die eigenen Emotionen und Absichten vorhanden ist. Will gesellschaftliche Macht und Macht über Freunde, oder wird von der Gruppe und von Freund(inn)en beherrscht. Neigt bei Gruppenaktivitäten zu Rachsucht, wenn etwas nicht gut läuft.

♐ Großes Anpassungsvermögen in Gruppen. Jedermanns Freund(in). Sehr hohe Erwartungen, auch an das eigene Leben, und will diese auch realisieren. Joviale, ziemlich naive und unbekümmerte Einstellung gegenüber der gesamten

Menschheit sowie Freunden und gesellschaftlichen Aktivitäten gegenüber. Abneigung gegen Sentimentalitäten in Freundschaften und in sozialen Prozessen. Sehr energisch im Bereich von Freundschaft sowie auch im gesellschaftlichen und sozialen Bereich, ohne es selbst zu merken. Will die eigenen Lebenserfahrungen durch philosophische Betrachtungen oder Gesellschaftsreformen vermitteln.

♑ Nimmt die Verantwortung Freunden und dem gesellschaftlichen Geschehen gegenüber sehr ernst und legt dabei hohe Maßstäbe an. Zweifelt an der eigenen Fähigkeit, tiefere Freundschaften zu schließen und in der Gesellschaft jemals eine Funktion sachgemäß erfüllen zu können, obwohl er/sie in großem Maße dazu fähig ist. Braucht Bestätigung dafür, daß er/sie im Bereich von Gesellschaft und Freundschaft Wertvolles leistet. Kann Entbehrungen in diesen Bereichen ertragen. Setzt dann die eigenen Erwartungen in Phantasien um. Hat einen beruhigenden und stabilisierenden Einfluß auf Freunde bzw. Freundinnen. Hat Schwierigkeiten mit neuen Ideen im gesellschaftlichen Bereich. Sehr beharrlich und intensiv in Freundschaften, verbunden mit der Neigung zum Dominieren. Erwartungen und Wünsche an das Leben sind konservativ gefärbt. Verantwortungsvoll.

♒ Hat viele Freunde, sowohl gewöhnliche wie auch ungewöhnliche. Hat eine sehr tolerante soziale Einstellung: »Leben und leben lassen.« Ungewöhnliche, exzentrische Wünsche, Hoffnungen und Erwartungen. Sehr auf die gesamte Menschheit hin orientiert. Nimmt am gesellschaftlichen Leben teil, doch bleibt dabei immer objektivierender Zuschauer. Bleibt auch in Gruppen bei sich selbst. Liebt gesellschaftliche Experimente, aufregende Gruppenaktivitäten und Freundschaften.

♓ Sehr sentimentale, mystifizierend-verschwommene Einstellung Freunden, dem sozialen Leben, der Gesellschaft und der Menschheit als Ganzem gegenüber. Tendiert dazu, sich in Freundschaften und sozialen Aktivitäten oder Missionen zu verlieren. Neigt dazu, die eigene Neigung zu Freigebigkeit und Altruismus von Freunden mißbrauchen zu lassen. Sucht möglicherweise Freunde/Freundinnen mit Problemen, Menschen, die sich nicht gut stehen oder auf die eine oder andere Weise gehandikapt sind. Phantasiert eher über die eigenen Träume und Wünsche und den eigenen Beitrag zur Menschheit und zur Gesellschaft, als wirklich etwas dafür zu tun.

Der Herrscher des elften Hauses

1. Unternimmt große Anstrengungen für die Verwirklichung der eigenen Wünsche und Lebensideale. Ohne eigene Anstrengung geschieht nichts, auch nicht in Freundschaften.

2. Geld ist ein wichtiger Faktor beim Schließen von Freundschaft, beim Anknüpfen von sozialen Kontakten und bei der Verwirklichung der Erwartungen und Wünsche.

3. Kommunikation spielt eine wichtige Rolle beim Schließen von Freundschaft, beim Anknüpfen von sozialen Kontakten sowie für die Verwirklichung der Erwartungen und Wünsche.

4. Wohnt mit Freunden zusammen. Eltern werden Freunde. Wünsche werden später im Leben erfüllt. Freunde, soziale Kontakte und das Vermitteln der eigenen Lebenserfahrung sind wichtig für materielle Sicherheit und das Gefühl der Geborgenheit.

5. Sehr freundschaftliche Haltung Kindern und Liebespartnern gegenüber. Freundschaft und Kreativität sind Quellen der Freude. Spekulative Hoffnungen, Wünsche und Erwartungen an das Leben. Überträgt das eigene Hoffnungs-/Erwartungsmuster auf die Kinder.

6. Bedürfnis, anderen bei der Verwirklichung ihrer Ideale zu helfen, führt zu Verzögerungen bei der Verwirklichung der eigenen Wünsche und Hoffnungen. Pflegt Freundschaft und geselligen Umgang mit Kollegen.

7. Wünsche und Erwartungen an das eigene Leben werden durch Partnerschaften erfüllt. Gute Freundschaften durch Ehepartner oder andere Partner.

8. Freundschaft führt zur Beschäftigung mit Fragen über Leben und Tod, Okkultes und Sexualität. Eventuell Geldgeschäfte mit Freunden. Das Okkulte und/oder die Sexualität spielen eine wichtige Rolle bei der Selbstverwirklichung.

9. Idealist, der Freunde und gesellschaftliche Aktivitäten entsprechend der eigenen Einstellung sucht. Hat Freunde im Ausland. Gesellschaftliche Kontakte im Ausland oder im Zusammenhang mit der Philosophie.

10. Kann die eigenen Wünsche ziemlich leicht realisieren und ebenso leicht die eigenen Erwartungen an das Leben verwirklichen. Hilfe von Freunden im Beruf bzw. bei der Verwirklichung der eigenen Berufung. Freunde sind wichtig im Zusammenhang mit dem eigenen gesellschaftlichen Ruf.

11. Sieht Freundschaft als den wichtigsten menschlichen und spirituellen Wert an. Versteht es, sich Wünsche und Erwartungen an das eigene Leben ziemlich leicht zu erfüllen.

12. Hoffnungen, Wünsche und Erwartungen an das eigene Leben sind stark auf das Absolute und Ideale ausgerichtet. Schwierigkeiten mit Freunden, behindernden Freundschaften, verborgenen Feinden, Betrug in einer Freundschaft, sowohl aktiv wie auch passiv. Ist sich dieser Dinge kaum bewußt, aber leidet stark darunter.

Himmelskörper im elften Haus

☉ Große kommunikative Begabung. Kann gut mit Menschen umgehen. Großes Bedürfnis nach neuen Ideen. Sucht Umgebung, in der die eigenen Talente voll genutzt werden können. Braucht Partner, der seine/ihre Pläne und Unternehmungen unterstützt und schätzt. Abneigung gegen fragwürdige Methoden, um Ziele zu erreichen. Ist sich des eigenen Wissens sicher. Unterhält freundschaftliche Beziehungen zu Vorgesetzten und Untergebenen, auf die er/sie sich auch in Notlagen verlassen kann. Setzt sich nicht zur Ruhe, wenn ein Ziel verwirklicht ist, sondern sucht sich sofort eine Reihe neuer Ziele. Familienverpflichtungen lasten ziemlich schwer auf ihm/ihr; auch mit Entwicklung und Wachstum sind große Belastungen verbunden. Will das Beste für seine/ihre Kinder, aber tendiert dazu, ihnen den eigenen Stil aufzuzwingen. Großes Talent sowohl zum Diplomaten als auch zum Diktator. Vernachlässigt leicht das persönliche Vergnügen, vor allem, wenn familiäre Verpflichtungen ihn/sie belasten. Kann andere dazu bringen, ihr Leben besser zu gestalten. Muß lernen, genauer zu planen. Progressiv.

☾ Hängt an der Vergangenheit und vergißt dadurch, die Chancen der Gegenwart zu sehen. Sucht nach einer Karriere, die Sicherheit für später bietet. Andere fühlen sich aufgrund des Verständnisses für ihre Probleme zu ihm/ihr hingezogen. Angst vor dem Unbekannten führt zur Erforschung desselben. Nimmt Verantwortung für Familie sehr wichtig. Ist sich der eigenen großen Begabung, schwere Aufgaben auf sich nehmen zu können, nicht bewußt. Muß so schnell wie möglich lernen, auf eigenen Füßen zu stehen. Sollte Karriere anstreben, die immer wieder neue Anforderungen stellt und eine ständige Herausforderung ist. Liebt den beruflichen Alltag, aber äußert schnell den Wunsch nach der Pensionierung. Sollte dafür sorgen, auch nach Beendigung der beruflichen Tätigkeit und nachdem die Kinder aus dem Hause sind, aktiv zu bleiben. Hat Schwierigkeiten, sich zwischen einem anonymen

Beitrag zum Wohle anderer und dem Suchen nach materieller Sicherheit bzw. Anerkennung zu entscheiden. Muß sich der eigenen Fähigkeit bewußt werden, einen Beitrag für die Gesellschaft oder die Menschheit leisten zu können. Anerkennung für die Bemühungen kommen erst später im Leben. Wechselhaft im Denken und in den Ideen. Fordert Verständnis von Freund(inn)en. Macht anderen die eigenen Wünsche deutlich.

☿ Starkes Bedürfnis, frei von finanziellen Sorgen zu sein. Progressive geistige Einstellung. Versteht es, die eigenen Ziele klar zu formulieren, und die Probleme, die bei ihrer Verwirklichung entstehen, zu lösen. Sucht Partner, der an Aktivitäten teilnimmt, die das Leben beider bereichern. Leichter Aufstieg ist aufgrund der Tatsache möglich, daß er/sie stets über neue Ideen und Entwicklungen informiert bleibt. Erhält öffentliche Anerkennung. Aufrichtiges Interesse an anderen. Viele Freunde/Freundinnen. Hat jedoch Abneigung gegen Verpflichtungen; entscheidet lieber nach eigenem Ermessen. Empfindet es als sehr wichtig, die eigene Kreativität zum Ausdruck zu bringen, und zieht Partner/Geliebte an, die ihn/sie darin bestärken. Enthusiastisch, außer bei finanziellen Sorgen. Braucht das Bewußtsein, daß seine/ihre Bemühungen andere zu größerer Selbständigkeit geführt haben. Hat Angst, daß die eigenen Ziele nicht erreicht werden, aber läßt sich dies nicht anmerken, sondern versucht es zu kompensieren. Kann gut reden und schreiben.

♀ Liebt ein komfortables und luxuriöses Leben mit vielen Freunden und einer guten Karriere. Will seine/ihre Liebe nicht nur auf eine Person richten. Tut alles dafür, um gesellschaftlich akzeptiert zu werden. Versteht es, Menschen ein gutes Gefühl zu geben. Fühlt sich zu erfolgreichen Menschen hingezogen. Familiäre Verpflichtungen behindern längerfristige Pläne, jedoch nicht dauerhaft. Gibt leicht zuviel Geld aus, um schneller vorwärtszukommen. Spricht nicht gerne über Privatangelegenheiten, vor allem jedoch nicht über die eigene Kindheit. Hilft gerne anderen, aber hat es nicht gerne, wenn Forderungen an sie/ihn gestellt werden. Starker Einfluß der Eltern. Will die eigenen Möglichkeiten voll ausschöpfen und entfalten. Unterschätzt die eigene Fähigkeit, das Leben anderer zu bereichern. Hat die Tendenz, diejenigen, die auf dem Weg nach oben halfen, zu vergessen. Schätzt die feineren Dinge des Lebens sehr. Versteht es, Freund(inn)en Zuneigung zu schenken und diese auch zu bekommen.

♂ Aggressive Haltung Freund(inn)en gegenüber. Gründet impulsiv Arbeitsteams und geht ebenso enthusiastisch Verbindungen ein. Richtet die Energie auf Gruppenaktivitäten und auf die Verwirklichung der eigenen Ziele. Will viel erreichen und tut dies mit gesundem Menschenverstand und großem Engagement. Versteht es, andere im alltäglichen Umgang so anzuregen, daß sie ihr Bestes geben. Will vollkommen frei sein, zu tun und zu lassen, was er/sie will. Sucht verantwortungsvolle Position und sorgt auch für eine entsprechende Ausbildung. Starkes Bedürfnis nach finanzieller Unabhängigkeit. Gibt Kindern die Möglichkeit, sich ihrem eigenen Wesen gemäß zu entwickeln und nach Erfolg zu streben. Starke körperliche Bedürfnisse. Harte(r) Arbeiter(in), der/die leicht über die eigenen Grenzen hinweg geht. Sensibel den Problemen anderer gegenüber. Kraftvoll, mutig und begabt.

♃ Liebt ein luxuriöses Leben. Bedürfnis nach viel Geld. Starker Glaube an die eigenen Fähigkeiten, das zu erreichen, was er/sie will, aber läßt sich leicht von seinem/ihrem Ziel abbringen. Hat einen sehr positiven Einfluß auf andere. Eignet sich für soziale Dienstleistungen. Sehr große Fähigkeit, zu wachsen und seinen/ihren Einfluß auszudehnen. Nimmt leicht zu schnell schwere Verantwortung auf sich, statt zuerst das eigene Wissen und die eigene Kompetenz zu vergrößern. Verwöhnt auch häufig Kinder zu sehr. Großes Bedürfnis nach Bekanntheit steht der eigenen Fähigkeit, anderen wirklich zu helfen, im Weg. Hat Angst, daß er/sie dem eigenen Leben nicht gewachsen ist. Schätzt Gruppenaktivitäten sehr. Hat viele Freunde.

♄ Sehr stark entwickelte Auffassungs- und Beobachtungsgabe. Zweifelt daran, daß er/sie die eigenen Ziele erreichen wird. Lebt sehr stark für die Verwirklichung der eigenen Lebensziele. Will ein komfortables und sicheres Leben führen. Respektiert die Bedürfnisse und Ambitionen der Partner, was auf Gegenseitigkeit beruht. Ihm/ihr wird Vertrauen entgegengebracht. Verantwortungsbewußte Einstellung zum Leben. Sehr begabt darin, das eigene Leben optimal zu organisieren und sich dabei die Unterstützung anderer zu sichern. Ist bemüht um die beste Ausbildung. Plant sorgfältig und taktisch klug. Legt großen Wert auf Freundschaft und auf Freunde und vergißt ihre Hilfe nicht. Muß lernen, sich zu entscheiden, welche kreativen Talente er/sie entwickeln soll, da ein Übermaß an Talent vorhanden ist. Geht sehr stark auf in der eigenen Karriere. Strebt eine führende Position an. Arbeitet hart, vor allem dann, wenn es einem sozialen Zweck dient. Angst vor dem Unbekannten steht der Entdeckung der eigenen tieferen Talente im Weg. Hat eine soziale Aufgabe, vor allem den Menschen gegenüber, die in einschränkenden geistigen oder sozialen Verhältnissen leben. Muß einige Hindernisse überwinden, bevor die eigenen Erwartungen in Erfüllung gehen. Verdient immer genug Geld, aber muß hart dafür arbeiten. Zieht ernste, wahrscheinlich hauptsächlich ältere Freunde an.

♅ Sehr stark auf die eigene Zukunft und auf die Verwirklichung der eigenen Ziele ausgerichtet. Fordert völlige Freiheit, um sich optimal entfalten zu können; arbeitet hart dafür. Originell. Versteht es, Neuerungen einzuführen. Stark ausgeprägte Intuition, aufgrund derer er/sie schon vorher weiß, wie die eigenen Pläne sich entwickeln werden. Intuitive Einsicht in die Motive anderer. Außergewöhnlich begabter Autodidakt. Hat die Fähigkeit, Probleme schnell und entschlossen zu lösen. Läßt sich von anderen nicht zurückhalten, auch dann nicht, wenn sie an der Richtigkeit seiner/ihrer Ansichten zweifeln. Übernimmt gerne schwere Verantwortung. Arbeitet sich außergewöhnlich schnell in schwierige Bereiche ein. Ist in der Lage, mehr als eine Karriere aufzubauen. Regt Kinder zu vollkommener Selbstentfaltung an. Kann sich nur schwer weigern zu helfen. Betrachtet dies als eine Herausforderung zur Vervollkommnung des eigenen Könnens. Starkes Bedürfnis, die Lebensqualität – auch die anderer – zu verbessern. Hat Schwierigkeiten, die übernommene gesellschaftliche Rolle auch konsequent zu spielen. Hat die verschiedenartigsten Freunde bzw. Freundinnen. Die Erwartungen an das eigene Leben gehen auf unvorhergesehene Weise in Erfüllung. Gesellschaftliches Leben ist wichtig. Ist auf die Menschheit als Ganzes hin orientiert. Dinge verlaufen nicht nach Plan.

♆ Sieht die Freunde nicht, wie sie sind. Träumt über alle möglichen schönen Dinge, die er/sie erreichen will, anstatt die eigenen Talente nüchtern zu betrachten und etwas Bestimmtes in Angriff zu nehmen. Erwartet zuviel vom eigenen Talent und von Freund(inn)en. Sollte sich um die bestmögliche Ausbildung bemühen. Sehr begabt darin, das Leben anderer zu verbessern. Hat Angst, um Hilfe zu bitten. Geeignet für soziale oder politische Verantwortung, zumindest dann, wenn die Ausbildung ausreichend ist. Überträgt die eigenen Erwartungen leicht auf Kinder und schreibt ihnen eine Laufbahn vor, statt sie einen eigenen Weg suchen zu lassen. Extrem romantisch. Viele Enttäuschungen in der Liebe. Muß vor Ausbeutung durch Arbeitskollegen auf der Hut sein und sollte danach streben, sich hervorzutun. Läßt sich leicht unterbezahlen. Unterschätzt die eigene Fähigkeit, der Menschheit zu dienen.

♇ Sehr stark auf der Suche nach einem besseren Leben für sich und andere. Großes Bedürfnis, die eigenen Fähigkeiten unter Beweis zu stellen. Zieht beim Kampf um die Verwirklichung der eigenen Ziele alle möglichen Arten von Menschen an, auch solche, die nicht vertrauenswürdig sind, und muß daher aufpassen, mit wem er/sie ein Arbeitsteam gründet. Tiefe Einsicht in die Motivation anderer, vor allem in die von Gruppen. Ist sich gesellschaftlicher Mißstände sehr bewußt; sollte sich um eine Ausbildung bemühen, um wirklich etwas dagegen tun zu können. Fordert Freiheit für die Erfüllung der eigenen Lebensaufgabe. Stellt leicht zu hohe Anforderungen an Kinder. Kann Frustrationen in bezug auf die Karriere verkraften, zum Beispiel durch die Familie, jedoch nicht in bezug auf die Erfüllung der eigenen körperlichen Bedürfnisse. Ist besessen davon, die eigene Lebensaufgabe zu erfüllen, gönnt sich deshalb nicht genügend Ruhe. Möchte an allen möglichen Arten von »Kreuzzügen« teilnehmen. Zieht Freunde an, die sich in schwierigen Situationen befinden. Hat Kinder um sich, die zwischen geschiedenen Eltern hin und her reisen.

Das zwölfte Haus

Aus dem zwölften Haus kann man entnehmen, welche Haltung jemand dem eigenen tiefsten Inneren gegenüber hat, dem meist verborgenen Geheimnis des eigenen Unbewußten. Das zwölfte Haus gibt auch Auskunft darüber, wie jemand zur Einkehr gelangt und zu welchen unbewußten Fehlern er/sie neigt. Außerdem steht dieses Haus auch im Zusammenhang mit gesellschaftlicher Verantwortung. Es zeigt, was jemand dafür tut, um die Lebensqualität anderer zu verbessern. Ferner gibt es Aufschluß über die Einstellung spirituellen Dingen gegenüber und darüber, wie jemand auf das Leid der Mitmenschen reagiert – ob mit aktivem Mitgefühl oder mit passiver Gleichgültigkeit. Das zwölfte Haus zeigt ebenso die ungelösten Probleme eines Individuums wie auch die Kraft, damit umzugehen. Diese Kräfte bleiben dem Menschen selbst jedoch oft verborgen. Man erfährt auch, wie sich jemand verhält, wenn er/sie mit sich selbst konfrontiert wird.

Qualitäten an der Spitze des zwölften Hauses

Kardinal: Mangel an Beharrlichkeit bei der tieferen Selbstanalyse und beim Wettbewerb. Ist immer schnell mit etwas Neuem bei der Hand. Versucht, sich selbst kennenzulernen, indem er/sie oft die Initiative ergreift.

Fest: Reagiert mit Groll und Rachsucht auf die Konfrontation mit den eigenen weniger guten Eigenschaften und blockiert so den Weg zur Selbstanalyse.

Beweglich: Wird durch Beziehungsprobleme, in deren Verlauf der unterbewußte Teil der eigenen Persönlichkeit an die Oberfläche kommt, zur Selbstkonfrontation gebracht.

Elemente an der Spitze des zwölften Hauses

Feuer: Neigt dazu, die eigene Lebensenergie falsch zu richten, was dem unbewußten Ziel dient, vor sich selbst wegzulaufen.

Erde: Tendiert dazu, ein falsches Sicherheitsgefühl aufzubauen, mit dem unbewußten Ziel, sich selbst nicht so sehen zu müssen, wie man wirklich ist.

Luft: Neigt dazu, sich zu stark anzupassen, was dem unbewußten Ziel dient, sich selbst nicht so sehen zu müssen, wie man wirklich ist.

Wasser: Tendiert dazu, ein falsches Gefühl für Emotionalität zu entwickeln mit dem unbewußten Ziel, sich selbst nicht so sehen zu müssen, wie man ist.

Aspekte zur Spitze des zwölften Hauses und zu Himmelskörpern im zwölften Haus

Konjunktionen: Intuitiv sehr begabt. Merkt dies möglicherweise selbst nicht. Der Himmelskörper, der die Konjunktion bildet, ist von besonderer Bedeutung. Steht er im elften Haus, dann hat die Energie des Himmelskörpers einen deutlichen Einfluß auf Erwartungen und Wünsche (siehe elftes Haus). Steht der Himmelskörper im zwölften Haus, dann hat er einen starken Einfluß auf die inspirativen Fähigkeiten, und ist in seiner Art von besonderer Bedeutung (siehe unten).

Quadrate: Die Einsicht in das eigene tiefere Wesen muß sehr vorsichtig entwickelt werden, da eine Tendenz zur Selbsttäuschung besteht sowie Mangel an praktischem Einblick. Dadurch droht die Gefahr, daß auf unangenehme Weise Dinge aus dem Unterbewußten zum Vorschein kommen und ein Eigenleben entwickeln können. Dies führt wiederum zu Blockaden, Vertrauensverlust und zu ausgiebigen negativen Selbstbetrachtungen. Die Probleme äußern sich je nach Charakter der Häuser, aus denen die Quadrate kommen: Aus dem dritten Haus beispielsweise äußern sie sich in Beziehungen und in der Kommunikation.

Trigone: Arbeitet gerne und ohne Schwierigkeiten im verborgenen an einem guten Werk für andere. Hat leichten Zugang zum eigenen tieferen Wesen; unbewußte Talente und Instinkte äußern sich unerwartet und im richtigen Moment.

Quinkunxe: Hat Schwierigkeiten, den richtigen Zeitpunkt zum Handeln oder zum Beenden einer Angelegenheit zu bestimmen. Das Haus, aus dem der Quinkunx kommt, gibt Aufschluß über die Art des Problembereichs, so zum Beispiel aus dem fünften Haus: Selbstausdruck verursacht Spannung.

Oppositionen: Kann nur schwer anderen helfen. Die nachteiligen Folgen wirken sich auf den Bereich aus, aus dem die Opposition kommt, z. B. aus dem sechsten Haus: auf die Arbeitsverhältnisse und auf die Gesundheit. Siehe auch Quadrate, jedoch unter dem Gesichtspunkt, daß bei der Opposition die Tendenz besteht, diese Probleme auf andere zu projizieren.

Das Zeichen an der Spitze des zwölften Hauses

♈ Enthusiastische, aktive, impulsive Einstellung den eigenen tieferen Trieben gegenüber. Zieht dadurch die Aufmerksamkeit auf sich. Hegt häufig Groll anderen gegenüber, ohne es selbst zu merken. Rachsüchtig. Starke und sehr aktive Phantasie. Innerer Optimismus. Neugierig. Neigt dazu, die eigenen tieferen Gefühle durch übermäßige Aktivität zu überdecken, so daß andere sie nicht sehen. Steht sich selbst dadurch im Weg und behindert sich selbst (»ist sich selbst der schlimmste Feind«).

♉ Inspirierend. Innere Abneigung gegen Veränderungen und gegenüber Menschen mit einer anderen Einstellung. Nicht in der Lage, die echten Gefühle zum Ausdruck zu bringen, gibt sich jedoch auch nicht genug Mühe, das eigene Gefühlsleben anderen verständlich zu machen; ist zufrieden, wenn er/sie selbst etwas fühlt. Kunst und Musik haben eine besänftigende Wirkung auf ihn/sie. Selbstbesinnung infolge fehlgeleiteter Genußsucht. Leicht zu beeinflussen durch intellektuelle Appelle an die Emotionen. Sucht physischen Komfort und Sicherheit im Mystischen. Redet lieber nicht über die Dinge, sondern handelt.

♊ Leidet unter Stimmungsschwankungen. Muß sich um eine bewußt positive geistige Einstellung bemühen. Wird durch Probleme mit der Familie und durch die eigene Art zu kommunizieren mit sich selbst konfrontiert. Absorbiert unbewußt alle Signale aus der Umgebung und braucht deshalb eine Weile, bevor er/sie sich in neuer Gesellschaft wohl fühlen kann. Sehr fruchtbare Phantasie. Bezieht sich vor allem auf Frauen. Liebt komplizierte psychische Sachverhalte und Probleme. Starkes kommunikatives Talent im Bereich der Tiefenpsychologie und eventuell in dem der Mystik. Erfinderisch im Umgang mit dem eigenen Unterbewußten, jedoch verbunden mit der Tendenz zur Oberflächlichkeit.

♋ Starker, möglicherweise falscher Stolz. Kommt zur Selbsteinkehr durch die eigenen Emotionen, durch Geliebte und Familie. Zweifelt ständig daran, ob er/sie jemals wirklich geliebt wurde oder werden wird. Mysteriöse, ehrgeizige Art. Sucht Sicherheit in der Mystik und im Studium des Unterbewußten. Überempfindlich gegenüber Kritik an der eigenen Emotionalität, am eigenen Einfühlungsvermögen, der eigenen emotionalen Einstellung zur Mystik und dem eigenen Einblick in tiefere psychologische Probleme. Ist emotional sehr reserviert, jedoch, wenn er/sie sich öffnet, sehr hingebungsvoll. Möchte mit intimen Feund(inn)en teilen. Nicht besonders liberal, aber vertrauenswürdig.

♌ Arbeitet im verborgenen für andere. Innerer Glaube. Neigung, die echten Gefühle und Emotionen (auch die der Liebe) zu unterdrücken. Muß allein sein, um die eigene Kraft erforschen zu können. Introspektiv. Sensibel den Bedürfnissen anderer gegenüber. Realistisch und freundlich. Gelangt über den Weg des Herzens zur Selbsteinkehr, durch die Neigung zur Faulheit und durch das Bedürfnis, im Mittelpunkt zu stehen und zu glänzen, zur Selbstkonfrontation.

♍ Besessen vom Nachdenken über Gesundheit und Krankheit. Hat eine so starke Phantasie, daß er/sie sich Krankheiten einreden bzw. so stark einbilden kann, daß er/sie auch tatsächlich krank wird. Sehr kritisch anderen gegenüber. Wird durch die Tendenz zu vernichtender Kritik und dadurch, daß er/sie überall und ständig Katastrophen erwartet, mit sich selbst konfrontiert. Visionärer Geist. Prophetische Träume. Neigt zu Fetischismus, was das Unterbewußte, tiefere psychologische Fragen und mysteriöse oder mystische Dinge betrifft. Haßt Überraschungen. Eignet sich für Arbeit im Dienstleistungsbereich. Arbeitskraft ist möglicherweise eingeschränkt.

♎ Neigt zu Heimlichkeiten in Partnerschaften. Tiefe spirituelle und emotionale Konflikte. Wird durch die eigene Haltung Gleichgestellten und Altersgenossen gegenüber mit sich selbst konfrontiert. Weitere Anlässe für die Konfrontation mit sich selbst sind: die Neigung, das Leben, sich selbst und andere durch eine rosa Brille zu sehen, Egoismus, die Tendenz, andere auf der Ebene des Unterbewußten zu manipulieren, Sinnlichkeit und das Streben nach Schönheit. Sucht Schönheit, Anmut und Sinnlichkeit im Mystischen als eine Art künstlerischen Selbstausdrucks.

♏ Vernarrt in geheimnisvolle, mysteriöse Dinge. Muß lernen, nach der tieferen spirituellen Bedeutung von Dingen zu suchen, statt Sensationen hinterherzujagen. Hat Vorurteile. Kommt zur Selbstkonfrontation durch Machtmißbrauch. Starke Emotionen. Erforscht auf sehr beharrliche Weise die Geheimnisse des Lebens und Todes. Hat sexuelle Probleme, die ihm/ihr selbst lange verborgen bleiben. Will Macht über tiefere psychologische Bereiche, über das Geheimnisvolle oder will sich davon beherrschen lassen. Neigt bei Mißerfolg in diesem Bereich zu Rachsucht. Hat eine emotionale Einstellung dem Geheimnisvollen usw. gegenüber, aber zeigt dies nicht und handelt erst, wenn genug Raum für die eigenen Gefühle und Absichten vorhanden ist.

♐ Muß lernen, den Dingen ihren Lauf zu lassen. Optimistische Natur. Handelt häufig auf Befehl von anderen. Naive Einstellung den tieferen psychologischen Zusammenhängen und Problemen gegenüber. Abneigung gegen Sentimentalitäten im Bereich des Mystischen. Aufrichtig. Zu reserviert und introvertiert. Arbeitet hart, aber findet doch keine Aufmerksamkeit oder Anerkennung dafür. Große verborgene innere Kraft. Wird durch die eigene naive Loyalität, durch Enthusiasmus, Reserviertheit und die Tendenz, sich im Leben an ziemlich abstrakten Idealen zu orientieren (was den Kontakt mit anderen Menschen erheblich erschwert), mit sich selbst konfrontiert.

♑ Starkes Konzentrationsvermögen. Sehr starke Triebe. Sucht Ehre und Anerkennung und wird dadurch mit sich selbst konfrontiert. Muß Gefühl für den richtigen Zeitpunkt entwickeln, zu dem Dinge geschehen können. Starke Intuition in bezug auf Berufsangelegenheiten. Gelangt zur Selbsteinkehr durch Mangel an Rücksicht auf die Gefühle anderer. Ist anfänglich reserviert den mystischen Themen und tieferen psychologischen Fragen gegenüber, aber setzt sich ganz ein, wenn die Reserve erst einmal überwunden ist; dann kann er/sie einen stabilisierenden, beruhigenden Einfluß auf andere ausüben, aber auch der Neigung folgen, Macht im Bereich des Geheimnisvollen und der Tiefenpsychologie anzuwenden. Diese Neigung zum Herrschen ist Folge der Intensität, mit der die Verantwortung getragen wird.

♒ Abenteuerlich. Verträgt keinerlei Art von Einschränkung und versucht, Einschränkungen durch Flucht ins Transzendentale, in die Mystik, in Drogen und Alkohol zu kompensieren. Paranormale Begabung. Interesse an ungewöhnlichen Dingen, Themen und Menschen. Sehr humanitäre Einstellung. Gelangt zu Einkehr durch Experimente mit bewußtseinserweiternden Mitteln und Techniken. Zwei Persönlichkeiten in diesem Bereich: Die eine ist körperlich sehr stark beteiligt, die andere ist objektivierend und hält sich kühl auf Distanz.

♓ Viel sympathischer und viel mehr Verständnis für andere, als nach außen hin sichtbar ist. Starke Emotionen. Neigt dazu, sich in alle möglichen metaphysischen und mystischen Spekulationen zu verlieren. Muß allein sein können, aber tendiert dann dazu, sich unnötigerweise einsam zu fühlen. Neigt zur Selbstaufopferung. Muß zuerst selbst Liebe und Verständnis geben, bevor andere ihm/ihr diese entgegenbringen. Sehr begabt zur paranormalen Einfühlung und zur Auseinandersetzung mit religiösen Themen. Die Tendenz, sich auf mystischer und metaphysischer Ebene ausnutzen zu lassen, in Verbindung mit übertriebenem Idealismus bringt ihn/sie zur Selbstkonfrontation.

Der Herrscher des zwölften Hauses

1. Unterdrückung des eigenen Gefühlslebens behindert die persönliche Entwicklung.

2. Bezieht Einkommen aus verborgener Quelle. Einkommen wird durch verborgene Feinde und durch eigene verborgene Charakterzüge beeinflußt. Schwierigkeiten mit Prinzipien.

3. Schwierigkeiten und Verluste durch Familie bzw. durch Schreiben. Eignet sich dazu, sich geistig mit tieferen psy-

chologischen Problemen, mit dem Mystischen und mit Idealen zu beschäftigen und darüber zu schreiben.

4. Einschränkung oder Verlust von Elternteil des eigenen Geschlechts bzw. von dessen Besitz. Dieses Problem hat einen tiefen Einfluß auf das eigene Selbstbild.

5. Verborgene bzw. geheime Sorgen durch Liebesbeziehungen, Kinder, Selbstausdruck. Selbstausdruck wird behindert durch ungelöste und lange unerkannt bleibende seelische Probleme.

6. Veranlagung zu einer schleichenden Krankheit. Schwierigkeiten bei der Arbeit, vor allem durch Kollegen und Untergebene. Selbstkonfrontation durch Arbeit.

7. Konfrontation mit der eigenen verborgenen Problematik in Partnerschaften, sowohl in der Ehe wie auch in geschäftlichen Partnerschaften. Schwierigkeiten in Partnerschaften. Eignet sich für Mitarbeit in Gruppen.

8. Starke Veranlagung für das Okkulte; paranormale Begabung. Diese Veranlagungen und Talente werden wahrscheinlich lange nicht erkannt, da sie sich erst bei Problemen in sexuellen Beziehungen, im Zusammenhang mit Erbschaften oder dem Einkommen des Partners äußern.

9. Tiefe innerliche Veranlagung zur Philosophie. Unvermögen, diese zum Ausdruck zu bringen, so daß sie lange verborgen bleibt. Interessiert sich für geheime religiöse Riten und Bräuche. Bringt Opfer im Zusammenhang mit Blutsverwandten. Große Begabung zu intuitiver Kommunikation.

10. Wird mit sich selbst konfrontiert durch Verlust des guten Rufes in der Öffentlichkeit bzw. im Beruf, verursacht durch verborgene Feinde.

11. Wird mit sich selbst konfrontiert, da es ihm/ihr nicht oder nur schwer gelingt, die eigenen Wünsche bzw. Erwartungen an das Leben zu realisieren. Große Begabung, das Zusammenleben in Gruppen zu verbessern.

12. Starke intuitive Gabe zur Überwindung von Schwierigkeiten und zur Auflösung aller möglichen Arten von Behinderungen. Diese Kraft ist nicht erworben, sondern angeboren und kommt aus der Tiefe der Seele selbst. Der/die Betreffende ist sich nicht dessen bewußt, daß andere diese Kraft nicht haben, und bemerkt sie daher lange Zeit auch bei sich selbst nicht.

Himmelskörper im zwölften Haus

☉ Ist in der Lage, alleine, ja sogar in Isolation zu arbeiten und Probleme zu lösen, die andere für unlösbar halten. Bedürfnis nach der Freiheit, den eigenen Einflußbereich auszudehnen, wenn sich die Gelegenheit dazu bietet. Möchte die eigenen Talente zur Verbesserung der Lebensqualität anderer einsetzen. Versteht es, sich die Hilfe anderer zu sichern, die im einen oder anderen Bereich qualifiziert sind. Trennt Beruf vom Privatleben. Scheu, aber sehr arbeitsam. Profitiert von der eigenen Intuition, wenn er/sie die Neigung, Dinge oder Menschen negativ zu betrachten, überwindet. Fühlt sich schnell herausgefordert, vor allem im Beruf bzw. hinsichtlich der Karriere. Geht sehr stark in Arbeit und Beruf auf. Stark auf optimale Entfaltung der eigenen Kreativität ausgerichtet. Übersieht bei der Planung häufig Details. Braucht Partner, der an der Karriere teilnimmt, aber auch Raum läßt, damit man in der eigenen Gedanken- und Phantasiewelt alleine sein kann. Ist sich der eigenen kreativen Fähigkeiten nicht voll bewußt. Ist in der Lage, die eigenen Bedürfnisse im Dienste anderer zu befriedigen. Sehr sensibel, jedoch Mangel an Vertrauen. Sehr inspirierend und mitfühlend. Starker Wunsch, das Unbekannte zu entdecken und zu erforschen. Steht möglicherweise der eigenen Entfaltung durch einen starken Drang nach geistiger und körperlicher Selbsterhaltung im Wege. Muß sich bewußt um Vertrauen zu sich selbst und zu anderen bemühen. Nicht sehr an materiellen Dingen interessiert, kein Bedürfnis nach materiellem Überfluß. Eignet sich für ein Studium der Astrologie. Erfolg durch große Institutionen.

☾ Sehr stark entwickelte Phantasie. Sieht in harmlosen Situationen mehr Bedrohungen, als wirklich da sind. Sehr sensibel der Umgebung gegenüber, aber reagiert oft ziemlich unangemessen. Sollte sich um eine möglichst gute Ausbildung bemühen. Sehr starkes Bedürfnis, anderen zu helfen, schiebt es jedoch immer wieder auf, sich wirklich für die Gesellschaft einzusetzen. Vergleicht das eigene Können immer wieder mit dem der anderen und sieht sich selbst dabei zu negativ. Ist sehr begabt darin, anderen zu zeigen, wie sie mit mehr Erfolg ihre Probleme in Angriff nehmen können. Wird von Menschen aufgesucht, die diese Art von Schwierigkeiten haben. Kann Spezialist auf dem Gebiet werden, das er/sie sich aussucht, vor allem, wenn dieses mit Dienstleistungen in Zusammenhang steht. Neigt dazu, die eigenen Erwartungen an das Leben für die Kinder aufzuopfern. Ist sich dessen bewußt, daß er/sie lernen muß, auf eigenen Füßen zu stehen, aber hat große Schwierigkeiten, sich nicht ständig durch Nebensächlichkeiten oder Phantasien ablenken zu lassen. Der Grund liegt wahrscheinlich in den Erwartungen, die die Eltern ihm/ihr gegenüber hatten. Neigt dazu, das ausgeprägte Talent, mit vielen verschiedenen Arten von Menschen umgehen zu können, vor sich selbst und anderen zu verbergen – aus Unsicherheit und unangebrachtem Selbstschutz. Paranormale Sensibilität. Schwierigkeiten beim Erwerben von Wissen bedingt durch überaktive Phantasie. Bedeutungsvolle Träume. Begabung für Poesie und Musik, vernachlässigt diese aber wahrscheinlich. Starkes Mitgefühl mit anderen, die es weniger gut getroffen haben. Selbstkonfrontation durch unkontrollierte Emotionalität oder durch die Mutter bzw. durch Frauen.

☿ Nimmt sich das Recht, sich die Ziele selbst zu setzen und sie auch zu verwirklichen. Ist anderen gegenüber jedoch herzlich. Beschaulich und ernsthaft, viele fruchtbare Ideen und Phantasien, aber hat Schwierigkeiten, ein Anwendungsgebiet dafür zu finden. Teilt sich in bezug auf das tiefste Innere und die ureigensten Ideen anderen nicht schnell mit. Hellseherisch begabt. Inspirativer, beeinflußbarer Geist. Gefühl der Einheit mit allem Lebenden. Musik hat beruhigenden Einfluß auf Geist und Gedanken. Vorausschauende, hellseherische Träume, möglicherweise ohne dies zu wissen oder wissen zu wollen. Macht sich viele Sorgen und sollte lernen, positives Denken zu entwickeln. Geschickt im Umgang mit Geld. Viele Interessengebiete, so daß er/sie schnell neue Möglichkeiten findet, wenn das Interesse auf einem bestimmten Gebiet erlischt. Arbeitet im verborgenen an der Selbstentfaltung; ist immer »weiter«, als es den Anschein hat. Neigt dazu, Dinge, die er/sie für unwichtig hält, zu vernachlässigen, vor allem in der Karriere, was zu großen Schwierigkeiten führen kann. Ausgeprägtes, möglicherweise unbewußtes Talent, soziale Probleme zu lösen. Sollte Karriere darauf richten, anderen zu helfen. Braucht Partner, der die eigenen Ziele unterstützt, mit einem durch dick und dünn geht und nicht ständige Anpassung an seine Wünsche und Bedürfnisse fordert. Bereit, in aller Bescheidenheit zu arbeiten, bis die eigenen Talente voll entwikkelt sind. Neigt dazu, das eigene Können zu unterschätzen und freigebiger oder aufmerksamer Freunden und Kollegen gegenüber zu sein, als diese es verdienen. Meinungsverschiedenheiten mit der Familie. Muß lernen, stärker von einer Position ruhigen Selbstvertrauens aus aufzutreten. Verstand wird durch Intuition geleitet, allerdings möglicherweise unbewußt.

♀ Bedürfnis, das Beste aus den eigenen Fähigkeiten zu machen. Möchte andere durch seine/ihre Bemühungen und Gesellschaft bereichern und bringt vor allem in der Liebe anderen so viel Verständnis entgegen, daß er/sie selbst dadurch zur Einkehr gelangt. Läßt sich in der Liebe leicht ausnutzen, bzw. opfert sich zu stark auf. Sehr romantisch; das

Herz regiert in der Liebe. Musik, Kunst, Poesie spielen eine wichtige Rolle, vor allem in der Liebe. Hat verborgene Feinde, doch erleidet nie ernstlichen Schaden durch diese. Sensibel den Bedürfnissen anderer gegenüber und immer bereit zu helfen, vor allem wenn er/sie um emotionale oder spirituelle Hilfe gebeten wird. Vertraut darauf, daß es möglich ist, ein sinnvolles Leben aufzubauen. Möchte die Chance haben, entsprechend den eigenen inneren Bedürfnissen zu wachsen. Will in der Liebe ein guter Kamerad/Liebespartner sein, aber verträgt keinen Druck und keine festen Bindungen. Kann gut mit Menschen umgehen. Erreicht Ziele durch sorgfältiges Planen und Umsetzen von Ideen. Zieht Menschen an, die Gefälligkeiten erwarten, ebenso wie Menschen mit Problemen. Seine/ihre Gesellschaft ist für Menschen in Not eine Wohltat.

♂ Starke Zweifel, ob er/sie das Richtige tut. Ist so sehr darin befangen, daß er/sie die eigenen Aktivitäten und Talente anderen nicht mehr zugute kommen lassen kann. Kann gut mit Gruppen arbeiten. Hat Schwierigkeiten, Prioritäten zu setzen zwischen der Befriedigung der eigenen, vor allem körperlichen Bedürfnisse und mehr spirituellen/humanitären Zielen. Hat viele edle Pläne und Absichten, aber tendiert dazu, nicht danach zu handeln. Verwendet häufig Zuneigung, Zeit und Energie auf Ziele, die der eigenen Natur oder den eigenen Talenten zuwider laufen. Möchte sich der Verantwortung für die eigenen Taten so weit wie möglich entziehen. Sollte sich so gut wie möglich ausbilden lassen, um die wahren eigenen Talente zu erkennen. Zieht Menschen mit Problemen an. Hat tief im Inneren das Gefühl, anderen nicht nützen zu können, hat jedoch andererseits eine ausgeprägte Begabung, anderen auf die eigenen Füße zu helfen. Der beste Weg, den eigenen Wert erkennen zu lernen, ist eine intime Partnerschaft. Erlebt starke Gefühle der Unzulänglichkeit und Unwürdigkeit. Hat Schwierigkeiten, aus Fehlern und Mißerfolgen zu lernen. Sollte jede Möglichkeit zu Gruppenaktivitäten ergreifen. Verborgene Feinde. Verträumt, aber große – wahrscheinlich unbewußte – innere Kraft. Kommt zur Selbsteinkehr durch plötzliche, impulsive Aktionen, die als Ausbruch aus der Neigung zu Gleichgültigkeit zu verstehen sind. Rachsüchtig und ruhelos, wenn er/sie eingeschränkt wird. Sehr musikalisch. Neigt dazu, sich selbst in der Liebe zum Narren zu halten, vor allem so lange, bis sich bei ihm/ihr Selbstvertrauen und Mut zu den eigenen Fähigkeiten entwickelt hat.

♃ Starkes Bedürfnis, anderen zu helfen, vor allem dann, wenn die betreffende Person auf die eine oder andere Weise von ihm/ihr abhängig ist. Philanthropische, humane Lebenseinstellung. Tut Gutes und arbeitet im verborgenen. Neigt dazu, sich zurückzuziehen und ein Einsiedlerleben zu führen. Die eigenen echten inneren Talente wie Intuition und die Fähigkeit, anderen neuen Enthusiasmus, Lebensmut und neue Kraft zu geben, bleiben ihm/ihr lange verborgen. Neigt dazu, sich zu stark mit dem eigenen Bedürfnis nach Sicherheit zu beschäftigen. Kann diese Sicherheit aber gerade dadurch erreichen, daß er/sie sich für andere einsetzt. Dies ist auch der Weg zu innerem und spirituellem Wachstum. Weiß, was von ihm/ihr erwartet wird und strebt danach, diese Erwartungen mehr als gut zu erfüllen. Menschen, die Probleme haben, fühlen sich intuitiv zu ihm/ihr hingezogen. Sehr entwickelte Phantasie. Sollte dafür sorgen, sich so gut wie möglich ausbilden zu lassen, und nie zu lernen aufhören. Mit einem Partner, der die eigenen Träume teilt, kann er/sie weit über sich selbst hinauswachsen. Muß lernen, durch harte Arbeit die eigene, äußerst stark entwickelte Kreativität in Können umzusetzen. Ist in der Lage, durch Meditation und geduldiges Vertrauen alle Probleme zu lösen und die eigene Kraft kennenzulernen. Hat ein natürliches Vertrauen darin, daß der Sinn des Lebens darin besteht, immer weiter und zu immer größerer Vollkommenheit zu gelangen. Muß lernen, sorgfältig und realistisch zu planen. Das Bewußtsein, daß diejenigen, die mit ihm/ihr in Kontakt kommen, positiv angeregt werden, schafft Befriedigung. Eignet sich für wissenschaftliche Forschung. Interesse an paranormalen Fähigkeiten. Bedürfnis nach persönlichem Kontakt in Arbeitsteams.

♄ Extrem sensibel. Unbewußte Ängste halten ihn/sie davon ab, die eigenen Talente voll zu entwickeln und zu nutzen. Als Entschuldigung wird jedoch die Unterschätzung der eigenen Kreativität angeführt. Sehr großes Talent, in aller Ruhe an der Verbesserung der Lebensqualität anderer zu arbeiten. Da nicht sogleich Anerkennung folgt, redet er/sie sich ein, keine wertvolle Arbeit geleistet zu haben und selbst wertlos zu sein. Starker Verstand, der sich vor allem dazu eignet, auf rationale/vernünftige Weise Probleme zu lösen. Diese Fähigkeit bedarf jedoch einer möglichst guten Ausbildung, bevor sie sich entfalten kann. Kinder sind ein wichtiger Motivationsfaktor bei dem Bestreben herauszuragen, da er/sie ihnen ein gutes Beispiel sein will. Berufsverpflichtungen nehmen viel Zeit in Anspruch und führen zu Schwierigkeiten in der Ehe. Seine/ihre Kraft strahlt auf diejenigen aus, denen er/sie hilft. Braucht viel Zeit, um innere Ordnung herzustellen. Läßt sich leicht einschüchtern, in Verwirrung bringen und vom eigenen Lebensweg abbringen, was letztlich aber zur Selbsteinkehr führt. Braucht mehr Schlaf als andere und mehr Zeit, um wieder zu sich selbst zu kommen. Hat große Angst, von anderen oder den Umständen begrenzt zu werden. Neigt dazu, in den Tag hinein zu leben und aus Mißerfolgen der Vergangenheit nicht zu lernen, wodurch immer wieder die gleichen Schwierigkeiten entstehen.

♅ Hat Angst, in der Bewegungsfreiheit eingeschränkt zu werden. Motiviert andere gerne, ihre eigenen Talente zu nutzen; erwartet als Gegenleistung häufig sexuelle Gunst. Muß lernen, die eigenen Talente für andere einzusetzen und ihnen zu helfen. Tendiert dazu, anderen auf einem niedrigen Niveau zu helfen, und steht so der eigenen Entwicklung im Wege. Starke Intuition. Legt nicht genug Wert auf eine gute Ausbildung. Sehr begabt darin, andere in schwierigen Zeiten zu leiten, aber hat die Neigung, sich der Verantwortung, die dies mit sich bringt, zu entziehen. Eignet sich für wissenschaftliche Arbeit, Arbeit im medizinischen Bereich und in großen Institutionen. Starkes Bedürfnis nach Veränderung und Mobilität. Möchte den Unterdrückten helfen. Kann gut alleine arbeiten.

Ungewöhnliche oder vorausschauende Träume. Sehr starke Phantasie.

♆ Starkes Mitgefühl mit dem Leiden anderer, aber hat das Gefühl, daß er/sie nichts daran ändern kann. Muß lernen, eine positive Haltung gegenüber dem Leiden zu entwickeln. Sehr gute Absichten, aber vergißt, diese in die Tat umzusetzen. Starkes Talent, anderen wirklich zu helfen. Möchte gerne einen möglichst guten Eindruck machen, vor allem auf seiner/ihrer Arbeitsstelle. Sollte sich unbedingt um die bestmögliche Ausbildung bemühen. Fühlt sich leicht durch das Können anderer eingeschüchtert. Hat die Tendenz, die Zeit totzuschlagen und die eigenen Talente nicht zu entwickeln. Sollte am besten eine Karriere anstreben, in der es darum geht, die Probleme anderer zu lösen. Leidet manchmal unter Selbstmitleid und unter der Vorstellung, daß die eigenen Bemühungen fruchtlos sind. Anerkennung von anderen beseitigt dieses Gefühl. Läßt sich von anderen zu stark antreiben und will zuviel für sie tun. Arbeitet gelegentlich bis zur Erschöpfung. Muß lernen, eine positive spirituelle Haltung zu entwickeln. Einsam. Stößt aus unerklärlichen Gründen auf Widerstand bzw. Behinderung. Schlafstörungen. Ausgeprägtes Phantasieleben. Muß lernen, sich zu entspannen. Hat Wahrträume.

♇ Hilft anderen sehr gerne dabei, zu lernen, die eigenen Talente besser einzusetzen. Beste Voraussetzungen für eine Karriere im Bereich der medizinischen Forschung oder der Finanzen. Zweifelt leicht an der Integrität anderer, vor allem an der von Menschen mit politischer oder gesellschaftlicher Macht. Sollte jedoch auch die eigene Integrität im Auge behalten. Kann gewalttätig werden, wenn jemand ihm/ihr etwas abzunehmen versucht. Beschäftigt sich stark mit Geld. Ändert die eigene Meinung nicht, es sei denn, es werden sehr überzeugende Beweise angeführt, die zeigen, daß er/sie sich irrt. Hat das Bedürfnis nach einem Partner, der seine/ihre Träume, anderen zu helfen, teilt. Neigt im Kampf um die Macht dazu, andere zu überrollen. Ist bereit, auch sehr mächtige Gegner anzugreifen, auch, wenn sich diese Eigenschaft möglicherweise nicht leicht äußert. Will Kindern die Möglichkeiten verschaffen, die er/sie selbst nicht gehabt hat. Leidet unter sehr tiefen psychologischen Problemen. Fühlt sich unwiderstehlich von den tieferen Problemen des eigenen Unterbewußten angezogen, aber hat gleichzeitig auch Angst davor. Ziemlich zwanghafte Haltung gegenüber mystischen, spirituellen und gesellschaftlichen Fragen. Ab und zu plötzliche Wutausbrüche, die nicht zu seinem/ihrem wahren Charakter zu passen scheinen.

Zusammenfassung:

Die wichtigsten Schritte bei der Interpretation eines Horoskops

I. Die vollständige Horoskopinterpretation

Wenn man ein Horoskop vollständig interpretieren will, geht man folgendermaßen vor:

1. Erstellen Sie eine Übersicht der Elementenverteilung (siehe S. 46 ff.).

2. Erstellen Sie eine Übersicht der Qualitätenverteilung (siehe S. 46 ff.).

3. Suchen Sie den roten Faden des Horoskops anhand der Elementen- und Qualitätenverteilung (siehe S. 72 als Beispiel und auch S. 58 ff.).

4. Notieren Sie die Interpretationen für die Planeten in den Zeichen (siehe S. 74–90).

5. Notieren Sie die Interpretationen der Sonne/Mond-Symbolik (siehe S. 91–130).

6. Notieren Sie die Interpretationen der Aspekte (siehe S. 131–256 und das Beispiel S. 258).

7. Untersuchen Sie die Häuser, angefangen beim Aszendenten, entsprechend den Anweisungen und Interpretationen auf S. 274–445

II. Das Übersichtshoroskop

Um einen schnellen Überblick über die wichtigsten Punkte des Horoskops zu erhalten, geht man wie folgt vor:

1. Notieren Sie die Interpretationen aller Fakten, die mit dem ersten Haus in Zusammenhang stehen (siehe S. 274–312).

2. Notieren Sie die Interpretation der Kombination Sonne/Mond (siehe S. 91–130).

3. Notieren Sie die Interpretation der aspektierten Himmelskörper, angefangen bei den Aspekten von Sonne und Mond und dann in entsprechender Reihenfolge die Aspekte mit dem jeweils geringsten Orbis.

Anhang

Auszug aus einer Ephemeride

NOVEMBER 1953 LONGITUDE

Day	Sid.Time	☉	☽	12 hr ☽	True ☊	☿	♀	♂	♃	♄	♅	♆	♇
1 Su	2 39 56	8♏16 23	5♍25 10	11♍20 55	27♑54.0	0♐ 7.9	16♎34.4	29♍37.8	26♊ 0.2	1♏ 7.9	23♋ 6.2	24♎10.0	24♌51.3
2 M	2 43 53	9 16 27	17 15 53	23 10 31	27R48.6	0 26.6	17 49.1	0♎15.1	25R56.7	1 15.1	23R 6.0	24 12.2	24 52.1
3 Tu	2 47 50	10 16 33	29 5 19	5♎ 0 40	27 40.3	0R37.9	19 3.9	0 52.3	25 53.1	1 22.3	23 5.8	24 14.4	24 52.8
4 W	2 51 46	11 16 41	10♎56 55	16 54 22	27 29.4	0 41.4	20 18.7	1 29.6	25 49.2	1 29.5	23 5.5	24 16.6	24 53.5
5 Th	2 55 43	12 16 51	22 53 16	28 53 49	27 16.6	0 36.2	21 33.5	2 6.9	25 45.2	1 36.7	23 5.2	24 18.7	24 54.1
6 F	2 59 39	13 17 3	4♏56 9	11♏ 0 25	27 2.8	0 21.9	22 48.4	2 44.1	25 41.0	1 43.9	23 4.8	24 20.9	24 54.7
7 Sa	3 3 36	14 17 16	17 6 43	23 15 7	26 49.2	29♏58.0	24 3.3	3 21.3	25 36.6	1 51.1	23 4.4	24 23.0	24 55.3
8 Su	3 7 32	15 17 32	29 25 41	5♐38 30	26 36.9	29 24.2	25 18.2	3 58.5	25 32.1	1 58.2	23 3.9	24 25.1	24 55.9
9 M	3 11 29	16 17 49	11♐53 39	18 11 14	26 27.0	28 40.6	26 33.1	4 35.7	25 27.3	2 5.4	23 3.4	24 27.3	24 56.5
10 Tu	3 15 25	17 18 8	24 31 22	0♑54 13	26 20.0	27 47.5	27 48.1	5 12.9	25 22.4	2 12.5	23 2.8	24 29.4	24 57.0
11 W	3 19 22	18 18 28	7♑19 58	13 48 50	26 15.9	26 45.5	29 3.1	5 50.0	25 17.3	2 19.6	23 2.1	24 31.5	24 57.4
12 Th	3 23 19	19 18 50	20 21 4	26 56 56	26D14.4	25 35.9	0♏18.1	6 27.2	25 12.1	2 26.7	23 1.4	24 33.6	24 57.9
13 F	3 27 15	20 19 13	3♒36 43	10♒20 42	26 14.4	24 20.4	1 33.2	7 4.3	25 6.7	2 33.7	23 0.7	24 35.6	24 58.3
14 Sa	3 31 12	21 19 38	17 9 6	24 2 10	26R14.9	23 1.1	2 48.2	7 41.4	25 1.1	2 40.8	22 59.9	24 37.7	24 58.7
15 Su	3 35 8	22 20 4	1♓ 0 1	8♓ 2 44	26 14.6	21 40.4	4 3.3	8 18.4	24 55.4	2 47.8	22 59.0	24 39.7	24 59.1
16 M	3 39 5	23 20 31	15 10 13	22 22 17	26 12.5	20 21.0	5 18.4	8 55.5	24 49.5	2 54.8	22 58.1	24 41.7	24 59.4
17 Tu	3 43 1	24 20 59	29 38 36	6♈58 38	26 8.0	19 5.5	6 33.5	9 32.5	24 43.5	3 1.7	22 57.2	24 43.8	24 59.7
18 W	3 46 58	25 21 29	14♈21 43	21 47 1	26 1.1	17 56.3	7 48.6	10 9.5	24 37.3	3 8.6	22 56.2	24 45.8	25 0.0
19 Th	3 50 54	26 22 0	29 13 33	6♉40 15	25 52.5	16 55.6	9 3.8	10 46.5	24 31.0	3 15.5	22 55.1	24 47.7	25 0.3
20 F	3 54 51	27 22 33	14♉ 6 2	21 29 45	25 43.0	16 4.8	10 18.9	11 23.5	24 24.5	3 22.4	22 54.0	24 49.7	25 0.5
21 Sa	3 58 48	28 23 7	28 50 19	6♊ 6 45	25 33.8	15 25.0	11 34.1	12 0.5	24 17.9	3 29.2	22 52.9	24 51.7	25 0.7
22 Su	4 2 44	29 23 42	13♊18 12	20 23 58	25 26.0	14 56.9	12 49.3	12 37.4	24 11.2	3 36.1	22 51.7	24 53.6	25 0.8
23 M	4 6 41	0♐24 19	27 23 32	4♋16 33	25 20.3	14D40.4	14 4.6	13 14.4	24 4.4	3 42.8	22 50.4	24 55.5	25 1.0
24 Tu	4 10 37	1 24 58	11♋ 2 52	17 42 30	25 17.0	14 35.4	15 19.8	13 51.3	23 57.4	3 49.6	22 49.1	24 57.4	25 1.1
25 W	4 14 34	2 25 38	24 15 36	0♌42 29	25D15.9	14 41.2	16 35.1	14 28.2	23 50.3	3 56.3	22 47.8	24 59.3	25 1.1
26 Th	4 18 30	3 26 20	7♌ 3 32	13 19 15	25 16.3	14 57.1	17 50.3	15 5.0	23 43.2	4 2.9	22 46.4	25 1.1	25R 1.2
27 F	4 22 27	4 27 3	19 30 12	25 36 58	25 17.4	15 22.4	19 5.6	15 41.9	23 35.9	4 9.6	22 45.0	25 3.0	25 1.2
28 Sa	4 26 24	5 27 48	1♍40 12	7♍40 32	25R18.3	15 56.1	20 20.9	16 18.7	23 28.5	4 16.2	22 43.5	25 4.8	25 1.2
29 Su	4 30 20	6 28 34	13 38 39	19 35 11	25 18.0	16 37.3	21 36.3	16 55.5	23 21.0	4 22.7	22 42.0	25 6.6	25 1.1
30 M	4 34 17	7 29 22	25 30 46	1♎26 0	25 16.1	17 25.2	22 51.6	17 32.3	23 13.4	4 29.2	22 40.4	25 8.4	25 1.0

DECEMBER 1953 LONGITUDE

Day	Sid.Time	☉	☽	12 hr ☽	True ☊	☿	♀	♂	♃	♄	♅	♆	♇
1 Tu	4 38 13	8♐30 11	7♎21 27	13♎17 39	25♑12.1	18♏18.9	24♏ 6.9	18♎ 9.1	23♊ 5.8	4♏35.7	22♋38.8	25♎10.1	25♌ 0.9
2 W	4 42 10	9 31 1	19 15 4	25 14 10	25R 6.2	19 17.8	25 22.3	18 45.9	22R58.0	4 42.1	22R37.1	25 11.9	25R 0.8
3 Th	4 46 6	10 31 53	1♏15 18	7♏18 48	24 58.8	20 21.2	26 37.7	19 22.6	22 50.2	4 48.5	22 35.4	25 13.6	25 0.6
4 F	4 50 3	11 32 47	13 24 56	19 33 53	24 50.6	21 28.5	27 53.1	19 59.3	22 42.4	4 54.8	22 33.7	25 15.3	25 0.4
5 Sa	4 53 59	12 33 41	25 45 50	2♐ 0 52	24 42.3	22 39.2	29 8.5	20 36.0	22 34.4	5 1.1	22 31.9	25 16.9	25 0.2
6 Su	4 57 56	13 34 37	8♐19 3	14 40 22	24 34.8	23 52.8	0♐23.9	21 12.6	22 26.5	5 7.4	22 30.1	25 18.6	24 59.9
7 M	5 1 53	14 35 34	21 4 49	27 32 22	24 28.7	25 8.8	1 39.3	21 49.3	22 18.4	5 13.5	22 28.2	25 20.2	24 59.7
8 Tu	5 5 49	15 36 32	4♑ 2 55	10♑36 27	24 24.6	26 27.1	2 54.7	22 25.9	22 10.4	5 19.7	22 26.3	25 21.8	24 59.3
9 W	5 9 46	16 37 30	17 12 51	23 52 7	24D22.6	27 47.2	4 10.2	23 2.4	22 2.3	5 25.8	22 24.4	25 23.4	24 59.0
10 Th	5 13 42	17 38 30	0♒34 9	7♒18 57	24 22.3	29 8.9	5 25.6	23 39.0	21 54.1	5 31.8	22 22.4	25 24.9	24 58.6
11 F	5 17 39	18 39 30	14 6 30	20 56 47	24 23.3	0♐32.0	6 41.0	24 15.5	21 46.0	5 37.8	22 20.4	25 26.4	24 58.2
12 Sa	5 21 35	19 40 30	27 49 47	4♓45 29	24 24.8	1 56.3	7 56.5	24 52.0	21 37.8	5 43.7	22 18.4	25 27.9	24 57.8
13 Su	5 25 32	20 41 31	11♓43 52	18 44 51	24R26.0	3 21.6	9 11.9	25 28.5	21 29.6	5 49.6	22 16.3	25 29.4	24 57.4
14 M	5 29 28	21 42 33	25 48 20	2♈54 8	24 26.2	4 47.8	10 27.4	26 4.9	21 21.5	5 55.4	22 14.2	25 30.8	24 56.9
15 Tu	5 33 25	22 43 35	10♈ 2 1	17 11 41	24 25.0	6 14.7	11 42.8	26 41.3	21 13.3	6 1.1	22 12.0	25 32.3	24 56.4
16 W	5 37 22	23 44 37	24 22 43	1♉34 39	24 22.4	7 42.4	12 58.3	27 17.6	21 5.1	6 6.8	22 9.8	25 33.6	24 55.8
17 Th	5 41 18	24 45 40	8♉46 56	15 58 57	24 18.7	9 10.6	14 13.7	27 54.0	20 57.0	6 12.4	22 7.6	25 35.0	24 55.2
18 F	5 45 15	25 46 43	23 10 2	0♊19 31	24 14.4	10 39.4	15 29.2	28 30.3	20 48.9	6 18.0	22 5.4	25 36.3	24 54.7
19 Sa	5 49 11	26 47 47	7♊26 43	14 30 57	24 10.1	12 8.6	16 44.7	29 6.6	20 40.8	6 23.5	22 3.2	25 37.6	24 54.0
20 Su	5 53 8	27 48 51	21 31 39	28 28 14	24 6.5	13 38.3	18 0.1	29 42.8	20 32.7	6 28.9	22 0.9	25 38.9	24 53.4
21 M	5 57 4	28 49 56	5♋20 16	12♋ 7 25	24 4.0	15 8.4	19 15.6	0♏19.0	20 24.7	6 34.3	21 58.6	25 40.2	24 52.7
22 Tu	6 1 1	29 51 1	18 49 25	25 26 10	24D 2.9	16 38.8	20 31.1	0 55.2	20 16.8	6 39.6	21 56.2	25 41.4	24 52.0
23 W	6 4 57	0♑52 7	1♌57 37	8♌23 54	24 2.9	18 9.5	21 46.5	1 31.4	20 8.9	6 44.8	21 53.9	25 42.6	24 51.3
24 Th	6 8 54	1 53 13	14 45 10	21 1 43	24 3.9	19 40.6	23 2.0	2 7.5	20 1.0	6 50.0	21 51.5	25 43.7	24 50.5
25 F	6 12 51	2 54 20	27 13 54	3♍22 9	24 5.5	21 11.9	24 17.5	2 43.6	19 53.2	6 55.1	21 49.1	25 44.9	24 49.8
26 Sa	6 16 47	3 55 27	9♍26 56	15 28 47	24 7.1	22 43.6	25 33.0	3 19.7	19 45.5	7 0.1	21 46.6	25 46.0	24 49.0
27 Su	6 20 44	4 56 35	21 28 17	27 25 59	24 8.4	24 15.6	26 48.5	3 55.7	19 37.9	7 5.1	21 44.2	25 47.0	24 48.1
28 M	6 24 40	5 57 44	3♎22 31	9♎18 29	24R 9.1	25 47.8	28 4.0	4 31.7	19 30.3	7 10.0	21 41.7	25 48.1	24 47.3
29 Tu	6 28 37	6 58 53	15 14 29	21 11 8	24 8.9	27 20.3	29 19.4	5 7.7	19 22.8	7 14.8	21 39.2	25 49.1	24 46.4
30 W	6 32 33	8 0 2	27 9 0	3♏ 8 38	24 8.1	28 53.2	0♑34.9	5 43.6	19 15.5	7 19.5	21 36.7	25 50.0	24 45.5
31 Th	6 36 30	9 1 12	9♏10 35	15 15 18	24 6.5	0♑26.3	1 50.4	6 19.5	19 8.2	7 24.2	21 34.2	25 51.0	24 44.6

Astro Data	Planet Ingress	Last Aspect	☽ Ingress	Last Aspect	☽ Ingress	☽ Phases & Eclipses	Astro Data
Dy Hr Mn	Dy Hr Mn	Dy Hr Mn	Dy Hr Mn	Dy Hr Mn	Dy Hr Mn	Dy Hr Mn	1 November 1953
☽0S 2 6:58	♂ ♎ 1 14:19	2 17:32 ♃ □	♎ 3 1:51	2 11:57 ♆ ☌	♏ 2 21:30	6 17:58 ● 14 ♏ 2	Julian Day # 19663
☿ R 3 21:51	☿ ♏ 6 21:36	5 5:42 ♃ △	♏ 5 14:12	5 7:13 ♀ ☌	♐ 5 8: 9	14 7:52 ☽ 21 ♒ 39	Delta T 31.0 sec
♂0S 6 6:32	♀ ♏ 11 18:12	7 23:57 ☿ ☌	♐ 8 1: 6	7 7:56 ♆ ✱	♑ 7 16:33	20 23:12 ○ 28 ♉ 21	SVP 5 ♓ 54′ 2″
♃✱♇ 14 9:25	☉ ♐ 22 14:22	10 6:51 ♀ ✱	♑ 10 10:18	9 21:10 ☿ ✱	♒ 9 22:59	28 8:16 ☾ 5 ♍ 49	Obliquity 23°26′ 48″
☽0N 16 8:47		12 8:44 ☿ ✱	♒ 12 17:31	11 19:53 ♆ △	♓ 12 3:46		Chiron ⚷ 16♑23.0
♃△♆ 16 23: 5	♀ ♐ 5 16:24	14 13:38 ♇ ☍	♓ 14 22:17	13 17:57 ♅ △	♈ 14 7: 6	6 10:48 ● 14 ♐ 2	☽ Mean ☊ 27♑58.6
☿ D 23 22:57	☿ ♐ 10 14:48	16 15:57 ♃ □	♈ 17 0:35	16 5: 5 ♂ ☍	♉ 16 9:22	13 16:30 ☽ 21 ♓ 23	
♆✱♇ 26 0:28	♂ ♏ 20 11:23	18 17:12 ♇ △	♉ 19 1:15	18 2:55 ♇ □	♊ 18 11:27	20 11:43 ○ 28 ♊ 19	1 December 1953
♇ R 26 20:47	☉ ♑ 22 3:32	20 23:12 ☉ ☍	♊ 21 1:54	20 11:43 ☉ ☍	♋ 20 14:40	28 5:43 ☾ 6 ♎ 12	Julian Day # 19693
☽0S 29 13:18	♀ ♑ 29 12:54	22 19:54 ♇ ✱	♋ 23 4:31	22 12:29 ♆ □	♌ 22 20:23		Delta T 31.0 sec
♃⚺♅ 5 9:58	☿ ♑ 30 17:14	25 1:21 ♆ □	♌ 25 10:40	24 21: 7 ♆ ✱	♍ 25 5:24		SVP 5 ♓ 53′58″
☽0N 13 14:10		27 10:55 ♆ ✱	♍ 27 20:41	27 12: 1 ♀ □	♎ 27 17:11		Obliquity 23°26′ 47″
♃⚼♄ 15 21: 6		29 19:25 ♃ □	♎ 30 9: 6	30 4: 0 ☿ ✱	♏ 30 5:43		Chiron ⚷ 18♑20.2
☽0S 26 20:50							☽ Mean ☊ 26♑23.3

Die Berechnung eines Geburtshoroskops

Den Berechnungen des Horoskops liegen folgende Fakten zugrunde:

1. Alle Himmelskörper stehen zu jedem beliebigen Zeitpunkt in einem der Tierkreiszeichen.
2. Alle Himmelskörper durchlaufen den Tierkreis in unterschiedlichen Geschwindigkeiten.
3. Daher müssen die Positionen der Himmelskörper getrennt voneinander berechnet werden.

Will man ein Horoskop selbst berechnen, dann braucht man:

a) eine Ephemeride,
b) ein Buch, in dem die Längen- und Breitengrade aller Orte auf der Erde angegeben sind: einen guten Atlas,
c) ein Buch, in dem die täglichen Geschwindigkeiten der Himmelskörper pro Minute errechnet sind.

Bevor man sich zu einer solchen Anschaffung entschließt, sollte man folgendes bedenken: Die astrologischen Berechnungen sind nicht schwierig, aber ziemlich umständlich; bei der Handarbeit unterlaufen leicht Fehler. Andererseits sind die erforderlichen Bücher ziemlich teuer.
Man sollte auch darüber nachdenken, ob man die Arbeit nicht einem Computer überlassen will. Es gibt mittlerweile eine Vielzahl von Computerprogrammen für astrologische Berechnungen. Leistungen und Preise dieser Programme differieren allerdings sehr stark.
Außerdem könnte man die im folgenden vorgeschlagene Methode der Schätzung anwenden. Dafür braucht man ein Nachschlagewerk weniger, nämlich das unter c) aufgeführte Nach-

schlagewerk zur Bestimmung der täglichen Geschwindigkeiten der Planeten.

Im folgenden erkläre ich die Berechnungen nach zwei Methoden:
- einerseits eine Schätzung mit Hilfe von Interpolation,
- andererseits die Arbeit mit allen Tabellen. Wir arbeiten mit Beispielen.

Beispiel

Wir wollen die Positionen für den 1. November 1953 berechnen. Dazu benötigen wir die Zeit, und zwar die Greenwich-Zeit (GT). Mit anderen Worten: Wir müssen die Zeit, die die Uhr am Geburtsort anzeigt, auf die Greenwich-Zeit umrechnen. Dies ist notwendig, da die Ephemeride, die wir benutzen, sich an der Greenwich-Zeit orientiert. Die Himmelskörper stehen überall auf der Welt an der gleichen Stelle im Tierkreis, also müssen wir die Zeit auf die Standard-Zeit umrechnen, die für die Ephemeride gilt.
Gesetzt den Fall, die GT ist 00.00 Uhr. Wir beginnen mit der Berechnung der Positionen der Himmelskörper. Dazu brauchen wir die Ephemeride. In »The Complete Planetary Ephemeris« steht für den 1. November 1953:

Day	Sid.Time	☉	☽	12 hr ☽	True ☊	☿
1 Su	2 39 56	8♏16 23	5♍25 10	11♍20 55	27♑54.0	0♐ 7.9

♀	♂	♃	♄	♅	♆	♇
16♎34.4	29♍37.8	26♊ 0.2	1♏ 7.9	23♋ 6.2	24♎10.0	24♌51.3

Das heißt: in Spalte 1: der Tag,
in Spalte 2: die Sternzeit,
in Spalte 3–13: die Position (Längengrad) der Himmelskörper inklusive des aufsteigenden Mondknotens oder Drachenkopfs (Symbol: ☊).

Diese Ephemeride gibt die Planetenpositionen für 00.00 Uhr an. Wir haben also die gesuchten Positionen der Himmelskörper gefunden.
Wenn wir die zwölf Zeichen des Tierkreises in einem Kreis darstellen, der bei 0° Widder beginnt, dann können wir die Positionen in dieses vorläufige Horoskop folgendermaßen einzeichnen:

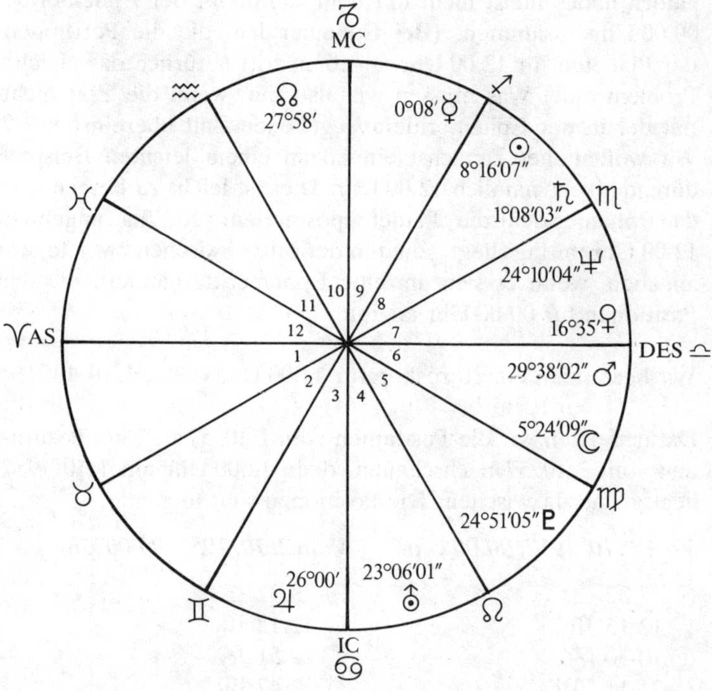

Aufgabe 1: Zeichne das vorläufige Horoskop für GT 00.00 Uhr vom 1. September 1957. In der Ephemeride finden wir folgende Positionen:

☉ 8.17 ♍ ☾ 5.58 ♐ ☿ 24.9 ♍ ♀ 14.38 ♎ ♂ 15.6 ♍

♃ 4.47 ♎ ♄ 8.0 ♐ ♅ 9.13 ♌ ♆ 0.30 ♏ ♇ 0.25 ♍

Zeit ungleich Ephemeridenzeit

In unserem ersten Beispiel haben wir die gesuchte Zeit, nämlich 00.00 Uhr, in der Ephemeride gefunden. Vollständigkeitshalber weise ich noch einmal darauf hin, daß in der Ephemeride die Zeit von Greenwich angegeben ist.
Bei einer Horoskopberechnung fällt der errechnete Zeitpunkt jedoch leider meist nicht mit dem Zeitpunkt der Ephemeride 00.00 Uhr zusammen. (Bei Ephemeriden, die die Positionen der Planeten für 12.00 Uhr angeben, tritt natürlich das gleiche Problem auf.) Was müssen wir also tun, wenn die Zeit nicht mit der in der Ephemeride angegebenen Zeit übereinstimmt? Wir wollen dies zunächst einmal an einem leichten Beispiel durchdenken, nämlich 12.00 Uhr. Dies ist leicht zu berechnen, da Ephemeriden die Planetenpositionen pro Tag angeben. 12.00 Uhr mittags liegt genau in der Mitte zwischen zwei Tagesangaben, wenn es sich um eine Ephemeride handelt, die die Positionen für 00.00 Uhr angibt.

Wir berechnen ein Horoskop für 12.00 Uhr (GT), 1. 10. 1957.

Dafür müssen wir die Positionen vom 1. 10. 57 und die Positionen vom 2. 10. 57 nachschauen, denn 12.00 Uhr am 1. 10. 1957 liegt genau dazwischen. Die Positionen sind folgende:

Vom 1. 10. 1957, 00.00 Uhr	*Vom 2. 10. 1957, 00.00 Uhr*
☉ 7.32 ♎	☉ 8.32 ♎
☊ 12.15 ♏	☊ 12.12 ♏
☾ 10.30 ♑	☾ 22.51 ♑
☿ 21.11 ♍	☿ 22.42 ♍
♀ 19.34 ♏	♀ 20.44 ♏
♂ 4.25 ♎	♂ 5.00 ♎
♃ 11.08 ♎	♃ 11.21 ♎
♄ 9.37 ♐	♄ 9.42 ♐
♅ 10.40 ♌	♅ 10.43 ♌
♆ 1.25 ♏	♆ 1.27 ♏
♇ 1.21 ♍	♇ 1.22 ♍

Die Entfernungen, die die einzelnen Himmelskörper vom 1.10. bis 2.10. zurückgelegt haben, erhält man, indem man die beiden Positionswerte voneinander subtrahiert. Ergebnis:

Entfernungen, die die Himmelskörper vom 1.10.57 bis zum 2.10.57 zurückgelegt haben

☉ 1°00′ ☊ 0°03′ ☾ 12°21′ ☿ 1°31′

♀ 1°10′ ♂ 0°39′ ♃ 0°13′ ♄ 0°5′

♅ 0°03′ ♆ 0°02′ ♇ 0°01′

Berechnung der Positionen durch Schätzung

Die erste Methode, die Positionen der Planeten zu berechnen, ist die der Schätzung. Wir haben es hier mit einem Zeitraum von 12 Stunden zu tun, also der Hälfte von 24 Stunden. In diesen 12 Stunden haben die Himmelskörper natürlich auch nur die Hälfte der Entfernung zurückgelegt, die sie in 24 Stunden zurücklegen würden. Wir dividieren daher die Entfernungen durch 2 und erhalten die Entfernung, die die Himmelskörper in 12 Stunden zurückgelegt haben, und zwar wie folgt:

Himmelskörper	*Entfernung in 24 Stunden*	*Entfernung in 12 Stunden*
☉	1°00′ ♎	00°30′
☊	0°03′ ♏	00°01′30″
☾	12°21′ ♑	00°10′30″
☿	1°31′ ♍	00°45′30″
♀	1°10′ ♏	00°35′
♂	0°39′ ♎	00°19′30″
♃	00°13′ ♎	00°06′30″
♄	0°05′ ♐	00°02′30″
♅	0°03′ ♌	00°01′30″
♆	0°02′ ♏	00°01′
♇	00°01′ ♏	00°00′30″

Die Entfernungen, die in 12 Stunden zurückgelegt worden sind, addieren wir zu den in der Ephemeride angegebenen Positionen für 00.00 Uhr. Wir erhalten dann:

Stand der Himmelskörper um 00.00 Uhr + 12 Stunden

☉	07°33′	♎	00°30′	08°03	♎
☊	12°15′	♏	00°01′30″	12°13′30″	♏
☾	12°21′	♑	00°10′30″	16°40′30″	♑
☿	21°11′	♍	00°45′30″	21°56′30″	♍
♀	19°34′	♏	00°35′	20°09′	♏
♂	04°25′	♎	00°19′30″	7°25′	♎
♃	11°08′	♎	00°06′30″	11°14′30″	♎
♄	09°37′	♐	00°02′30″	09°39′30″	♐
♅	10°40′	♌	00°01′30″	10°41′30″	♌
♆	01°25′	♏	00°01′	01°26′	♏
♇	01°21′	♏	00°00′30″	01°21′30″	♏

Berechnung der zurückgelegten Entfernungen mit Hilfe von Tabellen

Die zweite Methode, die man anwenden kann, ist das Benutzen der ASI-Tabellen. Wir wollen einmal schauen, was für Ergebnisse wir erhalten, wenn wir die Werte aus diesen Tabellen ablesen.

Ablesen der Tabellen

In den ASI-Tabellen steht spaltenweise angegeben, wieviel ein Himmelskörper in einer bestimmten Anzahl von Minuten und Stunden zurücklegt. Außerdem brauchen wir nur noch die tägliche Bewegung der Himmelskörper. Ist diese geklärt, dann suchen wir in der Tabelle die Seite auf, auf der die zurückgelegte Entfernung angegeben ist, und lesen ab, was die Stunden ergeben, und zählen hinzu, was die Minuten ergeben.

In den ASI-Tabellen wird zwischen der Sonne und anderen Himmelskörpern unterschieden. Die Bewegungen der Sonne werden auf den Seiten 1–30, die der anderen Planeten auf den Seiten 30–136 beschrieben.

Beispiel

In unserem Fall legt die Sonne vom einen zum anderen Tag 1° zurück. Diese Entfernung findet man auf Seite 18. Wir suchen die Anzahl der Stunden auf, d. h. 12, und finden in der Spalte den dazugehörigen Wert, nämlich 0°30′, genau das, was unsere vorherige Berechnung auch ergeben hat.

Der Mondknoten legt 3′ zurück. Dies findet man auf Seite 84. Ergebnis: 1′30″ – auch wieder genau das, was wir schon berechnet haben.

Der Mond legt 12°21′ zurück, siehe Seite 128, und auch hier stimmen unsere Ergebnisse überein.

Die anderen Planeten finden wir auf den Seiten 58, 52, 44, 36, 34, 34, 34, 34. Immer wieder können wir feststellen, daß unsere erste Berechnung richtig war.

Ergebnis: Die Schätzungsmethode ist völlig ausreichend.

Probleme bei der Schätzungsmethode

Problematisch wird die Verwendung der Schätzungsmethode, wenn die Zeitangabe komplizierter ist als in unserem Beispiel. Die Zeit lag ja genau in der Mitte zwischen den in der Ephemeride angegebenen Zeiten. Wenn man nun zum Beispiel 9.34 Uhr ausrechnen muß, dann wird die Sache viel komplizierter. Wir kommen darauf später noch zurück. Vorab noch eine Übung für 12.00 Uhr.

Aufgabe 2: Berechne den Stand der Himmelskörper für GT 12.00 Uhr vom 1. 10. 1961.

Die Positionen für den 1. Oktober 1961 und den 2. Oktober 1961 findet man in untenstehender Tabelle (00.00 Uhr).
Es empfiehlt sich, immer zuerst die Entfernung zu notieren, die die einzelnen Himmelskörper an einem ganzen Tag zurücklegen.

Himmelskörper	*1. 10. 1961*	*2. 10. 1961*
☉	7°34′ ♎	8°33′ ♎
☊	24°53′ ♌	24°49′ ♌
☾	0°52′ ♋	13°08′ ♋
☿	3°15′ ♏	4°04′ ♏
♀	8°57′ ♍	10°10′ ♍
♂	29°26′ ♎	0°07′ ♎
♃	27°24′ ♑	27°25′ ♑
♄	23°14′ ♑	23°15′ ♑
♅	28°40′ ♌	28°43′ ♌
♆	9°50′ ♏	9°52′ ♏
♇	8°52′ ♍	8°54′ ♍

Zusammenfassung: Regel für die Berechnung durch Schätzung

Die Position eines Himmelskörpers ermitteln Sie in den folgenden drei Schritten:

1. Sie rechnen aus, in welchem Verhältnis die GT (in Stunden) zu 24 Stunden steht. Sie erhalten also eine Zahl, die angibt, welcher Bruchteil diese Zeit von einem ganzen Tag ist. (Zum Beispiel: 1 Uhr ist ¹⁄₂₄; 2 Uhr ist ¹⁄₁₂; 3 Uhr ist ⅛; 4 Uhr ist ⅙ von 24 Stunden usw.).
2. Sie berechnen die Entfernung (in Grad, Minuten und Sekunden), die der Himmelskörper in 24 Stunden zurücklegt.

3. Sie multiplizieren die Entfernung mit der Bruchzahl aus Schritt 1.

Einfache Uhrzeiten

Einfache Uhrzeiten sind volle Stunden, die leicht zu berechnen sind, wie folgende:

12 Uhr: Multiplizieren Sie die Tagesentfernung mit ½
8 Uhr: Multiplizieren Sie die Tagesentfernung mit ⅓
6 Uhr: Multiplizieren Sie die Tagesentfernung mit ¼
4 Uhr: Multiplizieren Sie die Tagesentfernung mit ⅙
3 Uhr: Multiplizieren Sie die Tagesentfernung mit ⅛
2 Uhr: Multiplizieren Sie die Tagesentfernung mit 1/12
1 Uhr: Multiplizieren Sie die Tagesentfernung mit 1/24
18 Uhr: Multiplizieren Sie die Tagesentfernung mit ¾
usw.

Frage 1: Wie viele Himmelskörper können 12° pro Tag zurücklegen?

Berechnung nach Stunden

12 Uhr ist genau die Hälfte von 24 Uhr. Deshalb ist es leicht, die Positionen für die Himmelskörper um 12 Uhr GT zu berechnen. Man nimmt einfach die Hälfte der gesamten Tagesentfernung. Bei den meisten Zeiten jedoch sind die Berechnungen viel schwieriger. Relativ leicht ist es noch, wenn man es mit vollen Stunden zu tun hat. In diesem Fall kann man die in einer Stunde zurückgelegte Entfernung errechnen und das Ergebnis mit der Anzahl der Stunden multiplizieren. Bei 5 Stunden multipliziert man demzufolge mit 5, bei 11 Stunden mit 11.
Das letzte Beispiel, nämlich 11 Uhr, zeigt aber schon, daß die Multiplikationsmethode nicht immer die beste ist. 11 Uhr liegt nämlich nur eine Stunde von 12 Uhr entfernt. Es ist daher

einfacher, zuerst die in einer Stunde zurückgelegte Entfernung zu berechnen, dann die Entfernung für 12 Stunden auszurechnen – die Hälfte der gesamten Tagesentfernung – und von dieser Position bei 12 Uhr die in 1 Stunde zurückgelegte Entfernung abzuziehen. So erhält man die Position für 11 Uhr.

Der zweite Rechnungsweg sieht also folgendermaßen aus: Sie gehen von einer der obengenannten einfachen Uhrzeiten aus und ziehen entweder eine Stunde davon ab oder zählen eine Stunde hinzu.

Nicht für alle Planeten ist die auf Stunden genaue Berechnung gleich wichtig

Die meisten Planeten legen pro Tag nur eine kleine Entfernung zurück. Sie bewegen sich daher pro Stunde nur sehr wenig. Eine Stunde ist ziemlich schwierig zu berechnen. Gesetzt den Fall, ein Planet legt einen halben Grad pro Tag zurück, dann legt er pro Stunde 1′15″ zurück. Dies mit der Hand auszurechnen ist lästig, und man macht schnell einen Fehler. Man sollte daher besser mit der nächstgelegenen leicht zu errechnenden Zeit arbeiten. Bei 1 Uhr ist das 0 Uhr. Bei 11 Uhr ist es 12 Uhr. Das heißt: Bei schriftlich errechneten Schätzungen treten kleine Ungenauigkeiten von 1 oder 2 Gradminuten auf, was akzeptabel ist.

Schätzen schwieriger Zeiten

1. Errechnen Sie die Entfernung von 24 Stunden mit Hilfe der Ephemeride.

2. Wählen Sie eine einfache Uhrzeit.

3. Prüfen Sie, ob es sinnvoll ist, die langsamen Planeten genau zu berechnen.

4. Falls nicht, verwenden Sie die Zahl der nächsten einfachen Uhrzeit als Teilzahl.

Rechnen mit einem Taschenrechner

Für die psychologische Astrologie ist äußerste Genauigkeit bis auf die Gradminute nicht erforderlich. Man kann daher ruhig von Hand berechnen. Hat man jedoch einen Taschenrechner zur Verfügung, dann braucht man keine Konzessionen an die Genauigkeit zu machen.
Die Arbeit mit dem Taschenrechner vereinfacht die Berechnung erheblich. Allerdings muß man zuvor das Stunden/Minuten-System auf das Dezimalsystem umrechnen, d. h., man teilt die Anzahl der Gradminuten durch 60. 30 Gradminuten werden also zu $^{30}/_{60} = 0{,}5$. Dies teilt man dann wiederum durch 24, um die Entfernung für 1 Stunde zu erhalten: $^{0{,}5}/_{24} = 0{,}021$. Dies rechnet man wieder in Gradminuten um: d. h., man multipliziert mit 60: $0{,}021 \times 60 = 1{,}25' = 1'15''$ (ein Viertel einer Gradminute sind 15 Gradsekunden.)

Beispiel:

Wir errechnen die Positionen für 5 Uhr GT vom 1. 4. 1965. Die Berechnung verläuft in folgenden Schritten:

1. Wir berechnen die Entfernung von 24 Stunden mit Hilfe der Ephemeride.

2. Wir wählen eine einfache Uhrzeit.

3. Wir prüfen nach, ob es sinnvoll ist, die langsamen Planeten zu errechnen.

4. Wir verwenden die Zahl der nächsten einfachen Uhrzeit als Teilzahl.

Schritt 1: die 24-Stunden-Entfernung

Aus der Ephemeride entnehmen wir für die Himmelskörper:

1. 4. 65 0.00	*2. 4. 65 0.00*	*Entfernung*	
☉ 11.03 ♈	☉ 12.02 ♈	00.59	
☊ 17.12 ♊	☊ 17.09 ♊	00.03	
☾ 28.44 ♓	☾ 11.51 ♈	13.07	
☿ 22.55 ♈	☿ 22.35 ♈	00.20	(R)
♀ 08.11 ♈	♀ 9.26 ♈	01.15	
♂ 10.01 ♍	♂ 10.46 ♍	00.45	
♃ 25.26 ♉	♃ 25.38 ♑	00.12	
♄ 11.34 ♓	♄ 11.41 ♓	00.07	
♅ 11.37 ♍	♅ 11.35 ♍	00.02	(R)
♆ 19.35 ♏	♆ 19.34 ♏	00.01	(R)
♇ 14.21 ♏	♇ 14.20 ♍	00.01	(R)

Schritt 2: Eine einfache Uhrzeit ist 6 Uhr (eine Stunde mehr als 5): ein Viertel der Tagesentfernung.

Schritt 3: Die drei letzten Planeten legen 1 oder 2 Minuten pro Tag zurück. Es ist nicht notwendig, eine so geringe Entfernung zu berechnen. Bei diesen Planeten notieren wir einfach den Stand von 00.00 Uhr.

Schritt 4: Wir teilen den Rest immer durch 4 und erhalten:

Himmels-körper	*Entfernung nach Teilung*	*Position*	
☉	00.59/4 = 0.15	11.30 + 0.15 = 11.18	♈
☊	00.03/4 = 0.01	17.12 − 0.01 = 17.11	♊
☾	13.07/4 = 3.16	28.44 + 3.16 = 31.60 = 2.00	♈

Himmels-körper	*Entfernung nach Teilung*	*Position*	
☿	00.20/4 = 0.05	22.55 − 0.05 = 22.50 (R)	♈
♀	01.15/4 = 0.18	8.11 + 0.18 = 8.39	♈
♂	00.45/4 = 0.11	10.1 + 0.11 = 10.12	♍
♃	00.12/4 = 0.03	25.26 + 0.08 = 25.29	♉
♄	00.07/4 = 0.02	11.34 + 0.02 = 11.36	♓
⛢		11.37	♍
♆		19.35 (R)	♏
♇		14.21 (R)	♍

Auf diese Weise können wir alle Stände in ungefähr 10 Minuten errechnen. Mit den ASI-Tabellen geht es auch nicht schneller. Eine kleine Ungenauigkeit können wir hinnehmen, da wir auf diese Weise nie eine Fehlerquote von einem Grad überschreiten.

Aufgabe 3: Errechnen Sie für 13.00 Uhr GT die Positionen der Himmelskörper am 5. Oktober 1984.

Die Stände aus der Ephemeride sind:

5. 10. 84	*6. 10. 84*
☉ 11.56 ♎	☉ 12.55 ♎
☊ 29.48 ♉	☊ 29.45 ♉
☾ 17.17 ♒	☾ 29.20 ♒
☿ 7.32 ♎	☿ 9.19 ♎
♀ 11.25 ♏	♀ 12.38 ♏
♂ 29.49 ♐	♂ 0.31 ♐
♃ 5.06 ♑	♃ 5.13 ♑
♄ 14.46 ♏	♄ 14.52 ♏
⛢ 10.29 ♐	⛢ 10.31 ♐
♆ 28.49 ♐	♆ 28.50 ♐
♇ 1.16 ♏	♇ 1.18 ♏

Und noch ein Punkt ist wichtig und muß für die Berechnung in bestimmten Fällen unbedingt beachtet werden: *die Sommerzeit.*

Wenn wir ein Horoskop aus dem deutschen Raum erstellen, ziehen wir normalerweise 1 Stunde von der Geburtszeit ab und erhalten dadurch die Greenwich-Zeit (= Weltzeit). Gilt jedoch für das zu erstellende Datum die Sommerzeit, so müssen wir 2 Stunden abziehen, um zur Weltzeit zu gelangen. An den weiteren Berechnungsschritten ändert sich dadurch nichts. Wenn im Beispiel auf Seite 479 (2. 2. 1984, 12.00 Uhr, Amsterdam) Sommerzeit gegolten hätte, so hätten wir als Resultat unserer Berechnungen nicht 20 Uhr 06 Min. 57,5 Sek. erhalten, sondern genau eine Stunde weniger, also 19 Uhr 06 Min. 57,5 Sek.

Für Westdeutschland gelten folgende Sommerzeiten:

30. 4. 1916	23 Uhr bis	1. 10. 1916	1 Uhr	
16. 4. 1917	2 Uhr bis	17. 9. 1917	3 Uhr	
15. 4. 1918	2 Uhr bis	16. 9. 1918	3 Uhr	
1. 4. 1940	2 Uhr bis	2. 11. 1942	3 Uhr	(1941 und 1942 durchgehend)
29. 3. 1943	2 Uhr bis	4. 10. 1943	3 Uhr	
3. 4. 1944	2 Uhr bis	2. 10. 1944	3 Uhr	
2. 4. 1945	2 Uhr bis	16. 9. 1945	2 Uhr	(Westzonen)
14. 4. 1946	2 Uhr bis	7. 10. 1946	3 Uhr	
6. 4. 1947	3 Uhr bis	11. 5. 1947	3 Uhr	
11. 5. 1947	3 Uhr bis	29. 6. 1947	3 Uhr	(Doppelte Sommerzeit!)
29. 6. 1947	3 Uhr bis	5. 10. 1947	3 Uhr	
18. 4. 1948	2 Uhr bis	3. 10. 1948	3 Uhr	
10. 4. 1949	2 Uhr bis	2. 10. 1949	3 Uhr	
6. 4. 1980	2 Uhr bis	28. 9. 1980	3 Uhr	
29. 3. 1981	2 Uhr bis	26. 9. 1981	3 Uhr	
28. 3. 1982	2 Uhr bis	26. 9. 1982	3 Uhr	
27. 3. 1983	2 Uhr bis	25. 9. 1983	3 Uhr	
25. 3. 1984	2 Uhr bis	30. 9. 1984	3 Uhr	
31. 3. 1985	2 Uhr bis	29. 9. 1985	3 Uhr	
30. 3. 1986	2 Uhr bis	28. 9. 1986	3 Uhr	
29. 3. 1987	2 Uhr bis	27. 9. 1987	3 Uhr	

Die Häuser des Horoskops

Die Horoskopfigur

Wir haben uns bisher mit Sternbildern und Tierkreiszeichen beschäftigt. Wir können die Himmelskörper in die Tierkreiszeichen einzeichnen, denn wir haben gelernt, ihre Positionen zu berechnen. Damit haben wir jedoch noch kein Horoskop.

Wenn wir an den Tierkreis denken, beschäftigen wir uns mit dem Kosmos. Das Horoskop ist jedoch an die Erde gebunden. Wir müssen daher noch die Erde in unsere Betrachtungen mit einbeziehen, bevor wir von einem Horoskop sprechen können. Mit anderen Worten, wir müssen wissen, wie sich die kosmischen Konstellationen auf der Erde widerspiegeln. Wo finden wir auf der Erde die Projektion des Zeichens Widder, wo die des Zeichens Stier usw.?
Diese Fragen werden beantwortet, wenn wir uns mit den Häusern des Horoskops beschäftigen.

Die Projektion der Zeichen auf die Erde

Wie immer, wenn es darum geht, etwas zu bestimmen, müssen wir auch hier einen festen Ausgangspunkt finden.

Frage 2: Von welchem festen Punkt sind wir beim Festsetzen der Zeichen des Tierkreises ausgegangen?

Die ganze Astrologie kreist um den Begriff der Zeit. Es bietet sich daher an, sich auch hier auf einen festen Zeitpunkt als Ausgangspunkt zu beziehen. Wir können den Zeitpunkt wählen, an dem die Sonne aufgeht, den Zeitpunkt also, an dem der Tag beginnt. Wir könnten auch den Zeitpunkt nehmen, an dem die Sonne ihren höchsten Punkt erreicht: die Tagesmitte.

Der Punkt, an dem die Sonne aufgeht:

der ASZENDENT

In der Zeitung steht jeden Tag, wann die Sonne aufgeht. So stand zum Beispiel in einem Tagesblatt vom 11. 1. 1985:

12. Januar Sonnenaufgang: 8.44 Uhr

13. Januar Sonnenaufgang: 8.43 Uhr

14. Januar Sonnenaufgang: 8.42 Uhr

Wenn die Sonne aufgeht, sieht man sie über dem Horizont aufsteigen. Das ist ein wichtiger Zeitpunkt. Die Sonne geht im Osten auf.
So haben wir einen festen Punkt gefunden: den Punkt, an dem die Sonne am Horizont aufsteigt.

Frage 3: Man kann den Zeitpunkt, zu dem die Sonne am Horizont aufgeht, auch als Schnittpunkt der Ekliptik mit dem Horizont bezeichnen. Erklären Sie, daß diese beiden Ausdrücke das gleiche bedeuten.

Aufgangspunkt

Wir haben einen der wichtigsten Punkte im Horoskop gefunden: den Punkt, an dem die Sonne aufgeht. Das lateinische Wort für »aufgehen« ist *ascendere*. Von diesem Wort ist der astrologische Name für diesen Punkt abgeleitet, nämlich *Aszendent*. Der Aszendent wird auch *Aufgangspunkt* genannt.

Frage 4: In welchem Zeichen des Tierkreises liegt der Aszendent am 12. Januar um 8.44 Uhr?

Zeichen des Tierkreises, das untergeht:

der DESZENDENT

Die Sonne geht in einem Zeichen des Tierkreises auf. Diesem gegenüber liegt ein anderes Tierkreiszeichen. Dieses Zeichen geht in dem Moment unter, in dem die Sonne aufgeht. Dieser Punkt liegt genau 180° vom Aszendenten entfernt, da wir es ja mit einem Kreis zu tun haben. Der Punkt heißt *Untergangspunkt.* Das lateinische Wort für »absteigen, untergehen« ist *descendere,* von dem die astrologische Bezeichnung *Deszendent* abgeleitet ist.

Wir haben nun zwei Punkte des Horoskops gefunden, in denen der Kosmos sich auf der Erde widerspiegelt: den Punkt des Sonnenaufgangs und den Punkt, der diesem genau gegenüberliegt. In Wirklichkeit handelt es sich dabei um die Schnittpunkte der Sonnenbahn mit dem Horizont.

In der Zeitung ist auch der Zeitpunkt des Sonnenuntergangs angegeben. Außer den bereits genannten Daten steht dort folgendes:

12. Januar Sonnenuntergang: 16.54 Uhr

13. Januar Sonnenuntergang: 16.56 Uhr

14. Januar Sonnenuntergang: 16.57 Uhr

Frage 5: Sie sehen, daß die Sonne jeden Tag etwas später untergeht. Wodurch ist das bedingt?

Frage 6: In welchem Zeichen des Tierkreises steht die Sonne, wenn sie am 12. Januar 1985 untergeht?

Zeichnung

Wir haben jetzt den ersten Schritt zum Anfertigen einer Horoskopzeichnung getan. Wir können durch den Kreis die Linie des Horizonts ziehen: die Achse Aszendent/Deszendent:

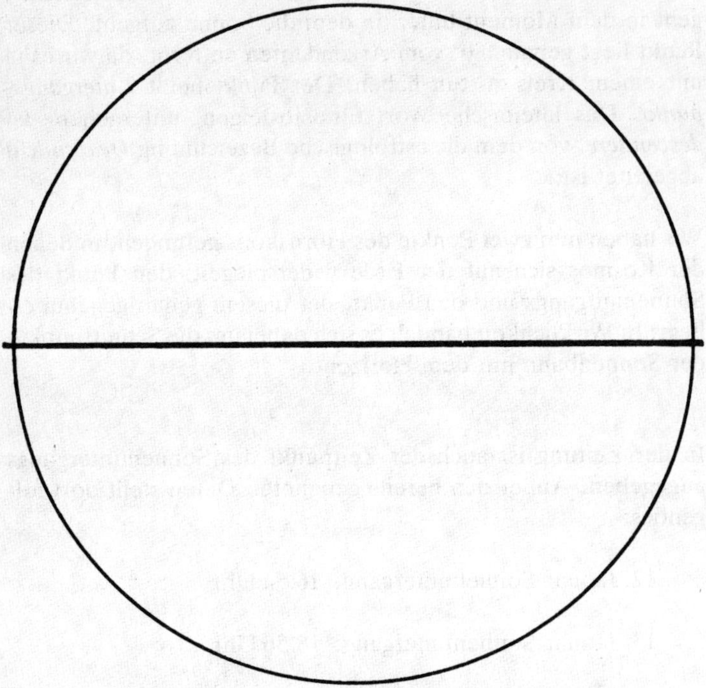

Tragen Sie die Tierkreiszeichen für Aszendent und Deszendent und die Sonne für den 12. 1. 1985, 8.44 Uhr ein.

Der höchste Punkt der Sonne:

die Himmelsmitte oder der MC

Ein zweites Paar von Punkten, das für die Spiegelung des Kosmos auf der Erde von Bedeutung ist, sind die Schnittpunkte des Tierkreises mit dem Meridian. Letzterer ist ein hypothetischer Kreis, der von Süden nach Norden durch den Zenit und den Nadir läuft. Der Zenit ist der höchste Punkt des Himmels; er befindet sich genau senkrecht über Ihnen. Der Nadir liegt dem Zenit genau gegenüber, also senkrecht unter Ihnen. Es gibt zwei Meridiane. Der eine ist der Kreis, den wir gerade beschrieben haben. Er verläuft von Süden über den Zenit nach Norden und über den Nadir wieder gen Süden. Diesen Meridian sehen Sie von jedem Ort der Erde aus. Außerdem gibt es noch den Nullmeridian; das ist der Kreis, der vom Nordpol über Greenwich zum Südpol läuft.

Die Sonne erreicht ihren höchsten Punkt in der Mitte des Tages. Demgegenüber liegt der Punkt, an dem die Sonne ihre niedrigste Position erreicht. Den höchsten Punkt nennen wir *Himmelsmitte* oder auf lateinisch: *Medium coeli.* Die Abkürzung lautet MC.

Der tiefste Punkt der Sonne:

die Himmelstiefe oder der IC

Genau wie beim Aszendenten liegt dem höchsten Punkt der niedrigste Punkt gegenüber, IC genannt, eine Abkürzung für *Imum coeli* (Himmelstiefe). Den MC erreicht die Sonne genau in der Mitte des Tages – in echter Zeit ausgedrückt natürlich.

Wir haben nun zwei Linien durch das Horoskop, die wir als zwei rechtwinklig aufeinanderstehende Linien in den Kreis einzeichnen:

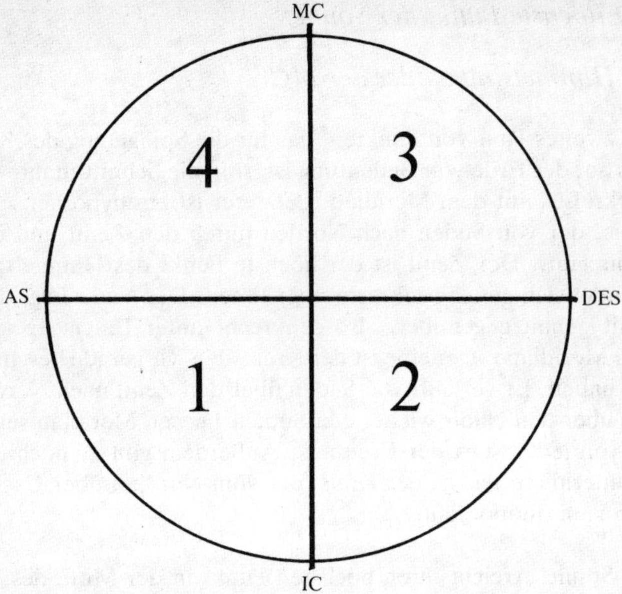

Die Position des MC finden Sie in den sogenannten Häusertabellen, auf die wir noch zu sprechen kommen werden.

Das Horoskop ist jetzt in *4 Quadranten* unterteilt, die in unserem Beispiel von 1–4 numeriert sind. Diese Quadranten sind bei der psychologischen Interpretation des Horoskops von Bedeutung.

Häuser des Horoskops

Wir haben die vier Quadranten kennengelernt. Das Horoskop ist jetzt also in vier Abschnitte unterteilt. Normalerweise wird es jedoch in zwölf Abschnitte aufgeteilt. Diese Abschnitte werden von 1–12 numeriert. Die Numerierung erfolgt entgegengesetzt zum Uhrzeigersinn, beginnend beim Aszendenten. Wir nennen diese zwölf Abschnitte die Häuser des Horoskops.

Ein Horoskop mit eingezeichneten Häusern sieht demnach folgendermaßen aus:

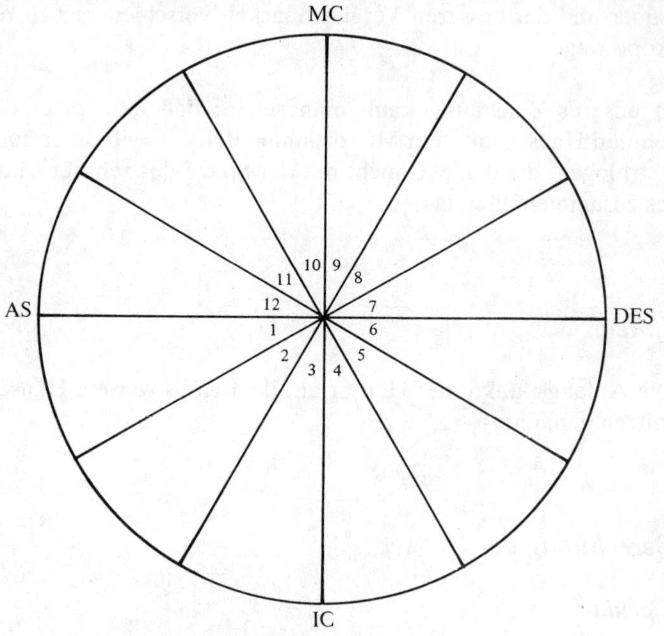

Andere Zeichnungen

In unserer Zeichnung haben wir das Horoskop in zwölf gleiche Abschnitte unterteilt, d. h. in zwölf gleich große Häuser. Das ist eine Vereinfachung, wie wir später noch sehen werden. Es gibt auch Astrologen, die die Häuser nicht gleich groß zeichnen, sondern von der genauen Anzahl der Grade ausgehen, die ein Haus einnimmt. In diesem Fall sind die Häuser also ungleich. Unsere Methode wird genannt: die *Methode der gleich groß gezeichneten Häuser.* Die andere wird die *Methode der gleichen Zeichen* genannt. Es gibt auch eine Methode, bei der die Häuser alle genau 30° einnehmen. Dies ist eine der ältesten Methoden; sie stammt aus Ägypten.

In unserem System sind die Häuser also ungleich, aber sie werden gleich *gezeichnet.* Dies geschieht der Übersichtlichkeit halber und der besseren Vergleichbarkeit verschiedener Horoskope wegen.

In unserer Zeichnung kann man sehen, daß die Spitze des zehnten Hauses mit dem MC zusammenfällt. Es gibt aber auch Astrologen, die den MC nicht mit der Spitze des zehnten Hauses zusammenfallen lassen.

Spitze

Die Anfangspunkte der Häuser auf dem Kreis werden Häuserspitzen genannt.

Berechnung der Häuser

Placidus

Es gibt viele Systeme der Häuserberechnung. Hierzulande ist das gebräuchlichste System das von Placidus de Titus, der von 1590 bis 1668 lebte. Placidus de Titus war ein italienischer Mönch und zu seiner Zeit ein berühmter Astrologe. Er ging beim Entwerfen seines Häusersystems vom Ursprung aller westlichen Astrologie, nämlich dem Buch *Tetrabiblios* vom Ptolemäus aus.
Das Kapitel über die Häuser in diesem Buch ist aber so schwer verständlich, daß man allgemein annimmt, Placidus habe es falsch verstanden.
Vor und nach Placidus waren andere Häusersysteme in Gebrauch. Das Häusersystem von Placidus scheint vor allem für eine bestimmte Art von wahrsagender Astrologie geeignet zu sein. Diese Form der Astrologie hat er selbst entwickelt.

Verschiedene Häusersysteme

Das *gleiche Häusersystem* der Ägypter

Das älteste bekannte Häusersystem stammt von den Ägyptern. Es wird das *äquale* oder *gleiche Häusersystem* genannt. Ausgehend vom Aszendenten zählten sie jeweils 30° weiter und erhielten so die Spitzen der aufeinanderfolgenden Häuser. Bei diesem System fällt in unseren Breiten die Spitze des zehnten Hauses im allgemeinen nicht mit dem MC zusammen. So steht zum Beispiel bei 52° nördl. Breite bei einem Aszendenten in 10° Schütze der MC in 11° Waage. Nach dem System der *gleichen Häuser* jedoch würde der Aszendent genau 90° weiter liegen, d. h. in 10° Jungfrau. Der Unterschied beträgt also 31°. Dieses System wird auch heutzutage noch verwendet.

Porphyrius

Der Syrier Porphyrius entwarf ungefähr 250 Jahre n. Chr. ein neues Häusersystem. Er berechnete den MC genau und setzte ihn mit der Spitze des zehnten Hauses gleich. So erhielt er die Quadranten. Dann unterteilte er den Rest des Bogens in gleiche Abschnitte. So entstehen Häuser von ungleicher Größe. Denn wenn der MC in 11° Waage steht und der Aszendent in 10° Schütze, dann ist der Bogen Aszendent-MC 59° groß. Jedes Haus auf diesem Bogen hat nun eine Größe von ungefähr 20°. Der Bogenteil Aszendent-IC beträgt dann jedoch 121°. (Zusammen sind es 180°.) Die dazugehörigen Häuser werden folglich alle 40° groß.

Andere Systeme

Die problematischen Punkte bei der Wahl eines Häusersystems sind folgende: Müssen die Häuser gleich groß sein, und muß die Spitze des zehnten Hauses mit dem MC zusammenfallen? Schwierigkeiten bei der Berechnung gab es stets: Von welchem Punkt soll man bei der Berechnung ausgehen? Der eine Astro-

loge wählte diese Koordinaten, der andere jene, denn es gibt naturgemäß unendlich viele Möglichkeiten, Bahnen durch das Weltall zu ziehen.
Berühmte Häusersysteme stammen von Albetegnus (880–929), Campanus (um 1280), Regiomontanus (Johannes Müller aus Königsberg, 1436–1476), Placidus de Titus (1590–1668) und Walter Koch aus unserer Zeit. Ich benutze das System von Walter Koch. Es ist eine Weiterentwicklung der Systeme von Placidus und Regiomontanus. Nach meiner Erfahrung ist das Koch-System sehr geeignet für die psychologische Astrologie. Dieser Auffassung schließen sich viele andere an, vor allem amerikanische Astrologen, die sich mit psychologischer Astrologie beschäftigen.

Grundlage für die Häuserberechnung: die Sternzeit

In der Ephemeride ist auch die Sternzeit (ST) angegeben. Sie gibt Aufschluß darüber, wieviel früher als 00.00 Uhr der Frühlingspunkt durch den Meridian lief. In den Ephemeriden ist dies immer auf die Greenwich-Zeit bezogen. Steht dort 6.00 Uhr ST, dann ist der Frühlingspunkt 6 Stunden früher über den Meridian von Greenwich gelaufen als 00.00 Uhr. Bei diesem Punkt können wir in der Tabelle ablesen, in welchem Grad der MC stand. Außerdem ist aus der Tabelle zu ersehen, wo die anderen Häuserspitzen zu finden sind.

Beispiel:

Bei 0 Std. 0 Min. 0 Sek. ST finden wir in den Koch-Tabellen folgendes für 52° nördl. Breite:

MC 0° ♈

XI	XII	A	II	III
0.17 ♊	3.20 ♋	26.59 ♋	18.11 ♌	9.01 ♍

Das heißt: für jemanden, der auf 52° nördl. Breite geboren ist und bei dem die Berechnung seiner ST 0.00 Uhr ergibt, liegen die Häuser wie in untenstehender Zeichnung:

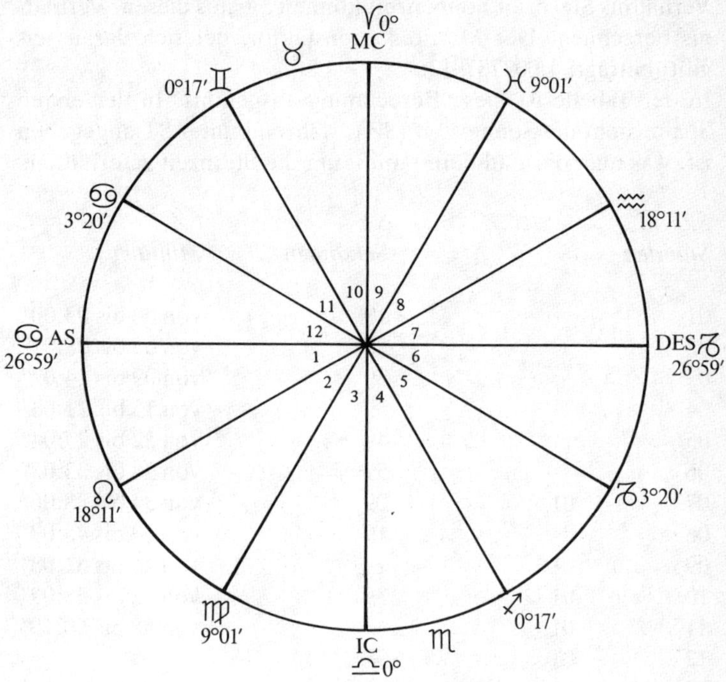

Tabelle zur Korrektur Sonnenzeit/Sternzeit

Ein Jahr hat 365.2422 Sonnentage und 366.2422 Sterntage. Das Verhältnis Sternzeit/Sonnenzeit können Sie aus diesem Verhältnis berechnen. Der Multiplikationsfaktor, der sich daraus ergibt, beträgt: 1,002737912.
In der Tabelle ist diese Berechnung ausgeführt. In der ersten Spalte steht die Sonnenzeit (SZ), während unter ST angegeben ist, was man dazu addieren muß, um die Sternzeit zu erhalten:

SZ *Stunden*		*ST* *Sekunden*	*SZ* *Minuten*
01		10	von 00 bis 03:00″
02		20	von 05 bis 08:01″
03		29	von 09 bis 14:02″
04		39	von 15 bis 21:03″
05		49	von 22 bis 27:04″
06		59	von 28 bis 33:05″
07	01	09	von 34 bis 38:06″
08	01	19	von 39 bis 45:07″
09	01	29	von 46 bis 51:08″
10	01	39	von 52 bis 57:09″
11	01	48	von 58 bis 60:10″
12	01	58	
13	02	08	
14	02	18	
15	02	28	
16	02	38	
17	02	48	
18	02	57	
19	03	07	
20	03	17	
21	03	27	
22	03	37	
23	03	47	
24	03	57	

Frage 7: Wo befinden sich die Zeichen Stier und Skorpion in der Zeichnung? Wie kommt es, daß sie nicht an der Spitze eines Hauses stehen?

Zeichen, die ganz von einem Haus eingeschlossen sind, ohne die Spitze zu berühren, werden *eingeschlossene Zeichen* genannt.

Berechnung der Sternzeit (ST)

Bei der Berechnung der ST geht man folgendermaßen vor:

1. Zuerst errechnet man die GT.
2. Man sucht in den Korrekturtabellen für Sonnenzeit unter ST die Korrektur auf (siehe oben).
3. Man addiert die Korrekturminuten oder -sekunden zur GT.
4. Man schaut in der Ephemeride nach, welche Zeit bei 00.00 Uhr am Geburtstag war.
5. Man addiert die Zahl unter 3 zur Zahl unter 4, und man erhält die GST (Sternzeit Greenwich).
6. Die Ortssternzeit erhält man durch die Formel: OST = GST + östliche Länge/15 oder für westliche Länge: OST = GST − westliche Länge/15.

Beispiel

Wir berechnen die ST für jemanden, der am 2.2.1984 um 12.00 Uhr in Amsterdam geboren ist.

1. Berechnung GT
   Es handelt sich um MEZ, also um 11.00 Uhr GT.
   Amsterdam liegt auf 4°54′ östl. Länge, d.h., zur GT muß man 19 Min. 36 Sek. hinzuzählen, um 02 zu erhalten.

2. Die Korrektur für 11 Uhr = 1 Min. 50 Sek.
3. 11.00 Uhr + 1 Min. 50 Sek. = 11 Uhr 1 Min. 50 Sek.
4. GST für 0 Uhr am 2. 2. 1984 = 8 Std. 54 Min. 31,5 Sek.
5. GST = 8 Std. 45 Min. 31,5 Sek. + 11 Std. 1 Min. 50 Sek. = 19 Std. 46 Min. 81,5 Sek. = 19 Uhr 47 Min. 21,5 Sek.
6. OST = GST + 0 Stunden 19′36″ = 19 Stunden 47 Min. 21,5 Sek. + 0 Std. 9 Min. 36 Sek. = 19 Std. 66 Min. 57,5 Sek. = 20 Std. 06 Min. 57,5 Sek.

Häuser aus den Koch-Tabellen ablesen

Um die Häuser ablesen zu können, muß man wieder Schätzungen vornehmen. Man nimmt dazu immer die Positionen, die so dicht wie möglich bei dem liegen, was man gefunden hat.

Auf Seite 154 gibt Koch die Stände für die folgenden Zeiten an:

20 Std. 04 Min. 34 Sek. und 20 Std. 08 Min. 44 Sek.

MC

Die berechnete ST liegt dazwischen. Der MC für das Horoskop, mit dem wir uns beschäftigen, liegt also zwischen den beiden angegebenen MCs. Das ist zwischen 29° Steinbock und 0° Wassermann. Der gesuchte MC ist also 29°30′ Steinbock.

Die übrigen Häuser erhält man auf die gleiche Weise. Amsterdam liegt auf 52°20′02″ nördl. Breite, also ungefähr auf einem Drittel zwischen dem 52. und dem 53. Grad nördlicher Breite. Man kann dies bei den Schätzungen mit einbeziehen. Oder man kann sich am 52. Grad orientieren. Außerdem muß man noch die Mitte zwischen den Positionen für 20 Std. 04 Min. 34 Sek. und 20 Std. 08 Min. 44 Sek. berechnen. Ich beschränke mich bei den Schätzungen auf den Mittelwert zwischen den Häuserpositionen für die beiden Zeiten.

Die Tabellen geben folgendes an:

Zeit: 20 Std. 04 Min. 34 Sek.			*Zeit: 20 Std. 08 Min. 44 Sek.*		
MC	29°	♑	MC	00°	♒
XI	06°21′	♓	XI	08°11′	♓
XII	25°07′	♈	XII	27°09′	♈
A	01°55′	♊	A	03°21′	♊
II	25°39′	♊	II	26°46′	♊
III	13°32′	♋	III	14°32′	♋

Frage 8: Wie berechnen Sie nun die Spitzen vom fünften bis neunten Haus? Welche Zeichen und Grade stehen an den Spitzen des fünften bis neunten Hauses?

Die Horoskopzeichnung mit Häuserspitzen für den 2. 2. 1984, 12.00 Uhr, Amsterdam, sieht folgendermaßen aus:

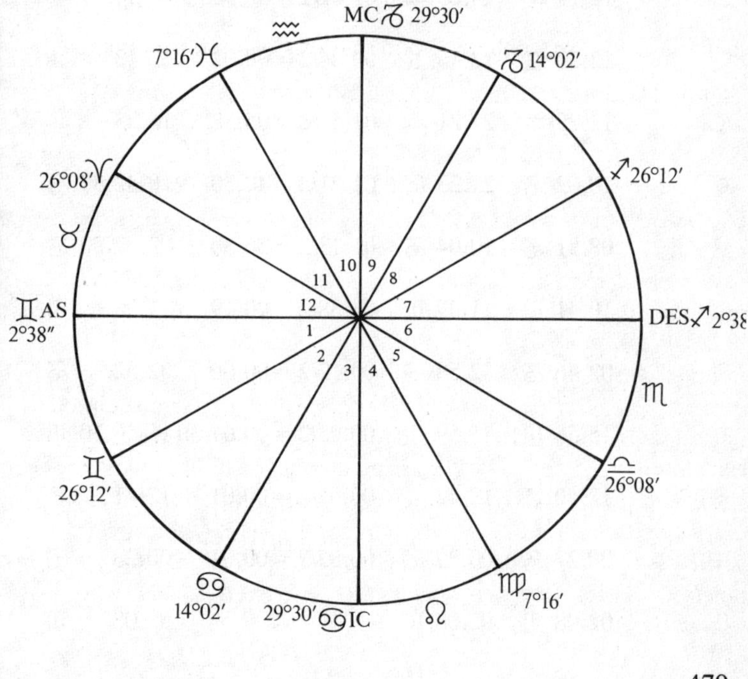

Frage 9: Welche Zeichen sind eingeschlossen? Wo befinden sich die eingeschlossenen Zeichen?

Die vollständige Horoskopzeichnung

Um das Horoskop zu vervollständigen, muß man die Planetenpositionen berechnen. Diese trägt man dann in die Zeichnung ein. Wir berechnen sie nach der Schätzungsmethode. Die Schätzungszeit ist 12 Uhr, also benötigen wir die halbe Entfernung von den Ephemeridenpositionen für den 2. und 3. Februar 1984. Diese sind:

Himmels-körper	*2. 2. 84*	*3. 2. 84*	*Differenz*	*Stand*	
☉	12.19 ♒	13.20 ♒	01.01/2 = 30.30	49.30	♒
☊	12.50 ♊	12.46 ♊	00.04/2 = 00.02	12.48	♊
☾	12.25 ♒	24.21 ♒	01.56/2 = 05.58	18.23	♒
☿	20.02 ♑	21.23 ♑	01.21/2 = 40.30	20.42.30	♑
♀	08.51 ♑	10.04 ♑	01.13/2 = 36.30	09.07.30	♑
♂	10.41 ♏	11.09 ♏	00.38/2 = 00.19	11.00	♏
♃	02.46 ♑	02.58 ♑	00.12/2 = 00.06	02.52	♑
♄	15.56 ♏	15.59 ♏	00.03/2 = 00.01.30	15.57.30	♏
♅	12.40 ♐	12.42 ♐	00.02/2 = 00.01	12.41	♐
♆	00.27 ♑	00.29 ♑	00.02/2 = 00.01	00.28	♑
♇	02.08 ♏	02.08 ♏		02.08	♏

Wir zeichnen die Himmelskörper in das bestehende Horoskop ein und erhalten folgende Zeichnung:

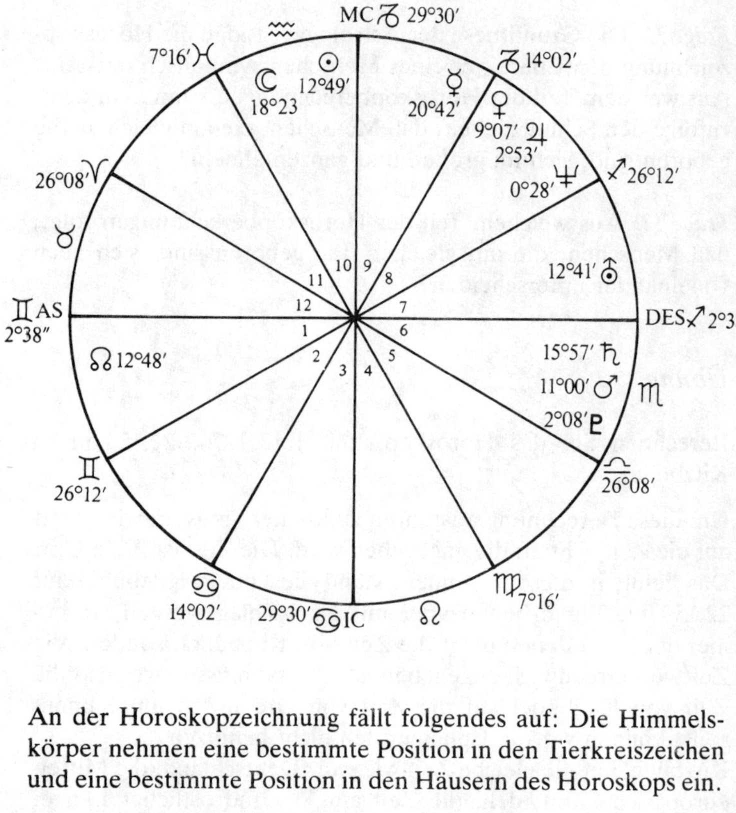

An der Horoskopzeichnung fällt folgendes auf: Die Himmelskörper nehmen eine bestimmte Position in den Tierkreiszeichen und eine bestimmte Position in den Häusern des Horoskops ein.

Zeichenwechsel auf dem MC

Vier Minuten bedeuten eine Veränderung von einem Grad am MC und demnach auch in den Häusern. Etwa alle zwei Stunden steht ein anderes Zeichen am Aszendenten.

Frage 10: Was verändert sich am schnellsten im Laufe des Tages: der Stand der Himmelskörper in den Zeichen oder der Stand der Himmelskörper in den Häusern?

Frage 11: Die Grundthese der Astrologie ist, daß die Horoskopzeichnung den Charakter eines Menschen symbolisch darstellt. Aus welchem Teil der Horoskopberechnungen kann man demzufolge den Schluß ziehen, daß Menschen, die am gleichen Tag geboren sind, sich im großen und ganzen ähneln?

Frage 12: Aus welchem Teil der Horoskopberechnungen folgt, daß Menschen, die am gleichen Tag geboren sind, sich auch voneinander unterscheiden?

Übung

Berechnen Sie das Horoskop vom 1.12.1976, 22.15 Uhr in Kitzbühel.

Um diese Berechnung ausführen zu können, müssen wir zuerst auf die Zeit achten, die angegeben wird. Die Zeit ist 22.15 Uhr. Das heißt, in diesem Moment stand die Uhr in Kitzbühel auf 22.15 Uhr. Wir arbeiten aber mit Nachschlagewerken (Ephemeriden), bei denen nicht die Zeit von Kitzbühel, sondern die Zeit von Greenwich angegeben ist. Zuerst müssen wir also die Zeit von Kitzbühel auf die Zeit von Greenwich umrechnen, sonst können wir die Ephemeriden nicht benutzen.
Kitzbühel hat die gleiche Zeit wie ganz Deutschland: die Mitteleuropäische Zeit, d.h. die Zeit am 15. Grad östlicher Länge. Pro Grad östlicher Länge unterscheidet sich die Zeit von der von Greenwich um 4 Minuten. Die Mitteleuropäische Zeit (MEZ) differiert von der Zeit von Greenwich also um $15 \times 4 =$ 60 Minuten. Wollen wir die Greenwich-Zeit erhalten, dann müssen wir zuerst eine Stunde von der angegebenen Uhrzeit abziehen:

22.15 Uhr − 1 Std. = 21.15 Uhr

Jetzt haben wir die Zeit von Greenwich, die auch Weltzeit genannt wird. Mit dieser Zeit errechnen wir die Positionen der Himmelskörper.
Kitzbühel liegt jedoch weder auf 15° noch auf 0° östlicher Länge, sondern auf 12°25′ östlicher Länge. Um jetzt noch die echte Zeit von Kitzbühel herauszufinden, müssen wir zur Zeit von Greenwich 12°25′ × 4 addieren. 12°25′ × 4 = 48 Min., 100 Sek., bzw. 49 Min., 40 Sek. Ausgedrückt in Greenwichzeit ist 22.15 Uhr in Kitzbühel also:

21.15 Uhr + 49 Min. 40 Sek. = 22.04 Uhr 40 Sek.

Jetzt haben wir die Uhrzeit von Kitzbühel am 1.12.1976, ausgedrückt in einer Zeit, die zur Zeit der Ephemeride paßt. Diese Zeit wird die Ortszeit genannt. Die Ortszeit dient der Bestimmung der Häuser.
Die Himmelskörper nehmen die folgende Position ein:

Sonne	9°49′	Schütze
Mond	17°00′	Widder
Merkur	23°14′	Schütze
Venus	20°56′	Steinbock
Mars	7°50′	Schütze
Jupiter	24°19′	Stier
Saturn	16°52′	Löwe
Uranus	9°51′	Skorpion
Neptun	13°33′	Schütze
Pluto	13°36′	Waage

Die Häuserpositionen sind:

1. 24°40′ Löwe
2. 21°15′ Jungfrau
3. 17°58′ Waage
4. 14°29′ Skorpion
5. 28°05′ Schütze
6. 27°56′ Steinbock
7. 24°40′ Wassermann
8. 21°15′ Fische
9. 17°58′ Widder
10. 14°29′ Stier
11. 28°05′ Zwillinge
12. 27°56′ Krebs

Frage 13: Bei welcher ST ist dies die Häuserstellung?

Wenn Sie diese letzte Übung korrekt ausgeführt haben, können Sie im Prinzip alle Horoskope berechnen.

Zusammenfassung der Berechnungsschritte

I. Für die Zeit:

a) Berechnen von GT, d. h.:

  1. Welche Zeit ist es? (Korrigiere)
  2. Ist es Sommerzeit? (Korrigiere)

b) Berechnen der Ortszeit (OZ), d. h.:

  1. Welche Länge ist es? (östl. Länge +) (westl. Länge –)
  2. Wieviel Grade und Minuten?
  3. Rechnen Sie die Grade und Minuten um.
  4. Korrigieren Sie für östl. Länge oder westl. Länge.

II. Für die Himmelskörper

a) Gehen Sie von GT aus.

b) Notieren Sie die Position aus der Ephemeride vor der Geburt.

c) Notieren Sie die Position aus der Ephemeride nach der Geburt.

d) Errechnen Sie den Teilungsfaktor (24 Std./GT).

e) Dividieren Sie die zurückgelegte Entfernung durch den Teilungsfaktor.

f) Addieren Sie die zurückgelegte Entfernung zur Position aus b).

III. Für die Häuser

a) Errechnen Sie die ST vor der Geburtszeit, d. h.:

   1. Notieren Sie die ST vor dem Geburtstag aus der Ephemeride.
   2. Korrigieren Sie die GT für ST = GST.
   3. Addieren sie die östl. Länge zur GST oder subtrahieren Sie die westl. Länge davon: Dies ist die Sternzeit vor der Geburt: OST.

b) Suchen Sie in den Koch-Tabellen die Zeit, die der errechneten OST am nächsten liegt (siehe ac): Sie erhalten so den MC.

c) Suchen Sie den Breitengrad, der dem Grad des Geburtsortes am nächsten liegt, und lesen Sie die anderen Häuserspitzen ab.

Lösungen zu den Aufgaben und Fragen

Aufgabe 1:

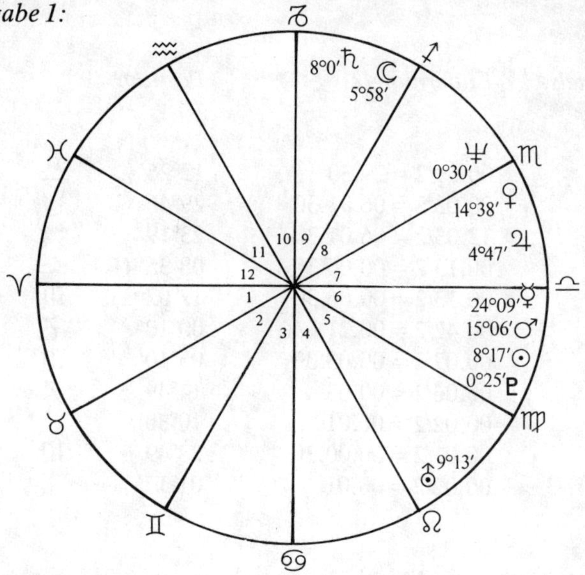

Aufgabe 2:

Himmels-körper	*Entfernung/2*	*Position*	
☉	00.59/2 = 29.30	08°03′	♎
☊	00.04/2 = 00.02	24°51′	♌
☾	12.16/2 = 06.08	07°00′	♋
☿	00.49/2 = 24.30	03°39′30″	♏
♀	01.13/2 = 36.30	09°33′30″	♍
♂	00.41/2 = 20.30	29°46′30″	♏
♃	00.01/2 = 00.30	27°24′30″	♑
♄	00.01/2 = 00.30	23°14′30″	♑
♅	00.03/2 = 01.30	28°41′30″	♌
♆	00.02/2 = 00.01	09°51′	♏
♇	00.02/2 = 00.01	08°53′	♍

Aufgabe 3: Wir nehmen die Hälfte der gesamten Tagesentfernung und runden, wenn möglich, nach oben auf.

Himmels-körper	*Entfernung/2*	*Position*	
☉	00.59/2 = 29.30	12°26′	♎
☊	00.03/2 = 06.01.30	29°46′	♉
☾	12.03/2 = 06.01.30	23°19′	♒
☿	00.13/2 = 00.06.30	08°35′ (R)	♎
♀	00.13/2 = 00.06.30	12°02′	♏
♂	00.42/2 = 00.21	00°10′	♑
♃	00.07/2 = 00.03.30	05°10′	♏
♄	00.06/2 = 00.03	14°49′	♐
♅	00.02/2 = 00.01	10°30′	♐
♆	00.01/2 = 00.00.30	28°49′	♏
♇	00.02/2 = 00.01	01°17′	♏

Frage 1: Einer: der Mond.

Frage 2: 0° Widder.

Frage 3: Die Ekliptik ist die Umlaufbahn der Sonne. Wenn die Sonne über den Horizont steigt, schneidet die Umlaufbahn der Sonne den Horizont.

Frage 4: Steinbock.

Frage 5: Durch die Verschiebung der Erdachse.

Frage 6: Krebs.

Frage 7: Sie sind im zehnten und im vierten Haus eingeschlossen. Widder steht an der Spitze des zehnten Hauses, Zwillinge an der Spitze des elften Hauses. Dazwischen liegt Stier. Das

zehnte Haus reicht von Widder bis zu den Zwillingen und schließt daher auch Stier ein.
Ähnliches gilt für das elfte und das fünfte Haus, mit dem Unterschied, daß die gegenüberliegenden Zeichen beteiligt sind.

Frage 8: Indem man das Zeichen des Tierkreises nimmt, das den Spitzen der Häuser 11–13 gegenüberliegt, die in den Tabellen angegeben sind.

Frage 9: Wassermann und Löwe in 10 und 4; Stier und Skorpion in 12 und 6.

Frage 10: Die Position der Zeichen.

Frage 11: Aus der Position der Himmelskörper in den Zeichen.

Frage 12: Aus der Position der Himmelskörper in den Häusern.

Frage 13: 2 Std. 48 Min. 04 Sek.